高等院校立体化创新经管教材系列

金融学(货币银行学)
(第2版)

何 翔 主编

清华大学出版社
北京

内容简介

本书严格按照教育部关于普通高等院校金融学课程教学的基本要求进行编写。全书分十二章，阐述了货币与货币制度、信用、利息与利率、金融机构体系、商业银行、中央银行、金融市场、国际金融、货币供求均衡、通货膨胀与通货紧缩、货币政策、金融监管等内容。本书可作为高等院校财经专业及其相关专业的基础教材，也可作为成人教育和在职人员的培训教材。

本书封面贴有清华大学出版社防伪标签，无标签者不得销售。
版权所有，侵权必究。举报：010-62782989，beiqinquan@tup.tsinghua.edu.cn。

图书在版编目(CIP)数据

金融学：货币银行学/何翔主编. —2版. —北京：清华大学出版社，2023.5(2025.1重印)
高等院校立体化创新经管教材系列
ISBN 978-7-302-63221-4

Ⅰ.①金⋯ Ⅱ.①何⋯ Ⅲ.①金融学—高等学校—教材 Ⅳ.①F830

中国国家版本馆 CIP 数据核字(2023)第 052437 号

责任编辑：陈冬梅
装帧设计：刘孝琼
责任校对：徐彩虹
责任印制：沈　露

出版发行：清华大学出版社
网　　址：https://www.tup.com.cn, https://www.wqxuetang.com
地　　址：北京清华大学学研大厦 A 座　　邮　编：100084
社 总 机：010-83470000　　邮　购：010-62786544
投稿与读者服务：010-62776969, c-service@tup.tsinghua.edu.cn
质量反馈：010-62772015, zhiliang@tup.tsinghua.edu.cn
课件下载：https://www.tup.com.cn, 010-62791865

印 装 者：三河市龙大印装有限公司
经　　销：全国新华书店
开　　本：185mm×260mm　　印　张：18　　字　数：432 千字
版　　次：2017 年 1 月第 1 版　2023 年 5 月第 2 版　印　次：2025 年 1 月第 3 次印刷
定　　价：49.80 元

产品编号：097509-01

前　言

习近平总书记在中国共产党第二十次全国代表大会上的报告中明确指出，要办好人民满意的教育，全面贯彻党的教育方针，落实立德树人根本任务，培养德智体美劳全面发展的社会主义建设者和接班人，加快建设高质量教育体系，发展素质教育，促进教育公平。本教材在编写过程中深刻领会党对高校教育工作的指导意见，认真执行党对高校人才培养的具体要求。

改革开放以来，我国金融业在改革创新中不断发展壮大，金融机构和从业人员数量大幅增加，金融规模明显扩大，各种不同性质的银行机构遍布全国，它们承担着吸收存款、发放贷款的职能，保险机构从小到大、证券机构从无到有呈现出快速发展势头，初步形成了银行、证券、保险等功能比较齐全的金融机构体系。金融业的不断发展壮大在优化资源配置、支持经济改革、促进经济平稳快速发展和维护社会稳定方面发挥了重要作用。现有的大部分金融类教材在一定程度上存在着金融理论知识滞后于金融改革现状的问题，迫切需要更新。江西飞行学院数字经济专业副教授何翔，南昌工学院金融工程专业教师万琳、钟婧薇、胡轩伟、董思雯、李媛等经过五年多的研究，着手编写了这本金融学教材。

本书以培养应用型经济与金融人才为原则，以在保证基础理论知识系统性的基础上进一步提升系列教材的实用性和针对性为宗旨，严格按照教育部关于普通高等院校金融学科教学的基本要求编写。

本书坚持全面、系统、严谨、精练、求实的风格，在基本框架和主体要素不变的前提下，结构更加优化，内容更加新颖，力求反映我国金融体系在绿色金融、普惠金融中的探索和实践，具体体现在以下几个方面。

(1) 通过知识目标、能力目标明确学生在每章学习中应达成的学习目标。

(2) 增加了思政目标。通过思政目标深入学习领会习近平总书记关于金融工作的重要论述，培育、践行社会主义核心价值观。

(3) 通过知识拓展、案例分析、答疑解惑等栏目，丰富了学习内容。

(4) 通过主要概念、知识训练(包括基础知识训练和技能知识训练)、能力训练(包括案例分析和实务操作)，方便了学习者自我检测学习效果。

(5) 通过反映我国金融实践的最新资讯，提醒学习者关注金融领域的焦点问题，包括金融制度、金融现象等。

(6) 增加了微课、视频元素，以二维码的形式呈现相关内容，学习者可以通过下载相关教学资料包，学习自己感兴趣的内容。

本书添加了以下几个重要内容：近年来金融改革的最新内容；银行业从业人员资格考试和经济师专业技术资格考试的相关内容；国际金融业监督管理机构对银行业、证券业、保险业监管的最新要求与内容；国际国内金融改革与实践的相关案例。这些内容使教材更具适用性和针对性。在教材的编写过程中，我们本着学以致用的目的，努力做到以下几点：第一，保证一定的学术水准，与时俱进，及时将有关学科的新进展反映到教材中来；第二，内容上完整、系统和科学，表述上深入浅出、通俗易懂，尽可能用通俗的语言表达深邃的理论；第三，理论联系实际，不仅介绍一般的理论方法，还特别注重理论在实际中的应用和有关案例的讨论；第四，注意吸收国内和国外经济研究和教学的最新成就，并结合了作者的教研实践和成果，以及作者对现实经济生活的理解；第五，循序渐进，符合教学规律。本教材不仅可以作为全日制普通高校相关专业的教材，还可以作为金融行业工作人员的参考书。

本书的出版得益于编者的教学实践经验。在第 2 版的修订过程中，万琳负责第十章、第十一章的修订；钟婧薇负责第一章、第二章的修订；胡轩伟负责第三章、第四章的修订；董思雯负责导言、第十二章的修订；李媛负责第五章、第六章的修订；何翔负责第七章、第八章、第九章的修订及全书的统稿。本书的编写工作还获得到了江西飞行学院数字经济本科教学建设、南昌工学院校级一流本科建设培育专项教材建设的相关支持，在此一并表示感谢！

由于编者水平有限，书中难免存在一些疏漏和错误，恳请各位专家学者批评指正。

何 翔

目 录

导言 1
    一、金融是现代经济的核心 1
    二、金融是把双刃剑 2
    三、金融学的产生、发展及
        演变 5
    四、金融学的框架内容 6

第一章　货币与货币制度 7

第一节　货币的起源和形态变迁 8
    一、货币的产生——货币是商品
        交换的产物 8
    二、货币形态——从实物货币到
        存款货币和电子货币 10

第二节　货币的职能 14
    一、价值尺度 14
    二、流通手段 15
    三、贮藏手段 16
    四、支付手段 17
    五、世界货币与国际货币 17

第三节　货币制度 18
    一、货币制度的概念及内容 18
    二、货币制度的演变 19
    三、人民币与中国的货币制度 25

本章小结 28
本章习题 28

第二章　信用 29

第一节　信用的产生和发展 30
    一、信用的含义 30
    二、信用的产生 30
    三、信用的发展 30
    四、信用的作用 33

第二节　信用形式 34
    一、商业信用 34
    二、银行信用 35
    三、国家信用 36
    四、消费信用 37
    五、股份信用 39
    六、合作信用 40
    七、租赁信用 40
    八、国际信用 42

第三节　信用工具 44
    一、信用工具的概念 44
    二、信用工具的特征 44
    三、信用工具的分类 45
    四、主要的信用工具 46
    五、金融衍生工具 51

本章小结 53
本章习题 53

第三章　利息与利率 54

第一节　利息的性质 55
    一、配第的"使用权报酬"说 56
    二、西尼尔的"节欲"说 56
    三、克拉克的"边际生产力"说 56
    四、庞巴维克的"时差利息"说 56
    五、费雪的"人性不耐"说 57
    六、凯恩斯的"灵活偏好"说 57
    七、马克思的"剥削论" 57

第二节　利率的种类 58
    一、年利率、月利率、日利率 58
    二、单利与复利 58
    三、名义利率和实际利率 59
    四、市场利率与官定利率 60

五、存款利率与贷款利率 61
　　六、固定利率与浮动利率 61
　　七、差别利率与优惠利率 62
　　八、基准利率 62
第三节　利率的结构 62
　　一、利率的风险结构 63
　　二、利率的期限结构 64
第四节　利率的决定及其理论 66
　　一、西方利率决定理论 66
　　二、马克思的利率决定论 71
　　三、影响利率水平的因素 71
第五节　利率的作用 72
　　一、利率是微观经济活动的重要
　　　　调节器 72
　　二、利率是联结宏观和微观经济的
　　　　纽带 73
　　三、利率是反映经济态势的重要
　　　　指标 73
　　四、利率影响国际经济活动 73
　　五、利率变动影响经济的实证 74
第六节　我国利率体制改革 76
　　一、自1979年以来我国利率改革的
　　　　回顾 76
　　二、利率市场化的提出 77
　　三、利率市场化进程 77
本章小结 79
本章习题 80

第四章　金融机构体系 81

第一节　金融机构的界定、种类与功能 82
　　一、金融机构的界定 82
　　二、金融机构的种类 83
　　三、金融机构的功能 83
第二节　中国金融机构体系的演变与
　　　　发展 84
　　一、中华人民共和国成立前的
　　　　金融机构体系 84
　　二、中华人民共和国金融机构
　　　　体系的建立与发展 85
　　三、中国现行的金融机构体系 86
第三节　国际金融机构体系 94
　　一、全球性国际金融机构 94
　　二、区域性的金融机构 94
　　三、国际金融机构的作用与
　　　　局限性 95
本章小结 95
本章习题 96

第五章　商业银行 97

第一节　商业银行概述 98
　　一、商业银行的产生 98
　　二、商业银行的性质 100
　　三、商业银行的职能 100
　　四、商业银行的组织形式 101
　　五、商业银行的业务经营原则 103
　　六、我国商业银行的组织形式 104
第二节　商业银行的负债业务 105
　　一、自有资本 105
　　二、存款业务 105
　　三、其他负债业务 106
第三节　商业银行的资产业务 107
　　一、放款(贷款)业务 107
　　二、投资业务 110
第四节　商业银行的中间业务 111
　　一、汇兑业务 111
　　二、信用证业务 111
　　三、代收业务 112
　　四、同业往来 112
　　五、代客买卖业务 112
　　六、信托业务 112
　　七、租赁业务 113
　　八、其他的中间业务 113
第五节　存款的创造 114
　　一、几个重要的概念 114

二、存款的创造过程与原理 115
　　三、派生倍数的修正 117
第六节　商业银行资产负债管理 118
　　一、资产负债管理理论 118
　　二、资产负债比例管理 121
本章小结 124
本章习题 124

第六章　中央银行 125

第一节　中央银行概述 127
　　一、中央银行的产生 127
　　二、中央银行制度的发展 128
　　三、中央银行的性质 129
　　四、中央银行的职能 130
　　五、中央银行的组织形式 131
　　六、中央银行与政府的关系 133
第二节　中央银行的主要业务 135
　　一、中央银行的业务原则 135
　　二、中央银行的负债业务 136
　　三、中央银行的资产业务 137
　　四、中央银行的中间业务 138
第三节　中央银行的金融监管 139
　　一、中央银行金融监管制度的
　　　　产生和形成 139
　　二、金融监管的目的和基本原则 ... 140
　　三、中央银行金融监管的内容 141
　　四、中央银行金融监管的方法 144
本章小结 145
本章习题 146

第七章　金融市场 147

第一节　金融市场概述 148
　　一、金融市场的概念和特征 148
　　二、金融市场的构成要素 149
　　三、金融市场分类 151
　　四、金融市场的功能 153
　　五、金融市场有效运作的条件 154

第二节　货币市场 155
　　一、拆借市场 155
　　二、回购协议市场 156
　　三、票据市场 157
　　四、大额可转让定期存款单市场 ... 157
　　五、国库券市场 158
　　六、短期信贷市场 158
第三节　资本市场 159
　　一、证券市场 159
　　二、证券的发行(一级市场) 159
　　三、证券交易系统(二级市场) 161
　　四、二板市场 162
　　五、证券定价理论 163
第四节　基金市场 165
　　一、基金与基金市场的概念 165
　　二、基金的种类 166
　　三、基金及其市场运作 167
第五节　外汇与黄金市场 168
　　一、外汇市场 168
　　二、黄金市场 169
本章小结 170
本章习题 171

第八章　国际金融 172

第一节　国际收支 173
　　一、国际收支的概念 173
　　二、国际收支平衡表 174
　　三、国际收支的调节措施 175
第二节　外汇与汇率 176
　　一、外汇 176
　　二、汇率及其标价法 176
　　三、汇率的决定和变动 177
　　四、汇率制度 179
第三节　国际储备 180
　　一、国际储备的概念、特征与
　　　　作用 180
　　二、国际储备的构成 180

三、国际储备管理 182
　本章小结 183
　本章习题 184

第九章　货币供求均衡 185

第一节　货币供应量的定义 186
　　一、货币的范围 186
　　二、准货币的概念 187
　　三、货币层次的划分 187

第二节　货币需求 188
　　一、货币需求的概念 188
　　二、货币需求理论的演变 188
　　三、中国货币需求函数的构造 193

第三节　货币供给 194
　　一、货币供给的概念 194
　　二、货币供给形成的机制 195
　　三、决定货币供给的其他因素 197
　　四、财政收支对货币供给的影响
　　　　分析 198
　　五、货币供给的理论模式 198
　　六、货币供给理论中的
　　　　"新观点" 199

第四节　货币供求均衡 200
　　一、货币均衡的判断 200
　　二、货币供求均衡与社会总供求 200
　　三、中央银行对货币供求的调节 201
　本章小结 201
　本章习题 202

第十章　通货膨胀与通货紧缩 203

第一节　通货膨胀概述 205
　　一、通货膨胀的定义 205
　　二、通货膨胀的衡量指标 205
　　三、通货膨胀的类型 206

第二节　通货膨胀产生的原因 208
　　一、财政赤字 208
　　二、信用膨胀 208

　　三、经济发展速度过快与经济
　　　　结构不合理 209
　　四、外债规模过大 209
　　五、通货膨胀的国际传导 209

第三节　通货膨胀的效应与调控 210
　　一、通货膨胀的经济效应 210
　　二、通货膨胀的社会效应 211
　　三、通货膨胀的治理措施 212

第四节　通货紧缩 212
　　一、通货紧缩的定义 212
　　二、通货紧缩的原因 213
　　三、通货紧缩对国民经济的影响 214
　　四、通货紧缩的治理 215
　本章小结 216
　本章习题 216

第十一章　货币政策 217

第一节　货币政策目标 219
　　一、货币政策的含义 219
　　二、货币政策的最终目标 220
　　三、货币政策的中介目标 225

第二节　货币政策工具 229
　　一、一般性货币政策工具 229
　　二、选择性货币政策工具 233
　　三、其他货币政策工具 234

第三节　货币政策传导机制 236
　　一、凯恩斯学派的货币政策传导
　　　　机制理论 237
　　二、货币学派的货币政策传导
　　　　机制理论 238
　　三、后凯恩斯学派的货币政策
　　　　传导机制理论 238
　　四、国际贸易传导机制 239
　　五、货币政策与财政政策的协调 240
　　六、加入 WTO 对中国货币政策的
　　　　部分影响 240

第四节　货币政策效果 241

一、影响货币政策效果的因素
　　　　分析 241
　　二、货币政策效果的衡量 244
第五节　IS-LM 模型：货币政策与财政
　　　　政策 244
　　一、商品市场均衡：IS 曲线的
　　　　移动 244
　　二、货币市场均衡：LM 曲线的
　　　　移动 247
　　三、货币政策和财政政策效应 249
本章小结 256
本章习题 256

第十二章　金融监管 258
第一节　金融监管的界说和理论 259
　　一、金融监管及其范围 259
　　二、金融监管的基本原则 259
　　三、金融监管的理论依据 261
　　四、金融监管成本 264

　　五、金融管理失灵 265
第二节　金融监管体制 265
　　一、金融监管体制及其类型 265
　　二、金融业自律 267
　　三、金融机构的内部控制 268
第三节　金融国际化与金融监管的国际
　　　　协调 268
　　一、金融国际化及其表现 268
　　二、金融国际化给金融监管带来的
　　　　挑战 270
　　三、金融监管的溢出效应 270
　　四、监管竞争和监管套利 271
　　五、金融监管的国际协调与未来
　　　　发展 271
本章小结 276
本章习题 277

主要参考文献 278

导　言

金融学导论

亚当·斯密在其著作《国民财富的性质和原因的研究》中说："慎重的银行活动，可增进一国产业，但增进产业的方法，不在于增加一国资本，而在于使本无所用的资本大部分有用，本不生利的资本大部分生利。"除了亚当·斯密述及金融活动的地位外，卡尔·马克思也在《工资、价格和利润》一文中用非常通俗的语言阐述了金融系统在经济体系中的重要作用："由于有了广泛的、集中的银行系统，只需要少量的通货，就能周转同等数目的价值，就能办理同等的或数量更大的交易。例如，在工资方面，英国工厂工人每星期把自己的工资付给商店老板，商店老板每星期把这些钱送交银行家，银行家每星期把这些钱交还工厂主，工厂主再把这些钱付给自己的工人，如此循环反复。由于有这套机制，一个工人的年工资假定为 52 英镑，只要用一个索维林，就这样每星期周转一次，便可支付了。但是，这种机制即使在英格兰，也不如在苏格兰那样完善；并且并不是到处都一样完善的。所以我们看到，例如有些农业区域，与纯工业区域相比，却需要更多的通货才能周转少得多的价值额。"美国现代经济学家约翰·格利(John G. Gurley)和爱德华·肖(Edward S. Shaw)也指出，经济发展是金融发展的前提和基础，而金融发展又是推动经济发展的动力和手段。

随着我国经济的发展，金融业在国民经济中的地位不断提升，金融业所创造的价值也在不断地上升。习近平总书记强调，金融要为实体经济服务，满足经济社会发展和人民群众需要。金融活，经济活；金融稳，经济稳。经济兴，金融兴；经济强，金融强。经济是肌体，金融是血脉，两者共生共荣。中国人民银行副行长陈雨露在服贸会"2021 中国国际金融年度论坛"上表示："金融是现代实体经济的血脉，是现代服务业的核心组成部分，统筹好扩大开放和金融稳定与安全不仅有利于增强金融业自身的实力和竞争力，也有利于提升金融业可持续服务实体经济的效率和能力。"

一、金融是现代经济的核心

(一)货币的重要性

货币是金融学研究的首要问题。家庭与个人从不同来源取得货币收入；公司、企业全部生产、流通的运转无不同时伴随着货币的收付；非经营性机构的日常运转也离不开货币。若收大于支，多余的货币可借出；若收小于支，不足的要借入货币。这就产生了货币债权和债务，由此孕育了金融活动。比如银行，它们的全部业务活动都是货币的存、取、借、贷；证券市场的券商，为筹集货币资本服务。

在日常生活中我们常将货币称为"钱"，不仅在商品经济社会的今天，早在古代，钱的作用就被人们所认识。钱的魅力在很多文学作品中已有深刻的描述。英国剧作家莎士比亚在《雅典的泰门》一剧中写道："金子！……只要有这一点点，就可以使黑的变成白的，丑的变成美的，错的变成对的，卑贱变成尊贵，老人变成少年，懦夫变成勇士。"有人说，金钱是一把钥匙，它能打开通往贿赂犯罪之路的大门；金钱是一面魔镜，它能照射出人性的贪婪。随着我国经济社会的快速发展，树立正确的金钱观，明确对待金钱的科学态度显得尤为重要。

(二) 金融对现代的经济发展起着巨大的推动作用

金融就是货币资金的融通，就是货币的分配和运行机制的总和。每一次货币的分配和再分配，都代表着社会财富的分配和社会生产力的配置。每一笔货币资金的运转，都是和生产力相联系的。经济发展的历史明确地表明，每一次经济发展的高潮都伴随着金融制度、金融过程以及金融功能向高级化和复杂化演变，而每一次金融整体水平的提升，都会使经济运行的某些环节更为平滑。

金融对现代经济发展的推动作用主要体现在：第一，通过金融运作的特点，比如提供货币促进商品生产和流通、提供信用促进资金流通、提供各种金融服务便利经济运作等，为经济发展提供条件。第二，通过金融的基本功能促进储蓄转化为投资，为经济的发展提供资金支持。第三，通过金融机构的运营节约交易成本，促进资金融通。合理配置资源，提高经济发展的效率，资金的数量、流向及利率水平等直接影响着实体经济的发展结构和速度。第四，通过金融业自身的产值增长直接为经济发展作出贡献。主要发达国家在20世纪60年代时期，金融业产值占国内生产总值的比例大约为10%，到20世纪90年代初已上升到15%～20%，成为第三产业中增长最快的行业，直接增加了国内生产总值，提高了经济发展水平。

金融渗透到国民经济的生产、分配、交换、消费的各个环节，渗透到国民经济的各个部门。经济关系日益金融化，经济关系越来越表现为债权债务关系、股权股利关系和风险保险关系，社会资产日益金融化。

(三) 金融宏观调控是经济增长的稳定器

货币政策是支配力量，它是现有的最重要的起稳定作用或破坏作用的政策。1993—2001年，美国历史上出现了罕见的经济增长期。年均经济增长率达4%，失业率平均为4%，通货膨胀率平均为2%。布鲁金斯学会的研究人员说："经济景气扩大，其三分之一的功绩是克林顿总统的贡献，其余的2/3是艾伦·格林斯潘(Alan Greenspan)和民间的力量。"

艾伦·格林斯潘曾连任五届美联储主席，是掌控着美国经济命脉的实权人物，人们称他为美国的"经济沙皇"、华尔街的"教父"、美元帝国的"掌门人"。在克林顿换届选举时，有人说"谁当总统都无所谓，只要让艾伦当美联储主席就成"。在许多经济学家看来，格氏对经济的作用远远超过克林顿或国会里的任何人。这种情况被称为"世界格林斯潘化"——全球事务的管理正在发生微妙但关系重大的变化，世界大国的经济越来越多地由中央银行家而不是当选的政治领导人掌管。同样，在有些国家的高度独立的中央银行家也是经济发展的关键。

二、金融是把双刃剑

约翰·穆勒曾说过，货币如同其他种类的机械一样，在它出了毛病的时候，才会产生其本身明显的和独立的影响。金融在急剧提升其对经济体的资源配置能力与效率的同时，也在迅速提升与积累它自身的系统性风险。货币在方便交换的同时，也使买卖脱节成为可能，这种情况的发展如果超过一定限度就会出现危机。一方面，银行信用使企业的生产规模可以突破自有资本的限制，从而提高了生产的社会化程度；大型企业利用信用提供的优惠贷款不断巩固地位，兼并中小企业，加速资本的集中与积累，但同时又促进了垄断。银行信用可以重新配置社会各个部门的资金，从而调节部门结构。另一方面，信用过紧或过松，配置失当，都有可能破坏部门间的适当比例，导致经济失调，影响国民经济发展。

(一)金融总量失控出现通货膨胀或紧缩，导致社会供求失衡，危害经济发展

在20世纪30年代的世界性经济危机中，银行倒闭，通货紧缩，从而导致需求锐减，产品滞销，工厂关门，失业增加。随后，20世纪40年代始，通货紧缩又让位于通货膨胀，这给人们带来了新的烦恼，特别是那些收入和财产按货币计算比较固定的人更是惶惶不可终日。对国家来说，通货紧缩使需求减少、失业增加，轻微的通货膨胀曾有利于这一问题的解决。但其效力愈来愈低，而且通货膨胀愈演愈烈，宽松的货币政策使西方陷入物价和工资螺旋式上升的困境。20世纪70年代竟出现失业与通胀并存的局面，通货膨胀变成了一种心理问题。于是，中央银行调转船头，严格控制货币发行量并实行高利率政策。20世纪90年代，当政策大炮还在瞄准通货膨胀这个幽灵的时候，人们又面临着新的危险——世界又一次陷入物价螺旋式下降的经济萧条之中。

(二)金融泡沫的形成和破灭加速经济的膨胀或收缩

1970年之前，国际外汇交易大约是实物贸易的6倍，而20世纪90年代中期的外汇交易额是全世界进出口总额的60倍。在全球每天2万亿美元的交易额中，只有2%与实物生产交换有关。全球证券市场在过去的十年中价格上涨了7~10倍，大大脱离实体经济的增长速度和业绩。如果说股票债券这些金融原生工具还有相当部分与现实资本保持一定联系的话，那么金融衍生工具交易就是摆脱现实资本而只与经济状况有关的虚拟资本，其交易成了一种纯粹的符号运动。它具有加速膨胀收缩甚至破灭的特性。①

日本20世纪80年代的金融泡沫就是一个典型的例子。

日本20世纪80年代超低利率引起的金融扩张，从1986年1月到1987年2月，短短一年间，日本连续5次调低贴现率，致使大量过剩资本流入股市和房地产市场；加之经济的恢复、企业效益的提高，使证券收益率上升。1986年，日本长期国债期货交易规模超过称雄世界十年之久的芝加哥商品交易所；1987年，股票交易规模超过纽约股票市场的东京证券交易所成为世界规模最大的证券交易所。1988—1990年期间，资产价格飞涨：日经股票价格指数从1985年年底的13 000点，上市公司市场总价值的277兆日元(占GDP的82%)，急剧上升到39 000点，市值600兆日元(占GDP的150%以上)；土地资产总值达15万亿美元，是国土面积比日本大25倍的美国国土资产总值的4倍。资产膨胀的速度令人瞠目结舌，完全脱离国民经济的发展速度。1989年12月，日本政府才将法定利率提高到

---

① 李方. 金融泡沫论[M]. 上海：立信会计出版社，1998.

4.25%，1990年3月和8月再次分别提高到5.25%和6%，市场对此作出强烈反应，日经指数跌破20 000点，地价大幅下降；1992年4月1日，日经指数跌破17 000点心理大关。之后日本中央银行为稳定股价刺激投资，将贴现率调到3.25%，仍无法制止股价下跌。同年8月跌至14 822点，较1989年最高点38915点跌去60%。至此，日本金融泡沫崩溃。[①]

(三)金融危机先于经济危机并加速经济危机

20世纪70年代以后，特别是90年代以来，货币金融因素在经济危机的形成中起着越来越重要的作用。20世纪90年代世界经济几次大的波动，几乎都是由货币金融因素引起的。1992年欧洲经济动荡是由英镑危机引发的欧洲货币危机引起的；1994年墨西哥的经济衰退也是由于本国货币大幅贬值冲击信贷、债券、股票、期货、期权等金融市场而造成的对实体经济的重创；1997年亚洲国家经济的衰退，也是由亚洲金融危机引起的。根据国际金融学家金德尔伯格的看法，金融危机同经济危机一样具有周期性，往往先于经济危机并会加速经济危机的爆发。

在过去的20年里，全球各国发生近百次大小不等的金融波动、震荡与危机，各国为医治经济危机带来的创伤要付出其1/5~1/4的年国内生产总值。1997年亚洲金融危机使韩国人均GDP下降40%，从1996年年底的10 610美元下降为1997年的6 000美元。马来西亚原总理马哈蒂尔说："这场危机使我们过去十年辛辛苦苦积累下来的财富丧失殆尽。"马来西亚人均国内生产总值倒退10年；泰国倒退12年；印尼盾对美元贬值82%，其他相关国家货币贬值30%~40%；有关经济体股票市值下跌1/2~2/3；全球国内生产总值增长率下降1/3。严重的金融危机会使金融体系崩溃，进而演变为经济危机、社会危机与政治危机。比如，希特勒的上台与当时德国严重的通货膨胀不无关系；亚洲金融危机使苏哈托下台，进而瓦解了印尼政府；2001年12月经济危机也使得阿根廷政府在两周内四换总统。据国际货币基金组织统计，2002年阿根廷经济增长-10%(当年全球经济增长率为2.8%)，失业率高达20%。

(四)金融霸权更加剧了全球经济的动荡

今天，世界上所有的经济发达国家，无不力图抢占现代金融的制高点。前美国政治学会会长、哈佛大学战略研究所所长亨廷顿(Samuel Huntington)，在其著作《文明的冲突与世界秩序的重建》中提出了西方文明控制世界的14个战略要点。其中涉及金融的就有三条，分别是：第一条"控制国际银行系统"； 第二条"控制全部硬通货"；第五条"掌握国际资本市场"。20世纪70年代末，以格拉斯为首的一批美国左派经济学家首先提出了"金融霸权"的概念，所谓金融霸权是指以大银行家和大机构投资者为核心的金融寡头及其政治代表，通过控制货币资本或其他信用工具，利用金融衍生物及垄断金融行业来控制经济活动，并以此牟取暴利或实现其他政治、经济目的的一种社会关系。

金融霸权通过控制国际资本流动、进行国际金融投资以及操纵各种国际经济组织，不仅可以改变一国的产业结构，对各个部门的经济发展也起着决定性作用，还会促使泡沫经

---

① 王伟旭，曾秋根. 警惕美国的第二次阴谋[M]. 北京：人民日报出版社，2003.

济形成，降低政策的效力并影响政府的行为。从对国际经济影响看，金融霸权控制国际资本流动的直接后果是加剧国际经济发展的不平衡性，金融霸权会通过各种形式从发展中国家抽走极为稀缺的资金，同时又会扭曲发展中国家的经济增长模式，使其经济与社会失衡加剧，最终导致南北国家经济差距不断扩大。

可见，金融是一个国家的经济命脉，金融已经成为社会经济的核心。学习金融学是掌握剖析经济问题的入门钥匙。

三、金融学的产生、发展及演变

20 世纪以前，商品货币占主要地位，货币信用在经济中的地位尚不突出，货币、银行未能纳入当时以实物分析为主的古典经济学框架中。随着商品货币化、经济信用化程度的提高，对货币信用的研究渐渐形成传统货币信用理论，例如"货币金属论""货币名目论""信用媒介论""信用创造论"等，但其理论主要围绕货币信用的职能与作用展开，并且认为货币仅仅是便利商品交换的媒介，是覆盖在实物经济上的一层"面纱"，与产出、就业、收入等无内在联系，从而形成了古典经济学的"两分法"与"货币面纱观"，货币信用理论无法融入传统经济学的主流中。

随着银行业的发展和国际经济交往的扩大，相继出现了银行理论和国际收支理论。到 20 世纪初，西方国家才在上述货币金融理论的基础上，结合信用实务与银行业务，单独建立起以银行为中心，以货币、信用、银行和国际金融关系为研究对象的货币银行学，代表作是 1914 年美国学者和银行家霍斯华茨(J.H.Holdsworth)的《货币与银行》(Money and Banking)。

货币银行学学科形成后，随之而来的是金本位制的崩溃，特别是 1929—1933 年世界性经济危机的爆发，各国先后实行了不兑现的信用货币制度。这使得货币信用和银行在经济中作用的发挥获得了广阔的空间，并开始形成了货币、信用银行相互渗透、紧密结合的真正意义上的金融范畴。

1936 年凯恩斯的《就业、利息与货币通论》被称作经济学的一场革命，在货币金融学发展史上也具有划时代的转折意义。在凯恩斯看来，货币不仅是一种交换媒介，而且是一种资产。他将货币资产融入实际经济中，指出货币对就业、产出、收入等实际经济有重要的作用，从而填平了货币与实物的"两分"，奠定了货币经济理论的基础，创立了以货币经济为特征的宏观经济学。其理论认为，货币对实际经济而言是非中性的，主张通过国家财政政策和货币政策干预经济，实施对宏观经济的调控。

凯恩斯之后，弗里德曼提出"唯有货币最重要"的现代货币数量论，将货币供求、货币政策纳入货币银行学体系，使货币理论纳入主流经济学体系，成为经济理论不可分割的一部分。20 世纪五六十年代，直接融资发展迅速，金融市场上的金融工具不断创新，新的金融机构不断涌现，极大地震撼了原来以银行间接金融为中心的传统货币银行学框架体系，于是在教科书里，加入金融市场的内容；20 世纪六七十年代形成以研究发展中国家金融问题变化的"发展金融理论"，如"金融深化论""金融压抑论"；到了 20 世纪八九十年代，金融工程学兴起。该学科以现代金融理论为基础，以数学模型为分析方法，是集经济学、投资学、数学、工程学等学科于一身的交叉科学，其设计开发和运用新型金融工具,从而创造性地解决金融问题。金融的研究领域从宏观引向微观,从理论探讨转向实际应用。

所以,货币银行学已"名不符实"。一方面,随着直接金融比重加大,金融结构从以银行为中心转向了市场。另一方面,研究对象也发生了变化:从货币扩大到包括非货币的金融工具(票据、债券、股票、期货、期权)在内的全部金融工具;从狭义的信用形式(商业信用、银行信用、国家信用)扩大到更广泛的金融市场(货币市场、资本市场、外汇市场、黄金市场);从单一的银行扩大到包括非银行金融机构(信托、证券、保险、租赁)在内的全部金融机构;从纯粹以货币数量为管理内容的货币政策扩大到包括全部金融工具、金融机构、金融市场的金融管理。以银行为中心定位的学科框架难以兼容在全球经济金融化、金融自由化、金融一体化形势下所出现的金融工具多样化、金融机构多元化、金融市场国际化、金融政策复杂化和金融工程产业化。因此货币银行学的学科名称已扩大为货币经济学或货币银行金融市场学或货币金融学。

四、金融学的框架内容

本教材共有十二章,具体内容如下。

第一章、第二章和第三章是货币金融学的基础知识。第一章介绍了货币的起源和形态变迁,阐述了货币的职能以及货币制度。第二章介绍了信用的产生、发展以及八种基本的信用形式,阐述了信用工具的概念和特征。第三章介绍了利息的性质、种类、结构和作用,并对主流的利率决定理论进行阐述。

第四章、第五章和第六章主要是围绕商业银行、中央银行等相关金融机构进行阐述。

第七章介绍了金融市场的相关概念和类别。首先,从整体上介绍了金融市场的概念、特征和功能等;然后分别介绍了各种金融市场,如货币市场、资本市场、基金市场、外汇与黄金市场,对各种类型市场的运行方式及交易的金融产品进行了详细分析。

第八章主要介绍了国际金融方面的基础知识。首先对国际收支的概念、平衡表及调节措施进行了介绍;然后,分析了外汇的定义及其标价方法,阐述了汇率的决定因素及其对经济的影响,并比较了不同汇率制度的类型;最后,介绍了国际储备的相关知识。

第九章、第十章和第十一章主要从货币供求均衡出发,对通货膨胀与通货紧缩,以及货币政策进行了详细阐述。第九章主要探讨了货币供求理论的发展和货币均衡的问题,以及货币均衡与社会总供求之间的关系。第十章介绍了通货膨胀及其度量、通货膨胀的社会经济效应,并探讨了通货膨胀的成因以及治理。此外,还对通货紧缩进行了相关介绍。第十一章首先介绍了货币政策的目标和工具,然后阐述了不同学派关于货币政策传导机制的观点,并对货币政策的效果进行了探讨,最后结合 IS-LM 模型,分析财政政策和货币政策不同组合对市场的影响。

第十二章围绕金融发展与稳定机制进行阐述。主要介绍了金融监管的相关理论和内容,同时对金融国际化与金融监管的国际协调问题进行了探讨。

第一章　货币与货币制度

货币与货币制度

【教学目的与要求】

本章的教学目的在于使学生了解货币的起源和货币形态的变迁，理解货币的本质和货币的职能，掌握货币制度的历史演变过程和货币制度的内容，重点掌握在不同货币形态下货币如何发挥其职能及货币制度的类型。

【重点与难点】

- 货币的起源与货币形态的变迁。
- 货币的职能(不同货币形态下的职能为难点)。
- 货币制度构成要素。
- 货币制度的类型(难点)。

战俘营里的货币

第二次世界大战期间，在纳粹的战俘集中营中流通着一种特殊的商品货币：香烟。当时的红十字会设法向战俘营提供了各种人道主义物品，如食物、衣服、香烟等。由于数量有限，这些物品只能根据某种平均主义的原则在战俘之间进行分配，而无法顾及每个战俘的特定偏好。但是人与人之间的偏好显然是不同的，有人喜欢巧克力，有人喜欢奶酪，还有人则可能更想得到一包香烟。因此这种分配显然是缺乏效率的，战俘们有进行交换的需要。

但是，即便在战俘营这样一个狭小的范围内，物物交换也显得非常不方便，因为它要求交易的双方恰巧都想要对方的东西，也就是所谓的需求的双重巧合。为了使交换能够更加顺利地进行，需要有一种充当交易媒介的商品，即货币。那么，在战俘营中，究竟哪一种物品适合做交易媒介呢？许多战俘营都不约而同地选择香烟来扮演这一角色。战俘们用香烟来进行计价和交易，如一根香肠值10根香烟，一件衬衣值80根香烟，替别人洗一件衣服则可以换得两根香烟。有了这样一种记账单位和交易媒介之后，战俘之间的交换就方便多了。

香烟之所以会成为战俘营中流行的"货币"，是和它自身的特点分不开的。它容易标准化，而且具有可分性，同时也不易变质。这些正是和作为"货币"的要求相一致的。当然，并不是所有的战俘都吸烟，但是，只要香烟成了一种通用的交易媒介，用它可以换到自己想要的东西，自己吸不吸烟又有什么关系呢？我们现在愿意接受别人付给我们的钞票，也并不是因为我们对这些钞票本身有什么偏好，而仅仅是因为我们相信，当我们用它来买东西时，别人也愿意接受。

(资料来源：http://bbs.pinggu.org，人大经济论坛。)

> 【思考讨论】
> 问题：作为货币的商品需要满足什么特征？
> (提示：作为货币的理想材料应具有以下特性：第一，容易标准化；第二，作为货币的材料必须是可分的；第三，作为货币的材料应携带方便；第四，作为货币的材料必须稳定，不容易变质。由于金银等贵金属基本能满足以上要求，所以世界各国不约而同地选择金银作为充当货币的材料。)

第一节 货币的起源和形态变迁

一、货币的产生——货币是商品交换的产物

(一)货币是商品经济内在矛盾发展的产物

在人类社会初期，并不存在商品交换，也不存在货币。

商品是为了交换而生产的劳动产品。由于社会分工不同，商品生产者的劳动是社会总劳动的一部分，具有社会劳动的性质，但又由于生产资料和劳动产品的私有制，商品生产者的劳动直接表现为私人劳动。私人劳动与社会劳动的矛盾是商品经济的内在矛盾，只有通过交换，才能解决这一基本矛盾。

同时，商品是价值和使用价值的统一体，具有价值和使用价值两个属性。使用价值是商品的自然属性，价值是商品的社会属性。对生产者有意义的是自己劳动产品的价值，而这种价值只能在交换过程中通过另一种商品表现出来。

(二)货币是商品价值形式发展的结果

商品的价值表现形式称为价值形式。

价值形式经历了由低级到高级的发展过程，即由简单的(或偶然的)价值形式，经过扩大的(或总和的)价值形式、一般价值形式，最后达到货币价值形式。

1. 简单的(或偶然的)价值形式

1) 简单的(或偶然的)价值形式的含义

这种价值形式表现为一种商品的价值简单地、偶然地由另一种商品表现出来，是价值形式发展过程的原始阶段，与人类最初的商品交换相适应。

2) 价值的表现形式

$$1 只羊(相对价值形态) = 2 把石斧(等价形态)$$

3) 价值形式的含义

1 只羊与 2 把石斧进行交换，1 只羊的价值通过 2 把石斧的使用价值表现出来。1 只羊与 2 把石斧进行交换后，凝聚在羊商品上的私人劳动、具体劳动、使用价值就转变为社会劳动、抽象劳动、价值。

第一章 货币与货币制度

2．扩大的(或总和的)价值形式

1) 扩大的(或总和的)价值形式的含义

一种商品的价值由多种商品来表现的价值形式称为扩大的(或总和的)价值形式。

2) 价值的表现形式

$$1 只羊 = \begin{cases} 2 把石斧 \\ 5 斤盐 \\ 1 担小麦 \\ 5 尺麻布 \\ 或一定数量的其他商品 \end{cases}$$

3．一般价值形式

1) 一般价值形式的含义

一般价值形式下，所有商品的价值都由同一商品来表现，这种商品就是一般等价物。由一般等价物衡量一切商品的价值，说明商品的价值在质上是相同的，在量上也是可以比较的。

2) 价值的表现形式

$$\begin{cases} 2 把石斧 \\ 5 斤盐 \\ 1 担小麦 \\ 5 尺麻布 \\ 或一定数量的其他商品 \end{cases} = 一只羊$$

3) 一般价值形式的特点

一般等价物具有排他性、垄断性、独占性的特点。

从内容上看，其交换方式已发生了本质变化。即商品交换由物物交换转变为由一般等价物作媒介的间接的商品交换，这是货币的原始形态。

商品价值的表现形式在一定时间、一定地点是统一的，在不同的时间和地点仍然不统一、不固定。

4．货币价值形式

1) 货币价值形式的含义

货币价值形式是指一切商品的价值都由一种特殊商品来表现的价值形式。这种固定地充当一般等价物的特殊商品就是货币。

2) 价值的表现形式

$$\begin{cases} 1 只羊 \\ 2 把斧头 \\ 2 斤盐 \\ 5 尺麻布 \\ 1 担小麦 \end{cases} = 半两黄金或一定数量的其他商品$$

3) 货币价值形式的特点

它是商品价值形式的最后发展阶段。

与一般等价物没有本质区别,区别在于充当一般等价物的商品其价值被固定在黄金上。

从货币产生的过程以及最终结果来看:货币是固定地充当一般等价物的特殊商品,它体现的是一定的生产关系。

准确地理解货币要把握以下两点。

(1) 货币是商品,具有商品的共性。

商品价值形式的发展表明:货币是在商品交换过程中从一般商品中分离出来的,是用来交换的劳动产品,具有商品的共性即价值和使用价值。它既是价值的凝结体,又具有使用价值,能够满足人们的某些需要。这是货币与一切商品相交换的基础。(比如,一方面,黄金和其他商品一样,是用来交换的劳动产品,是价值的凝结体;另一方面,它也能满足人们某些方面的需求,如作装饰品等,具有使用价值。)

(2) 货币不是一般商品而是特殊商品。

其特殊性表现在货币取得了一般等价物的独占权,任何商品都不能与其并列。

货币能够表现一切商品的价值。其他商品是以各种各样的使用价值的形式出现的,其价值必须由交换中的另一商品来表现。货币是以一切商品的价值的表现者出现换句话说任何商品,只要能够交换到货币,那么它的私人劳动就转变为社会劳动,具体劳动就转变为抽象劳动,价值就得到了实现。所以,货币是表现一切商品价值的材料。

货币具有与一切商品直接交换的能力。一般商品具有的是具体的、各种各样的使用价值,不能与一切商品直接交换。货币作为一般等价物,获得了一般的、社会性的使用价值,是人们普遍接受的物品。拥有货币就意味着能够换取各种商品,获取任何一种使用价值。所以,货币具有和一切商品直接交换的能力。

二、货币形态——从实物货币到存款货币和电子货币

货币形态是指货币的存在形式,是指货币是用什么材料制作的。

货币的发展大体上经过了实物货币、金属货币、可兑现的信用货币、不可兑现的信用货币、存款货币和电子货币等形态。货币形态的变化,是不断适应社会生产的发展过程,同时也是消除前一种货币形式无法克服的缺点的过程。

(一)实物货币

1. 实物货币的定义

实物货币也叫商品货币,是以劳动产品、自然物充当一般等价物。它是最早的货币形态。

2. 实物货币的产生

在人类社会初期,交换的目的是满足某种生产和生活的需求,所以作为交换媒介的商品必须具有交换价值和使用价值,且是足值货币。马克思说:"最初充当货币的自然物不是

第一章 货币与货币制度

作为需求和消费对象,而是用它再去交换其他商品的商品,如盐、毛皮、牲畜、奴隶等。"

> **知识扩充**:早期的实物货币,一般近海地区多用海贝和盐,游牧民族多用牲畜、皮革,农业区多用农具、布帛等。在中国古代,牲畜、粮食、布帛、珠玉等都充当过货币,曾以贝壳最为流行。这种货币文化也渗透到了中国的汉字中。许多与财富有关的汉字,其偏旁都从"贝"字,如货、财、贫、贱等。

3. 实物货币的特点

(1) 足值货币。

(2) 具有不可克服的缺陷。形式各异,大小不一,不易分割,不便携带,价值小而体积大。此时的货币,刚脱胎于普通商品,主要特征是能代表财富,是普遍的供求对象,而不是理想的货币币材。比如农具、牲畜分割后其价值大大降低。

(二)金属货币

1. 金属货币的定义

金属货币是指以金属作为货币材料,充当一般等价物的货币。

2. 金属货币产生的原因

(1) 金属矿藏的发现和开采。

(2) 第二次社会大分工。手工业从农业中分离出来,各种金属出现了。许多熔炼技术的发明使金属在交换中逐步成为主要对象,经常进入流通过程,从而使金属成为币材。

(3) 金属具有实物货币不可替代的优越性。它价值比较稳定、易于分割、保存,便于携带。

3. 金属货币的演化

1) 由贱金属到贵金属的演变

货币金属最初是贱金属,多数国家和地区使用的是铜。贱金属与初步发展起来的商品经济是相适应的,但后来存在货币材料与生产资料、生活资料争夺原材料的问题,而且由于价值的贬低,不适合大宗交易。随着贵金属的开采和冶炼技术的提高,于是币材由铜向银和金过渡。到19世纪上半期,世界上大多数国家处于金银复本位制的货币制度时期。

2) 从称量货币到铸币的演变

金属货币最初是以条块状流通的,每次交易时都要称其重量估其成色,这时的货币称作称量货币。英镑的"镑",五铢钱的"铢"都是重量单位,从中可以看出称量货币的踪迹。称量货币在交易中很不方便,难以适应商品生产和交换发展的需要。随着社会第三次大分工——商人阶层的出现,一些信誉好的商人就在货币金属块上打上印记,标明其重量和成色,进行流通,于是出现了最初的铸币,即私人铸币。当商品交换突破区域市场的范围后,金属块的重量和成色就要求有更具权威的证明,于是国家便开始管理货币,并凭借其政治权力开始铸造货币,于是经国家铸造的、具有规定重量和成色的、具有一定形状国家铸币就出现了。

> **知识扩充**：中国金属货币的发展情况。中国在殷商时代就出现了以铜为币材的铜铸币，但是各地又有区别。齐燕地区流通刀币，形如刀，是由生产工具和武器演变而来的；魏、赵、韩地区流通布币，形如铲，是由农具"钱"和"镈"演变而来的；秦国流通环钱，圆形圆孔，形如纺轮；楚国流通蚁鼻钱，形如海贝。秦始皇统一六国后，便统一了货币，诏令天下，一律使用圆形方孔的"半两"钱，为下币，每枚重半两即十二铢，用以小额交易；以黄金为上币，以实际重量计算，用于大宗买卖。秦始皇的"半两"铜钱，是中国有统一形式、统一重量的统一铸币制度的开始，并一直影响到清代制钱。清朝中后期才出现了银铸币，一直流通到1933年结束。

(三)可兑现信用货币

1. 可兑现信用货币的定义

可兑现信用货币是指在市场上代替金银货币流通并可随时兑现为金属货币的货币形态。

2. 可兑现信用货币产生的原因

(1) 生产和流通扩大了，而金属尤其是贵金属产量有限。
(2) 远距离的大宗交易携带金属货币不方便。
(3) 金属货币磨损后仍能充当一般等价物，并不影响流通，这表明可以用象征的货币符号来执行流通手段职能。

3. 可兑现的信用货币的特征

其特征为：①与商品实体形态完全分离；②可与金属货币自由兑现；③可与金属货币同时流通。

4. 可兑现信用货币的发展

早期的银行券是为代替金银流通并作为兑换金银的凭证而存在的，金额、样式都不固定，后来为了便于流通，统一了样式，但仍可以兑换金银。具体情况如下。

商人将金属货币存放于货币商处，如钱铺、银行，由其开出汇票进行支付。钱铺、银行见到汇票要求提现时，可以兑换为金属货币。当钱铺、银行拥有了大量的金银货币作保证时，便以此为信用开始发行自己的银行券。最初银行券是在一张空白字据上临时写上金额，后来演变为印制好的不同面额的钞票。于是银行券就成为银行发出的代替金银货币流通的可以随时兑现的信用货币。19世纪下半叶，各国可兑换金币的银行券广泛流通。但是此时的银行券仍旧是金的符号，以金为后盾，代替金币进行流通，流通中仍有大量的金币充当货币。

银行券的出现是货币币材的一大转折，它为后来的不兑现纸币的产生奠定了基础。

第一章 货币与货币制度

(四)不可兑现信用货币

1. 不可兑现信用货币的定义

典型的不可兑现信用货币是政府发行的纸币或者说是传统意义上的纸币,它是指与银行券同时流通的,以国家政权为后盾的、由国家发行的强制流通的纸质货币。例如美国曾经发行的绿背钞。

2. 不可兑现信用货币的特征

与银行券相比,不可兑现信用货币与贵金属没有比价关系,它既不能自由兑换金银,也不能代表任何货币商品。即它以国家信用为基础,表现出强制流通的不可兑现的特征。

> **知识扩充:不兑现信用货币的沿革**
>
> (1) 可兑现货币演变为临时不兑换货币。世界上最早出现的纸币是中国北宋年间的"交子"。当时四川用铁钱,分量重,流通不便,一些富商联合发行了"交子",代替铁钱流通,并负责兑现。后来富商衰败,兑现困难,改为官办发行。起初政府控制发行数额,维持兑现,但是后来为弥补国库亏空,发行数额越来越大,以致严重贬值。元朝发行的"中统元宝钞",开始时一度可以兑现,但很快停止,大部分时间实行纸币流通制度。这些不兑现纸币的发行,虽然靠政府的作用,在一定时期发挥了货币的职能,但是由于发行无度,宝钞的数量太大,最终给商品流通造成极大的混乱。
>
> 西方国家也曾发行过这种政府纸币,例如美国的"绿背钞",但是一般数量较少,流通的信用货币仍以银行券为主。银行券在战争期间一般不兑现,例如英国英格兰银行的银行券,在1797年拿破仑战争时期变为不可兑现,直到1821年才恢复兑现;第一次世界大战期间,又变为不可兑现,1925年才恢复兑现。这种战争时期银行券的不可兑现的事实,为银行券走向完全不可兑现提供了可能。
>
> (2) 不可兑现信用货币的流通。在20世纪30年代,经济大危机的冲击使得多数国家放弃了金本位制,银行券不再兑现金币,完全纸币化,流通中的货币完全被纸质的不可兑现信用货币所取代,货币商品退出货币流通的历史舞台。

3. 不可兑现信用货币的意义

不可兑现信用货币突破了货币商品形态对经济发展的制约,为政府提供了一个调控经济的手段,所以说它是货币发展历程中的重大飞跃。正如一些经济学家所言:"在英国,1931年是货币史的界标,因为它不仅标志着在和平时期撤销可兑换钞票,而且几乎可以肯定地看到可兑换钞票的废止。"

(五)存款货币和电子货币

进入20世纪50年代以来,现金流通(纸币和铸币)逐渐减少,存款货币成为重要形式。

存款货币表现为银行账户上的存款余额,存户需要支付时可签发支票,或直接通过银行账户进行转账。这种存款货币的流通以银行信用为基础,仍属信用货币,但货币的概念扩大了。也就是说，货币不仅包括铸币或现钞，也包括可转账的活期存款，并且将不能随时转账的定期存款和储蓄存款称为"准货币"。存款货币的出现使货币形式突破了实体货币的概念，将货币由有形变为无形。

> **知识扩充**：以存款货币为基础的支票转账结算与原有的各种交易方式相比，虽具有较大优势，但仍有一些劣势。以美国为例，20世纪80年代中期，银行每年要处理约300亿张、总价8万亿美元左右的支票。1984年处理支票的成本大约是60亿美元，而且这些成本仍在上升。
>
> 20世纪70年代以来，随着商品经济高度发展和现代科学技术的运用，出现了电子货币，如信用卡、电汇业务簿。电子货币又叫"电子资金传送系统"。这种系统是在顾客用款场所安装终端机，并与银行电脑中心连接，通过系统运作将交易金额自动记入收付双方在银行的存款账户。由于存款储存于电脑，比传统的活期存款安全、便捷。这种系统的发展，使得实在的货币材料渐渐退出历史舞台，导致现金的消失。但是，电子货币变化的仅仅是货币形态，而货币的功能并未发生改变。

拓展阅读："信用卡是货币吗？"见右侧二维码。

信用卡是货币吗？

第二节　货币的职能

货币职能是货币本质的体现，是货币作为一般等价物所固有的功能。货币具有价值尺度、流通手段、贮藏手段、支付手段和世界货币五大职能。其中价值尺度和流通手段是基本职能。

一、价值尺度

1. 货币的价值尺度

当货币用来表现商品价值并衡量商品价值量大小时，其执行的是价值尺度的职能。

货币在执行价值尺度的职能时，本身应该有价格标准。它是货币发挥价值尺度职能的前提。

那么，什么是价格标准呢？

对于金属货币而言，价格标准是指货币单位所包含的货币金属重量；对于没有内在价值的纸币而言，价格标准是指货币单位所代表的价值量。在实践中，价格标准是有历史继承性的。即金属货币流通时期的价格标准对纸币的价格标准有着重要影响。

货币执行价值尺度的结果表现为价格。价格是商品价值的货币表现。商品价值是内在属性，价格是外在属性。

2. 货币执行价值尺度的特点

货币可以是观念上想象的货币，不一定是现实的货币。

3. 价格和价格标准的区别与联系

区别：①价格是商品所包含社会必要劳动量的货币表现；价格标准代表货币单位金属量，它是用来衡量货币金属本身的量的多少或代表货币单位价值量的大小，衡量的是货币自身的价值。②在金属货币流通时期，货币作为价值尺度是单位普通商品价值量与货币单位商品价值量的对比；在纸币流通时期，价格是单位普通商品价值量与货币单位包含价值量的对比。价格标准是人为规定的，通常由国家法律加以确定。③商品价格随着劳动生产率的变化而变化，而价格标准是随着国家法律的调整而调整。

联系：价格是商品价值的货币表现，是货币发挥价值尺度职能的结果，而货币是依靠价格标准来发挥价值尺度作用的，价格标准是为货币发挥价值尺度职能而服务的。

二、流通手段

1. 货币的流通手段

在商品交换中，当货币作为交换媒介，实现商品的价值时，其执行的是货币的流通手段职能。

以货币作为媒介的商品交换叫作"商品流通"。

2. 货币执行流通手段的特点

(1) 必须是现实的货币。即交易双方必须一手交钱一手交货，并等价交换，买卖行为才能完成。比如，我们在商店买商品时，不可能不付出代价就获得商品。

注意：这里的现实货币可以是有形的货币，也可以是无形的货币。

(2) 不一定是十足价值的货币。货币作为交换媒介时仅仅是一种交易的媒介，作为商品所有者出售商品、换取货币，其目的是用货币去换取自己需要的商品。只要货币能够购得自己需要的商品，货币本身是否有价值对商品所有者来说并不重要。这种客观事实，使得历史上足值、不足值，甚至于无价值的货币都可以执行流通手段的职能。

3. 货币执行流通手段的作用

马克思主义政治经济学中的代号 G 表示货币，即 gold；W 表示的是商品，德语是 Waren(马克思是德国人，当然用德语的首字母来代替)；而 G′ 表示的是循环之后扩大的货币 W，同理 G—W—G′ 表达的是资本循环周转的方式，P 多表示利润。货币的流通改变了商品交换的方式(由 W—W 变为 W—G 和 G—W)，解决了物物交换的局限性，使商品交换实现了买和卖的分离，方便了商品交换的进行，促进了商品流通的发展。

4. 货币执行流通手段的局限性

因为改变了物物直接交换的运动方式，使买卖分离开来，所以隐藏着发生经济危机的可能性。货币作为商品交换的媒介，把买和卖分离开来，使买和卖成为两种独立的行为。有的生产者卖出自己的商品后并不马上购买，因此另一些生产者就无法卖出，于是便形成买卖脱节的现象。这种现象不解决，就有可能引起经济危机。所以西方有些学者认为：货币作为一种交换媒介的存在是一般非均衡和非自愿失业的根源。

三、贮藏手段

1. 货币的贮藏手段

当货币暂时退出流通领域而处于静止状态时，货币执行的是贮藏手段的职能。

2. 贮藏货币的原因

货币贮藏的实质在于积累和保存价值。

(1) 对社会公众来说，人们已经普遍认识到货币是一般等价物，货币是价值的化身，可以用来换取自己需要的商品。货币又是社会财富的象征，积累了货币就等于保存了社会财富。

(2) 对于生产者来说，货币贮藏是保证社会再生产持续进行的必要条件。

3. 货币贮藏的方式、特点和作用

金属货币条件下，货币贮藏的方式是窖藏，其特点是货币足值，具有长期保值的作用。

因为，金银本身具有价值，是社会财富的一部分或社会财富的代表，最适合于贮存价值和积累财富。足值的金属货币的贮藏手段职能具有自发地调节货币流通的作用。当流通中的商品减少，需要的货币量减少时，多余的金属货币就会退出流通领域，被人们贮藏起来(如果货币不退出，普通商品的价格会上升，从而导致货币金属价值降低，购买商品吃亏)。当商品流通量增加，需要的货币增加时，贮藏的货币又会自动投入流通领域成为流通手段(因为如果没有货币进入流通，普通商品的价格会下跌，意味着货币金属价值上涨，购买商品合适，自然诱导货币苏醒进入流通)。所以，贮藏货币就像蓄水池一样，自发地调节着流通领域中的货币量，使它和商品流通的需要量相适应。在金属货币制度下，贮藏货币的方式是窖藏，并且是足值的货币。

在现代货币制度(纸币制度)的条件下，贮藏货币的方式、特点和作用已发生了变化。

贮藏方式：一是货币沉淀；二是银行存款；三是利用金融资产贮藏价值。

特点：不足值货币。

贮藏作用：①货币沉淀所占比例不大，没有实际意义。持币人将货币保存起来，时间超过一年不动用，本质上就是窖藏货币，但是现代货币不是足值货币，这种窖藏的方式已经没有实际意义，所占比例不大。②银行存款没有"蓄水池"的作用。货币存入银行，从持币人的角度看，其已经退出了流通领域，但是银行会运用这笔资金发放贷款，从整个流通领域看货币其实并没有退出，所以，不具有蓄水池的作用。③现代货币贮藏的前提条件是要求货币的币值保持相对稳定。现代货币不是足值货币，但是本质上是一般等价物，是社会财富的普通代表。从个体来看，它仍然可以发挥价值贮藏的功能，但是前提条件是必须保持币值的相对稳定。④货币并不是价值贮藏的唯一手段。在现代经济生活中，人们可以利用金融资产贮藏价值。

四、支付手段

1. 货币的支付手段

当货币作为独立的价值形式进行单方面转移时,货币执行的是支付手段的职能。这一职能是流通手段的延伸。

货币支付手段的产生源于商业信用。有的商品生产者为了买到商品愿意提前付款,有的商品生产者为了尽快把商品卖出去,愿意先卖商品后收款,这就是赊买赊卖。这时,货币的收付已同商品的买卖在时间和空间上发生了分离,不再是货币执行流通手段时一手交钱一手交货的买卖,而是货币进行单方面的价值转移,执行支付手段的职能。

在商品经济进一步发展之后,产生于商业信用的货币支付手段职能,被广泛运用于各种非商品买卖引起的货币支付,如租金、税金、工资、信贷收支、水费、电费、话费等。

2. 支付手段的意义和局限性

意义:克服了流通手段的局限性,加速了货币周转,节约了流通费用。

局限性:扩大了商品经济的内在矛盾,使得货币在执行流通手段职能时孕育的经济危机有了进一步发生的可能。因为赊买赊卖使许多生产者互相欠债,形成债务链条,只要有一个商品生产者欠债不还,不能按期还账,就会引起连锁反应,破坏整个商品交换的信用关系,从而引发经济危机。

五、世界货币与国际货币

1. 世界货币与国际货币

当货币越出国境,在世界市场上发挥一般等价物的作用时,我们称它为世界货币。它在国际范围内执行的是价值尺度、流通手段、贮藏手段和支付手段的职能。

2. 世界货币的局限性

在金属货币制度下,作为世界货币,要求货币本体以条块的形式按实际重量发挥职能,不能使用在国内流通的铸币和价值符号,因为不同的国家有不同的价格标准和铸币形态,不被其他国家认可和接受。世界货币的作用:①国家间的支付手段,用以平衡国际收支逆差;②国家间的购买手段,用以从国外购买商品;③国家间转移财富的手段,用以实现财富的转移,如战争赔款、对外援助、输出资本、慈善事业等。

作为世界货币是以贵金属为条件的。

现代纸币制度下的信用货币不是世界货币,例如美元、英镑、瑞士法郎等曾经被广泛地作为国际结算的主要手段,但它们并不是世界货币,应该被称为国际货币,只是发挥了世界货币的作用。

能力拓展:思考货币职能之间的相互联系。

第三节 货币制度

一、货币制度的概念及内容

1. 货币制度的概念

货币制度大约出现在 16 世纪。货币制度简称"币制",是指一个国家以法律形式规定的本国货币的流通结构和组织形式。它由国家有关货币方面的法令、条例等综合构成。

2. 货币制度的构成要素

1) 规定货币材料

规定货币材料,即规定一国货币的本位币用什么材料制成。它是整个货币制度的基础,也是货币制度最基本的要素。

货币本位币的材料决定着货币制度的类型。比如,规定用黄金作为本位币的材料就是金本位制度,规定用白银作为本位币的材料就是银本位制度,规定用纸币作为本位币的材料就是纸币本位制度。

注意:以什么样的材料作为本位币币材,不是任意规定的,而是受经济发展水平和生产力的制约。

2) 规定货币单位

货币单位是国家法律规定的货币计量单位,包括两方面的内容。

(1) 规定货币单位的名称。目前,世界上货币单位的名称有一百多种,其中用"元"的较多。据统计,用"元"作货币单位名称的有 50 多个国家。按照国际惯例,货币名称与货币单位是一致的。但人民币是例外,如人民币的货币单位是"元",货币的名称是"人民币"。国外一些人,把人民币称为中国元,在 2005 年的全国政协会议上,有政协委员建议改"人民币"为"中国元"。

(2) 规定货币单位的价值。货币单位的价值是指货币单位所含的货币金属重量。在 1973 年以前通过规定货币含金量来表示货币的价值。1973 年以后,各国都相继取消了货币的含金量。如美国的货币单位为美元,根据 1934 年 1 月的法令规定,1 美元含纯金 0.888671 克;中国长期流通白银,1914 年北洋政府颁布的《国币条例》规定货币单位名称为"圆",含纯银 23.977 克,合 0.648 两。1973 年后布雷顿森林体系解体,货币单位就慢慢与金属重量脱钩了。

3) 规定各种通货的铸造、发行和流通程序

通货就是流通中的现金,包括主币和辅币。

(1) 主币。主币也叫本位币,是一个国家的基本通货,也是按照国家规定的货币单位和货币金属铸造的货币。其特点如下。

第一,在金本位和银本位制度下,主币的名义价值和实际价值一致,是足值货币。在现代货币制度下,已经无此特点。

第二,主币可以自由铸造、自由熔化。这种自由铸造是指公民有权把货币金属送到国家铸币厂铸成本位币,不受数量多少的限制。铸币厂代铸货币,不收或收取少量的铸造费。在流通中磨损超过重量公差的主币不准投入使用,但是可向政府指定的单位兑换新币。这一特点的意义在于:可以保证本位币金属无限制地成为价值尺度,无限制地执行支付手段和流通手段的职能;可以保证本位币的名义价值和实际价值一致;可以保证本位币自发地适应客观流通的需要量。在现代货币制度下,主币已经无此特点。

第三,主币具有无限法偿能力。国家法律赋予主币在一切交易、支付活动中,不论数额大小,出售者和债权人均不得拒收。在现代货币制度下,主币仍然保留了这一特点。

(2) 辅币。辅币即辅助通货,是主币以下的小额通货,供日常零星交易与找零使用。其特点如下(在现代货币制度下,辅币仍有下列特点)。

第一,名义价高于实际价值,是不足值货币。

第二,不能自由铸造、自由熔化,由国家统一铸造,铸币收入归国家所有,是财政收入的主要来源。

第三,是有限法偿货币。

在纸币本位制下,纸币的发行权由国家货币管理当局垄断,主币和辅币的名义价值都高于其实际价值,所以,无限法偿与有限法偿的区分已无意义。

4) 准备制度

准备制度也叫黄金储备制度,通常指一个国家所拥有的金块和金币的总和,是一国货币稳定的基础。这一制度规定把贵金属集中到国库和中央银行,主要用途如下。

第一,将其作为世界货币的准备金,即用来作为国际支付手段的准备金。

第二,作为时而扩大时而收缩的国内金属货币流通的准备金。

第三,作为支付存款和兑换银行券的准备金。

在金属货币流通条件下,金准备最初为十足的金准备,之后由于黄金数量不足,便以一定数量的证券作为准备金。在现代货币制度下,金准备的后两项用途已经消失。由于黄金的地位下降,所以它与外汇储备一起作为国际支付准备金。

二、货币制度的演变

近代世界各国实行的货币制度多种多样,总体可以分为金属本位制度和纸币本位制度两大类。前者与一定量的金属保持比价关系,分为银本位制、金银复本位制、金本位制三种类型;后者与金属没有比价关系,不能兑换金银,又称不可兑现的信用货币制度。所以,货币制度又分为银本位制、金银复本位制、金本位制、不可兑现的信用货币制度四大类型,如图 1-1 所示。

(一)银本位制

银本位制是历史上出现最早、实施时间最长的一种货币制度。

1. 银本位制的定义

以白银为货币金属,以银币为本位币,称为银本位制。

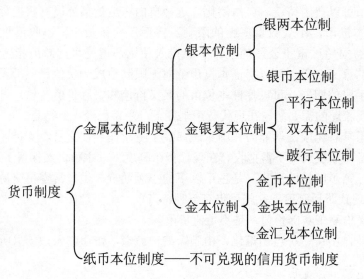

图 1-1 货币制度

2. 银本位制的特点

(1) 规定以白银为货币金属，白银享有无限法偿能力。

(2) 银币可以自由铸造和熔化，并规定了银币的重量、成色、形状及货币单位。

(3) 白银和银币可以自由输出和输入。

3. 银本位制的局限性(缺点、被放弃的原因)

(1) 价值不稳定。由于白银储藏量较丰富，加上 19 世纪以后开采技术提高，白银的产量急剧上升，导致其价格下降。而作为一种货币金属，只有当其价值能保持相对稳定时，才适合充当货币材料，才能保证货币价值的稳定性。白银价格不断下跌的趋势说明白银的价值并不稳定，银本位制不是理想的货币制度。

(2) 白银体重价廉。在大宗交易时往往要携带大量的白银，既不方便又不安全，局限性很大。

(3) 白银价格不稳定，各国的银价不一致，波动大，导致其汇率不稳定，一定程度上阻碍了国际贸易的发展。

商品经济的发展需要价值含量更高、更稳定、携带更方便的货币。16 世纪，随着新大陆的发现，墨西哥和秘鲁丰富的银矿、巴西丰富的金矿先后被开采出来。16—18 世纪，欧洲国家纷纷建立金银复本位制度。

(二)金银复本位制

1. 金银复本位制的定义

金银复本位制是金铸币和银铸币同时作为本位币的货币制度。它于 1663 年由英国开始实行，随后欧洲各国纷纷采用。在这种货币制度下，法律规定：金银两种铸币都是本位币，都可以自由铸造(跛行本位制例外)，可以自由兑换，都是无限法偿货币。

第一章 货币与货币制度

2. 金银复本位制的种类

1) 平行本位制

平行本位制是金银两种金属货币均按各自所含的实际价值流通的货币制度。也就是说，在这种货币制度下，金银两种货币的比价由市场上这两种货币金属的比价决定。

平行本位制的缺点是：市场上的同种商品出现了金币价和银币价两种价格，随着市场上的金银比价的频繁变动，用金币和银币表示的商品的两种价格也随时处于波动之中，给商品交易带来许多麻烦。所以，平行本位制不是稳定的货币制度。

2) 双本位制

双本位制是国家以法律形式规定金银两种货币的固定比价，并要求按法定比价进行流通的货币制度。双本位制也不是理想的货币制度。因为这种货币制度虽然克服了平行本位制下"双重价格"的缺陷，但是它违背了价值规律，所以又产生了"劣币驱逐良币"的现象。在双本位制下，官方的金银比价与市场上金银的比价并存，官方比价弹性小，市场比价弹性大。当市场比价发生变化而官方比价没有及时调整时，就会引起金币和银币的实际价值与名义价值相背离，从而使实际价值高于名义价值的货币被收藏、熔化，退出流通领域，而实际价值低于名义价值的货币充斥市场，市场上实际只有一种货币在流通。市场价格为实际价值；官方价格为名义价值。

在货币流通中，名义价值高的货币排斥实际价值高的货币的现象叫"劣币驱逐良币"规律。这种规律最早由英国财政学家汤姆斯·格雷欣发现，并上书英国女皇改革铸币制度，故又称格雷欣法则。

例如，当市场上的金银比价变化为 1∶16，而官方比价未调整，仍为 1∶15 时，人们会把金币熔化成条块状，到市场上用 1∶16 的比价兑换成白银，把白银铸成银币，再按 1∶15 的官方比价兑换成金币，如此循环一圈，就可以得到一份白银的利润。结果就是，流通领域只有一种市场价格低而国家法定价格高的货币在流通，因此实际上并不是双本位制。

3) 跛行本位制

跛行本位制是金银复本位制向金币本位制过渡的一种货币制度。为了克服双本位制下"劣币驱逐良币"的现象，许多国家实行了跛行本位制。在这种货币制度下，金币和银币仍然同为本位币，仍然按法定比价流通和兑换，都具有无限法偿能力，但是只有金币可以自由铸造，银币则不能自由铸造。由于限制银币自由铸造，这样银币的价值就不是取决于金属银，而是取决于金属金，于是银币本位币的地位大打折扣，银币成为金币的附属货币，起辅助作用。在这种货币制度下，两种货币的地位不平等，所以叫跛行本位制。

(三)金本位制

在金银复本位制下，存在两种本位货币，即存在两种一般等价物，但一般等价物的重要特征是排他性，因此它是一种有缺陷的货币制度，是货币制度的倒退，阻碍了经济发展。在条件具备的情况下，由英国率先实行金单本位制。

1816 年英国颁布法令宣布实施金本位制，德国、法国、比利时等欧洲国家紧随其后，相继实行金本位制。1897 年俄国、日本宣布实行金本位制。1900 年美国也宣布黄金为唯一的本位币金属，这时资本主义国家差不多都实行了金本位制。当时的中国、印度等国家仍实行银本位制。

金本位制又叫金单本位制，是指以黄金作为本位币的一种货币制度，主要形式包括金币本位制、金块本位制和金汇兑本位制。

1. 金币本位制

1) 金币本位制的定义

金币本位制是以黄金为货币金属的一种典型的金本位制。由英国于 1816 年宣布实行，前后历经近百年。

2) 金币本位制的特点

(1) 金币可以自由铸造、自由熔化、无限法偿，其他金属货币限制铸造、有限法偿，从而保证了黄金在货币制度中的主导地位，使金币的价值与其面额价值相一致，足值的金属货币能够自发地调节流通中的货币量。

(2) 辅币和银行券等价值符号可以自由兑换金币。各种价值符号可以按面额规定的价值随时兑换金币，确保了各种价值符号能够稳定地代表一定量的黄金进行流通，从而保证了价值符号流通的稳定，不致出现通货贬值(价值符号相对稳定)。

(3) 黄金可以自由输出和输入。黄金是足值货币，只要各国货币单位按其所含黄金折算成一定的比价，就可以自由输出和输入，用以结算国际收支差额，有利于国际贸易往来，稳定汇率(汇率相对稳定)。

(4) 金准备全部是黄金。

3) 金币本位制的优点

(1) 金币本位制是相对稳定的货币制度，其币值的稳定便于计算产品成本、价格和利润，促进了资本主义生产和商品流通的发展。

(2) 币值的稳定又使债权债务的利益不受通货贬值的影响，促进了信用制度的发展。

(3) 各国通货以黄金为基础，外汇行市相对稳定，黄金能自由地发挥世界货币的职能，为国际贸易的顺利进行提供了前提条件。

但随着资本主义社会固有矛盾的加深和世界市场的进一步形成，金币本位制的基础地位受到了严重威胁。

4) 金币本位制瓦解的原因

(1) 各国经济发展的不平衡引起世界黄金存量分配的极不平衡。到 1913 年年末，美、英、法、德、俄五国占有世界黄金存量的 2/3，这使很多国家货币流通的基础缩小，金币自由铸造与自由流通的基础受到冲击，动摇了这些国家货币制度的基础。

(2) 价值符号对金币自由兑换的可能性被削弱。资本主义国家为瓜分世界准备世界战争，大肆增加价值符号的发行，使黄金准备减少，兑换出现危机。

(3) 黄金在国家间的自由转移也受到很大限制。资本主义大国为了本国垄断资本的利益，实行关税壁垒和贸易保护政策，对黄金输出和输入实行限制，使黄金流动保持对外汇率稳定和调节国际收支的作用削弱。

(4) 到了 20 世纪，在高科技工业发展过程中，大量地以黄金为材料，由本身具有价值的黄金充当货币是社会财富的浪费。

(5) 经济迅速发展时期，要求货币的供应量增加，并且有供给弹性，但黄金的产量不能相应地快速增长。加之第一次世界大战的爆发，许多国家放弃了金币本位制，战后只有美国恢复了金本位制，其余各国相继实行了没有金币流通的变相的金本位制度，即金块本位制和金汇兑本位制。

2. 金块本位制

1) 金块本位制的定义

金块本位制又称生金本位制，是指国内不铸造、不流通金币，而流通代表一定重量黄金的银行券，黄金储存于政府，银行券只能按一定条件向发行银行兑换金块的金本位制。

2) 金块本位制的特点(即与金币本位制的区别)

(1) 黄金虽然作为本位币，但在国内不流通、不铸造，只有纸币流通。纸币或银行券仍是金的符号，并确保其含金量。

(2) 金块本位制打破了金币本位制下银行券与黄金的自由兑换。这时，黄金由政府集中储存，居民按本位币的含金量在达到一定数额后可兑换金块。例如，英国 1925 年规定银行券与金块一次兑换数量不少于 1 700 英镑，法国 1928 年规定一次至少兑换 215 000 法郎，这样高的限额对于大多数人来讲是达不到的。

金块本位制减少了对货币黄金的需求，减少了对黄金的发行准备要求，暂时缓解了黄金短缺与商品经济发展之间的冲突，但是并未从根本上解决问题。在 1924—1928 年，英、法、荷兰、比利时等国实行金块本位制，但在 1929—1933 年世界经济危机期间及以后，这些国家相继放弃了这种币制，实行不可兑现的信用货币制度。

3. 金汇兑本位制

1) 金汇兑本位制的定义

金汇兑本位制也称虚金本位制，是指国内只流通银行券，而银行券可以按政府规定的汇率自由地兑换成另一采用金币或金块本位制国家的货币，再兑换该国黄金的一种货币制度。

2) 金汇兑本位制的特点

(1) 国内流通银行券并且规定其含金量，但无金块或金币可供兑换，禁止金币的铸造与流通。

(2) 中央银行将黄金和外汇存在另一实行金币本位制和金块本位制的国家，并规定了本国货币与该国货币的法定兑换比率。

(3) 居民可按法定兑换比率先用本国货币兑换该国货币，然后再向该国兑换黄金。

实行金汇兑本位制的国家实质上是使本国货币依附在一些经济实力雄厚的外国货币上，处于附庸地位。因而货币政策受经济实力强的国家的牵制，同时附庸国家向其大量提取外汇准备或兑取黄金也会影响后者的币值稳定。

3) 金汇兑本位制与金块本位制的相同点

(1) 在两种货币制度下，货币单位都规定了含金量，国内只流通银行券，没有金币流通。失去了货币自发调节流通需要量的作用，币值自动保持相对稳定的机制也不复存在；银行券不能自由兑换黄金，削弱了货币制度的基础。

(2) 节省了黄金的使用，使经济的发展摆脱了黄金数量的限制。

(3) 都没有足够的货币发行准备，货币的价值经常波动，仍然是很不稳定的货币制度。

第一次世界大战之前，殖民地国家如印度、菲律宾等实行金本位货币制度。第一次世界大战后，德国、意大利、奥地利、中国、波兰等国家实行金本位货币制度。第二次世界大战结束前夕，在美国的新罕布什尔州布雷顿森林召开的国际货币会议上确立的"布雷顿森林体系"，实际上是一种全球范围的金汇兑本位制。这一体系规定了各国货币与美元挂钩、美元与黄金挂钩、以美元为中心的货币制度，把各国货币都变成了美国货币的依附。直到 1973 年，由于美国宣布与黄金脱钩，金汇兑本位制才正式停止。

1929—1933 年世界经济危机的风暴彻底摧毁了这种残缺不全的金本位制，迫使经济学家放弃了自发调节经济的思想而主张国家干预经济，于是资本主义各国先后实行了纸币制度——不兑现的信用货币制度。

(四)不兑现的信用货币制度(纸币本位制度)

自 20 世纪 30 年代以来，各国普遍实行这种制度。

1. 不兑现的信用货币制度的定义

不兑现的信用货币制度是指以不兑换黄金的纸币或银行券为本位币的货币制度。

它是货币制度演进过程中质的飞跃，突破了货币商品形态的桎梏，而以本身没有价值的信用货币作为流通中的一般等价物。在这种货币制度下，黄金量不再是确定货币币值及两种货币汇率的标准。

2. 实行不兑现货币制度的原因

金属货币制度，特别是金单本位制，虽然具有稳定性的优点，但是其缺陷也是致命的。

(1) 金属货币制度需要足够的贵金属作为货币发行准备和货币流通基础。随着经济的发展，贵金属贮藏量和产量的有限性与商品生产和流通规模不断扩大的矛盾日益尖锐。尽管实行部分准备金制度可以在一定程度上缓和这一矛盾，但这并不能从根本上消除这一矛盾。人类社会的商品生产和商品流通规模远远大于贵金属的存量总和。社会经济发展在客观上要求有一种不受自然资源限制，并可以调节其数量的灵活而又有弹性的货币供给制度。金本位制度下的货币需求受黄金开采能力的限制，纸币因其材料来源充足而成为人们选择的对象。

(2) 在金属货币制度下，一国经济受国外影响太大。在金银可以自由输出、输入的时候，各国经济密切相关。在实行金汇兑本位制时，各国为了维持汇率稳定，必须调整其国内的经济政策和经济目标。这些不利于一国实行独立的经济政策。这也是各国放弃金属货币制度的重要原因。同时，由于资本主义各国的政治经济发展极度不平衡，在第一次世界大战的冲击下，黄金分配极度不平衡，黄金主要集中在美国，多数国家量不足，难以维持黄金对内的自由铸造、向上熔化的流通需要，也难以维持黄金的向上输出、输入来保证固定汇率制度。

(3) 黄金本身是社会财富，由其充当一般等价物，流通费用高，是社会财富的巨大浪费。以纸币作为货币材料，纸的价值含量很低，即使有了磨损，也不会造成社会财富的巨大浪费，而且纸币便于携带、保管等。这些都是金属货币所不及的。当然，纸币与存款货币、电子货币相比，在支付速度、交易成本方面处于劣势，所以纸币也终将被淘汰。

3. 不兑现的信用货币制度的特点

(1) 货币由不兑现银行券和银行存款构成，都是信用货币。不兑现银行券由国家授权中央银行垄断发行，具有无限法偿能力，体现着对持有者的负债，银行存款体现着对存款者的负债，二者都体现着信用关系。

(2) 信用货币都是通过银行放款投入流通领域中的，与金币通过自由铸造投入流通领域有着根本的区别。

(3) 黄金已退出国内流通领域。信用货币不能兑换黄金，也不规定含金量，不与任何金属货币保持等价关系，货币发行不以金银作为准备，不受金银数量的约束。

(4) 国家对流通货币的管理成为经济正常运行的必要条件。在不兑现的货币制度下，银行放松银根，信用货币投放过多，就会产生通货膨胀；银行收缩银根，就会产生通货紧缩。由于此时黄金对货币流通量的自发调节作用已不复存在，因此为使货币流通量适应经济发展的需要，必须由国家对银行信用加以调控。

不兑现的信用货币——纸币，代替黄金成为本位币，黄金完全退出货币流通，这种现象称为黄金的非货币化。但由于黄金在历史上曾经起着非常重要的作用，有发达的交易市场，所以其仍然是各国真实的储备资产。纸币作为价值符号取代金属货币，但纸币并不是货币形式的终结。前已述及电子货币是继纸币革命后货币形式的又一次重大变革，它的流通不需要借助任何有形的实物，而是依靠光波、电波进行信息传递和处理，并且发挥着货币的各种职能。

世界货币与国际货币

知识扩充："世界货币与国际货币"见右侧二维码。

三、人民币与中国的货币制度

人民币是中华人民共和国的法定货币，独占货币市场并由中国人民银行统一发行和管理。

(一)人民币的产生

人民币是在我国革命战争时期根据地货币的基础上产生的。最早的根据地货币是 1927 年 1 月湖南平民银行发行的临时兑换券。各根据地货币在支援革命战争、发展解放区经济、开展对敌斗争、稳定金融物价等方面起到过积极的作用。中华人民共和国成立前夕，为了适应迅速发展的政治、军事、经济发展需要，因此迫切需要统一货币市场，于是中国人民银行在 1948 年 12 月 1 日成立伊始，就发行了人民币，与此同时陆续收回各解放区货币，禁止金银、外币的计价流通，收兑肃清了国民党政府发行的金元券、银行券等各种货币，使人民币成为唯一合法流通的货币，从而统一了货币市场。1955 年 3 月 1 日中国人民银行又发行了新人民币,收兑旧人民币,从此各机关、团体、企业及个人的一切货币收支、账簿记载及国际清算,均以新人民币为计量单位,从而巩固了人民币在我国唯一合法流通的地位。

(二)人民币的性质

人民币作为货币发挥着一般等价物的作用。

1. 人民币是一种信用货币

(1) 从发行程序看,人民币是通过收购金银、外汇或通过信贷程序发行的,属于经济发行,其发行量是根据社会生产和商品流通的客观需要决定的,其流通量随生产和流通规模而伸缩。

(2) 从信用关系看,人民币的发行是中国人民银行的负债,是社会公众索取价值的凭证。人民币的持有人是债权人,这种信用关系的消除通过特殊的兑换方式实现,即国家保证以相对稳定的价格供应商品和劳务,人民币持有人以稳定的价格得到相应的商品和劳务。

2. 人民币的内涵是商品价值符号

人民币没有法定含金量,也不能自由兑换黄金,人民币币值和商品价值及价格密切联系。人民币币值与商品价格变化成反比,而和商品价值总量变化成正比。

3. 人民币是信用货币,也有可能转化为纸币

只要出现财政赤字,就有可能强制发行人民币,而人民币过量发行,必然导致币值下跌,发生通货膨胀,这时人民币就可能转化为不兑现纸币(从理论上看,是没有商品物资对应、多余部分,但在实践中无法区分哪一部分是纸币,哪一部分是信用货币)。

综上所述,人民币是在一定条件下可能转化为纸币的信用货币,是在流通中发挥一般等价物作用的价值符号。

(三)人民币的兑换性

货币的兑换性是指一种货币兑换成别种货币或支付手段的能力。按货币可兑换的程度可分为自由兑换货币、有限度可兑换货币、不可兑换货币三种。实践中常有可自由兑换货币、有限度的可兑换货币、不完全自由兑换货币、完全自由兑换货币之分。

(1) 可自由兑换货币是指国际货币基金组织的成员国对国际收支经常项目下交易的资金支付和转移不加限制,不实行歧视性货币安排或多重汇率制,并随时有义务按他国要求换回其经济往来中的结存本国货币。

(2) 有限度的可兑换货币是指依货币持有者身份、交易方式、资金用途、支付方式等要求,把本国货币兑换成外币的可能性限制在一定范围内。比如非居民(境外居民)可自由兑换、区域性自由兑换、国际收支经常项目自由兑换、资本转移自由兑换、定期限额自由兑换等。

(3) 不完全自由兑换货币是仅指国内所有厂商和公众能够自由地、不受限制地用本国

第一章　货币与货币制度

货币在本国从金融机构购买外汇。

(4) 完全自由兑换货币是指一国货币不仅能在国内自由地转化为其他货币，而且在国外、在国际外汇市场上也能自由地转化成其他货币。不论持有本国货币者是本国人还是外国人，不论是贸易业务还是非贸易业务，不论是经常项目还是资本项目都可以进行兑换。我国人民币已实现经常项目下可自由兑换，人民币的最终目标是逐步成为完全自由兑换货币。

1. 成为完全自由兑换货币的条件

成为完全自由兑换货币的条件包括：政府要有充足的国际储备，必须有强大的国力支持和高度的经济开放，必须有宏观金融的稳定和汇率的稳定，必须有比较完善的金融市场，必须有微观经济方面的配套机制等。

2. 实现人民币自由兑换的前期准备

(1) 进一步放开和理顺价格，强化企业产权改革，没有企业经营的市场化和高效化就不可能有真正稳定的人民币自由兑换。

(2) 健全货币稳定机制和财税控制机制，加深金融和财税体制改革，这是确保人民币自由兑换后经济和金融稳定的条件。

(3) 培育短期货币市场，这是实行宏观金融调控的重要手段。

(4) 形成合理的汇率，使人民币的汇率在过渡期中尽可能地由市场供求关系决定，从而使人民币汇率水平恰当。

(四)我国的货币制度

我国的货币起源于殷商。在秦统一币制之前存在着各种不同的货币形态和货币体系。秦朝时期对我国货币制度的突出贡献在于统一了混乱的货币形态和货币单位，推出了我国历史上通用的圆形方孔钱。

我国历史上的币制主要以银铜本位制为主。日常交易用铜钱，大宗交易用银两，黄金有时也用于支付或被储藏，金银以金属重量计值。由于银两成色不同，重量不一，造成交易困难，同样也限制了交易、流通范围。

随着外国金融侵入，外国银元流入，1933年国民党政府宣布"废两改元"，公布《银本位币铸造条例》，银两制退出历史舞台，健全了银本位制，银元成为中国的本位货币。当时的银元可以自由铸造，具有无限法偿能力，银元重62.697 1克，其中银占88%，铜占12%。1935年11月又宣布实行"法币改革"，废止了银本位制，于是银元货币制度结束。"法币政策"规定：中央银行、交通银行、中国农业银行发行的钞票为法币，禁止银元流通，法币可以兑换外汇。其实这是一种典型的金本位制下的金汇兑本位制。

随着抗日战争的爆发，法币兑换外汇受到限制，我国的货币制度演化为纯纸币制度。1948年12月中国人民银行成立并发行人民币，自此形成了我国具有社会主义性质的货币制度。当时人民币的货币单位为"元"，主币面额为100元、50元、10元、5元、3元(1964年停止流通)、2元(2018年停止流通)、1元七种，辅币纸质面额为5角、2角(2018年停止流通)、1角、5分、2分(2018年停止流通)、1分这六种。其中，1元面额的主币和辅币有纸币和金属硬币两种类型。从 1999 年 10 月始，我国正式发行 1999 年版的新币，新币中增加了 20 元的主币。人民币的发行权属于国家，国家授权中国人民银行具体组织实施货币发行业务。人民币是我国的法定货币，按规定我国严禁金、银、外币计价流通。金、银、外币作为国际储备金，由国家集中保管，主要用来平衡国际收支。

本 章 小 结

本章从商品经济的内在矛盾入手，揭示了货币的起源和本质。通过讨论货币本质、固有的职能、质与量的规定性以及货币制度的演变，从而把握货币这个经济金融领域最基本、最重要的经济事物的历史与逻辑的联系，使学生对货币有一个较为全面的认识。

(1) 从货币的产生过程可以看出，货币是商品，但货币不是普通的商品。货币是固定地充当一般等价物的特殊商品，并体现一定的社会生产关系，这就是货币的本质。

(2) 货币的职能是指货币本质所决定的内在功能。在现代经济生活中，一般认为货币具有五种职能。这五种职能是价值尺度、流通手段、贮藏手段、支付手段和世界货币。

(3) 货币层次划分的依据是流动性。流动性是指金融资产不受损失并及时转化成现实购买力的能力。

(4) 币材决定货币制度类型。从币材变化的过程可以看出，货币制度主要经历了金属货币本位制和信用货币本位制两个阶段。金属货币本位制又可以划分为三类典型的货币制度，即银本位制、金银复本位制和金本位制。

本 章 习 题

1. 简述货币的本质、货币作为支付手段具有的特征及货币取得世界货币职能的条件。
2. 简述货币制度及其构成要素、类型。

第二章 信 用

信用

【教学目的与要求】

本章主要介绍信用与信用工具的基本知识。教学的目的是使学生在了解信用的产生和发展的基础上，深刻理解并掌握信用的含义，信用的形式、信用工具的划分与特征，信用与利率对经济的作用等内容，重点掌握信用工具的种类及信用在经济中发挥的重要作用。

【重点与难点】

- 信用形式。
- 信用工具的种类及特点。
- 信用对经济的影响。
- 信用工具的种类。

信用卡走进大学校园——是喜是忧？

小王是某大学的一名大三学生——"我的大部分生活学习用品都是用信用卡买的，自从办了信用卡以后，很多需要的东西想买就买了，不再需要等到攒够钱再去买，生活方便了很多。"与此同时，小王的消费额也增加了很多，以前看到喜欢的东西时会犹豫一下，拥有信用卡后便毫无顾忌地购物，每张信用卡都处于严重透支状态。生活费用增加了很多，透支也成了常态。

在一次商场打折促销活动中，小王经不住诱惑，买了很多东西，透支了生活费以外的一笔钱。原打算可以用下个月的生活费补上，但又恰巧遇到外地读书的高中同学过来玩，于是他继续使用信用卡消费。到还款期限时，小王因不好意思总跟家里开口要钱，就先向同学借钱还了银行的欠款，但偏偏遇到同学生病急着用钱，小王又只能用信用卡透支了下个月的钱赶紧给同学还钱。这时他才发现，很多自己之前"随手就刷"的东西买了之后才发现用处并不大。就这样拆东墙补西墙，最后小王只能通过做兼职打工还债。

【思考讨论】

通过以上例子并结合所学知识，谈谈你对消费信用的理解？

(提示：消费信用是企业、银行和其他金融机构向消费者个人提供的、用于生活消费目的的信用。消费信用与商业信用和银行信用并无本质区别，只是授信对象和授信目的不同。从授信对象来看，消费信用的债务人是个人，即购买生活资料的个人和家庭。从授信目的来看，是为了满足个人消费资料的资金需求。)

第一节 信用的产生和发展

一、信用的含义

经济学意义上的信用从属于商品货币的经济范畴。信用是一种借贷行为，是以偿还和付息为条件的、单方面的价值转移，是一种价值运动的特殊形式。

理解信用概念要把握以下几点。

(1) 信用是一种借贷行为，信用关系即债权债务关系。

(2) 在信用活动中出让的是使用权，而不是出让所有权。有借有还是其重要特征。

(3) 信用是价值的单方转移，不是对等转移，所以它是价值运动的特殊形式。

二、信用的产生

信用产生的基础是商品交换和私有制的出现。

1. 原始社会末期，贫富分化，产生了信用

如果没有剩余产品，没有交换，就没有信用。

原始社会末期社会分工出现，有了剩余产品，有了商品交换。私有制的出现产生了贫富差别，贫者为了生存就要向富者借贷，信用由此产生。

2. 商品、货币占有的不均衡

商品货币关系的发展，使商品、货币在各个生产者之间分布不均衡，出现了商品需要卖，但拥有货币的人不需要买，而需要商品的人却没有货币，商品交换无法进行的情况。为解决这一问题，出现了赊购赊销的方式，即商品赊卖者或货币贷出者成为债权人，商品赊购者或货币借入者成为债务人，二者发生了债权债务关系，双方达成了到期归还并支付利息的协议，这便是典型的信用关系。

三、信用的发展

(一)高利贷信用

高利贷信用是人类历史上最古老的信用形式。

1. 高利贷信用的定义

高利贷信用是最早出现的信用形式，它是以获取高额利息为目的的借贷行为，是广泛存在于奴隶社会和封建社会的一种最古老的生息资本形式。

2. 高利贷信用的产生

原始社会末期，私有制的产生导致了贫富分化，大量财富被少数家族占有。而大多数不占有生产资料的家族，为维护生产和生活被迫向富有的家族借贷商品和货币。在当时剩

余产品有限、可贷放出去的资财较少而需要者较多的情况下,借入者只有付出高额利息才能获得自己急需的商品和货币,于是高利贷便产生了。

高利贷在奴隶社会和封建社会得到广泛的发展,其根源在于上述社会形态是自给自足的小生产经济占统治地位。小生产经济指个人拥有简单的生产资料,以家庭为单位,从事简单劳动,且收入极不稳定,任何微小的自然灾害或意外打击都可能击垮他们的简单再生产。为维持简单再生产和成本极其低下的生活,有时也为支付苛捐杂税、地租,小生产者必须去借高利贷而无法考虑能否承受高额利息。除小生产者外,奴隶主和地主也是高利贷的借者。不同的是,奴隶主和地主不是为了满足再生产的需要或增加生产资料去借,而是为了满足他们荒淫腐化的生活或为巩固其统治地位,比如修建豪宅、豢养武士、雇佣保镖、购置武器装备等。马克思曾指出:"榨取贫苦小生产者的高利贷是和榨取富有大地主的高利贷携手并进的。"而后者总是靠加强剥削来弥补他们在高利贷中的损失。

3. 高利贷的债务人与债权人

高利贷的债务人:小生产者、奴隶主、封建主。

高利贷的债权人:商人、宗教机构、职业军人、奴隶主和封建主。首先是商人,特别是从事货币兑换的商人,他们专门从事货币兑换、保管和汇兑等业务,手中经常集聚大量的资财,是高利贷的主要发放者。其次是寺院、教堂、修道院等宗教机构利用善男信女的施舍和富有者资财的寄存也发放高利贷。再次是奴隶社会和封建社会的统治者,如职业军人依靠战争掠夺大量财富;官吏通过巧取豪夺获得大量资财发放高利贷。此外,奴隶主和封建主依靠残酷剥削手段得来的财富,在未消耗前也利用高利贷进行超经济剥削。在自然经济占优势、货币关系不发达阶段,高利贷主要是实物形式的借贷。随着商品经济货币关系的发展,出现了货币形式和货币实物混合形式的高利贷。

4. 高利贷信用的特点

通过上述分析,高利贷信用的特点可以总结如下。

(1) 利率高。高利贷信用的年利率一般在 30%以上,100%~200%也较常见,甚至没有最高限制。高利贷的利率没有最高限额,其原因有三方面:一是受到统治阶级的支持和保护,因为发放高利贷的人本身就是统治者。二是高利贷的借者是为了获得必不可少的购买手段和支付手段,不是为了获得追加资本。如果是为了获得追加资本,借者考虑到无利可图,就不愿意借了。三是商品经济的不发达使货币供给紧张,货币供应愈紧张,人们对货币的需求愈大,这就为高利率的形成提供了条件。

(2) 非生产性。高利贷资本的来源不是社会再生产过程中暂时闲置的资本,而是通过掠夺、剥削而来的社会再生产以外的财富。从高利贷的用途看,奴隶主和封建主是为了满足奢侈的生活和巩固统治,小生产者是为了维持生存都不是再生产。

(3) 保守性。高利贷极高的利率使得通过高利贷借得的资本不是主要用于生产,因为生产所得无法支付高额利息,而其非生产性又使生产不能快速发展,甚至破坏生产力。虽然高利盘剥积累的大量财富是促进资本主义生产方式形成的主要因素,但它依附于小生产经济,维护旧的生产方式,破坏生产力,阻碍高利贷资本向产业资本转化,因而高利贷信用是保守的、寄生的。

5. 高利贷信用的作用

高利贷不是新的生产方式的推动者,而是旧的生产方式的维持者,但是高利贷也有积极的历史作用。

(1) 高利贷信用促进了自然经济的解体和商品货币关系的发展。由于高利贷主要是货币借贷,迫使小生产者到市场上出卖劳动产品以支付高利贷本金和利息,同样迫使奴隶主和封建主把剥夺而来的产品拿到市场上出售,因而促进了自然经济的解体和商品货币关系的发展。

(2) 高利贷为资本主义生产方式的产生提供了两个必备条件。一是高利贷使小生产者、奴隶主和封建主成为无产者,为资本主义生产需要大量的雇佣劳动创造了条件。二是积累了大量资财成为资本主义生产方式的货币资本。因此到了封建社会末期,建立资本主义生产方式的各种条件已经具备,高利贷成为发展新的生产方式的一种手段。随着新兴资产阶级的产生,反对高额利息、支持扩大再生产的呼声越来越强烈。当资本主义的信用组织出现,资本主义银行产生后,高利贷信用终被资本主义信用替代。

> **思考:**
> 1. 高利贷会永远消失吗?
> 提示:①生产力发展的多样性;②正式借贷渠道的约束;③地下经济活动;④危机时期;⑤金融管理的滞后(发展中国家)。
> 2. "利率高就是高利贷",你同意这种看法吗?

(二)现代信用

现代信用产生的标志是借贷资本的出现和形成。在产业资本的循环过程中,一方面必然形成一部分暂时闲置的货币资本,即形成了可以贷放出去的资本;另一方面也存在临时补充资本的需要,即需要借贷。

1. 借贷资本的产生——暂时闲置货币资本的形成

首先,固定资本在周转过程中其价值逐渐地、部分地被转移到产品中。转移到产品中的固定资本以提取折旧基金的方式积累,直至固定资产更新为止。因而在固定资产更新以前,固定资本表现为闲置的货币资本。其次,流动资本在再生产过程中由于种种原因也会出现暂时闲置。比如商品出卖所得销售收入,在没有立即购买原材料、燃料和辅助材料之前和未支付工资以前,均会成为闲置的货币资本。最后,当使用货币形式积累的利润在没有作为资本来追加投资之前以及未支付股息和纳税之前,货币资本也表现为闲置。

这些闲置的资本,停止执行资本的职能,与资本的特征相矛盾。贷放出去获取收益是闲置资本的客观需求。

2. 在社会化大生产过程中,有借入货币资本的客观要求

首先,在再生产过程中,当企业需要更新固定资产而其折旧基金的提取尚未达到足够数量的情况下,企业需要借入一部分资本。其次,为维持产业资本的正常周转,企业需要临时借入资本以补充自有流动资金的不足,如季节性、临时性地大量购买原材料、燃料和

辅助材料等。最后,当积累资本的数额不能满足投资需要而又想扩大生产规模时,企业也需要借入资本。

在市场经济条件下,获取更多的利润是生产经营者共同的追求,这样就使资金盈余者与资金短缺者联系在一起,形成借贷关系,于是暂时闲置的货币资本便转化为借贷资本。

3. 借贷资本的特点

(1) 借贷资本是一种商品资本。当资金盈余者将其货币资本贷放给资金短缺者时,是将这部分资本当作"商品"出卖的。借贷资本同普通商品一样具有使用价值,但与普通商品的使用价值不同的是:普通商品一经消费其价值也随之消失,而借贷资本的使用价值被消费之后带来了利润,其价值不但能保留下来,而且会增值,即产生利息。

(2) 借贷资本是所有权资本。借贷资本虽然是商品资本,但在出卖时,只是出卖其使用权,而不是其所有权。资金盈余者因拥有借贷资本的所有权,所以有权向资金借入者收取利息。

(3) 借贷资本具有特殊的运动形式。产业资本的运动依次采取货币资本、生产资本、商品资本和货币资本四种形式,即

$$G—W \begin{cases} A \\ \cdots\cdots P \cdots\cdots W—G' \\ PM \end{cases}$$

其中,G 代表货币,W 代表商品,A 代表劳动力,PM 代表生产资料。

商业资本的运动采取货币资本、商品资本和货币资本三种形式,即 $G—W—G'$。

借贷资本的运动形式只采取货币资本一种形式,即 $G—G'$。

从运动公式可看出:借贷资本具有双重支付、双重回流的特点。

四、信用的作用

在商品货币关系日益发达的现代经济社会,信用发挥着愈来愈重要的作用,具体表现在以下几个方面。

(一)筹集资金的作用

信用的基本特征,一是偿还,二是付息。资金的所有者只是暂时让渡其使用权,信用可以不断地把小额、分散、闲置的资金积少成多,续短为长,变死为活,变货币收入为货币资金,变消费基金为积累基金,并将其投入生产经营,促进社会再生产规模不断扩大。

> 思考:"收入"与"资金"的不同。

(二)配置资金的作用

信用从形式上看是将资金从暂时闲置者的手中调剂到资金短缺者的手中,实际上是对资金的重新配置。这个配置不改变资金所有权,只改变资金的实际占有权和使用权,并以偿还付息为条件,提高了资金的使用效率,达到充分利用资金的目的。配置资金的途径,一是借助于金融市场,二是依靠银行信用。

> 思考：除信用可以实现资金重新配置外，还有哪些重新配置资金的手段？信用配置资金与它们有什么不同？
> (提示：财政手段、捐助手段)

(三)节省流通费用的作用

(1) 信用工具的使用节约了流通中的货币。信用使一部分交易通过赊购赊销或债权债务的方式相互抵消而结清。闲置的货币资本通过银行再贷放出去进入流通，使货币流通速度加快，节约了流通货币的使用量。

(2) 信用货币代替了实体货币的流通，大大降低了社会交易成本。

(3) 信用加快了资本形态的变化，使社会再生产过程加快，减少了占用在商品储存上的资本，节省了保管费、运输费等费用，使节省的费用投入生产领域，促进了经济发展。

(四)宏观调控的作用

信用的发展为国家用经济手段调控经济创造了条件。

(1) 在信用的基础上形成了由中央银行、商业银行和其他金融机构组成的金融体系，它是调节宏观经济的有机体。

(2) 信用的发展创造出多种信用工具，成为中央银行调控经济的主要手段。

(3) 国家通过银行信用规模的收缩和扩张，有效控制社会的货币流通量，使货币供给量与需求量一致，实现对总量的调控。同时运用利率杠杆，调整信贷方向，实现对经济结构的调节。

辩证地看，信用也有消极的作用，如盲目贷款、任意扩大信用规模导致国民经济发展过热和通货膨胀等，因此政府必须加强金融宏观调控，避免其消极的作用。

第二节　信　用　形　式

一、商业信用

1. 商业信用的定义

商业信用是指企业之间相互提供的与商品交易直接联系的信用，有赊销赊购商品、预付货款、分期付款、延期付款、经销、代销等形式，主要表现是商品赊销赊购或预付货款。

2. 商业信用的特点

(1) 商业信用的债权人和债务人的主体都是企业(即主体是企业或厂商)。商业信用主要是以商品形式提供的信用，因此债权人和债务人都是从事生产或流通活动的生产经营者。对债权人来说，商业信用使他尽快地实现了商品的销售，完成了商品"惊险的跳跃"；对于债务人来说，通过商业信用解决了资金不足的问题，买到了原材料或商品，保证了再生产的顺利进行。

(2) 商业信用贷放出去的是商品资本(它处于产业资本循环过程中的最后一个阶段)，

而不是暂时闲置的货币资本。当企业把商品赊销出去时，商品买卖行为就结束了，但由于没有收回货款，买卖行为实质上转变为借贷行为，形成货币形式的债权债务关系(借者归还货款并支付利息)。这种行为没有从再生产过程中分离出来，而是变为产业资本运动的一部分。

(3) 商业信用与产业资本的动态一致。由于商业信用和处于再生产过程的商品资本的运动结合在一起，所以，商业信用的规模在产业周期各阶段与产业资本的周转动态是一致的。经济繁荣，生产和商品流通扩大，商业信用规模也随之扩大，反之则缩小。

3. 商业信用的局限性

商业信用的特点决定了它的存在和发展具有一定的局限性。

(1) 商业信用的规模和数量受企业资本量的限制。商业信用在企业之间进行，只能在它们之间对现有资本进行再分配，而不能在此之外再获得追加资本。从个别大厂商来看，它以延期付款方式出售的商品，也并非它的全部资本，只能是它暂时不用于再生产过程中的那部分资本，即再生产过程最后阶段的商品资本和可以出售的半成品。

(2) 商业信用有比较严格的方向性限制。商业信用是以商品买卖为前提的，比如纺织工业中，织布厂、印染厂、纱厂之间可以相互提供商业信用。又如生产钢材的企业只能与机器制造企业之间发生信用关系，一般不能与纺织企业建立商业信用关系。

> **思考：** 如果把商业信用定义为赊销、赊购和预付货款形式，是不是只能按棉花商——纺纱厂——织布厂——印染厂——服装加工厂的顺序提供商业信用，而不能反向提供呢？

(3) 商业信用的信用能力有局限性。商业信用发生在两个相互了解的企业之间，尤其是卖方一定要了解买方的支付能力和信用能力。在两个没有交易、互不往来、缺乏了解的企业之间不会发生商业信用。

(4) 商业信用的管理和调节有局限性。商业信用是在众多的企业之间发生的，经常形成一条债务链。如果某一个企业到期不能偿还债务，就会引起连锁反应，触发信用危机。而国家调节机制对商业信用的控制能力又十分微弱，商业信用甚至对中央银行调节措施的反应完全相反，当中央银行紧缩银根，使银行信用的获得较为困难时，恰恰为商业信用活动提供了条件。只有当中央银行放松了银根，使银行信用的获得较为容易时，商业信用才可能相对减少。

由于上述局限性决定了商业信用不能完全满足社会经济发展的需要，所以随着商品货币经济的进一步发展，另一种信用形式——银行信用产生了。

二、银行信用

1. 银行信用的定义

银行信用是银行和各类金融机构以货币形式进行的借贷活动，主要表现形式是吸收存款和发放贷款，以及开出汇票、支票、开立信用账户、发行货币等。

2. 银行信用的特点

银行信用是在商业信用的基础上发展起来的，它突破了商业信用的局限性，比商业信用更适应社会化大生产的需要,对资本主义商品经济的发展起着巨大的推动作用,标志着资本主义信用制度更加完善。与商业信用相比,银行信用的特点如下。

(1) 银行信用发生在银行与企业、政府、家庭和其他机构之间(与商业信用相比信用的主体不同)。这一特点突破了商业信用关系和信用方向的局限性。银行可将货币资金提供给任何一个需要资金的部门和单位,又由于银行信息的广泛性,使任何企业和个人都可以与银行建立借贷关系。由于银行信用是以货币形态提供的信用,可以不受商品流转方向的限制,因此它能向任何企业、任何机构和个人提供信用。

(2) 银行信用是以货币形式提供的信用(与商业银行相比信用的客体不同)。银行放贷出去的已不再是在产业资本循环过程中的商品资本,而是从产业资本循环过程中分离出来的暂时闲置的货币资本和社会各阶层的货币收入和储蓄。银行信用所动用的资本,不限于产业资本循环中的资本,也不限于企业手中的资本,而是超出了这个范围。

这一特点可以克服商业信用规模和数量上的局限性。银行信用可以广泛地动用社会上一切闲置的货币。

(3) 在产业周期的各个阶段上,银行信用动态与产业资本动态不完全一致。银行信用所利用的资本是生产过程中暂时闲置的资本,与商业资本相对立,和产业资本的动态不一致。例如,当经济衰退时,会有大批产业资本不能用于生产而存入银行作为借贷资本;当经济繁荣时,生产发展,商品流通扩大,对商业信用的需求增加,对银行信用的需求也增加,但是这时银行信用由于需求增加,利率会提高,资金供应可能紧张。在危机时期,由于商品生产过剩,对商业信用的需求会减少,但此时企业为支付债务,避免破产,有可能加大对银行信用的需求。

三、国家信用

1. 国家信用的定义

国家信用是以国家(政府)为主体借助于债券向国内外筹集资金的借贷活动。通常国家信用的债务人是国家(政府),债权人是购买债券的企业和居民等,但有时国家也以债权人的身份将有偿让渡筹集的部分社会财力用于生产建设和公共事业。

国家信用与商业信用、银行信用的不同在于:它与国民经济生产和流通过程没有必然的联系,因而利用国家信用动员出来的资金被国家所掌握和利用,发挥着特殊的作用。国家信用主要与国家财政、国家的货币政策有直接关系。因为现代经济的特点之一就是国家债务在不断地增长,几乎各国都存在这一特点,即赤字预算。大部分国家赤字预算的目的是发展经济和维持国家机器的正常运转。弥补赤字的主要手段就是发行公债,所以发行公债是国家信用的主要方式。

国家公债主要依靠金融机构来发行,推销的对象主要是银行、股份公司和个人,也可以通过银行向各类投资基金进行销售。

2. 国家信用的特殊用途

(1) 调剂政府收支不平衡的手段。在一个财政年度内,常常发生收支不平衡的现象,如从整个财政年度看,财政收支是平衡的,但有可能出现上半个财政年度支大于收、下半

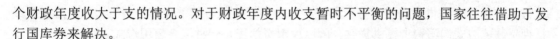

个财政年度收大于支的情况。对于财政年度内收支暂时不平衡的问题，国家往往借助于发行国库券来解决。

(2) 弥补财政赤字的重要手段。自第二次世界大战结束以来，西方各国普遍利用财政赤字扩大需求，刺激生产发展。进入20世纪80年代后，我国也一再出现财政赤字，因而需要依靠发行公债来弥补财政赤字。不同的是，目前西方国家的财政支出主要用于军事和行政费用支出，而我国发行公债的目的主要是弥补建设性资金的缺口。

(3) 调节经济的重要手段。随着国家信用的发展，各国中央银行依靠买进和卖出国家债券来调节货币供应，影响金融市场货币供求关系，从而达到调节经济的目的，这便是通常所讲的中央银行公开市场业务的主要内容。

我国于1950年1月开始发行人民胜利折实公债，用于恢复经济。1954年至1958年发行经济建设公债，用于筹集第一个五年计划建设项目的资金。此后奉行"既无内债，又无外债"的指导思想，在相当长的时间内不发行公债。改革开放后，1998年又开始发行国库券，此后年年发行，规模不断扩大。

> **知识扩充：利用国家信用必须注意的问题**
>
> (1) 防止造成收入再分配的不公平。在国家信用中，能够大量购买国债的纳税人便可获得较多的国债利息收入，他们可以得到收入再分配，而未能购买国债的纳税人便得不到这部分再分配收入。有些资本主义国家发行的国债面额很大，剥夺了中小投资者获得收入再分配的机会，从而造成收入再分配的不公平。
>
> (2) 防止出现赤字货币化。所谓赤字货币化，是指政府发行国债弥补财政赤字，如果向中央银行推销国债，而中央银行又无足够的资金承购，此时，中央银行就有可能通过发行货币来承购，从而导致货币发行过度，处理不好便会引发通货膨胀。
>
> (3) 防止国债收入使用不当，造成财政更加困难，陷入循环发债的怪圈。

四、消费信用

1. 消费信用的定义

消费信用是由工商企业、商业银行，以及其他金融机构以商品货币或劳务的形式向消费者个人提供的一种信用形式。

在前资本主义社会，商人用赊销方式向消费者出售商品，那时就已产生了消费信用，但直到20世纪40年代，消费信用规模依然不大。从20世纪40年代开始，消费信用逐渐发展起来。20世纪60年代是消费信用高速发展的年代，其主要原因为：一是凯恩斯需求管理思想得到认同，各国大力鼓励消费信用，以消费拉动生产；二是战后经济增长快而稳定，人们收入有较大幅度提高，对消费信用的需求旺盛，厂商和金融机构也因人们收入水平提高，减少了对消费风险的顾虑，敢于以积极态度提供消费信用，从而使消费信用有了长足的发展。

2. 消费信用的形式

消费信用按性质来说有两种类型：一种类似于商业信用，由工商企业以赊销或分期付款方式向消费者提供商品或劳务；另一种属于银行信用，由银行等金融机构以信用贷款或抵押贷款的方式向消费者提供贷款。所以说消费信用是一种混合信用形式。

从形式上看，消费信用与商业信用和银行信用无本质区别，只是它们的债务人不同。不管生产企业和流通企业以赊销方式提供商品或劳务，还是金融机构以放款方式提供贷款，它们都是以房屋住宅、汽车、家用电器等耐用消费品为对象，债务人都是购买耐用消费品的消费者。

消费信用的具体形式如下。

(1) 延期付款。延期付款是指零售商对消费者提供的信用，即以延期付款方式销售商品。

发达国家一般采用信用卡方式提供延期付款。信用卡是由银行或其他机构发给具有一定信用的消费者的一种赋予信用的证书。消费者可在承接信用卡的各个商业部门赊购商品和其他劳务，再由银行定期同消费者和商店进行结算。这种业务对银行而言，可以同时收取消费者的利息和商店的佣金；对商业部门而言，可以扩大营业额，增加利润；对消费者而言，可以获得较多的方便和安全。

(2) 分期付款。分期付款一般属于中期信用。即消费者先交付首次付款额约定的货款，其余金额按合同规定加息支付，在货款付清之前，消费品的所有权仍属卖方。如果消费者不能按期付款，那么其所购商品将被收回，且已支付的款项也将被没收。比如，美国一般规定，购买一辆汽车，第一次付款额为车款的 10%～20%，其余部分可按固定比例在 12 至 48 个月内分期付清。

(3) 消费贷款。消费贷款是指银行及其他金融机构采取信用放款方式或抵押放款方式，对消费者提供的信用，即信用贷款和抵押贷款。信用贷款无需任何抵押品，而抵押贷款通常需要消费者以所购的商品或其他商品作为担保品。

3. 消费信用的作用

自第二次世界大战以来，消费信用在西方发达国家的发展十分迅速，特别是分期付款方式的增长更为突出。据估算，美国 20 世纪 80 年代中期分期付款总额已达到 4770 亿美元，而 1945 年只有 25 亿美元，战后 40 年大约增加了 190 倍。消费信用迅速增长对资本主义经济的影响是巨大的。

(1) 消费信用的发展扩大了需求，刺激了经济发展。消费者提前享受了当前尚无力购买的消费品(如住房、小汽车、家具等)。这种消费信用，惊人地扩大了需求。比如，在 20 世纪 90 年代初，西方小汽车年销售量在 600 万～800 万辆，倘若不采取分期付款的方式，销售量至少要减少 1/3。而汽车工业每年消耗的钢铁，在美国占总产量的 1/8，铝占总产量的 1/2，橡胶占总产量的 3/5。可见汽车工业的发展对整个经济增长所起的作用，而汽车工业的增长又是消费信用发展的结果。

(2) 消费信用的发展又为经济增加了不稳定因素。消费信用的盲目发展，使一部分人陷入沉重的债务负担之中。在美国，普通工薪阶层平均月工资的 1/4 要用来偿还各种消费信贷的本息，通常是借新债还旧债。这种情况加剧了社会的不稳定因素，在经济繁荣时期，借贷关系发展靠消费信用方式使商品销量扩大；在经济萧条时期，贷者和借者都会减少这种借贷数额，使商品销售更加困难，从而使经济进一步恶化。

五、股份信用

股份信用是股份公司以发行股票的方式筹集资金的一种信用形式。股票集资体现的是一种财产所有关系而非债权债务关系。

> 思考：股东与股份公司之间是信用关系吗？
> (是。虽然信用关系是债权债务关系，但它们之间是一种所有权关系，把公司看作法人，通过发行股票筹资是公司法人对全体股东的一种内部负债。)

(一)股份公司的特点

(1) 股份公司的资本所有权和经营权在形式上是分离。股东即所有者，一般不直接经营，而是邀请经理经营，经理虽有支配实际资本的权利，但没有所有权。

(2) 股份公司筹集资金后，投资者不必具体参与生产经营的过程，而只是获得股息和分红收入，这一点类似于存款者的存款取息。

(3) 投资者若需要现金，可以随时出售股票，所以具有很强的流动性。

(4) 股份公司的存在以信用关系的普遍发展为前提条件。随着信用关系的发展，存款取息已不能满足投资者的要求，股份公司就利用信用集中社会资金，通过发行股票的方式将各种闲置的资金聚集起来用于需要投入巨额资金的领域，使通过银行的间接投资变为直接投资。

(二)股份信用的组织形式

股份信用的组织形式是股份公司。

股份公司按其股东是否对公司的负债承担连带清偿责任可分为股份有限公司、股份无限公司和股份两合公司。

1. 股份有限公司

它是其股东对公司的负债只以自己的股金为限，不承担连带清偿责任的组织。

这类股份公司的数量最多、规模最大。

2. 股份无限公司

它是其股东对公司的负债承担连带无限责任的组织，即当公司的资本不足清偿其债务时，公司的债权人可以要求公司的股东清偿债务。

这类公司并不像股份有限公司那样普遍，但也存在。

3. 股份两合公司

它是兼有股份有限公司和股份无限公司双重性质的组织，即在公司的股东中，既有对公司的负债承担无限责任的，也有对公司的负债承担有限责任的。由于需要协调负有限责任与无限责任股东之间的权责利的关系，因而这类公司没有得到普遍发展。

从一级市场发行和购买股票的活动去考察，股份信用使资源重新得以配置。从二级市场股票的流通来看，买卖有价证券是虚拟资本的运动，并不反映真实资本的增加，只会导致收入的再分配,因此股份信用具有调整分配、消费关系的意义。

六、合作信用

合作信用是信用领域中的一种合作经济形式。

12 世纪至 14 世纪,威尼斯和热那亚的一些商人为开展海外贸易,摆脱高利贷盘剥和货币经营业的垄断,组成"信用组合",这是当时资产阶级反对高利贷的手段之一。合作信用的组织形式是信用合作社。合作信用的原则是:自愿结合、自我服务、民主管理、权利平等、广泛合作、按贡献分配。这是成立于 1895 年的国际合作联盟组织规定的。我国对信用合作社提出的"组织上的群众性,管理上的民主性,经营上的灵活性",就是对该原则的具体运用和概括。

七、租赁信用

(一)租赁信用的概念

租赁信用是指出租设备和工具收取租金的一种信用形式。租赁信用有两个最基本的关系人,即出租人和承租人。在物品出租期间,物品的所有权仍归出租人所有,而承租人有使用权。租赁信用是一种古老的信用形式,在第二次世界大战以后,现代租赁的发展速度非常快。

(二)现代租赁飞速发展的原因

(1) 第二次世界大战后,美国军用工业面临着向民用工业的转化,这就意味着需要有更新的机器设备。但在当时由于设备投资过剩和工资过高,造成了成本增高、利润下降的局面,降低成本成为当务之急。如果企业继续使用传统的设备或购买新设备来淘汰旧设备,就不合算了。

(2) 第二次世界大战后,企业很难筹集到足够的中长期资金,又不可能依靠自有资金和借款来解决更新设备所需要的大量资金。

(3) 第二次世界大战后,因为科学技术的飞速发展,机器设备等固定资产更新加快,一些资本家难以适应。

在此背景下,一些大商业银行附属的租赁公司开始购买机器设备(如大型电子计算机、飞机、轮船以及先进机器等),给需要的资本家使用,收取租金。租金一般高于同期银行利息。租赁期间,承租人不得中途解约,否则要赔偿损失。租赁期满,承租人可以归还所租设备,也可以作价承购这些机器设备。1952 年,美国国际租赁公司成立,标志着现代租赁体制的确立和现代租赁业务的开始,现代融资租赁由此产生。

(三)租赁信用的种类

租赁的种类很多,从出租人购置物件的资金来源和付款对象来看,有直接租赁、转租赁和回租租赁;从出资人购置物件的出资比例来看,有单一租赁和杠杆租赁。从税收角度来看,有税收优惠的真实租赁和没有税收优惠的销售式租赁;从租赁目的及投资回收特点来看，有经营性租赁和融资性租赁。

1. 经营性租赁

经营性租赁是一种短期租赁，适用于企业短期使用设备的需要，是一种不完全付清的租赁。这种租赁方式，出租人除了提供设备外，还提供特别的维修和保险等服务。这种租赁方式主要适用于专业性较强、技术较先进、需特殊保管和维修、承租人自行维修保养有困难的物品，所以租赁费一般较高。这种方式租赁的物品始终归出租人所有，并承担所有权的一切利益和风险。其特点如下。

(1) 租赁合同可以中途解约。

(2) 出租人在一个租期内只能收回部分投资，需要通过对不同承租人的多次出租才能收回全部投资。

(3) 设备大多为通用设备，适用范围广，技术更新换代的周期也短，设备由出租人根据市场情况自主判断购买。

(4) 租赁期内，出租人负责设备的维修、保养并承担设备过时的风险。

(5) 租金高于融资性租赁。

2. 融资性租赁

融资性租赁也称金融租赁。它是指当企业需要添置设备时，企业不是向银行申请借款购入设备，而是委托租赁公司根据企业的要求购入所需设备，企业再从租赁公司那里租用设备，从而达到以"融物代替融资"的目的。融资租赁主要具有以下特点。

(1) 涉及三个关系人，即出租人、承租人和供货商；同时涉及两个或多个合同，如租赁合同、设备买卖合同等。

(2) 由于租赁设备是出租人按承租人的要求购置的，因此承租人要对设备的性能、老化风险以及维修保养等负责，不能以上述理由拖欠或拒付租金。

(3) 出租人可在一个租期内完全收回投资并盈利，融资租赁的设备通常只适用于承租人。因此，出租人要对承租人在一个连续不断的租期内收回全部投资。

(4) 租赁合同不得中途解约。租赁期间，设备的所有权和使用权分离。租赁期满，承租人对设备有留购、续租和退租三种选择。通常承租人向租赁公司交付少量租赁物件的名义货价，以此获得设备的所有权。

金融租赁公司经营的业务有：用于生产、科研、办公、交通运输等的租赁、转租赁、回租租赁业务；上述租赁业务所涉及出租物的购买业务，出租物残值和抵偿租金产品的处理业务；向金融机构借款及其他融资业务；通用设备的经营性租赁业务；国际融资性业务等。

> **融资租赁案例**
>
> **机床出售回租**
>
> 融资租赁作为一种融资融物相结合的特殊融资方式，在固定资产投资特别是企业技术更新改造中可以发挥其独特功能，是现今除银行贷款和证券之外的又一重要融资方式，对于促进企业的发展意义非常重大。
>
> (1) 项目情况。CZ 机床集团有限公司(以下简称"承租人")是一家从事加工中心、数

控机床、大型数控专用加工设备和普通铣床的开发、生产和销售的数控制造公司。承租人现数控机床在国内市场占有率为 8%，普通产品在国内占有率为 35%，已成为西南地区最大的立式加工中心、国家大型一级企业、二级企业、国家机电工业重点骨干企业、省制造业信息化示范企业，是自贡市机电行业的龙头企业，已成为我国数控装备主要制造商之一。

(2) 融资状况。前期承租人通过银行或担保公司进行融资，可是由于以下原因未能获得相应贷款：①融资额度较大，受宏观调控影响，银行信贷总量与旺盛的企业融资需求相比存在一定的缺口，造成企业贷款难；②无任何不动产抵押，从银行等信贷机构融资需要一定比例的抵押物，对于承租人来说无法达到银行标准，落实资金困难。

(3) 租赁解决之道。经金控租赁公司调查发现：承租人所拥有的数控机床设备属于典型的独立、可移动且二手设备市场成熟的通用设备，适合运用融资租赁中的出售回租方式进行融资。并且企业本身资产规模雄厚，产品销售属行业前列，有较强的盈利能力，其集团规模实力即可抵消大部分风险。因此，金控租赁公司在不需要承租人提供任何抵押物的前提下，双方确定了融资租赁方案：由承租人提供价值 2 880 万元的设备作售后回租，融资 2 000 万元；租赁期内，设备所有权属于金控租赁公司；承租人使用该设备，按季向金控租赁公司支付租金；3 年后租赁期满，设备所有权以残值 1 000 万元转移给承租人。

(4) 经验总结。截至目前，承租人还款正常，与业务人员初期对承租人的调查分析相匹配。通过对该案例的深入分析，金控租赁公司发现，很多企业都不同程度地存在一些闲置资产，如设备、厂房等。这些资产的闲置，不仅不能产生经济效益，而且占用了大量的资金，势必会造成企业流动资金的不足。为了盘活这部分资产，可以通过融资租赁公司，采取出售回租的方式将资产盘活。

案例扩充："机电设备直租"见右侧二维码。

机电设备直租

八、国际信用

1. 国际信用的定义

国际信用也称国际信贷，是指国家(或地区)之间发生的借贷行为。它是国际经济关系的重要组成部分，并对国际经济贸易关系有重要的影响。

2. 国际信用的类型

1) 国际商业信用

国际商业信用是指出口商用商品形式，以延期付款的方式向进口方提供的信用，包括来料加工和补偿贸易。

(1) 来料加工。来料加工是指由出口国企业提供原材料、设备零部件或部分设备，在进口国企业加工，成品归出口国所有。进口国企业从原料和设备中扣留一部分作为加工费。

(2) 补偿贸易。补偿贸易是指由出口国企业向进口国企业提供机器设备、技术力量、专利、各种人员培训等，联合发展生产和科研项目，待项目完成或竣工投产后，进口国企业可将该项目以产品或以双方商定的其他办法偿还出口国企业的投资。

2) 国际银行信用

国际银行信用是进出口双方银行为进出口商提供的信用,其分为出口信贷和进口信贷。

(1) 出口信贷。出口信贷是指由出口方银行提供贷款解决一方资金周转需要。由于在进出口贸易中,交易规模都比较大,买方经常会出现没有足够的资金偿还出口商的货款的情况。此时,如果出口商以赊销方式提供商品,而不能及时收到货款,就会使出口商的资金周转发生困难。为了鼓励本国出口商增加出口,出口方银行便向进口商(或进口方银行)或出口商提供贷款。出口信贷又分为卖方信贷和买方信贷。卖方信贷是出口方银行向出口商提供的信贷。买方信贷是出口方银行直接向进口商(或进口方银行)提供贷款。这种贷款是有指定用途的,即必须用于购买本国出口商的货物。如果是直接向进口商提供贷款,通常需要由进口国一流银行提供担保。

(2) 进口信贷。进口信贷分两种。一种是由进口方银行提供贷款,解决买方资金需要,以支持本国进口商购买所需要的商品或技术等。另一种是指本国进口商向国外银行申请贷款,如果进口商是中小企业,往往还要通过进口方银行出面才能取得这种贷款。

不管是出口信贷还是进口信贷,其提供的金额一般只占该项进出口贸易总额的 85%,这是因为国际贸易中一般要求进口商预付 15%的定金。

3) 政府间信用

政府间信用是指国与国之间相互提供的信用。一般由政府和财政部出面进行借贷,这种借贷利率较低,期限较长,条件较优惠,具有友好往来的性质,通常用于非生产性支出。个别附带有政治条件。

4) 国际金融机构信用

国际金融机构信用是指世界性或地区性国际金融机构为其成员国所提供的信用。

全球性国际金融组织包括国际货币基金组织、国际复兴开发银行(世界银行)及其下属的国际开发协会、国际金融公司。区域性金融机构主要有亚洲开发银行、阿拉伯货币组织、泛美开发银行、非洲开发银行等。

国际货币基金组织贷款是国际货币基金组织向其成员国政府提供的中长期和短期性质的贷款,其目的在于帮助成员国平衡国际收支、稳定汇率和促进国际贸易的正常发展。

世界银行贷款是指世界银行对其成员国政府提供的长期开发性贷款。目前,它只对发展中国家提供贷款。其贷款领域很广,包括工业、农业、交通运输、电力、电信、供水、排水、教育、旅游、人口计划、城市发展等方面;贷款要专款专用,只限于世界银行批准的专门项目;贷款规模大,通常在数十亿美元以上;利率低,一般都低于市场利率;期限长,短的几年,长的 30 年,平均为 7 年,还有 4 年左右的宽限期。

国际开发协会贷款是指国际开发协会对其贫穷的成员国政府提供的长期性贷款。一般期限可长达 50 年,利率低,只收 0.75%的手续费。国际金融公司贷款是指国际金融公司对其成员国中的私人企业发放的贷款。一般贷款期限可长达 50 年,采用相当于市场利率的固定利率。

国际金融公司贷款是指国际金融公司对其成员国中的私人企业发放的贷款。贷款期限一般为 7~12 年,宽限期为 3 年,采用相当于市场利率的固定利率。

区域性国际金融机构贷款是指区域性国际金融机构为使本地区国家的经济和社会得到发展,对其成员国经济和社会发展项目提供的贷款。我国是亚洲开发银行的成员国,也是非洲开发银行的成员国。

外国政府贷款是指一国政府利用国库资金向另一国政府提供的优惠性贷款。这种贷款一般是由某一发达国家向某一发展中国家提供,其利率较低,期限较长,具有双边援助性质。但一般贷款金额不大,有一定的附加条件,如规定采购限制,即借款国必须将贷款的全部或一部分用于向贷款国购买设备和物资,有时还带有政治附加条件。

第三节 信用工具

一、信用工具的概念

信用工具是以书面形式发行和流通、借以保证债权人或投资人权利的凭证。

信用工具也称金融工具,是证明债权债务关系的合法凭证,是资本或资金的载体,借助这个运载工具实现资金或资本由供给者手中转移到需求者手中。它是重要的金融资产,也是金融市场上重要的交易对象。

二、信用工具的特征

1. 偿还性(返还性)

除股票外,其他信用工具的债权人或投资人都可按信用凭证所记载的应偿还债务的时间,到期收回债权金额。投入到股票上的资金可通过随时出卖股票收回。商业票据和债券等信用工具一般均注明了发行日至到期日的期限,即偿还期。

具体到信用工具的持有人——债权人来说,实际的偿还期应从持有人得到信用工具之日开始计算至到期日止。比如,某种 1980 年发行的公债,公债券上注明是 2000 年到期,从发行之日起算偿还期为 20 年。但是如果某人 1990 年才购买这种公债,那么对这个人来说,这张公债券的偿还期只有 10 年。

注意:只有两种信用工具没有明确的偿还期,一是活期存款单,二是股票。

2. 流动性

流动性是指信用工具迅速变现而不会产生损失的能力。理论上讲,对信用工具的所有者来说,随时可以将信用工具在金融市场上进行转让,获得现款,收回投放在信用工具上的资金,但在实际操作中要受具体国家或地区的金融市场发达程度的影响。显然能随时出卖而换回现金的信用工具,其流动性更强,更受持有者欢迎,如国库券和银行活期存单等。在短期内不易脱手的信用工具,其流动性较差。信用工具在变卖时要受市场波动影响,要承担较大的风险。一般来说,流动性与偿还期成反比,与债务人的信用成正比。即偿还期越长,流动性越差,债务人的信用越好,流动性便越强。

3. 风险性

风险性是指信用工具的本息遭受损失的可能性，也就是说本金和预期收益的安全保证程度。

任何一种信用工具的本金和预期收益都存在着遭受损失的可能性。风险大体上分为两类：一类是信用风险，即债务人不履行契约，不按事先约定归还本息，不履行应尽义务。这类风险的大小，既与债务人的信用有关，也与信用工具的类别有关。比如债券、股票的风险不同，普通股与优先股也存在风险差别。另一类风险是市场风险，即市场因种种原因出现波动而导致信用工具的价值下跌的风险。比如市场利率上升，股票价格会下跌，股票持有者的利益会受到损伤。一般而言，信用工具的风险性与偿还期成反比，与流动性成正比，与债务人的信用及实力成正比。

4. 收益性

信用工具能定期或不定期地给债权人或投资者带来收益。信用工具的收益有两种。一种是固定收益，比如债券、存单，在券面上就载明了利率。另一种是即期收益，比如股票，其收益大小没有事先确定，只能取决于发行股票的公司的盈利水平以及股票市场上的价格水平。例如，一张100元的股票在股息为10%、银行利率为5%的情况下，可卖出200元。这时可以为所有者带来一笔收益，收益的大小通过收益率来反映。

信用工具的偿还性、流动性、风险性、收益性之间呈现一定的相逆关系，某一信用工具在一定情况下很难同时具备上述几个特征。比如股票的风险大，债券的风险小，但股票的收益率却较债券要高。因而作为投资者，必须根据自己的投资目的、财务状况、心理承受能力以及对市场的分析预测能力，选择不同的金融工具，形成最佳的资产组合。

三、信用工具的分类

(一)按发行者的地位划分

按发行者的地位划分，可将信用工具分为直接信用工具和间接信用工具。

1. 直接信用工具

直接信用工具是指非金融机构，比如工商企业、个人和政府发行和签署的商业票据、股票、公司债券、抵押契约等。

这些信用工具，是用来在金融市场进行借贷或交易的。

2. 间接信用工具

间接信用工具是指金融机构发行的银行券、大额可转让存单、人寿保险单、各种借据和银行票据等。

这些信用工具，是由融资单位通过银行和信用机构融资而产生的。

(二)按金融市场交易的偿还期划分

按金融市场交易的偿还期划分，可将信用工具分为长期信用工具和短期信用工具。

1. 长期信用工具

长期信用工具也称为资本市场信用工具，如公债券、股票等。

2. 短期信用工具

短期信用工具是货币市场上的信用工具，如国库券、商业票据、可转让存单、同业拆借等。

长期与短期划分没有一个绝对的标准，目前一般把1年以下期限的信用工具称为短期信用工具，1年以上期限的信用工具称为长期信用工具。西方一般把1年以下的货币市场交易的对象称为"准货币"，这是由于其偿还期短，流动性强，随时可变现而近似于货币之故。

(三)按是否拥有所投资产的所有权划分

按是否拥有所投资产的所有权划分，可将信用工具分为债务凭证和所有权凭证。

1. 债务凭证

债务凭证表明发行者对持有者的负债，到期发行者必须向持有者还本付息。

2. 所有权凭证

所有权凭证是指持有者获得了一定资产的所有权而非债权，所以无权索要本金，但有权通过出售证券收回本金。所有权凭证只有股票一种。

如果按发行的地理范围划分，信用工具又有地方性、全国性和世界性之分。

四、主要的信用工具

(一)支票

1. 支票的概念

支票是活期存款的存款人通知银行从其账户上以一定金额付给票面指定人或持票人的无条件支付命令书。

2. 支票的分类

支票按是否记载受款人(收款人)的姓名，可分为记名支票和无记名支票。记名支票，银行只能对支票上所指定的人付款。记名支票必须经持票人背书银行方能付款。无记名支票，银行可对支票的任何持票人付款。

支票按支付方式可分为现金支票、转账支票和保付支票。现金支票，可以用来支取现款。转账支票，只能用于转账，不能提取现款，常在票面用两条红色平行线来表示，故又称划线支票、平行线支票或横线支票。保付支票，票面上注明"保付"字样，由银行保证付款，不会发生退票。

注意：支票被存款人从银行提取现款时，只是一种普通的信用凭证。当支票被用来向第三者支付款项时,它就不再是简单的信用凭证,而是成为代替货币发挥流通手段和支付手段职能的信用货币。由于支票通常不是用于提取现款,而是用以转移活期存款账户上的款项,因此支票的流通大大地节约了现金。

经济发展初期,银行券流通比较广泛。随着银行事业的发展,支票流通很快便发展起来,而且占有很大比重。在信用制度发达的国家,绝大部分交易和债权债务关系,都利用支票转移存款予以结清。

(二)汇票

1. 汇票的概念

汇票是债权人发给债务人,命令他人支付一定金额给持票人或第三者的无条件支付命令书。汇票按签发单位的不同分为商业汇票和银行汇票。由于汇票是由债权人发出的,且必须在债务人承认兑付后才能生效,所以经过承兑的汇票,叫承兑汇票。

2. 汇票的特点

(1) 汇票必须注明三个当事人,即发票人、收款人和付款人。发票人自己可以为收款人,也可以指定第三者为收款人。

(2) 汇票经过承兑才生效,这主要指商业汇票的承兑期限由交易双方商定。

(3) 汇票可以转让,即承兑的商业汇票持票人可将未到期的定期汇票向银行办理贴现,或以票据抵押的形式进行融资,也可以在汇票上背书后转让,以便相互抵清债务或采购商品。

(4) 汇票的偿付性。即期汇票见票后立即偿付。远期汇票要等汇票到期经提示后才能偿付。经提示后如果偿付要求遭到拒绝,那么在取得拒付证书后,即可向承兑人、发票人、背书人等行使追索权。

(5) 汇票的要式,是指汇票的形式和内容都有一定的法律规定。比如在汇票上要注明"汇票"字样、货币金额、发票时间、"三个当事人"及住址、发票人盖章、汇票的付款日期、无条件支付等。

3. 汇票的种类

按出票人不同,汇票分为商业汇票和银行汇票。

1) 商业汇票

商业汇票属商业票据,由债权人向债务人签发或债务人委托银行签发,经债务人或其委托银行签字承兑,在约定日期由后者支付一定金额给收款人或持票人的一种商业票据。

根据承兑人的不同,商业汇票分为商业承兑汇票和银行承兑汇票。

商业承兑汇票是由企业作出承兑的汇票,银行承兑汇票是由银行作出承兑的汇票,两种承兑汇票均可在同城和异地使用。银行承兑汇票以银行信用作保证,大大提高了商业票据的信用能力。

2) 银行汇票

银行汇票属银行票据,是由银行签发的一种汇款凭证,即由汇款人将款项交当地银行，银行收妥款项后，由银行签发给汇款人，持往异地由指定银行办理转账结算或向指定银行提取款项的票据。银行汇票所使用的凭证是汇票委托书和银行汇票结算凭证，其主要规定是：银行签发的汇票一律记名，经背书可以转让，严禁涂改和伪造，汇票日期和金额必须大写；银行汇票付款期为 1 个月，如银行汇票逾期，汇入行不予受理；银行汇票一般用于贸易和非贸易结算、资金调拨以及私人汇款业务；银行汇票可开成即期汇票，也可开成远期汇票。银行远期汇票一般在西方国家和国际贸易中使用。

(三) 本票

本票是由出票人签发并在约定日期无条件支付一定金额给受票人的一种信用凭证。本票只有两个当事人，由发票人本人付款，所以本票无须承兑即可生效。

1. 本票的种类

按照出票人的不同，本票可分为商业本票和银行本票。

1) 商业本票

商业本票是企业因临时需要，在货币市场上筹措短期资金时发行的一种票据。企业发行商业本票需经银行、信托公司保证，并交付保证费，以维护票据信誉，保证费用依据企业信用状况决定。商业本票到期后应按票面金额全数偿还。

2) 银行本票

银行本票是由银行签发的，以出票银行本身为付款人，承诺见票或在票据到期之日无条件向受款人支付一定金额的票据。

银行本票的信用建立在发票银行的信用基础之上，有信用保证，具有通货作用，所以受到债权人的欢迎。它还可以减少现金的收付、清点工作，它极大地提高了金融机构的工作效率，也为个人和日常经济活动提供了方便。

2. 本票的五个特点

(1) 本票是单名票据，只需发票人签名盖章，保证到期即付，属于承诺支付凭证。

(2) 本票是融通票据，发票人发票的目的在于解决短期周转资金需要，与特殊交易行为无关。

(3) 本票是市场票据，在市场上公开发行流通，一般无特定的销售对象。

(4) 本票是无担保票据，其发行流通完全靠发票人的信誉，因而不是任何人都可以签发的。

(5) 本票也有法定的要式。

(四) 债券

1. 债券的定义

债券是由债务人签发的，证明债权人有按约定的条件取得固定利息并收回本金的权利凭证。

债券体现了债权债务关系，债券持有人是债权人，债券发行者是债务人。在债券未到期以前，持有者若需要资金，通常可以在流通市场上出售，使之转化为现款。债券的市场价格通常称为债券行市，它取决于债券的市场供求关系和市场利率的变化。

2. 债券的分类

根据债券发行主体的不同，债券可以分为政府债券、公司债券和金融债券。

1) 政府债券

政府债券是国家(政府)的信用工具，是政府为筹集资金而发行的债务凭证，包括公债券、国库券和地方债券。

(1) 公债券。公债券是政府承担还款责任的债务凭证。政府发行公债的目的是弥补财政赤字。由于它直接以中央政府的信用为担保，因此公债通常被认为没有风险。公债的偿还期一般都在 1 年以上，1～10 年的为中期公债，10 年以上为长期公债。一般政府发行的公债，票面上都印有政府偿还债务期限、利率，并在公债上附有息票，持有人可按期领取利息。

(2) 国库券。国库券也是一国政府发行的债务凭证，与公债没有本质区别，主要是偿还期限不同，发行目的不同。国库券通常为 1 年以内的短期债务凭证，发行国库券的目的在于解决财政年度内先支后收的矛盾。国库券一般不记名，票面一般只有本金金额，不写利率，出售时按面额打折扣发行，其折扣金额按发行时国库券的利息率计算，到期政府按票面金额足额还本。例如，国库券的票面额为 1 万美元，6 个月到期，按九七折发行，那么购买这张国库券只需付 9700 美元。到 6 个月时，可凭这张国库券领取 1 万美元。持有者可收益 300 美元，实际是按年息率 6.186%获取利息。由于国库券可以不间断地连续发行，国库券成了公债的变形。国库券是各个货币市场上的主要交易工具，因为它具有安全性高、期限短、风险小的特点。国库券在二级市场上的交易也十分活跃，变现非常方便。

(3) 地方债券。地方债券是由地方政府发行的债券，如在美国，州政府可以发行债券。其目的是满足地方财政的需要，或集资兴办地方公共事业。地方债券主要用地方税收支付利息，其性质和中央政府债券无本质区别，但信誉不如后者高。

2) 公司债券

公司债券是企业向外借债的一种债务凭证。发行债券的企业出售债务凭证，向债券持有人作出承诺和保证，在指定的时间，按票面规定还本付息。

公司债券是企业资金来源之一，其期限一般较长，如 10 年、20 年。企业发行债券都有明确的目的和用途。由于公司债券的流动性和安全性均不及政府债券和金融债券，因而其利息率较高。企业发行债券的手续比发行股票简单、灵活。如果采取私募发行办法，就可以不用报主管机关批准、审核。在通货膨胀的情况下，企业只按票面规定还本付息，等于把通货膨胀的损失转嫁到持券人身上。但是发行公司债券也有缺点，比如，费用较高，推销需要一定时间，不如银行贷款可以立即取得所需资金等。

各国对发行公司债券都有一些限制性规定。比如，对企业发行公司债券额度的限制规定，这个额度一般最多不得超过企业现有资产与现有负债相抵后的净资产额。如果企业过去发行的公司债券有违约或推迟支付利息的情况，那么一般不准该企业再发行新的公司债券。

3) 金融债券

金融债券是由银行等金融机构发行的债券。银行等金融机构除了过吸收存款、发行大额可转让存单等方式形成资金来源外，经批准，还可以发行债券的方式来获得资金。

(1) 根据偿还期限，债券可以分为短期债券、中期债券和长期债券。通行的划分是 1 年以下的为短期债券，1 年～10 年的为中期债券，10 年以上的为长期债券。

(2) 根据是否有担保，债券可为担保债券和信用债券。担保债券也称抵押债券，它是以某种抵押品(如土地、房屋建筑、设备等)为担保而发行的。当债务人不能按期支付利息和本金时，持有人可以将抵押品出售。信用债券则完全是凭发行者的信用发行的，没有任何担保。为保护投资者的利益，信用债券的发行人要拥有较高的信用。

(3) 根据利率是否固定，债券可分为固定利率债券和浮动利率债券。固定利率的债券在债券的整个期限内，利率是固定不变的，利息将按此利率支付。对发行者和投资者来说，虽然成本和收益的计算比较方便，但有一定的风险。当市场利率变化时，其中的一方将遭受损失。如果利率上升，受损失的是债券的持有者；如果利率下降，债券的发行者将吃亏，因为发行者本来可以更低的利率在市场上获得资金。浮动利率债券则可以避免这一缺点，因为其利率会定期(如 3 个月、半年)随市场利率的变化而进行相应的调整。

(4) 根据利息支付方式，债券可分为息票债券和折扣债券。息票债券是一种附有各期息票的债券，上面载有付息的时间和金额，持有人到期时，可凭息票领取利息，俗称"剪息票"。此息票也可转让。折扣债券是采取折价发行的债券，其利息体现在债券面值与出售价格的差价上。

(五)股票

1. 股票的概念

股票是股份公司发给股东以证明其投资入股的资本额并有权获得股息的书面凭证，是资本市场上借以实现长期投资的工具。

股票的持有者既是股份公司的股东也是股份公司的所有者，他们在法律上有参加企业管理的权利。股票持有人无权向企业要求撤回股金，但可以把股票转让(出卖)给他人。股票的发行可以由发行人自行发行或推销，也可以由银行及证券公司包销或代销。

2. 股票的种类

股份企业根据自己的需要，可以发行不同的股票。根据不同的形式，股票可分为以下几类。

1) 按股票权益不同分为普通股票和优先股票

(1) 普通股票。它是股票中最普遍且最主要的形式。普通股票的持有者获得的股息随着股份公司利润的变动而变动。其权利主要有：①经营参与权。这一权利主要通过股东大会来行使，并反映在股东的选举权、被选举权、发言权和表决权上。②盈余和剩余财产的分配权。当公司盈利时，股东有权取得相应的股息，但在分配次序上，要在支付工资、借贷款项、债券利息、法定公积金和优先股股息之后。③优先认股权。当企业增发普通股票时，现有的股东可优先购买新发行的股票，以维持他们在该企业的持股比例，保持其对企业原有的控制权。股东也可以出售认股权，收取一定的费用后，把认股权交给其他人行使。如果股东认为认股无利可图，也可以不认股，使认股权过期失效。

(2) 优先股票。它是一种股东有优先于普通股分红和优先于普通股资产求偿权的股票。此种股票的股息收益一般是事先确定的。比如，一张票面金额为 100 元的优先股票，以 8%的股息率付给股息，那么，这张股票每年固定收入 8 元，无论公司经营好坏，利润高低，都可按这个固定的比例领取股息。这个股息必须在普通股票得到股息收入以前获取。而且，当股份公司破产清理时，这种股票的求偿权在普通股票之前。但在一般情况下，优先股票的持有人不能参与企业的经营管理，也没有像普通股票持有人那样的认股权，尤其不能分享企业获取的高额利润。同时由于股息率是固定的，在通货膨胀条件下，对优先股票持有者十分不利。

优先股票有累积性和非累积性之分。累积性股票可以把每年支付的股息累积下来，等到一定时间后一起支取。非累积性股票每年支付的股息不能积存到下年，股份公司每年必须如数偿清股息。

普通股票是标准股票，优先股票是介于债券和股票之间的一种信用工具。

2) 按股票票面是否记名分为记名股票和不记名股票

记名股票是指将股东姓名记载于股票票面和股东名册的股票。其他人不得行使股权，不得私自转让所有权，转让时要办理"过户"手续。不记名股票，是指股票票面不记载股东姓名的股票。可以自由转让，不需要过户，只需向受让人交付股票，受让人即取得股东资格。

3) 按票面有无金额记载分为额面股票和无额面股票

额面股票是指股票票面记载每股金额。无额面股票票面则不记载所代表的每股金额，只标明每股所占公司资本的比例。

4) 按持股主体又分为 A 股和 B 股

这是目前我国发行股票特有的划分方法。A 股是以人民币标明面值，以人民币认购并进行交易，是供境内投资者买卖的股票。B 股又称人民币特种股票，是指以人民币标明面值，以外币认购和进行交易，专供其他国家和港、澳、台地区的投资者买卖的股票。

五、金融衍生工具

金融衍生工具是指从原生资产(股票、债券货币等)派生出来的金融工具。衍生工具以合约的形式出现，其价值取决于原生资产的变动情况。以下对几种主要的工具进行介绍。

(一)金融期货

金融期货是指交易双方在固定场所(期货交易所)以公开竞价的方式成交后，约定在未来某一日期以确定的价格买卖标准数量的某种金融商品的合约。金融期货包括利率期货、股票指数期货及货币期货。

利率期货是指在将来某一特定时间，将某一特定的金融工具以预先确定的价格进行买卖的合约。这种期货由于是为了避免短期利率变动风险而买进现货卖出期货或卖出现货买进期货，所以称其为利率期货。

股票指数期货是一种以股票价格指数作为标的物的期货合约，其目的是避免市场上的系统性风险。由于交易的对象是衡量各种股票价格变动水平的无形的指数，所以其价格是由指数乘以一个人为规定的每点价格形成的，而不是像其他期货合约那样以期货自身的价值为基础。

货币期货是以某种货币作为标的物的期货合约，其目的是避免汇率变动的风险。即买卖双方在交易所内根据成交单位、交易时间标准化的原则，按固定价格买卖远期外汇。

(二)金融期权

金融期权是一种赋予期权的持有者(期权的买方)在某一未来日期或在这日期到来之前，按议定的价格买卖某种金融工具(货币、利率、债券、黄金等)的权利(而非义务)的合约。

期权的买方要向期权的卖方支付一笔费用(期权费)作为获得这一权利的代价。当合约约定期权的买方有按议定价格购买一笔资产的权利时，此期权叫作看涨期权(或买入期权)。反之，当合约约定期权的买方有按议定价格卖出一笔资产的权利时，此期权叫作看跌期权(或卖出期权)。

期权是一种权利而不是义务，对期权的买方来说，既可以在对自己有利的时机行使期权，也可以不行使。即期权买方可以根据价格变动决定是否进行交易，当价格变化对他有利时，就可以要求对方进行交易，否则就可以放弃期权，而按市场价格买进或卖出，此时他损失的只是期权费。而期权的卖方只有应期权买方的要求进行交易的义务，而没有要求期权买方进行交易的权利。

期权合约具有保值的功能，但和具有同样功能的远期合约及期货合约相比，由于期权的买方可以对是否行使期权加以选择，所以期权的灵活性较大，并且在有限的风险下(即期权费)，拥有获得无限利润的机会。

使用国家信用必须注意的问题

知识扩充： "使用国家信用必须注意的问题"见右侧二维码。

(三)互换协议

互换协议是一种交易双方商定在一定时间以后交换支付的合约，其主要有货币互换和利率互换两种。

货币互换一般指交易双方针对具体数量的两种货币进行交换(如一定数量的美元换等值的期限相同的英镑)，并按合同的约定条件在到期时购回原来的货币。如果期限较长，将涉及利息的支付，即交易双方要向对方支付所购入货币的利息。

利率互换是交易双方针对相同币种债权或债务的不同形式的利率进行的交换。与货币互换不同的是，利率互换只涉及利息支付，而不涉及本金。互换既可以是某种货币(债权或债务)的固定利率和浮动利率的对换(两笔债权或债务的本金价值、到期日与付息日均相同)，也可以是两笔浮动利率的对换。

(四)远期利率协议

远期利率协议是交易双方在未来某一时间对某一具体期限的存款支付利率的合约。交易双方的其中一方想通过此合约使自己免受未来利率上升的损失，而另一方则要使自身免受未来利率下跌的损失。在远期利率协议中对本金只规定一个数量，到期时根据当时的市场利率与协议利率的差别，由一方向另一方支付利率的差额，而不交换本金。如果市场利率高于协定利率，远期利率协议的买进者将从卖出者那里收取差额，也可以理解为卖方向

第二章 信用

买方赔偿利率上升的损失。反之，如果市场利率低于协定利率，卖出者将从买进者那里收取差额，等于买方向卖方赔偿利率下降的损失。

本 章 小 结

在现代经济社会，信用关系已成为一个无时不有、无处不在的基本要素。不仅企业单位之间普遍形成信用关系，而且家庭个人生活也离不开信用，现代经济可以称为信用经济。现代经济，离开了信用，整个经济体系的运行就会出现障碍。本章主要介绍了信用的本质、信用工具的种类、各种融资方式等。

(1) 经济学中的信用是指商品和货币的所有者(即贷者)把商品或货币的使用权暂时让渡给商品或货币的使用者(即借者)，到期偿还并支付一定利息的价值运动形式。它是一种特殊的价值运动形式，是以支付利息为条件的借贷行为，从属于商品货币经济的范畴。信用关系的成立应具备四大要素，即信用主体、信用标的、信用载体和信用条件。

(2) 信用形式就是信用关系表现出来的具体形式，主要有商业信用、银行信用、国家信用、消费信用、国际信用、民间信用等主要形式。其中，商业信用是信用制度的基础，银行信用是信用制度的主体。

(3) 信用工具是指资金供求双方进行资金融通时所签发的各种具有法律效力的凭证，也称为金融工具。信用工具随着信用关系和信用形势的发展而不断发展和创新。信用工具一般具有偿还性、流动性、风险性和收益性四个特征。

(4) 信用工具种类繁多，而且随着金融创新，信用工具也在不断地发展和创新，主要分为货币市场的信用工具、资本市场的信用工具、金融衍生工具等形式。

(5) 信用工具的市场价格是指信用工具在金融市场上买卖的价格，又称为信用工具行市。虽然信用工具绝大部分都有面值，但有相当部分信用工具在交易中有不同于面值的行市，并且不同的信用工具其价格确定方式也不相同。

本 章 习 题

1. 如何理解现代经济是信用经济？
2. 简述商业信用的特点及其局限性。
3. 简述银行信用的特点。
4. 信用有哪些主要形式？如何理解银行信用同商业信用之间的关系？
5. 信用工具有何特性？它们之间有何关系？
6. 股票与债券有何区别？
7. 国家信用的作用有哪些？消费信用在日常生活中有哪些应用？

第三章 利息与利率

利息与利率

【教学目的与要求】

本章重点介绍利率的种类以及名义利率和实际利率的关系,引导学生自主查阅储蓄利率弹性和投资利率弹性的资料。

【重点与难点】

- 利率的种类。
- 复利的计算。
- 名义利率和实际利率的关系。

当心陷阱 巧用时间沙漏下的复利魔力理财

一叶落而知天下秋。大自然用自己的语言讲述四季更替的故事,人们也从冷暖交替中体悟到时间的前行。相传在古老的黄帝时期,聪明的人类就已发明了沙漏来记录时间,使时间的流逝得以具象化。

数千年后的今天,人们对时间的认识更加深刻,时间被赋予了更多含义,最常见的就是"时间"和"金钱"之间被画上等号,也就是通常所说的"复利"。那么,这个被爱因斯坦称为"世界第八大奇迹"的复利究竟是什么?通俗而言,复利就是连本带利的利滚利,也就是说如果每年都能保持一定水平的收益率,若干年后就能获得非常可观的财富增长。以下两个案例,能进一步帮助我们理解时间就是一种财富。

案例一:A 每年投资 1 000 元,坚持 10 年,假设年收益率为 5%,10 年后连本带息可获 13 206.79 元。若不考虑复利因素,则仅有 12 750 元,两者的差额 456.79 元就是复利带来的额外收益。

案例二:B 每年投资 500 元,坚持 20 年,假设年收益率仍是 5%,20 年后连本带息可获 17 359.63 元。

A 和 B 投入的本金都是 10 000 元,最大差异是投资期限不同,A 投资 10 年,而 B 投资 20 年,最后结果是 B 远远胜出,收益比 A 多 4 252.84 元。这就是时间的威力。

然而,复利也藏有"陷阱"。上述两个案例看上去很好,实际上基于的前提是每年都有一定的正收益,"雪球"才能越滚越大。但现实中,长期投资每年都能保证获得稳定的正收益,是不太切合实际的幻想。即便是存银行、买国债这种看似正收益的无风险投资,如果将通胀因素考虑在内,也有可能是负收益,更不用说投资于基金、股票等风险资产了。所以,更普遍的情况是,很多时候我们不得不面对投资收益的归零,甚至是投资本金的损失。再来看两个案例,能进一步帮助我们理解这种复利的"陷阱"。

第三章 利息与利率

案例三：C 投入本金 10 000 元，投资 10 年，每年稳定获取 10%的收益，10 年后连本带利可获 25 937.42 元。

案例四：D 投入本金 10 000 元，同样投资 10 年，前 9 年每年获取 15%的收益，但最后一年因投资失误损失 30%，10 年后连本带利共获得 24 625.13 元。

我们看到，尽管 D 在前 9 年里，每年都比 C 多获取 5%的收益，但最后一年的损失却使最终收益比 C 落后 1 312.29 元。由此可见，投资损失对于复利的影响是巨大的。

所以，复利具有魔力，如果忽视它，它就会如同沙漏中的沙子一般黯然逝去。但复利的魔力必须基于良好的风险把控，也许时间可以如同沙漏一般恒定地流逝，但"恒定"两个字绝对不属于投资市场。当你期待获得如同过山车上升般的收益时，也要做好准备承受有可能骤降所带来的损失，一旦发生，复利的威力也将荡然无存。

(资料来源：今日早报，http://nb.people.com.cn/GB/200877/14138327.html.)

【思考讨论】

在这个故事中，你了解到单利和复利有什么区别？

(提示：利率是经济中最受关注的一个经济变量，与日常生活息息相关，并会对经济的健康发展产生重大影响。它不仅影响着消费、储蓄等家庭个人经济行为，还影响工商企业发行债券、向银行借款、投资等经济决策。经过几个世纪的探索和研究，西方经济学界已形成了一套阐明利息产生及其本质、论证利率的确定、分析利率决定因素对利率水平影响的理论。各学派的观点各异，但往往又基于一定的利息本质观。因此，首先应分析利息的本质。)

第一节 利息的性质

利息，从其形态上看，是货币所有者因为发出货币资金而从借款者手中获得的报酬；从另一方面看，它是借贷者使用货币资金必须支付的代价。利息实质上是利润的一部分，是利润的特殊转化形式。

关于利息的性质，自古以来争论颇多。人们曾经为利息应不应该存在而展开了历时几千年的争议。贷款取息曾一度被视为丑恶、罪行、耻辱，甚至于通过立法禁止放款取息。为什么古人有如此偏颇的态度呢？这是因为他们所针对的借贷行为不是由于投资，而是由于消费建立起来的。即债务人把他们借得的钱花掉了，什么也不能取得，所以他们所归还的等同于他们所花掉的。如果要他们支付利息，就等于要求他们归还没有得到的东西。在古代的学者看来，金钱本身并不能产生果实，也不会生育任何事物，所以，取得超过借给别人使用的金额是不能容许的，而且是不公正的。由于利息的多少取决于时间的长短，因此，古代的西方学者认为利息是对时间的支付，而时间是众人共有的财产，是上帝公平地赐给众人的。当高利贷者对时间索取报酬时，他既欺骗了邻人，也欺骗了上帝。但是，不管有多少人反对贷款取息，但是从不曾有一个时间或一个地方没有利息存在。

随着资本主义经济的产生和发展，消费借款越来越不如有收益的投资借款那样重要，因为投资有收益，所以对这样的借款要求付息就成为顺理成章的事了。而对于贷款人来说，借款人把钱用于投资或用于消费，不存在任何区别。因此，贷款人通常总是要求借款人支付利息。那么，利息究竟是什么呢？利息为什么应该存在呢？

在这一问题上，许多经济学家都有他们自己的答案。下面简要介绍几位有影响的经济学家的观点。

一、配第的"使用权报酬"说

威廉·配第是英国古典政治经济学的创始人。他认为，利息是因暂时放弃货币的使用权而获得的报酬。贷者把货币贷出去后，无论自己怎样需要货币，在到期前是无法收回的，这就给贷者带来了事实上的损失。为了弥补这种损失，贷者理所当然要获得报酬，这就如同出租土地可以收取租金——地租一样，出租货币也同样应该收取租金——利息。

二、西尼尔的"节欲"说

西尼尔是英国资产阶级经济学家。他认为工资是工人劳动的报酬，利润是资本家节欲的报酬。工人放弃自己的安逸和休息而去劳动，这就作了牺牲，工资就是这种牺牲的报酬。资本家拥有货币资财，他本来可以用于个人消费，因此得到享乐和满足，但他放弃了，即他作了牺牲，利润就是对这种牺牲的报酬。而利息作为总利润的一部分，所以利息是借贷资本家节欲的结果。

三、克拉克的"边际生产力"说

克拉克是19世纪末20世纪初美国著名的经济学家。他认为一般劳动和资本共同生产，都受一个关于生产力递减的经济规律所支配，即当劳动量不变而资本相继增加时，每增加一个资本单位，则所带来的产量依次递减，最后增加一个单位资本所增加的产量就是资本边际生产力。利息就取决于边际生产力的大小。

克拉克认为，在这一系列资本单位中，任何一个所有者所得的利息，都不能超过最后一个单位的产量。假若第一个单位所有者所要求的利息超过了最后一个单位的产量，那么企业家将不使用这个单位的资本，而用最后一个单位来代替它。最后一个单位的资本所增加的产量决定了利息的标准。每一个单位的资本能给它的所有者带来和最后一个单位的资本产量相同的收益，但是不能给它的所有者带来比这更多的收益。因此，利息取决于资本边际生产力的大小。

四、庞巴维克的"时差利息"说

庞巴维克是奥地利经济学家。他从人的主观评价和时间因素来解释利息。他把社会上的财货分为满足当前需要的"现在财货"(即消费)和满足未来需要的"未来财货"(即生产资料和劳动)。他认为，人们对现在财货的评价通常要大于未来财货，因为现在财货能优先满足人们的需要。这种由于现在和未来两个不同时间的主观评价不同而带来的价值上的差异，就是"价值时差"。当物品所有者延缓对物品的现在消费而转借给他人消费时，就会要求对方支付相当于价值时差的"贴水",这种"贴水"就是利息。

庞巴维克认为,利息不过是时间的价格,它是在等价交换中未来物品所有者付给现在物品所有者的价值时差的贴水,它源于人们对同种等量现在物品和未来物品评价的差异。利息量的大小,以未来物品距离现在的时间长短为转移,时间长,价值时差就大,利息就高。反之,则价值时差小,利息也低。以货币形态表示,这种贴水就是利息。也就是说,利息产生于人们对现在物品的评价大于对同类同量的将来物品的评价,即产生于人们因"时差"而发生的主观评价上的差异。

五、费雪的"人性不耐"说

人性具有偏好现在就能提供收入的资本财富,而不耐心等待未来能提供收入的资本财富的心理特征。不耐程度取决于收入及性格特征,如:①是关注未来还是目光短浅;②是意志薄弱还是高度自制;③是否有随便花钱的习惯;④强调生命的短促或预期长寿;⑤是否关怀家人在他死后的幸福;⑥是否盲目追求时尚。

不耐程度低的人具有较低的时间偏好,不耐程度较高的人具有较高的时间偏好。在存在借贷市场的情况下,不耐程度高的人倾向于借债,而不耐程度低的人则倾向于放款,这些活动如果进行得充分的话,那么将降低高度的时间偏好并提高低度的时间偏好,一直到大家在共同的利率下都达到了某一中间地带为止。因此,费雪认为利息是不耐的指标。

一个人预期自己未来收入特别多,他就可能以较多的未来收入来换取较少的现在收入,两者的差额就是利息。现在物品与未来物品的交换是通过货币市场的借贷和证券市场的买卖来实现的。在这一交换过程中,公众的时间偏好便影响着利息的多少和利率的高低。如果人们对现在物品的偏好比较强,那么他们对利息的要求就比较高,利率也就比较高。反之,如果人们对现在物品的偏好比较弱,愿意以较少的现在收入来换取较多的未来收入的意愿比较强,那么他们对利息的要求就比较低,利率自然也就比较低。

六、凯恩斯的"灵活偏好"说

凯恩斯是当代西方经济学界中最有影响的经济学家。他认为所谓利息,乃是在一特定时期内,放弃周转灵活性的报酬。人们有以货币形式保持财富的心理倾向,即持有货币这种流动性最强的财富形式的偏好。流动性偏好的强弱程度,取决于保持货币而得到的效用与放弃货币而得到的收益的比较。因此,利息就成了一定时期内放弃流动性的报酬。灵活偏好愈强,对货币的需求就愈大,因此只有在更高的利率水平上,人们才愿意放弃这种持有货币的灵活性。

七、马克思的"剥削论"

马克思在批判和继承古典经济学派的利息理论基础上,建立并形成了完整的利息理论体系。马克思认为利息不是产生于货币的自身增值,而是产生于它作为资本的使用,从而揭开了利息的面纱。

1. 利息来源于利润

借贷资本家把货币作为资本贷放出去后，由职能资本家使用，或作为资本从事生产，或作为商业资本从事流通，其结果都能生产出利润(平均利润)。生产或流通过程结束后，职能资本家归还所借资本，并把利润的一部分支付给借贷资本家，作为使用借贷资本的报酬。

2. 利息只是利润的一部分而不是全部

因为对于借入者来说，借贷资本的使用价值，就在于它会替他生产利润，而利润不能全部归入借入者，否则，他对于这种使用价值的让渡就什么也不要支付了。

3. 利润不过是剩余价值的转化形态，所以利息只是对剩余价值的分割

马克思认为，利息不是直接以剩余价值为前提，而是直接以利润为前提，利息本身只是被归入特殊范畴、特殊项目内的一部分利润。这里所说的"特殊范畴""特殊项目"的利润是指平均利润。利息直接以利润为前提，而平均利润是在相当长的时间和相当大的空间范围内形成的。所有这些都使得借贷资本的利息增加了一层色彩，只有透过这层色彩，才能清晰辨认出利息是剩余价值的转化形式。

4. 剩余价值是资本家全体(借贷资本家与职能资本家)对雇佣工人的剥削

这一结论的自然传递机制是：利息直接来源于利润，利润又只是剩余价值的转化形态，而剩余价值本身又体现了一种剥削关系，因而，利息也就不可避免地体现出剥削关系。

第二节 利率的种类

利率表示一定时期内利息量与本金的比率，通常用百分比表示，按年计算称为年利率。其计算公式是：利率=利息量/(本金×时间)×100%。

一、年利率、月利率、日利率

年利率、月利率、日利率是按计算利息的期限单位划分的。年利率是以年为单位计算利息；月利率是以月为单位计算利息；日利率是以日为单位计算利息，通常叫作"拆息"。在中国，习惯上，年息、月息和拆息都用"厘"作单位，比如年息5厘、月息4厘、拆息2厘等。虽然都叫"厘"，但表示的意义不同。年息的厘是指1%，月息的厘则指0.1%，拆息的厘则指0.01%。民间也有用"分"作单位的，分是厘的10倍。例如，月息3分，就是指3%。

二、单利与复利

单利是指在计算利息额时，不论期限长短，仅按本金计算利息，所生利息不再加入本

金重复计算利息。其计算公式为

$$I = P \times i \times n \quad (3\text{-}1)$$
$$F_1 = P + i \cdot P = P(1+i)$$
$$F_2 = F_1 + i \cdot P = P(1+i) + i \cdot P = P(1+2 \cdot i)$$
$$F_n = P(1+n \cdot i)$$

式中：I——利息；P——本金(现值)；F——本利和(期值)；i——利率；n——期限。

例如，某人存款 10 000 元，存款年利率为 10%，存期 3 年，则其存款应得利息为

$$I = 10\,000 \times 10\% \times 3 = 3\,000(元)$$

单利的现金流量如下：

第一年年末：$F_1 = P + 10\,000 \times 10\% = 11\,000(元)$

第二年年末：$F_2 = F_1 + 10\,000 \times 10\% = 11\,000 + 10\,000 \times 10\% = 12\,000(元)$

第三年年末：$F_3 = F_2 + 10\,000 \times 10\% = 12\,000 + 10\,000 \times 10\% = 13\,000(元)$

复利是指在计算利息额时，要按一定期限，将所生利息加入本金再计算利息，逐期滚算，俗称"利滚利"。其计算公式为

$$I = P(1+i)^n - P = P[(1+i)^n - 1] \quad (3\text{-}2)$$
$$F_1 = P + i \cdot P = P(1+i)$$
$$F_2 = F_1 + i \cdot F_1 = F_1(1+i) = P(1+i)(1+i) = P(1+i)^2$$
$$F_n = P(1+i)^n$$

如上例，按复利计算，3 年到期后存款人应得利息为

$$I = P(1+i)^n - P = 13\,310 - 10\,000 = 3\,310(元)$$

复利的现金流量如下：

第一年年末：$F_1 = 10\,000 + 10\,000 \times 10\% = 11\,000(元)$

第二年年末：$F_2 = F_1 + F_1 \times i = 11\,000 + 11\,000 \times 10\% = 12\,100(元)$

第三年年末：$F_3 = F_2 + F_2 \times i = 12\,100 + 12\,100 \times 10\% = 13\,310(元)$

三、名义利率和实际利率

在纸币流通条件下，由于纸币代表的价值量随纸币数量的变化而变化，因此当流通中的纸币数量超过市场上的货币需要量时，单位纸币实际代表的价值量必然下降，于是就产生了纸币的名义价值与实际价值。而利息的计算是以货币额来表示的，因而也出现了名义利率与实际利率。

名义利率即以名义货币表示的利率，如存贷款利率、各种债券所载明的利率，甚至于官方公布的利率。作为贷款人，更关心的不是名义价值的高低，而是剔除物价变动因素后的实际利率，或是消除货币本身价值变动影响后，实际货币的真实购买力，这才是借款人因使用资金而支付的真实成本。

实际利率有两种计算方法：

设 i =实际利率，r =名义利率，p =同期物价变动率(或通货膨胀率)。

(1) 较常见和通用的，但较为粗略的方法是

$$i = r - p \quad (3\text{-}3)$$

所以，在不存在通货膨胀的条件下，名义利率等于实际利率。

在市场上，只要存在物价水平的变动，所见到的各种利率就都是名义利率，实际利率不易直接观察到，需要进行计算后才能得到。但对经济产生实质性影响的，是不易观察到的实际利率。在物价水平变动成为一种常态的背景下，划分名义利率和实际利率的意义，在于它为分析利率变动及其影响提供了可靠的依据和行之有效的工具。在不同的实际利率状况下，借贷双方作为微观主体会有完全不同的行为模式，从而会对资金的流动以及消费和投资决策产生重要影响。一般来说，适度的正利率有利于引导资金的合理有序流动，从而有利于资金和资源的优化配置，而为零乃至为负的利率都会导致资金和资源的错配，从而对经济成长造成危害。

例如，我国 2003 年一年期存款利率为 2.25%，通胀率为-3%，则实际利率为 5.25%，即 2.25%-(-3%)。若外国利率为 4.50%，则资金流入，对人民币造成贬值压力。

(2) 当物价变动较为剧烈时，简便的计算方法会高估实际利率，则应采用较为精确的计算方法。计算公式如下：

$$i = \frac{1+r}{1+p} - 1 = \frac{r-p}{1+p} \tag{3-4}$$

例如，某人一年前向银行借款 10 000 元，借期 1 年，利率 10%，即一年后连本带利归还 11 000 元。如果这一年内物价上涨 5%，那么第一种计算方法下，实际利率为 $i = r - p$=10%-5%=5%；第二种计算方法下，实际利率

$$i = \frac{r-p}{1+p} = \frac{10\% - 5\%}{1+5\%} = 4.7619\%$$

为什么会出现这样的差别呢？原因在于第一种方法只考虑了本金的贬值，而忽视了利息的贬值。这一年内物价上涨率为 5%，所以还款时 10 500 元只相当于一年前的 10 000 元，这样借款人实际支付的利息不是 1 000 元，而是 500 元，另 500 元被物价上涨给"吃掉"了，而现年所支付的利息也相当于去年的 476.19 元，因此实际利率为 4.7619%。

四、市场利率与官定利率

市场利率是借贷双方通过竞争而形成的利率，它是借贷资金供求状况变化的指示器，灵敏而频繁地变动着，比如同业拆借利率、国库券利率、短期商业债券利率等货币市场工具的利率。

官定利率是指一国政府通过中央银行确定的各种利率，比如再贴现率、再贷款利率。在现代经济中，利率不再完全随资金供求状况自由波动。国家可以通过中央银行确定的利率来调节资金供求，进而调节市场利率水平。因此，官定利率在整个利率体系中处于主导地位，它代表政府货币政策的意向。

官定利率与市场利率有着密切的关系。市场利率随官定利率的变化而变化，但市场利率又受借贷资金的供求状况等一系列复杂因素的影响，并不一定与官定利率的变化相一致。市场利率是制定官定利率的重要依据，因为市场利率非常灵敏地反映借贷资金的供求状况。国家可以根据货币政策的需要和市场变化的趋势调整官定利率，从而调节经济。

五、存款利率与贷款利率

存款利率是指客户在银行或其他金融机构存款所取得的利息与存款额的比率,其高低直接决定了存款的利息收益和金融机构的融资成本。存款利率随存款种类和期限而变动。

贷款利率是银行或其他金融机构发放贷款所收取的利息与贷款本金的比率。其水平高低直接决定借款企业的成本和金融机构的收益。贷款利率越高,银行和其他金融机构的利息收入就越多,进而导致企业成本变高,留利变少。

存款利率与贷款利率关系密切。利差直接决定了金融部门的经营状况,存款利率的高低直接影响银行集中社会资金的规模,进而对贷款资金的供求状况和贷款利率产生影响;贷款利率高低直接影响贷款规模。

六、固定利率与浮动利率

固定利率是指利率不随借贷资金的供求状况而波动,在整个借款期间固定不变。其优点是计算简便,在借期较短或市场利率变化不大的条件下可采用。但在借期较长或市场利率变化较快时,借贷双方可能要承担利率变化的风险。

浮动利率,即利率随市场利率的变动而定期调整。调整的期限及作为调整基础的市场利率种类,在借款时议定。例如,欧洲货币市场的浮动利率,调整期限为3个月或半年,调整时以银行期间3个月或半年的拆放利率为基础。

浮动利率在计算上较为复杂,但利率与供求状况紧密结合,可减少借贷双方的利率风险,故中长期借贷多采用此种利率计息。

> **专栏3-1　住房抵押按揭贷款的选择**
>
> 中国人民银行2019年12月份发文称,按规定,存量浮动利率贷款原则上要在2020年3月1日至8月31日完成利率定价方式转换,定价基准只能转换一次。对于有房贷的人来说,可以选择固定利率,也可以选择浮动利率LPR,LPR会随着市场的利率波动而变化。那么,对于普通的购房者来说,是选择固定利率还是浮动利率更划算呢?
>
> 案例分析:
>
> 当选择固定利率后,在整个合同期内,房贷利率保持不变;选择LPR之后,房贷利率会根据LPR的变动发生变化。如果未来一段时间内,LPR存在一定的下行空间,采用LPR的方式,在利率下行趋势下具备一定优势,但LPR上浮时,房贷利率也会上浮。
>
> 住房抵押按揭贷款属于长期贷款,一般贷款期限多为5年以上,最长可达30年。还款方式也多为等额本息还款,即每月都会偿还银行贷款的部分利息和本金。通常在贷款前期,偿还利息较多,本金较少;随着本金被偿还得越来越多,利息占比也逐渐降低。在既定的还款规则下,固定利率和浮动利率两种计息方式的特征也有所不同。
>
> 对于固定利率计息方式来说,每期偿还金额都基本相等。这种方式计算利息和待偿还金额方便,容易预期未来的偿还额度,也有利于贷款人规划未来的资金使用,衡量自身的长期还款能力。
>
> 对于浮动利率计息方式来说,每期需偿还的利息金额是可变的,因此每期偿还的总金额有差异。这种差异在短期内并不明显,但长期来看会有较大影响。特别是,当基准利率

处于长期上行或下行区间时。若未来利率有明显的下行趋势，则选择浮动利率相较于固定利率有很大优势。相反，则固定利率的是更好的选择。另外，由于每期还款金额会发生变化，浮动利率计息不利于贷款人规划长期现金流支出，需要在利率波动范围内准备额外资金应对可能的利率上行导致的还款额增加。因此考虑用固定利率贷款来锁定中长期住房贷款利率，可以避免利率风险和通货膨胀风险。

(资料来源：中国大学 MOOC 慕课，中央财经大学《金融学》，http://www.icourse163.org/learn/CUFE-21011?)

七、差别利率与优惠利率

差别利率是指针对不同的贷款种类和借款对象，实行不同的利率。比如按期限、行业、项目、地区等设置不同利率。差别利率可调节国民经济结构，比如对国家支持发展的行业、地区和贷款项目实行低利率贷款，而对长线和经济效益不好、经营管理水平差的企业实行高利率贷款。

优惠利率是大银行向自己最可靠的、信誉最好的大顾客提供贷款时所收的利率。在我国是对国家支持的贷款种类和借款对象实行较低的利率，比如对出口商实行优惠利率贷款，以促进本国产品的出口。

八、基准利率

基准利率是指在整个利率体系中起主导作用或核心作用，并能制约和影响其他利率的基本利率，可以起到"牵一发而动全身"的作用。基准利率具备两个特征：一是基准利率必须是货币市场上的某种市场利率；二是中央银行必须对其有很强的控制力。

在西方国家，基准利率通常是中央银行的再贴现利率，以及商业银行和金融机构之间的同业拆借利率，比如著名的伦敦银行同业拆放利率(London Interbank Offered Rate，LIBOR)和美国联邦基准利率等。美国以同业拆借市场利率即联邦基金利率作为基准利率。美联储主要通过公开市场业务等政策工具调节基准利率，影响宏观经济(详细内容见第九章的货币政策)。大多数国家以再贴现率为基准利率。

目前我国的基准利率是中国人民银行对商业银行及其他金融机构的存、贷款利率，又称法定利率。近年来，随着金融市场的发展，我国在 2007 年推出了货币市场的基准利率——上海银行间同业拆放利率(Shanghai Interbank Offered Rate，SHIBOR)。随着利率市场化程度的提高，该利率逐步在整个利率体系中扮演越来越重要的作用。

附件专栏："关于我国基准利率的争论"见右侧二维码。

关于我国基准利率的争论

第三节　利率的结构

金融市场存在着各种各样的金融工具，在某一时间节点，其利率各不相同，利率之间的这种差异称为利率结构。影响利率结构的因素很多，比如违约风险的大小(违约风险越大的金融工具利率越高)、市场性的强弱(市场性强的工具易于交易流通，不易因交易而受损失)、税收的高低(税率越高,利率就越高)等。利率的结构理论主要用于研究不同利率之间的关系及其影响因素。

一、利率的风险结构

利率的风险结构是指期限相同的债券或贷款在违约风险、流动性和所得税规定等因素作用下,各不相同的利率间的关系。新古典综合派认为,造成利率差异的主要原因在于债权人所承担的风险大小不同,因而其获得的收益率也不同。他们用利率的风险结构理论来解释期限相同的各种债券利率之间的关系,认为期限相同的各种债券的利率不同的原因主要有以下三个。

(一)违约风险

违约风险或信用风险是指债券发行人无法按时支付利息和本金的风险。由于利息是在信用活动中债务人对债权人提供借贷资金的报酬,而在合同到期时,借款人有可能违约,即不能履约全部支付规定的利息和本金,这就成为债权人所要承担的违约风险,这种风险将影响债券或贷款的利率。违约风险可分为两部分:违约概率和违约后的损失挽回比率。

一般来说,债券的违约风险与利率是同方向变动的。发行主体不同的债券,违约风险也不同。公司债券的违约风险要大于政府债券,因此,公司债券的利率会高于政府债券。这种由违约风险产生的利率差额,被称为"风险升水",是指人们为持有某种风险债券所需要获得的额外利息。具有违约风险的债券通常有正值的风险升水;违约风险越大,风险升水也越大。

(二)流动性风险

流动性风险是指资产在必要时难以迅速转换成现金,而且将使持有人遭受损失的可能。资产的流动性大小通常用其变现成本来衡量,其变现成本等于变现的交易佣金加上买卖差价。其他因素不变时,资产的流动性越大,就越受欢迎,因为流动性大的资产容易迅速出手,而且变现的费用低廉,因此,人们总是偏好资产的流动性,而尽量避免流动性风险。不同的债券,流动性风险也不同。债券的流动性风险不同,利率就会存在差别。一般来说,债券的流动性与利率是反方向变动的,流动性风险与利率是同方向变动的。国家债券的流动性风险小于企业债券,是造成国债利率低于企业债券的重要原因。这种由流动性风险产生的利率差额,被称作"流动性升水"。因此,国家债券利率和企业债券利率之间的差额不仅反映了违约风险,还反映了流动性风险。

(三)税收风险

在税法规定利息所得要交税的国家里,税率的高低直接决定了债权人纳税后的可支配收益。纳税债券的税后收益率为:税后收益率=税前收益率×(1-边际税率)。在期限和风险相同的条件下,由于不同种类的债券所得税特别是边际税率不同,导致了债券税后收益率的差异,这种差异也是通过利率的高低反映出来,税率通常与税前利率是同方向变动的。

从以上分析可知,利率的风险结构主要受违约风险、流动性风险和税收因素的影响。

在其他因素不变时，一般来说，债券的风险升水随着违约风险和流动性风险的增加而增加；债券的税前利率与税率同方向变动。

二、利率的期限结构

不同期限的利率之间的关系称为利率的期限结构。收益率曲线就是用以描述不同期限的债券之间利率的关系，或者说是反映债券的期限与利率之间的关系。债券的期限越长，债券的利率越高，收益曲线向上倾斜，称为正收益曲线，如图 3-1(a)所示，这种情况在现实中最常见。债券的期限越长，债券的利率越低，收益曲线向下倾斜，称为负收益曲线，如图 3-1(b)所示。若各种期限的同种债券其利率相同，则形成水平收益曲线，如图 3-1(c)所示。

是什么原因从根本上左右着利率期限结构的形成和变化？目前西方金融理论界对这个问题说法不一，主要有三种看法：期限结构预期说、流动性补偿说和市场分割说。

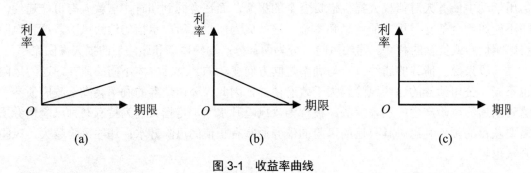

图 3-1 收益率曲线

(一)期限结构预期说

这是目前流传最广、最易为人们所接受的一种利率期限结构理论。它认为利率的期限结构是由人们对未来市场利率变化的预期决定的，且长期利率等于当期短期利率与预期的未来短期利率的几何平均数。

该理论假设：①投资服从于利润最大化原则；②投资者对证券期限无特殊偏好，各种期限可完全替代；③买卖证券没有交易成本；④绝大多数投资者都可准确预测未来利率，并根据这些预期指导投资行为。

假设某人有 1 000 美元，打算进行 2 年期的债券投资，他有两种选择，一是购买一张 2 年期债券，二是购买一张 1 年期债券，待收回本息后再用 1 000 美元购买另一张 1 年期债券。换言之，他可以一次持有一张 2 年期债券，也可以分两次连续持有 1 年期债券。他应选择哪种投资方式才能取得更多收益？

假设当时利率期限结构为：1 年期债券收益率为 9%，2 年期为 10%。这样如果买入 2 年期债券，那么到第二年年末可获得 200 美元的利息收益(为方便叙述，本例采用单利)。

如果想两年各买一张 1 年期债券，那么第一年利息收入肯定是 90 美元，但第二年利息无法知道，只能在预期的基础上进行决策。

假定投资人预期第二年市场利率将上升，1 年期收益率将升至 12%，则其两年投资收益总额将达到 210 美元(90+1 000×12%=210)，这比购买一张利率为 10%的 2 年期债券要多收益 10 美元。在这种预期的基础上，投资人选择连续两年购买 1 年期债券。

相反，如果他预期第二年利率不变，1 年期债券利率仍将是 9%，那么连续两次购买 1 年期债券的预期收益总额只能是 180 美元(90+90)，比一次购买一张 2 年期债券少收益 20 美元。根据这个预期，投资人肯定会选择购买一张 2 年期债券。如果他预期第二年 1 年期债券收益率将为 11%，那么预期收益总额都是 200 美元，不管他如何选择都没有什么差别了。

假设债券市场上所有 2 年期投资人都按预期方式从事投资活动，则认为第二年 1 年期债券收益率将高于 11%的人会分两次投资 1 年期债券，而认为第二年 1 年期债券收益率将低于 11%的人会投资于 2 年期债券，这时的市场是均衡的。

但如果市场利率看升，所有 2 年期投资人都预期第二年 1 年期收益率将高于 11%，那么所有人都会去购买 1 年期债券，没有人愿意购买 2 年期债券，这将迫使 2 年期债券发行人提高债券收益率吸引投资人，假定提高至 11%，这就形成了新的利率期限结构。在新的收益曲线上，认为新的 1 年期债券收益将高于 12%的人才会区分两次投资。反之，预期收益率将低于 12%的人则投资于 2 年期债券，债券市场重新达到平衡。

反过来，市场利率看降，所有人预期 1 年期债券收益率不会超过 11%，那么将无人购买 1 年期债券，1 年期债券发行人不得不通过提高自己债券的收益率来吸引投资人使债券的利率期限结构调整到新的均衡点。

所以，该理论分析方法的出发点是通过对下一年的 1 年期利率的预期来确定 2 年期利率水平(认为长期债券利率是现行短期利率和未来短期利率的均值)。在上例中，现行 1 年期利率为 9%，预期第二年为 11%，那么现行 2 年期债券的均衡利率就是 10%[(9%+11%)÷2=10%]。2 年期的债券利率等于 1 年期债券利率和预期的一年以后的 1 年期债券利率的平均数。n 年期债券的年利率为

$$i_{nt} = \frac{i_t + i_{t+1}^e + i_{t+2}^e + \cdots + i_{t+n-1}^e}{n},$$

式中：i ——到期收益率；n ——期数；t ——时间。

由此我们可以看出，如果 1 年期债券的利率上升，那么 2 年期债券的利率也会跟着上升。根据预期说来解释收益率曲线的形状，正收益率曲线是由"短期利率将上升"的预期决定的，预期未来的利率高于现行的利率；负收益曲线是投资人预期短期利率将下降而形成的，预期未来利率低于现行利率，其均值必然低于现行利率；平收益曲线和拱收益曲线也是同样道理，前者说明预期未来利率等于现行利率，后者说明对未来利率的预期先升后降。通过这一理论将不同期限债券的利率有机地联系在一起，解释了不同期限债券利率的同向波动，但它忽视了投资于债券或类似票据上的内在风险，无法解释为什么长期债券利率会高于短期债券利率。为了克服这个缺点，人们又提出了流动性理论加以解释。

(二)流动性补偿说

流动性补偿说又称作流动性升水或流动性报酬理论，简称 LP 理论。这一理论同意预期说"对未来利率的预期决定利率的期限结构"这一结论，但否认关于市场参加者对持有长期债券和连续持有短期债券没有任何主观偏好的假设。该理论认为短期债券的流动性较

强，二级市场活跃，价格波动较小，因此比长期债券吸引力大。这样，长期债券的发行人要吸引投资人就必须提供一个高于现行利率和预期未来利率的均值的收益率，用超过的部分来弥补长期债券流动性不足的缺点，补偿持有长期债券人所承担的相应风险。这样，远期利率除了包括预期信息因素之外，还包括了流动性风险因素，期限越长的证券，流动性升水也越高。长期利率取决于市场对未来短期利率预测的平均值加上该种债券由期限决定的流动性升水。公式为

$$i_{nt} = \frac{i_t + i_{t+1}^e + i_{t+2}^e + \cdots + i_{t+n-1}^e}{n} + l_{nt}。$$

因此，根据该理论，长期利率应等于现行短期利率和预期未来利率的均值加上一个流动性补偿额。由于流动性补偿额总是一个正数，因此，即使人们预期短期利率水平不变，其收益曲线也是上升的，即为正收益曲线；平收益曲线表示对短期利率的预期略有下降；负收益曲线则说明预期未来的短期利率将大大低于现行短期利率，以至于不能抵消流动性补偿额，而且导致收益曲线下降。

(三)市场分割说

市场分割理论又称期限偏好理论。市场分割意味着短期证券和长期证券不可互相替代，投资者不能在这两种证券之间进行转移，其原因在于投资者可能对某种期限的债券具有特殊的偏好，或某些机构投资者的负债结构决定了它们在短期债券和长期债券之间的选择。例如，人身保险公司总是投资长期证券资产，以同其较大比例的长期负债相匹配；商业银行总是投资于短期证券资产，以同其较大比例的短期负债相匹配。因此投资者通常不在长期证券和短期证券市场寻求替代。

根据市场分割理论，某一时点收益曲线的形状是由那时各市场的相对供求决定的，即短期利率和长期利率是由各自市场的供求决定的。相对于短期证券市场来说，长期证券市场的需求小于供给，长期证券利率将高于短期证券利率，在这种情况下，收益曲线是一条上升的曲线。反之，长期证券市场的需求大于供给，长期证券利率将低于短期证券利率，在这种情况下，收益曲线是一条下降的曲线。

分割市场理论对市场是完全分割的假设过于苛刻和理想化，且它无法解释不同期限债券利率的同向波动。

第四节　利率的决定及其理论

一、西方利率决定理论

西方利率决定理论主要有古典学派的储蓄投资理论(也称均衡利率理论)、凯恩斯学派的流动性偏好利率理论、新古典学派的可贷资金理论和新古典综合学派的IS—LM模型。

(一)古典学派的均衡利率理论

古典学派在利率决定问题上的储蓄投资理论(均衡利率理论)，也称为"真实的利率理

论"。它是从资本的供给和需求两方面来分析利率的形成和决定的。古典学派承认利息是等待的代价,等待和延期消费形成储蓄,构成资本的供给,利率是"等待"或"延期消费"的补偿。利率越高,意味着这种补偿越大,人们就越愿意延迟其消费,即增加储蓄。因此,储蓄是利率的增函数。

$$S=S(i),\ dS/di>0。$$

与资本供给对应的是资本的需求。资本的需求取决于投资的预期报酬率和利率的比较,只有预期报酬率大于利率的投资才有利可图。当利率降低时,预期报酬率大于利率的机会增多,从而投资需求将增大。所以投资是利率的减函数,即

$$I=I(i),\ dI/di<0,$$

式中:S——边际储蓄倾向;I——边际投资倾向;dS/di——求一阶导数,后面同理。

古典经济学家认为,既然储蓄和投资都是利率的函数,那么将它们结合起来就可以决定利率。储蓄代表资本的供给,投资代表资本的需求,利率则是资本的租用价格。正如商品的供求决定均衡价格一样,资本的供求决定了均衡利率。$I>S$,资本供不应求,利率上升;$I<S$,资本供过于求,利率下降。I、S两因素交互作用与均衡决定了利率的水平。

利率和商品价格一样,具有自动调节功能:当$I>S$时,利率上升,从而S增加,I下降,恢复平衡;反之亦然。因此,经济不会出现长期供求失衡。

图3-2中S代表储蓄,为向上倾斜的曲线,是利率的增函数;I代表投资,是一条向下倾斜的曲线。两条曲线的交点E表示储蓄与投资相等,其决定的利率称为均衡利率(i^*)。在这个利率水平下,每个资金需求者可如数获得贷款,每个资金供给者可满足所有借款需求。若投资不变而储蓄曲线S因储蓄量增加而右移至S',均衡利率就由i^*降至i_1,变动的利率又使储蓄与投资趋于平衡。如果利率水平高于均衡点,产品市场表现为供大于求。如果利率水平低于均衡点,投资就会大于储蓄,促使利率上升,直到投资和储蓄相等。

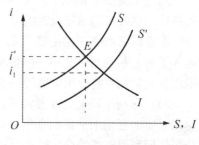

图3-2 古典利率理论

(二)凯恩斯学派的流动性偏好利率理论

与古典学派相反,凯恩斯的利率理论纯粹是一种货币理论。他认为利率与实质因素、节欲和生产率无关,不取决于储蓄和投资,而取决于货币量的供求关系。货币供给为外生变量,由中央银行直接控制。货币需求则是一个内生变量,由人们的流动性偏好决定。而人们的流动性偏好动机有三种:交易动机、预防动机和投机动机。

如果以L_1表示为交易动机与预防动机而保有货币的货币需求,以L_2表示为投机动机而保有货币的货币需求,那么$L_1(Y)$为收入Y的递增函数,$L_2(i)$为利率i的递减函数,L表示货币总需求量,即

$$L=L_1(Y)+L_2(i)=L(Y,i)。$$

凯恩斯认为,均衡利率就取决于货币需求与货币供应的交互作用。如果人们的流动性偏好加强,货币需求量大于货币供给量,利率便上升。相反,当人们的流动性偏好减弱,货币需求量小于货币供应量时,利率便下降。当人们的流动性偏好所决定的货币需求量与

货币管理当局所决定的货币供给量相等时，利率便达到均衡水平。这种利率决定过程可用图 3-3 表示。

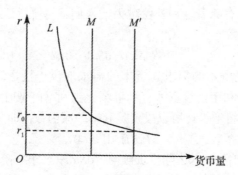

图 3-3 流动偏好利率理论

图 3-3 中的货币供应曲线 M 因由货币当局决定，故为一条直线；L 是由流动性偏好决定的货币需求曲线，两线的相交点决定利率。但 L 越向右越与横轴平行，表明当 M 线与 L 线相交于平行部分时，由于货币需求无限大，利率将不再变动，即无论增加多少货币供应，货币都会被储存起来，不对利率产生任何影响，这就是凯恩斯利率理论中著名的"流动性陷阱"说。

当利率降到一定水平时(债券价格高涨)，所有人都预期债券会跌价，故抛出债券，持有货币，这时流动偏好成为绝对。

凯恩斯的利率理论虽然纠正了古典学派的利率理论忽视货币因素的偏颇，但自己却又陷入了另一种绝对性之中——他将与储蓄和投资有关的各种实质因素完全排斥在利率的决定之外，把利率问题简单地等同于货币问题，这显然是不恰当的。

与实际利率理论关注投资流量和储蓄流量的角度不同，流动性偏好理论是从货币供求存量对比的视角来分析利率的变化趋势。由于货币供求受短期因素的扰动较大，该理论在分析短期利率走势的变化时更具说服力。

(三)可贷资金利率理论

"可贷资金论"是由新剑桥学派的罗伯逊(D.H.Robertson)首倡的。该理论一方面继承了古典学派用储蓄和投资来决定利率的观点，另一方面又肯定了货币因素在利率决定中的作用。

可贷资金论者认为，传统理论把利率的决定因素局限于实物市场而认为利率高低与货币无关的观点是不对的，而凯恩斯完全否定实物市场因素对利率形成的作用也是片面的。罗伯逊认为利率水平取决于借贷资金的供求，而借贷资金的供求既有实物市场的因素，又有货币市场的因素，既有存量又包括流量，因此研究利率理论必须突破货币领域的条条框框，打开实物市场的界限，并将存量和流量综合在一起进行考察。

1. 可贷资金的供应与需求

可贷资金的供应主要由两部分组成：储蓄 S 及银行体系创造的新增货币量 ΔM。可贷资金的总供给 $F_s = S + \Delta M$，它与利率呈同方向变动关系。可贷资金的需求也由两部分组成：

投资 I 和新增的货币需求 ΔH。借贷资金的总需求 $F_d = I + \Delta H$，它与利率呈反方向变动关系。

2. 利率的决定与变动

由于 F_s 和 F_d 的均衡取决于商品市场和货币市场的均衡，而商品市场均衡的决定因素是 I 和 S，货币市场均衡的决定因素是 ΔM 与 ΔH，因此这两个市场同时均衡是不容易的。在图 3-4 中表现为 I 与 S、ΔM 与 ΔH 的交点往往不在一条线上，二者之间经常存在着差额。但在二者的差额间总可以找到一个点，使二者的差额恰好相等，这个点就是使 F_d 与 F_s 相等的借贷资金供求的均衡点 E，此点决定的利率 i^* 是借贷资金供求均衡状态下的市场利率。

从图 3-4 中不难看出，由可贷资金的供求平衡所决定的利率并不一定能保证 $I=S$ 或 $\Delta M = \Delta H$。在 i^* 水平下，$I > S$(资本求过于供)，而 $\Delta H < \Delta M$(货币供过于求)，这显然对国民收入和经济活动产生扩张性的推力，而使利率 i 无法保持稳定。只有当国民收入增加，S 和 H 向右移动，使货币市场和商品市场均衡时，一个稳定的均衡利率才能建立。可见，新古典学派的可贷资金论虽然克服了古典学派的储蓄投资论忽视货币因素的缺陷，但如果不同时兼顾收入因素在利率决定中的作用，那么它依然是不完善的。

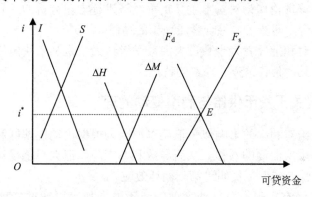

图 3-4 可贷资金利率决定因素

(四)IS-LM 模型(新古典综合学派利率理论)

从上述三种利率理论可看出，"古典"利息理论和凯恩斯利息理论分别从实物市场均衡和货币市场均衡来说明利率的决定，可贷资金试图把这些结合起来，但又忽视了收入对利率的影响，因而都无法真正确定利率水平。为了弥补上述缺陷，英国经济学家希克斯和美国经济学家汉森综合了这些理论，并将实物方面影响收入和利率的因素考虑进去，从而使利率和收入在投资、储蓄、流动性偏好及供给四个因素的相互作用下同时得到决定。这就是 IS-LM 模型，如图 3-5 所示，它把利息理论推向了新的高度。

IS 曲线表示商品市场均衡(储蓄与投资相等)的利率与收入水平的组合；IS 曲线向下倾斜是因为在所得增加时，储蓄也相应增加，为了使储蓄与投资相等，利率必须下降。

LM 曲线表示货币市场均衡(货币供求相等)的利率与收入水平的组合。LM 曲线向上倾斜，是因为所得增加，货币需求量也会增加。而货币供应量又是既定的，为了使货币供求均衡，利率必须上升，以减少各经济单位对剩余货币或闲散资金的需求。

IS 曲线与 LM 曲线的交点 E，就是同时使商品市场与货币市场达到均衡时的利率与收入的组合。此点所决定的利率 i^* 称为"均衡利率"，所决定的收入 y^* 为"均衡收入"。无论 IS 线或 LM 线，任何一条都不能单独决定全面均衡状态下的收入和利率水平。只有使货币市场、商品市场同时达到均衡，利率和收入才能确定。

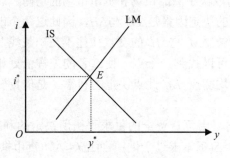

图 3-5　IS—LM 模型

IS—LM 模型不仅涉及利率的决定，同时也涉及收入的决定；不仅涉及货币市场，同时也涉及商品市场。该理论不仅仅是关于利率决定的理论，同时也是关于整个国民经济运动的理论。因此，该理论作为对资本主义货币经济进行宏观分析的工具，正是古典经济学和凯恩斯理论的结合，即新古典综合学派理论的精髓。

总体上看，反对和批评者为少数，大多数学者认为它是利率决定的主要理论，是一般均衡分析的理想工具，具有精致、朴素的特点。

(五)弗里德曼关于货币供给与利率变动的理论

表面上货币供给对利率的影响似乎很简单，因为根据流动性偏好利率理论，货币供给的增加会导致货币供给曲线的右移，从而导致利率下降，但弗里德曼认为这种结果只是初期的，称为"流动性效应"，又叫"第一循环效应"。

但在国民经济没有实现充分就业之前，货币的增加可以通过多种渠道引起需求的增加，从而引起实际国民收入的增加，进而使货币交易需求增加。根据上面的分析，这将使利率上升。货币供给的增加还会引起价格水平上涨，价格水平的上升会使人们对货币的需求上升，从而使利率上升。此为"收入与价格水平效应"，即"第二循环效应"。

当物价因货币供给增加而上升时，人们往往会形成物价继续上升的预期，这种预期的通货膨胀同样会导致利率进一步上升。此为"预期通货膨胀效应"或"第三循环效应"。

事实上，货币供给对利率的影响就可以归纳成上述三种效应：流动性效应、收入与价格水平效应、预期通货膨胀效应相互作用的结果。虽然三种效应都会对利率发生作用，但是作用的时间有所不同。

一般来说，流动性效应的作用是比较快的。在流动性效应发挥作用之后，随着货币供给的增加，其所导致的产出和价格的上升开始慢慢地发挥影响。所以说，价格水平效应和收入效应的作用有一个时滞。预期通货膨胀效应的快慢取决于人们形成预期的方式及理性与否。如果人们形成的是适应性预期，那么预期通货膨胀效应的作用就会比较晚；如果人们形成的预期是比较理性的，那么预期通货膨胀效应就会在货币增加后立即起作用。

二、马克思的利率决定论

利息量的多少取决于利润总额,利率取决于平均利润率。

马克思认为,既然利息只是平均利润的一部分,那么平均利润"本身就成为利息的最高界限"。一般来说,职能资本家向借贷资本家支付的利息不可能超过平均利润或等于平均利润,否则,职能资本家便无利可图,甚至赔本。至于利息的最低界限,不会等于零,否则借贷资本家就会因无利可图而宁愿把货币贮藏起来。所以利息总是在平均利润与零之间摆动。

利率的高低取决于两个因素:一是利润率;二是总利润在贷款人和借款人之间进行分割的比例。如果这个比例是固定的,则利率随利润率的上升而上升,但如果总利润量一定,利息的变动则与职能资本家留下的那一部分利润的变动成反比,即利息多,剩余利润便少;利息少,剩余利润便多。

三、影响利率水平的因素

(一)经济周期

借贷资本的供求决定某一时点的利率水平在借贷资本市场上的变化。如果资本的供给大于需求,则有利于借入者,不利于贷出者,利率的发展趋向为低;相反,则利率发展趋向为高。比如生产周期的各阶段,随着借贷资本供求关系的变化,利率水平高低不同:萧条阶段,生产流通萎缩,职能资本家采取观望态度,投资锐减,借贷资本供大于求,利率水平落至低谷;复苏阶段,价格开始上涨,职能资本家的利润有所提高,生产流通逐步发展,但借贷资本仍然过剩,故利率高于萧条阶段,但仍然偏低;繁荣阶段,价格上涨,利润率升高,投机盛行,投资猛增,借贷资本需求加大,利率达到平均水平;危机阶段,商品价格猛跌,利润几乎等于零,对投资的要求几乎消失,但货币紧缺,职能资本家要偿还债务,不得不高利借钱,故利率升至顶峰。

(二)价格水平

价格水平的上升意味着货币的实际购买力下降,人们要完成相应的交易量所需持有的名义货币量就会增加。根据流动性偏好利率理论,货币需求的增加会引起利率的上升,因此价格水平的上升将导致利率上升。

(三)边际消费倾向

边际消费倾向上升意味着在人们的总收入中用于储蓄的部分将会减少,从而可贷资金供给减少,结果使均衡利率上升。

(四)投资的预期报酬率

投资预期报酬率的上升会使投资需求增加,从而使可贷资金需求曲线右移,因此会引起利率的上升。

(五)政府的预算赤字

预算赤字往往以发行政府债券向公众借贷的方式加以弥补，这种政府的借贷造成可贷资金需求增大，从而意味着利率的上升。

(六)预期通货膨胀率

利率随预期通货膨胀率的上升而上升的现象，又称"费雪效应"。

(七)预期利率

当人们预期未来利率将上升时，当前的利率会上升。相反，当人们预期利率将下降时，当前利率会下降。其实，这一有趣的现象在金融市场上是非常普遍的。

(八)税率

税率下降，企业投资意愿加强，投资增加，对资金需求增加，促使利率上升。

(九)汇率

外汇汇率上升，即本币贬值，本国居民对外汇需求增加，本币相对充裕，利率有下降趋势；反之则上升。

此外，中央银行的货币政策、国际金融市场利率及一国的传统习惯和法律也会影响利率水平的高低。

第五节 利率的作用

一、利率是微观经济活动的重要调节器

1. 利率调节企业的生产和规模

利率对投资的影响是通过利率与资本边际效率的比较产生作用的。当利率高于企业的资本边际效率时，企业就会缩小投资规模；当利率低于企业资本边际效率时，企业就会增加投资，扩大生产规模。因此，利率与投资成本成正比，与投资量成反比，并由此导致了经济的收缩和扩张。

2. 利率影响微观主体的消费和储蓄行为

传统理论认为，当利率上升时，即期消费和手持现金的机会成本加大，经济主体往往会推迟消费，增加储蓄；当利率下降时，经济主体要减少储蓄而增加即期消费水平。另一方面，当利率在储蓄方式间出现差异时，人们往往会倾向于选择利率较高的储蓄方式，比如当债券利率高于存款利率时，人们购买债券的欲望可能会高于存款欲望。

3. 利率通过影响人们的收入及其分配，进而从购买力上影响物价

当利率上升以后，存款人收入增加而借款人收入减少。在资本利润率不变的情况下，

高利率使生产和投资无利可图，企业家就会减少投资，缩小生产规模；由于减少了对生产要素的需求，工资和租金都会下降，导致人们的总收入减少、社会消费能力下降，物价水平就会因社会购买力下降而下跌。同时，较高的货币利率使人们减少即期消费而增加储蓄，居民的实际购买力下降也会引起物价的下跌。如果利率下降，则会出现相反的状况。

4. 利率影响政府的筹资行为

利率的高低决定了政府筹资成本的大小。如果利率上升，就意味着政府举债的成本增大，政府只能相应提高其债券的利率，否则不足以吸引居民和企业购买国家的各种债券。

二、利率是联结宏观和微观经济的纽带

中央银行无法直接干预微观经济活动，它对宏观经济的调控须借助于货币供应量，而货币供应量对经济的影响是通过利率来传导的。例如，央行增加货币量后，首先影响的是利率，利率下降后，投资变得有利可图，于是人们的投资需求上升，投资支出增加，从而使得收入提高。随着收入的提高，消费支出也扩大，这些微观经济活动的增加，通过乘数效应作用于宏观经济总量，进而扩大了总需求量(总投资量和总消费量)，总收入量也随之上升。因此，在宏观经济和微观经济之间，利率既是纽带又是杠杆。

三、利率是反映经济态势的重要指标

通过利率的升降，可以反映资金供求的变化；通过国家控制的利率变动反映出国家宏观经济导向；通过各行业间利率的变动反映出产业结构、企业结构、产品结构的协调程度与变化趋势；通过地区间利率的变动反映出地区之间的资金布局及流向状况；通过国家间的利率比较反映出国际经济发展趋势与国内的现实反差。总之，当前的经济形势和对未来的预期都可通过利率及时、灵敏、全面地反映出来。利率的这一信息反映功能为中央银行的宏观调节提供了条件。在现代经济中，利率的信息指导作用已高于其作为资金成本的作用。

四、利率影响国际经济活动

对开放型国民经济来说，利率的变动将对该国的对外经济活动产生影响。这种影响主要表现在两个方面：一是对进出口的影响；二是对资本输入、输出的影响。当利率水平较高时，一方面会使企业的出口竞争能力下降；另一方面由于生产规模缩小，出口量减少，又容易引起对外贸易的逆差。在国内利率高于世界市场利率时，较高的收益将吸引外国投资者，诱使外国资本大量输入国内。这虽然可以暂时缓解国际收支的逆差，但在高利率的情况下，外国资本的迅速增加也会带来诸多问题。使用这些外国资本的费用必须从不断创造的生产成果中支付，并且它会占去本国部分消费资源。沉重的还本付息负担还会造成新的国际收支逆差。

利率变动对经济调节作用的大小取决于经济主体对利率变动的反应程度，进一步说，是取决于储蓄与投资对利率变化的灵敏度——储蓄的利率弹性和投资的利率弹性，而这一灵敏度的高低又取决于以下几个因素。

1. 资本状况

这里的资本状况指的是社会剩余资本的状况。如果存在着大量过剩资本，利率降低就会引起投资增加。但如果资本不足，即使利率降低了，投资也难以增加。这里的资本状况，还指的是企业自有资本在其总资本中所占比重的高低。这一占比决定了企业对外部资金的依赖程度和对利率变动反应的强烈程度。企业自有资本比率低，对外部资金依赖程度就高，对利率变动的反应也就强烈。在这种情况下，政府利率政策的效果就明显。如果企业自有资本比率高，利率变动对企业的影响就比较小，利率政策就难以达到预期的效果。

2. 居民的投资心理、投资意识

投资心理健康，投资意识强，利率弹性就大；反之，利率弹性就小。

3. 金融市场的发达程度

在发达的金融市场，存在多种可供选择的金融形式，其交易形式灵活，交易成本低廉，利率的变动会立即引起金融资产组合方式的变化。相反，金融市场不发达时，只有少数几种可供选择的金融资产形式，并且交易成本高，利率变动就起不到什么作用。

4. 企业机制(包括金融企业)

如果企业具有完善的利益推动机制和风险约束机制，当利率变动引起借入资金成本发生变化时，企业必然会在风险大小和利益强弱之间进行权衡与选择，从而影响企业的投资行为，在这种情况下，利率就具有较丰富的弹性；相反，如果企业没有完善的利益推动机制和风险约束机制，利率的变动对企业的投资行为就不会产生作用。

5. 利率政策

如果政府长期采取低利率政策，利率变动幅度小，利息费用在企业经营成本或利率中所占比例太小，即借入资金成本过低，使那些即使资本边际效率较低的项目也有利可图，那么这时，企业考虑的首要问题是能否大量借入资金，而不是借入资金的利息负担，从而利率的变动只能对企业的货币需求产生微弱影响或根本没有影响，利率对投资的弹性就小；反之，利率的弹性就大。

6. 价格水平

如果价格水平普遍上扬，造成价格水平超过利率水平，实际利率为负利率，那么这时即使调整利率，只要其幅度赶不上价格上涨幅度，这种利率调整也不会对货币需求发生影响，从而利率弹性就小；反之，利率弹性就大。

五、利率变动影响经济的实证

利率是现代经济生活中最为敏感的指标器，是国家干预和调节国民经济的重要杠杆。各国中央银行根据经济形势及国家预定的经济目标，通过调整再贴现率等基准利率来影响市场利率和货币供给量，进而影响社会的投资和储蓄总额。

第二次世界大战以后，西方各国为实现充分就业和经济增长，长期实行低利率政策。

第三章 利息与利率

美联储贴现率一直很低，大部分时间贴现率在4%上下，在1954年4月至1959年4月这几年间，一度下降到1.5%的低点。在美联储低利率政策的影响下，美国商业银行的优惠利率也一直很低：1947—1951年为1.5%～3%，1957—1965年为3.5%～5%。低利率政策的确对经济发展起到了积极作用。整个20世纪50年代到60年代，美国实质平均GNP增长率都在4%上下，失业率与通胀率也不算高，比如1956—1960年，失业率为5.2%，通胀率为2%。

英国政府为医治战争创伤，迅速恢复与发展国民经济，把经济增长和充分就业视为经济政策的主要目标，并采取了与美国相同的廉价货币政策。1945—1951年间英格兰银行贴现率一直稳定在2%～2.5%，1952—1971年也只有3%～7%，这种低利率政策对借贷投资的资本家和大量发行债券的政府有利，其结果对20世纪50年代到60年代的经济增长起了一定的促进作用。1959—1970年GNP增长率平均达7%，通胀率为3.3%，失业率为1.7%，以至于有些学者把这一阶段视为资本主义经济发展的"黄金时代"。

西方国家的低利率政策在20世纪50年代到60年代的确起到积极作用，但随着时间的推移，其积极作用逐渐减弱，副作用愈来愈大，引发和加剧了通货膨胀，形成了可怕的"滞胀"局面。为了医治"滞胀"，西方国家在1972年前后，转向高利率政策。比如1972年英格兰银行最低贷款利率高达创纪录的9%，1973年更高达13%，高利率成为反通胀的主要工具。其间，通胀率从1974年的10.9%下降到1977年的6.5%，又从1980年的13.5%下降到1988年的3.9%。

进入20世纪90年代后，美国实行中性货币政策，即让利率水平保持中性，对经济既不起刺激作用，也不起抑制作用，从而让经济以自身的潜在增长率在低通胀下持久增长，实现了失业率4%、年均经济增长率4%、通货膨胀率2%的良性运行态势。(1997年、1998年和1999年，美国国内生产总值增长率分别为4.5%、4.3%和4.2%。1999年，美国的失业率只有4.1%，为30年来的历史低点。与此同时，通货膨胀率只有2.2%，也为10年来的历史低点。)

1996年我国中央银行成功地运用利率调控宏观经济，取得了低通胀率和国民经济的"软着陆"。1996年年初，实行"适度从紧"的货币政策已取得明显成效，物价持续回落，为了防止在控制通胀时出现经济滑坡，中央银行两次下调存贷款利率，到1996年年末，物价涨幅为6.1%，经济增长率为9.7%。在运用利率工具时，利用基准利率进行利益引导，保持再贷款利率水平与商业银行同期法定贷款利率水平一样或略高的水平，以限制商业银行对再贷款的需求并鼓励归还再贷款。同时成功地引导市场利率水平，全国银行间同业拆借市场利率逐月平稳下降，从1996年1月的12.9%下降到12月的11.5%，与中央银行下调的利率方向一致。

自1996年以来，针对中国宏观经济调控已取得显著成效、市场物价明显回落的情况，中国人民银行又适时先后七次降低了存贷款利率，在保护存款人利益的基础上，对减少企业，特别是国有大中型企业的利息支出，促进国民经济的平稳发展产生了积极影响。

随着中国经济开放程度的提高，国际金融市场利率水平的变动对中国利率水平的影响将越来越大，在研究国内利率问题时，还要参考国际上的利率水平。

附件专栏："全球负利率时代及其影响"见右侧二维码。

全球负利率时代及其影响

第六节 我国利率体制改革

一、自 1979 年以来我国利率改革的回顾

我国在 1978 年以前执行的是与计划经济相适应的高度集中的利率管理体制,一切利率种类和档次由国家制定。1978 年之后,逐渐开始了利率改革的步伐。

1. 调整利率总水平

我国从 20 世纪 50 年代后期至 70 年代末推行低利率政策,适应了高度集中的计划经济发展的需要。1978 年开始兴起的经济体制改革,冲破了旧的利率体系赖以生存的条件。1979 年 4 月 1 日,经国务院批准,中国人民银行调整了城乡居民储蓄存款利率,结束了三十年来连续降低银行利率的历史。此后又根据经济形势变化发展的需要,多次调整银行储蓄存款利率、流动资金贷款利率和固定资产贷款利率,改变了我国利率机制长期僵化不变的格局,在一定程度上扩大了信贷资金来源,提高了资金使用效率。

2. 调整利率结构

在传统的计划经济管理体制下,利率不是调节经济的手段,而是单纯的经济核算工具。金融资产种类单一,利率结构无关宏旨。1978 年开始的经济体制改革,改变了利率结构对经济影响的无为状态,在这之前的利率结构暴露出种种弊端,比如存贷利率倒挂,存贷利率不是按存期设置档次,而是按所有制性质确定等。故在利率改革过程中,注重合理调整利率结构,理顺利率体系内部关系,比如丰富存款利率种类和档次,改变固定资产贷款利率低于流动资金贷款利率的不合理关系,清理、减少优惠利率项目,逐步遵循按期限管理、贷款利率略高于银行资金成本、转存款利率略高于银行存款平均利率的原则,设置和调整利率结构。

3. 改革利率管理体制

利率体制的种种弊端产生的重要原因之一,就是管理上的高度集权,机制上呆滞僵化。利率管理体制的改革,首先要从"放权"开始,比如授权中国银行拟订并公布外币存贷款利率;予以信托投资公司存、贷款利率上下浮动 20%的权力;允许信用社以接近市场利率的原则浮动贷款利率;允许专业银行和其他金融机构对流动资金贷款利率浮动 20%;允许大额定期存单利率上浮 10%等,并相应建立健全利率管理制度和法规。

经过改革,利率机制提高了灵活性,利率随经济周期上下波动,表现出与经济发展的密切相关性。但银行未跳出把利率作为一种强制性的经济手段来运用的这一圈子,利率对国民经济调节功能的发挥仍然不够充分,利率机制还没有成为宏观经济调节的手段,利率机制本身仍存在许多问题尚未解决。例如,利率管理体制缺乏弹性,以至于在一些边远地区出现了新的利率调整措施已经出台,而老的调整方案还未落实的现象;利率结构仍然存在不合理现象。在期限结构上,期限长短利率差别不明显;在风险结构上,尚未按贷款对象的实力、信誉等设置不同利率;在地区结构上,不分富裕地区与贫穷落后地区,都使用

同一利率，加剧了地区经济发展的不平衡；在政策结构上，优惠利率的范围、条件没有统一规定，造成各部门、各地区、各行业竞相争取优惠利率，把优惠利率作为减少利息支出的途径或"扶贫"手段，偏离了重点倾斜的宗旨，助长了信贷扩张。

二、利率市场化的提出

1992 年，党的十四大《关于金融体制改革的决定》提出，我国利率改革的长远目标是：建立以市场资金供求为基础，以中央银行基准利率为调控核心，由市场资金供求决定各种利率水平的市场利率管理体系。

党的十四届三中全会在《中共中央关于建立社会主义市场经济体制若干问题的决定》提出，中央银行按照资金供求状况及时调整基准利率，并允许商业银行存、贷款利率在规定幅度内自由浮动。

2002 年，党的十六大报告提出：稳步推进利率市场化改革，优化金融资源配置。

党的十六届三中全会在《中共中央关于完善社会主义市场经济体制若干问题的决定》中进一步明确：稳步推进利率市场化，建立健全由市场供求决定的利率形成机制，中央银行通过运用货币政策工具引导市场利率。

利率市场化的基本特点是中央银行不直接规定利率水平，也不制定任何利率变动界限，而是根据国民经济运行的实际状况与需要，通过再贴现率、存款准备金制度、公开市场业务来调节市场利率，对于存贷款利率由各金融机构自主确定。我国利率市场化的总体思路是：先农村，后城市；先贷款，后存款；先批发长期，后零售短期；先外币，后本币。

三、利率市场化进程

我国利率市场化主要是从 1996 年开始的。

1. 放开同业拆借市场利率

1996 年 6 月 1 日放开银行间同业拆借市场利率，取消了原按同档次再贷款利率加 2.88 个百分点确定同业拆借利率最高限的规定，由拆借双方根据市场资金供求状况自主确定拆借利率水平，中央银行只间接调控市场利率，为利率市场化改革迈出了实质性的一步。

2. 建立央行基准利率体系

1998 年 3 月改革再贴现率和贴现率生成机制，放开贴现和转贴现利率。此前，再贴现率在再贷款利率基础上最大下浮幅度不得超过 10%；贴现利率在同档次贷款利率上最大下浮幅度不超过 10%。由于贷款与再贷款利率变动不一致，因此出现了贴现利率与再贴现利率倒挂现象。改革后，贴现利率和转贴现利率在再贴现利率的基础上加点生成，在不超过同期贷款利率(含浮动)的前提下由商业银行自定。再贴现利率成为中央银行一项独立的货币政策工具，服务于货币政策需要。

3. 中央银行公开市场操作的利率实现了市场化

1996 年 4 月中央银行开始施行以回购为主要形式的公开市场操作，其回购利率实行市场招标。虽然这一利率还不能像基准利率那样引导市场利率变化，但这一利率的形成是由市场根据资金供求决定的，不是中央银行单独制定的，能够在一定程度上起到间接调节商业银行对基础货币需求的作用。这一利率形成机制也是深化利率市场化改革的成果和进一步改革的条件。

4. 国债交易和发行的利率市场化

1997年6月银行间债券市场正式启动，同时放开债券回购和现券交易利率。1999年9月实现国债在银行间债券市场利率招标发行，改变了过去国债发行利率由官方制定的局面，迈出了国债利率市场化的第一步，奏响了利率市场化改革的又一重要乐章。

5. 进行大额长期存款利率市场化尝试

1999年10月，中国人民银行批准中资商业银行法人对中资保险公司法人试办由双方协商确定利率的大额定期存款(最低起存金额3 000万元，期限在5年以上，不含5年)，进行了存款利率改革的初步尝试。2003年11月，商业银行农村信用社可以开办邮政储蓄协议存款(最低起存金额3 000万元，期限降为3年以上，不含3年)。

6. 扩大金融机构贷款浮动权

1998年10月，中国人民银行扩大了金融机构对小企业贷款利率浮动幅度，由10%扩大到20%；农村信用社贷款利率最高上浮幅度由40%扩大到50%。1999年9月，金融机构对所有中小企业贷款利率最高可上浮30%。

7. 积极推进境内外币利率市场化

2000年9月，中国人民银行放开外币贷款利率和300万美元(含)以上的大额外币存款利率；300万美元以下的小额外币存款利率仍由中国人民银行统一管理。2002年3月，中国人民银行统一了中外资金融机构外币利率管理政策，实现中外资金融机构在外币利率政策上的公平待遇。2003年7月，放开了外币小额存款利率管理，由商业银行自主确定。2003年11月，对美元、日元、港币、欧元小额存款利率实行上限管理，商业银行可根据国际金融市场利率变化，在不超过上限的前提下自主确定。

8. 进一步扩大贷款利率浮动幅度

2004年1月1日，中国人民银行再次扩大金融机构贷款利率浮动区间。商业银行、城市信用社贷款利率浮动区间扩大到[0.9, 1.7]，农村信用社贷款利率浮动区间扩大到[0.9, 2]，贷款利率浮动区间不再根据企业所有制性质、规模大小分别制定。扩大商业银行自主定价权，提高贷款利率市场化程度，企业贷款利率最高上浮幅度扩大到70%，下浮幅度保持10%不变。在扩大金融机构人民币贷款利率浮动区间的同时，推出放开人民币各项贷款的计、结息方式和5年期以上贷款利率的上限等其他配套措施。同时，简化利率种类，完善个人住房贷款利率体系。

回顾1996年以来利率市场化改革的进程，中国人民银行累计放开、归并或取消的本、外币利率管理种类为119种。截至2020年年底，中国人民银行尚管理的本外币利率种类有29种。今后，随着金融机构改革和利率市场化的稳步推进，中国人民银行将不断

第三章 利息与利率

扩大金融机构的利率定价自主权，完善利率管理，并通过中央银行的间接调控，引导利率进一步发挥优化金融资源配置和调控宏观经济运行的作用。

自 2013 年 7 月 20 日起，中国人民银行决定全面放开金融机构贷款利率管制。

自 2015 年 5 月 11 日起，中国人民银行决定金融机构存款利率浮动区间的上限由存款基准利率的 1.3 倍调整为 1.5 倍。

自 2015 年 8 月 26 日起，中国人民银行决定放开 1 年期以上(不含 1 年期)定期存款的利率浮动上限，这标志着中国利率市场化改革又向前迈出了重要一步。

自 2015 年 10 月 24 日起，中国人民银行决定对商业银行和农村合作金融机构等不再设置存款利率浮动上限。

2016 年 6 月 27 日，中国人民银行发布了《中国金融稳定报告 2016》。报告指出，2015 年 10 月存款利率上限取消，标志着中国的利率管制已经基本放开，利率市场化改革迈出最为关键的步伐。报告认为，取消对利率的行政管制后，中国的利率市场化改革进入新阶段，进一步推进利率市场化改革任重道远。报告认为，当前中国的利率市场化改革正加快推进，市场化利率形成和传导机制不断健全，央行利率调控能力逐步增强，市场在资源配置中的决定性作用得到进一步发挥。进一步推进利率市场化的核心，是要发挥好金融机构、自律机制、央行三道"防线"的作用，进一步健全市场化利率形成和调控机制。

利率市场化是中国金融领域最核心的改革之一。推进利率市场化对优化资源配置有重大意义，为推动金融机构转型发展注入了新的动力，为货币政策调控框架转型创造了有利条件的同时，市场化利率形成和调控机制的不断健全，也有利于降低社会融资成本，为经济健康可持续发展营造适宜的货币金融环境。

> **知识拓展：Q 字条例与利率管制**
>
> 20 世纪 30 年代以前美国的银行为了争夺存款，竞相提高存款利率，使银行的筹资成本不断增加，导致了大约 1/3 的银行倒闭。为了避免银行支付过多的利息而增加经营风险，美国国会通过了银行管制法，对银行的业务进行了许多限制，使银行吸收存款的成本降了下来。Q 字条例是 1933 年美国国会授权美联储制定的利率法规，规定美联储的会员银行不能对活期存款支付利息，对储蓄存款和定期存款支付的利息率不得超过美联储和存款保险公司规定的上限。
>
> (资料来源：http://bank.hexun.com/2014-12-12/171368843.html，和讯网银行频道，银行家 2014 年第 12 期)

本 章 小 结

(1) 威廉·配第认为利息是暂时放弃货币的使用权的报酬；西尼尔认为利息是借贷资本家节欲的结果；庞巴维克认为是价值时差的"贴水"；费雪认为利息是"人性不耐"的指标；凯恩斯认为利息是放弃周转灵活性的报酬；马克思则认为利息是利润的一部分，是资本家全体对雇佣工人的剥削。

(2) 利息率种类繁多：单利与复利；市场利率与公定利率；存款利率与贷款利率；固定利率与浮动利率；差别利率与优惠利率；名义利率和实际利率。

(3) 期限相同的各种债券，利率不同的原因在于：流动性风险、税收风险、违约风险。其他条件相同而期限不同的利率之间的关系称为利率的期限结构，解释其形成和变化的理论有预期理论、流动性理论和市场分割理论。

(4) 古典学派认为利率是由储蓄与投资之间的均衡来决定的；凯恩斯的流动性偏好理论则认为利率是由货币供求决定；可贷资金利率理论认为利率是由可贷资金的供求决定的；希克斯和汉森则认为利率是由商品市场与货币市场的共同均衡所决定的。此外，多种因素影响利率的变化。

(5) 弗里德曼认为货币供给对利率的影响存在三种效应：货币供给的增加导致利率下降的"流动性效应"；随价格水平的上升而使人们对货币的需求上升，从而使利率上升的"收入与价格水平效应"；预期通货膨胀导致利率进一步上升的"预期通货膨胀效应"。

(6) 利率是微观经济活动的重要调节器，是联结宏观和微观经济的纽带，是反映经济态势的重要指标。利率的变动将对一国的对外经济活动产生影响。利率弹性的大小取决于多种因素。

(7) 我国利率体制改革的目标是建立市场化的利率机制，即国家控制基准利率，其他利率基本放开，由市场决定。

本 章 习 题

1. 如何正确理解利息的本质？
2. 利率有哪些种类？名义利率与实际利率有什么关系？
3. 利率有何作用？如何运用利率杠杆调节宏观经济？请举例说明。
4. 简述西方各主要学派的利率决定理论。
5. 影响利率水平的因素有哪些？
6. 什么是利率弹性？影响利率杠杆作用的因素有哪些？
7. 如何解释利率的期限结构？
8. 结合实际，谈谈我国运用利率杠杆的效果及利率市场化改革目标、原则与措施。

第四章　金融机构体系

金融机构体系

其他金融机构

【教学目的与要求】

通过本章教学，使学生了解金融机构的基本含义与分类，了解中国金融机构体系的演变与发展历程，了解国际性金融机构体系的构成与功能；理解金融机构与一般经济组织之间的共性与特殊性；掌握金融机构的功能和中国现行的金融机构体系。

【重点与难点】

- 金融机构体系的界定。
- 我国的金融机构体系。
- 西方的金融机构体系。

数字科技推动金融普惠中小微企业

为了更好服务创新创业和中小微企业，同时弥补传统银行业务上的空白，国内开始有了新的探索——新型互联网银行。比如微众银行、百信银行、网商银行、新网银行等，它们没有实体营业部，基于线上服务为客户提供贷款。总体而言，其特点在于：一是大型科技平台实现网上贷款，网络平台依靠其电脑端获客优势，可以很好地覆盖中小微企业、个人等长尾人群，且平台获客的边际成本几乎为零；二是利用广泛用户的"数字足迹"生成用户画像，互联网银行用户的社交、支付、浏览等行为大数据在中台计算之后反过来反映用户信用条件和业务状况；三是大数据技术与机器学习技术相互融合，依据用户信用条件实现大数据风控和预警。

北大数字金融研究中心和国际货币基金组织做了一个研究，将利用网商银行的后台金融科技和非传统数据构建的风控模型与传统银行依赖于财务数据和打分卡的风控模型进行比较，结果显示对于小微企业而言，前者更有效。原因在于：第一，互联网实时数据与行为数据的动态化和交互性更强，比传统有滞后性的财务数据更有优势；第二，机器学习模型可以抓住很多非线性关系和变量之间的交互作用，最后做出来的对违约的预测比传统银行更准确。

因此，当前经济转向高质量发展阶段，要迈过中等收入陷阱，我们直面的问题是金融系统如何支持创新和中小企业。具体做法是：一方面大力发展资本市场，促进直接融资市场在支持创新和小微企业方面发挥更大作用；另一方面传统金融业需要加大金融创新，"两条腿走路"，一条腿是线下中小银行利用软信息，一条腿是线上新型互联网银行利用大数据。目前，我国金融科技已经在一定程度上实现了引领性发展，普惠金融发展成就举世瞩目，这方面的经验可以继续推广，同时需要进一步加大风险管控能力。

2020年以来，突如其来的新冠肺炎疫情给实体经济和金融体系带来了很大挑战，企业资产负债表恶化。但是同时也倒逼金融机构加大数字化布局，促进金融资源通过科技手段普惠到更基层领域。为了应对疫情，我国出台一系列金融、财政措施：一方面货币政策多次降准确保流动性，在前期推出 3 000 亿元抗疫专项再贷款和 1.5 万亿元普惠性再贷款再贴现的基础上，进一步创设了普惠小微企业信用贷款延期支持工具和普惠小微企业信用贷款支持计划这两个创新直达实体经济的货币政策工具；另一方面财政资金给予利息补助，在"六保""六稳"格局下推动第二季度 GDP 实现正增长。

值得注意的是，虽然数据显示从 2020 年 3 月开始，中国个体经营户的业务开始复苏，但是恢复到 80%左右就恢复。这意味着疫情之下恢复经济是一个很缓慢的过程，而且仍有很多不确定性。因为新冠肺炎疫情的国际蔓延趋势还在，对于金融机构而言，这就意味着不确定性和不良率上升的风险。前期在货币政策和财政政策的配合下，我国扩大了金融机构对受疫情影响的企业的支持，在战疫保供、复工复产的基础上，后续需要金融机构、央行与财政一起为中小微企业提供"几家合作"的风险处理预案。而在落实相关财政金融支持政策方面，金融科技将大有所为，比如精准支持、提高时效性、降低成本、大数据风险管控等。数字金融的大发展，对全世界而言都将是一场创新性革命，但一定要做好风险管控和预案，需要提前明确不良承担如何分配。

(资料来源：黄益平. 金融的价值 改革、创新、监管与我们的未来[M]. 北京：中信出版社，2021.)

【思考讨论】

新型互联网银行如何应对传统商业银行的挑战？

第一节 金融机构的界定、种类与功能

一、金融机构的界定

1. 金融机构的含义

金融机构是指从事金融活动的组织，也被称为金融中介或金融中介机构。

2. 金融机构与一般经济组织的共性及特殊性

金融机构与一般经济组织的共性表现在：金融机构与一般经济组织的基本要素相同。比如有一定的自由资本、向社会提供特定的商品(金融工具)和服务、依法经营、独立核算、自负盈亏、照章纳税等。

金融机构相较于一般经济组织，其特殊性表现在以下几个方面。

(1) 经营对象与经营内容的特殊性。一般经济组织的经营对象是具有一定使用价值的商品或普通劳务，经营内容主要是从事商品生产与流通活动。金融机构的经营对象是货币资金这种特殊的商品，经营内容主要是货币的收付、借贷及各种与货币资金运动有关的金融活动。

(2) 经营关系与经营原则的特殊性。一般经济组织与客户之间是商品或劳务的买卖关系，其经营活动遵循等价交换的原则。而金融机构与客户之间主要是货币资金的借贷或投、融资的信用关系，在经营中遵循安全性、流动性和盈利性原则。

(3) 经营风险及影响程度的特殊性。一般经济组织的经营风险主要来自商品生产与流通过程，集中表现为商品是否产销对路。这种风险所带来的至多是因商品滞销、资不抵债而宣告破产，对整体经济的影响较小。而金融机构因其业务大多是以还本付息为条件的货币信用业务，故其风险主要表现为信用风险、挤兑风险、利率风险、汇率风险等。这一系列风险所带来的后果往往不局限于对金融机构自身的影响，而且可能会危及整个社会的再生产过程。

二、金融机构的种类

1. 按照职能作用划分

按照业务性质和功能划分，金融机构可分为营业性金融机构和管理性金融机构。前者是从事商业性或政策性金融业务、不具有管理职能的金融机构，包括其他存款性公司和其他金融性公司；后者是从事特定金融业务、具有金融管理和调节职能的金融机构。

管理性金融机构与金融管理机构不尽相同。二者的共同点在于它们都是具有金融管理职能的政府机构。不同点是前者还属于金融机构，从事特定的金融业务来履行其职能，比如中央银行；后者只是纯粹的政府管理机构，不从事特定的金融业务，比如银行、保险、证券等金融行业的监管当局。

2. 按照业务内容划分

按照业务内容的不同，金融机构可分为银行类金融机构和非银行类金融机构。

银行类金融机构是指可以发行存款凭证的金融机构，比如中央银行、商业银行、政策性银行等。

非银行类金融机构主要包括保险公司、证券公司、信托公司等。

3. 按照业务活动的地理范围划分

按照业务活动的地理范围不同，金融机构可分为国际性金融机构、全国性金融机构和地方性金融机构。

国际性金融机构主要是指业务活动跨越不同国家和地区的金融机构。

全国性金融机构主要是指业务活动的范围局限在某一国家范围之内的金融机构。

地方性金融机构主要是指业务活动的范围局限在某一地区的金融机构。

三、金融机构的功能

1. 提供支付结算服务

支付结算服务功能是指金融机构通过一定的技术手段和流程设计，为客户之间完成货币收付或清偿因交易引起的债权债务关系服务。

2. 促进资金融通

资金融通功能是所有金融机构都具有的基本功能。

3. 降低交易成本

金融机构利用筹集到的各种期限不同、数量大小不一的资金进行规模经营，可以合理控制利率、费用、时间等成本，使投融资活动能够最终以适应社会经济发展需要的交易成本来进行，从而满足不断增长的投、融资需要。

4. 提供金融服务便利

提供金融服务便利功能是指金融机构为各部门的投融资活动提供专业性的辅助与支持性服务。

5. 改善信息不对称

信息不对称是指交易的一方对交易的另一方存在不充分了解的现象。金融机构之所以能够改善信息不对称的情况，是由于其具有强大的信息收集、信息筛选和信息分析优势。

6. 转移与管理风险

转移与管理风险的功能是指金融机构通过各种业务、技术和管理，分散、转移、控制或减轻金融、经济和社会活动中的各种风险。

第二节 中国金融机构体系的演变与发展

金融机构体系是指由相互联系、相互影响的不同金融机构所构成的有机整体。

一国的金融机构体系与该国一定时期的经济发展水平、基本的经济管理制度、社会公众对金融服务需求的变化、法律法规制度的演进和新技术发展变化有关。

一、中华人民共和国成立前的金融机构体系

我国金融机构的发展历史源远流长。19世纪中叶以后，随着外国资本的入侵和民族工业的崛起，为适应中外贸易发展的需要，1845年英商东方银行(即丽如银行)在香港设分行，成为中国第一家外商新式银行，而中国第一家现代民族资本银行即中国通商银行直至1897年才在上海开业。1805年英商在广州设立谏当保险行，这是中国出现最早的一家新式保险企业，而中国首家民族保险企业是1865年华商设立的义和公司保险行。为适应中外股份经济发展需要，1869年英商在上海设立长利公司，是中国首家证券公司；1882年华商设立上海平准股票公司，是首家民族证券公司。1890年英商即在华设立非专业的信托机构——中国、日本与海峡信托放款公司(即英商大东惠通公司)。1905年港英政府批准英商设立的众业公所，是在中国开设的首家证券交易所。这一阶段中国金融机构的发展带有明显的半殖民地半封建性质。

北洋政府时期，1913年日商在大连设立取引所信托株式会社，1914年美商在上海设立普益信托公司，这是外商在中国最早设立的专业信托公司。最早出现的华商专业信托机构是1914年设立的滨江农产信托交易所和滨江货币信托交易所。为支持民族股份经济发

第四章 金融机构体系

展并刺激公债交易，1916 年汉口成立了首家民族证券交易所。1918 年后北洋政府又批准设立了北京证券交易所、上海证券物品交易所和上海华商证券交易所。1921 年，上海金业交易所成立。为满足平民经济发展的需要，1919 年上海创办了中国最早的合作银行国民合作储蓄银行。1923 年，河北省香河县第一信用合作社成立，成为中国最早的信用合作社。

国民党统治时期，国民政府和四大家族运用手中的权力建立了以"四行二局一库"为核心的官僚资本金融机构体系。"四行"指中央银行、中国银行、交通银行、中国农民银行；"二局"指中央信托局和邮政储金汇业局；"一库"指中央合作金库。"四行二局一库"是国民党政府实行金融垄断的重要工具。而中国民族资本金融机构与民族工商业一样，处于帝国主义、官僚资本主义的双重压力之下，规模小，发展缓慢。

与之并行，中国共产党在领导全国人民夺取政权的革命斗争中，在各个革命根据地也建立了自己的金融机构。其中影响较大的有：第二次国内革命战争时期在瑞金成立的中华苏维埃共和国国家银行；抗日战争时期在各抗日根据地成立的银行，比如陕甘宁边区银行、华北银行等。这些银行为人民战争的胜利和中华人民共和国的成立作出了重大贡献。

二、中华人民共和国金融机构体系的建立与发展

中华人民共和国金融机构体系的建立与发展大致可分为以下几个阶段。

1. 1948—1953 年：初步形成阶段

新中国的金融机构体系，是在统一合并各解放区银行，没收官僚资本银行，取消帝国主义银行在华特权，对私营资本主义银行和钱庄进行社会主义改造，建立了独立统一的货币市场的基础上建立起来的。1948 年 12 月 1 日，我国在原华北银行、北海银行、西北农民银行的基础上建立了中国人民银行，它标志着我国新的金融机构体系的开始。

2. 1953—1978 年："大一统"的金融机构体系

与这个时期的经济体制和管理方式相适应，金融机构体系也实行了高度集中的"大一统"模式。这个模式的基本特征是：中国人民银行是全国唯一一家办理各项银行业务的金融机构，集中央银行和普通银行于一身，其内部实行高度集中管理，利润分配上实行统收统支。

3. 1979 年至1993 年：初步改革和多样化金融机构体系初具规模体系(改革初期)

1978 年 12 月，党的十一届三中全会召开，此次会议作出了把全党工作的重点转移到社会主义现代化建设上来的战略决策。从 1979 年起，在机构体制上，打破了中国人民银行"大一统"的格局。中国农业银行、中国银行、中国人民建设银行(后为中国建设银行)先后从中国人民银行和财政部分设出来。

1979 年中国银行从中国人民银行中分设出来，作为外汇专业银行，负责管理外汇资金并经营对外金融业务；同年，恢复中国农业银行，负责管理和经营农业资金；1980 年我国试行基建投资"拨改贷"后，中国建设银行从财政部分设出来，最初专门负责管理基本建设资金，1983 年开始经营一般银行业务。这些金融机构各有明确分工，打破了中国人民银行一家包揽的格局。但中国人民银行仍然集货币发行和信贷于一身，不能有效地对专业银

行和金融全局进行领导、调控与管理。因此，我国有必要建立真正的中央银行和商业银行相分离的二级银行体制。

1983年9月，国务院决定中国人民银行专门行使中央银行职能，明确规定中国人民银行是中国的中央银行，它对金融业实施监督和管理。同时，国务院决定成立中国工商银行。原中国人民银行办理的工商信贷和储蓄业务，由中国工商银行承担。中国工商银行的成立专门办理原来由中国人民银行办理的工商信贷和城镇储蓄业务，此后还陆续增设了股份制商业银行和其他一些非银行金融机构。我国在1994年形成了以中央银行(中国人民银行)为核心，以工、农、中、建四大专业银行为主体，其他各种金融机构并存和分工协作的金融机构体系，并初具规模。

4. 1994年至今：建设和完善社会主义市场金融机构体系的阶段(新型金融机构体系的建设阶段)

改革的目标之一是建立在中央银行宏观调控下的政策性金融与商业性金融分离，以国有商业银行为主体、多种金融机构并存的金融机构体系。为此，1994年我国先后建立了三家政策性银行，同时着手进行专业银行向商业性银行的转换。当前正处在实现和完善这一新的金融机构体系的过程之中。

三、中国现行的金融机构体系

截止2023年3月，我国已经形成了由"一行一局一会"(中国人民银行、国家金融监督管理总局、中国证券业监督管理委员会)为主导、大中小型商业银行为主体、多种非银行金融机构为辅翼的层次丰富、种类较为齐全、服务功能比较完备的金融机构体系。

(一)管理性金融机构——中国人民银行

中国人民银行是我国的中央银行，是指专门制定和实施货币政策、统一管理金融活动并代表政府协调对外金融关系的金融机构，在我国金融机构体系中处于核心地位。中央银行的职能有三项，即发行的银行、银行的银行和国家的银行。

(1) 中央银行是"发行的银行"。它代表国家垄断货币的发行权，向社会提供经济活动所需要的货币，并保证货币流通的正常运行，维护币值稳定。

(2) 中央银行是"银行的银行"。中央银行只与商业银行和其他金融机构发生业务往来，不与工商企业、个人发生直接的信用关系。作为"银行的银行"，中央银行集中保管商业银行的存款准备金，并对它们发放贷款，充当"最后贷款者"。中央银行在与商业银行等金融机构进行业务往来时，其主要目的是维护金融稳定，调控宏观经济，而不是为了营利。

(3) 中央银行是"国家的银行"。中央银行作为政府宏观经济管理的一个部门，由政府授权对金融业务实施监督管理，对宏观经济进行调控，代表政府参与国际金融事务，并为政府提供融资、国库收支等服务。

作为我国的中央银行，中国人民银行拥有人民币的发行权，管理人民币流通，是"发行的银行"；依法管理存款准备金、基准利率，对商业银行发放再贷款和再贴现，在金融机构出现风险时,根据情况实施必要的救助,防范和化解系统性金融风险,维护国家金融稳定,是"银行的银行";依法制定和执行货币政策,持有、管理和经营国家外汇储备和黄金储备,负责监督管理银行间同业拆借市场和银行间债券市场、银行间外汇市场、黄金市场,负责建立和管理全国银行系统的征信系统,代表国家从事有关国际金融活动等,是"国家的银行"。

(二)金融管理机构

1. 国家金融监督管理总局

1998年成立了中国保险监督管理委员会,2003年成立了中国银行业监督管理委员会,形成了"分业经营、分业监管"的框架。为了提高监管效率,国务院决定将中国银行业监督管理委员会和中国保险监督管理委员会的职责整合,组建中国银行保险监督管理委员会。2018年4月8日上午,中国银行保险监督管理委员会正式挂牌,标志着我国的金融机构体系仍处在完善过程之中。

中国银行保险监督管理委员会,简称中国银保监会或银保监会,是国务院直属事业单位,其主要职责是依照法律法规统一监督管理银行业和保险业,维护银行业和保险业合法、稳健运行,防范和化解金融风险,保护金融消费者合法权益,维护金融稳定。

2023年3月中国银行保险监督管理委员会改为国家金融监督管理总局。

主要职责:

统一负责除证券业之外的金融业监管,强化机构监管、行为监管、功能监管、穿透式监管、持续监管,统筹负责金融消费者权益保护,加强风险管理和防范处置,依法查处违法违规行为,作为国务院直属机构。

国家金融监督管理总局在中国银行保险监督管理委员会基础上组建,将中国人民银行对金融控股公司等金融集团的日常监管职责、有关金融消费者保护职责,中国证券监督管理委员会的投资者保护职责划入国家金融监督管理总局。2023年3月7日,根据国务院关于提请审议国务院机构改革方案的议案,组建国家金融监督管理总局。国家金融监督管理总局在中国银行保险监督管理委员会基础上组建,一行一局一会监管格局形成。

此次金融监管机构改革,防范化解重大金融风险和系统性风险是最重要的考虑。原因在于,现行金融监管体制仍是板块性的,没有建构起穿透式监管,加之部分金融领域监管主体不明确、模糊化,甚至无人监管,金融监管标准不统一等,跟不上防范化解系统性金融风险的需要。

总体来看,本次调整强化了金融监管之间的统筹协调,能够有效避免九龙治水、各自为战的局面,防止监管不足或监管过度,更好地防范系统性金融风险,有力有效有序地引导金融服务实体经济。

事实上,在刚刚过去的全国两会上,就有多位政协委员指出,此次金融领域的机构改革填补了市场监管空白,避免了监管重复交叉、防止利益冲突。

"机构改革方案中有6项涉及金融领域改革,有利于统一监管标准、统筹监管力量、提高监管效能。通过这次改革,填补空白、各就各位,有效减少了部门交叉(监管),减少了内卷内耗,切实增强了协作协同。"全国政协委员,上海银保监局党委书记、局长王俊寿指出。

2. 中国证券业监督管理委员会

1992年10月，国务院证券委员会和中国证券监督管理委员会成立。1998年4月，国务院证券委员会与中国证券监督管理委员会合并组成新的中国证券业监督管理委员会(简称中国证监会)。中国证监会是我国证券业的监管机构，根据国务院授权，依法对证券、期货业实施监督管理。

中国证监会为国务院直属正部级事业单位，依照法律、法规和国务院授权，统一监督管理全国证券期货市场，维护证券期货市场秩序，保障其合法运行。中国证监会为国务院直属正部级事业单位，依照法律、法规和国务院授权，统一监督管理全国证券期货市场，维护证券期货市场秩序，保障其合法运行。

依据有关法律法规，中国证监会在对证券市场实施监督管理中履行下列职责：

(一)研究和拟订证券期货市场的方针政策、发展规划；起草证券期货市场的有关法律、法规，提出制定和修改的建议；制定有关证券期货市场监管的规章、规则和办法。

(二)垂直领导全国证券期货监管机构，对证券期货市场实行集中统一监管；管理有关证券公司的领导班子和领导成员。

(三)监管股票、可转换债券、证券公司债券和国务院确定由证监会负责的债券及其他证券的发行、上市、交易、托管和结算；监管证券投资基金活动；批准企业债券的上市；监管上市国债和企业债券的交易活动。

(四)监管上市公司及其按法律法规必须履行有关义务的股东的证券市场行为。

(五)监管境内期货合约的上市、交易和结算；按规定监管境内机构从事境外期货业务。

(六)管理证券期货交易所；按规定管理证券期货交易所的高级管理人员；归口管理证券业、期货业协会。

(七)监管证券期货经营机构、证券投资基金管理公司、证券登记结算公司、期货结算机构、证券期货投资咨询机构、证券资信评级机构；审批基金托管机构的资格并监管其基金托管业务；制定有关机构高级管理人员任职资格的管理办法并组织实施；指导中国证券业、期货业协会开展证券期货从业人员资格管理工作。

(八)监管境内企业直接或间接到境外发行股票、上市以及在境外上市的公司到境外发行可转换债券；监管境内证券、期货经营机构到境外设立证券、期货机构；监管境外机构到境内设立证券、期货机构、从事证券、期货业务。

(九)监管证券期货信息传播活动，负责证券期货市场的统计与信息资源管理。

(十)会同有关部门审批会计师事务所、资产评估机构及其成员从事证券期货中介业务的资格，并监管律师事务所、律师及有资格的会计师事务所、资产评估机构及其成员从事证券期货相关业务的活动。

(十一)依法对证券期货违法违规行为进行调查、处罚。

(十二)归口管理证券期货行业的对外交往和国际合作事务。

(十三)承办国务院交办的其他事项。

第四章 金融机构体系

(三)商业银行体系

1. 国有控股大型商业银行

目前，我国国有控股大型商业银行有6家，分别是中国工商银行、中国农业银行、中国银行、中国建设银行、交通银行和中国邮政储蓄银行。

2. 股份制商业银行

目前，我国股份制商业银行有12家。12家全国性股份制商业银行分别是中信银行、中国光大银行、华夏银行、中国民生银行、广发银行、平安银行、招商银行、兴业银行、上海浦东发展银行、恒丰银行、浙商银行、渤海银行。

3. 城市商业银行

城市商业银行最初称作城市合作银行，1998年改用现名。

4. 农村商业银行和村镇银行

村镇银行目前的模式是以某家银行为控股股东，实行政府和个人入股成立，其主要目的是抢占三线和四线城市或县域的资本市场。农村商业银行属于地方国有银行，虽然是新兴的银行，但在借鉴其他国有商业银行的经验和模式下，其已逐渐向正规化发展。

5. 外资商业银行

外资商业银行是指在本国境内由外国独资创办的银行。它主要凭借对国际金融市场的了解和广泛的国际网点等有利条件，为在其他国家的本国企业和跨国公司提供贷款，支持其向外扩张和直接投资。

(四)政策性银行体系

政策性银行是指由政府发起或出资建立，按照国家宏观政策要求在限定的业务领域从事银行业务的政策性金融机构。目前，我国政策性银行有3家，分别是国家开发银行、中国农业发展银行和中国进出口银行。在资金运用方面，国家开发银行主要将资金投向国家基础设施、基础产业和支柱产业项目以及重大技术改造和高新技术产业化项目；中国农业发展银行主要向承担粮棉油收储任务的国有粮食收储企业和供销社棉花收储企业提供粮棉油收购、储备和调销贷款；中国进出口银行主要是为成套设备、技术服务、船舶、单机、工程承包、其他机电产品和非机电高新技术的出口提供卖方信贷和买方信贷。

(五)信用合作机构

1. 信用合作社的概念及类型

信用合作机构是一种群众性合作制金融组织，其典型的组织形式是信用合作社。信用合作社的本质是由社员入股组成，实行民主管理，主要为社员提供信用服务。按照地域不同，可分为农村信用合作社和城市信用合作社。

2. 信用合作社资金的来源与使用

信用合作社资金的来源与使用成员交纳的股金和吸收存款、贷款主要用于解决其成员的资金需要。起初,信用合作社主要发放短期生产贷款和消费贷款。现在,一些资金充裕的信用社已开始为解决生产设备更新、改进技术等提供中长期贷款,并逐步采取了以不动产或有价证券作为担保的抵押贷款方式。

3. 信用合作组织的基本准则

入社和退社实行自愿原则;每个成员都应提供一定数额的股金并承担相应的责任;实行民主管理,社员具有平等的权利,每位社员只有一个投票权;信用合作社的盈利主要用于业务的发展和增进社员福利。

这些原则保证了信用合作社不会被办成由少数人所控制、为少数人谋取利益的企业,并使其与股份公司区别开来。

(六)金融资产管理公司

金融资产管理公司是在特定时期,政府为解决银行业不良资产,由政府出资专门收购和集中处置银行业不良资产的机构。

设立金融资产管理公司的目的有三个。第一,改善国有商业银行的资产负债状况,提高其国内外资信,同时深化国有商业银行改革,对不良贷款剥离后的银行实行严格的考核,不允许不良贷款率继续上升,从而把国有商业银行办成真正意义上的现代商业银行。第二,运用金融资产管理公司的特殊法律地位和专业化优势,通过建立资产回收责任制和专业化经营,实现不良贷款价值回收最大化。第三,通过金融资产管理,对符合条件的企业实施债权转股权,帮助国有大中型亏损企业摆脱困境。

(七)信托投资公司

1. 信托公司的概念

信托投资公司,也称信托公司,是以资金及其他财产为信托标的,根据委托者的意愿,以受托人的身份管理及运用信托资财的金融机构。其基本职能是接受客户委托,代客户管理、经营、处置财产。

现代信托业比较发达的是美国、英国、日本、加拿大等国家。美国、英国等国除一些专营信托公司外,相当部分的信托业务由各商业银行的信托部门来办理。日本、加拿大的情况与美国和英国有所不同,政府从法律上限制商业银行和信托机构的业务交叉,实行银行业务与信托业务相分离的政策。因此,这两个国家的信托公司(或信托银行)具有资本雄厚、经营稳健、管理有序的特点。

2. 信托业务的种类

信托业务主要包括两大类。

(1) 货币信托:包括信托存款、信托贷款、委托存款、委托贷款、养老金信托、投资信托、养老金投资基金信托等。

(2) 非货币信托：包括有价证券信托、债权信托、动产与不动产信托、事业信托、私人事务信托等。

3. 信托公司的投资对象

信托公司的投资对象包括：国家及地方政府公债、不动产抵押贷款、公司债及股票。

4. 我国信托公司的产生、发展及主要业务

我国最早的信托公司是 1921 年在上海成立的"上海通商信托公司"。在此之前，信托业务由银行设立的信托部门办理，且主要集中在上海。新中国成立后至 1979 年间，我国境内基本上没有正式独立的信托机构。1979 年以后，我国开始恢复信托业务。1979 年中国恢复信托咨询部；同年 10 月，中国国际信托投资公司成立。1980 年中国人民银行系统试办信托业务，同时各地政府也纷纷成立了信托公司或信托投资公司。

我国信托投资公司的业务内容主要如下。

信托业务类：包括信托存款、信托贷款、信托投资、财产信托等。

委托业务类：包括委托存款、委托贷款、委托投资。

代理业务类：包括代理发行债券和股票、代理收付款项、代理催收欠款、代理监督、信用签证、代理会计事务、代理保险、代保管、代理买卖有价证券等。

租赁业务类：包括直接租赁、转租赁、代理租赁、回租租赁等。

咨询业务类：包括资信调查、商情调查、投资咨询、介绍客户、金融业务咨询等。

信托投资业不同于一般委托、代理和借贷业务。它具有收益高、责任重、风险大、程序烦琐、管理复杂等特点，因此，对一般重点办理投资业务的信托投资公司，在机构设置、经营管理水平、人员素质、信息来源和信息处理能力等方面都有很高的要求。

(八)财务公司

1. 财务公司的概念

财务公司也称金融公司，是由大型企业集团成员单位出资组建，以加强企业集团资金集中管理和提高企业集团资金使用效率为目的，为企业集团成员单位提供财务管理服务的，以经营消费信贷及工商企业信贷为主的非银行金融机构。

2. 资金来源与使用

财务公司资金的主要来源是银行贷款、发行债券筹资、卖出公开市场票据(商业本票)筹资、发行股票及定期大额存款凭证筹资等。

在资金使用上，或专营抵押放款业务；或依靠吸收的大额定期存款进行贷款或投资；或专营耐用品的租购及分期付款销货业务；或兼而营之。规模较大的财务公司还兼营外汇、证券包销、财务及投资咨询业务等。

3. 财务公司与商业银行在贷款上的区别

商业银行是小额、分散借入，大额贷出。财务公司则是大额借入，小额贷出。

由于财务公司同商业银行相比，实际的管制较松，因而它的业务范围仍在继续扩大，

且与商业银行的区别逐渐缩小。

(九)金融租赁公司

1. 金融租赁公司的概念

金融租赁公司是以经营融资租赁业务为其主要业务的非银行金融机构。所谓融资租赁业务，是指出租人根据承租人对租赁物和供货人的选择或认可，将其从供货人处取得的租赁物按合同约定出租给承租人占有、使用，向承租人收取租金的交易活动。一般来说，融资租赁活动会通过直接融物满足客户实际上的融资需要。

2. 金融租赁公司的类型

第一种是银行或与银行有关的金融机构所属的租赁公司。第二种是独立经营的租赁公司。

金融租赁业务迅速发展的原因在于：企业不必追加大量投资即可通过租赁获得新技术设备的使用，减少因科技迅猛发展而产生的无形损耗。

3. 中国的金融租赁业

1981年4月，中国成立第一家租赁公司——东方租赁有限公司。1981年8月，中国成立第一家国营现代租赁公司——中国租赁有限公司。

中国租赁机构的业务经营方式分类如下。

以经营方式为标准，可分为：①自营租赁；②合办租赁；③代理租赁。

以租赁业务的具体方法为标准，可分为：①直接租赁；②转租赁；③售后回租。

(十)汽车金融公司

1. 汽车金融公司的概念

汽车金融公司是从事汽车消费信贷业务并提供相关汽车金融服务的专业机构，国外有近百年历史。通常，汽车金融公司隶属于较大的汽车工业集团，成为向消费者提供汽车消费服务的重要组成部分。有的国家将此类机构作为金融机构管理，有的国家只作为一般工商企业管理。我国现行法规规定，消费信贷是金融业务，只有金融机构才可以办理。因此，汽车金融公司是为中国境内的汽车购买者及销售者提供贷款的非银行金融企业法人。

2. 汽车金融公司主要业务范围

《汽车金融公司管理办法》规定，经中国银监会批准，汽车金融公司可以从事以下部分或全部的业务：①接受境内股东单位3个月以上期限的存款；②提供购车贷款业务；③办理汽车经销商采购车辆贷款和营运设备贷款(包括展示厅建设贷款和零配件贷款以及维修设备贷款等)；④转让和出售汽车贷款应收款业务；⑤向金融机构借款；⑥为贷款购车提供担保；⑦与购车融资活动相关的代理业务；⑧经中国银行业监督管理委员会批准的其他信贷业务等。

(十一)证券机构

1. 证券机构的概念

证券机构具体包括证券交易所、证券登记结算公司、证券公司、证券投资咨询公司、投资基金管理公司等。证券公司是指专门从事各种有价证券经营及相关业务的金融机构。

2. 我国证券公司的主要业务内容

我国证券公司的主要业务包括：代理证券发行业务；自营、代理证券买卖业务；代理证券还本付息和红利的支付；证券的代保管和签证；接受委托证券利息和红利的支付；接受委托办理证券的登记和过户；证券抵押贷款；证券投资咨询等业务等。

(十二)保险公司

1. 保险公司的概念

保险公司是经营保险业务的金融机构，是收取保费并承担风险补偿责任，拥有专业化风险管理技术的金融机构组织。其主要经营活动包括财产、人身、责任、信用等方面的保险与再保险业务及其他金融业务。

2. 保险资金的来源与使用

保险资金的来源是以保险费形式聚集起来的保险基金以及投资收益。

保险资金的使用包括保险赔付、政府公债、市政债券、公司股票及债券、不动产抵押贷款、保单贷款等长期投资。

3. 保险公司的组织形式

保险公司的组织形式主要包括：国有(营)保险公司、股份制保险公司、互助合作制保险公司(也称互济公司)、自保险公司。

(十三)基金组织

1. 基金组织的概念

基金组织是指筹集、管理、运用某种专门基金的金融机构。

2. 基金组织的类别

基金组织主要有两类：养老(退休)基金组织和互助基金组织。

养老基金组织是向参加养老基金计划的公司雇员以年金形式提供退休收入的金融机构。其基金来源于政府部门、雇主的缴款及雇员个人自愿缴纳的款项，以及运用基金投资的收益。养老基金组织多投资于股票、债券及不动产等高收益资产项目。

互助基金组织也称为投资基金组织或投资公司。它通过向许多小投资者发行股份来聚集资金，用于购买证券。通过发行小面额股份并购买大量证券这一资产转换过程，互助基金组织可以在经纪人手续费上得到大量购买证券的折扣，也可以购买和持有多样化的证券。

第三节 国际金融机构体系

国际金融机构有广义和狭义之分。广义的国际金融机构包括政府间国际金融机构、跨国银行、多国银行集团等；狭义的国际金融机构主要是指各国政府或联合国建立的国际金融机构组织，分为全球性国际金融机构和区域性金融机构。本节主要介绍狭义的国际金融机构。

一、全球性国际金融机构

目前，全球性国际金融机构主要有国际货币基金组织、世界银行集团和国际清算银行。

1. 国际货币基金组织

国际货币基金组织是为协调国家间的货币政策和金融关系，加强货币合作而建立的国际性金融机构。其宗旨是：通过成员国共同研讨和协商国际货币问题，促进国际货币合作；促进国际贸易的扩大和平衡发展，开发成员国的生产资源；促进汇率稳定和成员国有条件的汇率安排，避免竞争性的货币贬值；协助成员国建立多边支付制度，消除妨碍世界贸易规模增大的外汇管制；协助成员国克服国际收支困难。

2. 世界银行集团

世界银行集团由世界银行、国际金融公司、国际开发协会、国际投资争端处理中心、多边投资担保机构5个机构构成。

3. 国际清算银行

国际清算银行是西方主要发达国家的中央银行和若干个大商业银行合办的国际金融机构。

二、区域性的金融机构

1. 亚洲开发银行

亚洲开发银行是西方国家与亚洲太平洋地区发展中国家合办的政府间的金融机构。其经营宗旨是通过发放贷款、进行投资和提供技术援助的方式，促进亚太地区的经济发展与合作。

2. 非洲开发银行

非洲开发银行是由非洲范围的国家政府和区域范围以外的国家政府合办的互助性国际金融机构。其宗旨是为成员国经济和社会发展提供资金，促进成员国的经济发展和社会进步，帮助非洲大陆制定发展的总体规划，并协调各国的发展计划。

3. 泛美开发银行

泛美开发银行是由美洲及美洲以外的国家联合建立、主要向拉丁美洲国家提供贷款的

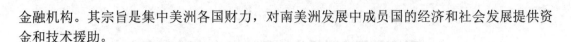

金融机构。其宗旨是集中美洲各国财力,对南美洲发展中成员国的经济和社会发展提供资金和技术援助。

4. 亚洲基础设施投资银行

亚洲基础设施投资银行(Asian Infrastructure Investment Bank,AIIB,简称亚投行)是一个政府间性质的亚洲区域多边开发机构,重点支持基础设施建设,成立宗旨在于促进亚洲区域的建设互联互通化和经济一体化的进程,并且加强中国及其他亚洲国家和地区的合作。总部设在北京。亚投行法定资本1 000亿美元。

2013年10月2日,习近平总书记提出筹建倡议,2014年10月24日,包括中国、印度、新加坡等在内21个首批意向创始成员国的财长和授权代表在北京签约,共同决定成立亚洲基础设施投资银行。2015年4月15日,亚投行意向创始成员国确定为57个,其中域内国家37个、域外国家20个。2015年6月29日,《亚洲基础设施投资银行协定》签署仪式在北京举行,亚投行57个意向创始成员国财长和授权代表出席了签署仪式。2015年12月25日,亚洲基础设施投资银行正式成立,全球迎来首个由中国倡议设立的多边金融机构。2016年1月16日至18日,亚投行开业仪式暨理事会和董事会成立大会在北京举行。亚投行初期投资的重点领域主要包括五大方向,即能源、交通、农村发展、城市发展和物流。2016年2月5日,亚洲基础设施投资银行正式宣布任命5位副行长。这5位副行长来自英国、德国、印度、韩国、印度尼西亚。

三、国际金融机构的作用与局限性

1. 国际金融机构的作用

(1) 维持汇率稳定。
(2) 对金融业的国际业务活动进行规范、监督与协调。
(3) 提供长短期贷款以调节国际收支的不平衡和促进经济发展。
(4) 积极防范并解救国际金融危机。
(5) 就国际经济、金融领域中的重大事件进行磋商。
(6) 提供多种技术援助、人员培训、信息咨询等服务,加强各国经济与金融的往来,推动全球经济共同发展。

2. 国际金融机构的局限性

国际金融机构的局限性主要表现在:一些国际金融机构的领导权被主要的发达国家控制,发展中国家的呼声、建议往往得不到重视;一些国际金融机构向发展中国家提供贷款时往往附加限制条件,而这些条件往往削弱了国际金融机构向发展中国家提供贷款的效果。

本 章 小 结

本章主要讲了金融机构的含义及其性质与职能、西方国家和我国金融机构体系的基本构成,并分析了非银行金融机构的主要业务及其发展趋势,明确了国际金融机构的宗旨及其基本概况。我国现行的金融机构体系如图 4-1 所示。

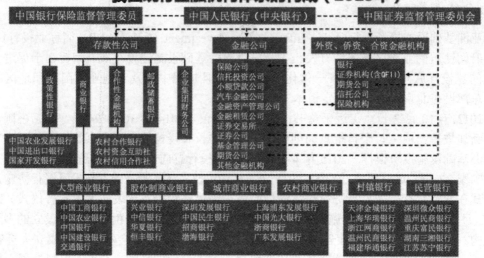

图 4-1　我国现行的金融机构体系

本 章 习 题

1. 与一般经济组织相比，金融机构有哪些特殊性？
2. 简述金融机构的功能。

第五章 商业银行

商业银行

【教学目的与要求】

通过本章教学，使学生在了解商业银行的产生和发展，商业银行的性质、职能和组织形式等内容的基础上，掌握商业银行开展的各项业务活动。理解商业银行的经营原则和资产负债管理的基本理论及方法，并能正确认识商业银行的信用创造功能，重点掌握商业银行的负债业务、资产业务和中间业务。

【重点与难点】

- 商业银行的性质和职能。
- 商业银行的经营原则。
- 商业银行的负债业务、资产业务和中间业务。
- 商业银行的信用创造原理。
- 商业银行资产负债管理的基本内容。

引导案例

巴林银行的破产

巴林银行集团是英国伦敦城内历史最久、名声显赫的商人银行集团，素以发展稳健、信誉良好而驰名，其客户也多为显贵阶层，包括英国女王伊丽莎白二世。该行成立于1762年，最初仅仅是一个小小的家族银行，后逐步发展成为一个业务全面的银行集团。巴林银行集团的业务专长是企业融资和投资管理，业务网络点主要在亚洲及拉丁美洲的新兴国家和地区，在中国上海也设有办事处。到1993年年底，巴林银行的全部资产总额为59亿英镑，1994年税前利润高达1.5亿美元。1995年2月26日巴林银行因遭受巨额损失，无力继续经营而宣布破产。从此，这个有着233年经营史和良好业绩的老牌商业银行在伦敦城乃至全球金融界消失。目前该行已由荷兰国际银行保险集团接管。

巴林银行破产的直接原因是新加坡巴林公司期货经理尼克·里森错误地判断了日本股市的走向。1995年1月，里森看好日本股市，分别在东京、大阪等地买了大量的期货合同，指望在日经指数上升时赚取大额利润。谁知天有不测风云，日本阪神地震打击了日本股市的回升势头，股价持续下跌。巴林银行最后损失金额高达14亿美元，而其自有资产只有几亿美元，亏损巨额难以抵补，这座曾经辉煌的金融大厦就这样倒塌了。那么，由尼克·里森操纵的这笔金融衍生产品交易为何在短期内便摧毁了整个巴林银行呢？我们首先需要对金融衍生产品(亦称金融派生产品)有一个正确的了解。金融衍生产品包括一系列的金融工具和手段，买卖期权、期货交易等都可以归为此类。具体操作起来，又可分为远期合约、远期固定合约、远期合约选择权等。这类衍生产品可对有形产品进行交易，比如石油、金属、原料等，也可对金融产品进行交易，比如货币、利率以及股票指数等。从理论上讲，金融衍生产品并不会增加市场风险，若能恰当地运用，比如利用它套期保值，可为投资者提供一个有效地降低风险的对冲方法。但在其具有积极作用的同时，也有其致命的危险，即在特定的交易过程中，投资者纯粹以买卖图利为目的，通过垫付少量的保证金炒买炒卖大额合约来获得丰厚的利润，而往往无视交易潜在的风险，如果控制不当，那么这种投机行为就会招致不可估量的损失。新加坡巴林银行的里森，正是对衍生产品操作无度才毁灭了巴林集团。里森在整个交易过程中一味盼望赚钱，在已遭受重大亏损时仍孤注一掷，增加购买量，对于交易中潜在的风险熟视无睹，结果使巴林银行成为衍生金融产品的牺牲品。

巴林事件提醒人们正视加强内部管理的重要性和必要性，合理运用衍生工具，建立风险防范措施。随着国际金融业的迅速发展，金融衍生产品日益成为银行、金融机构及证券公司投资组合中的重要组成部分。因此，凡从事金融衍生产品业务的银行应对其交易活动制定一套完善的内部管理措施，包括交易头寸(指银行和金融机构可动用的款项)的限额、止损的限制，内部监督与稽核。扩大银行资本，进行多方位经营。随着国际金融市场规模的日益扩大和复杂化，资本活动的不确定性也愈发突出。作为一个现代化的银行集团，应努力扩大自己的资本基础，进行多元化经营，做出合理的投资组合，不断拓展自己的业务领域，这样才能加大银行自身的安全系数并不断盈利。

(资料来源：百度文库，巴林银行倒闭事件，http://baike.baidu.com/view/1210907.htm.)

【思考讨论】
商业银行的经营管理原则及其相互关系？

第一节 商业银行概述

一、商业银行的产生

(一)早期银行的产生

早期的银行是由货币经营业演变而来的。早期银行产生的过程：从经营货币兑换、保管和汇兑，演变为经营存款、放款和汇兑，实现了货币经营业到银行的转变。

在货币产生以后，随着商品交换的发展，出现了兑换、保管和借贷货币等经营货币的业务。在资本主义社会初期，货币铸造分散，铸币的重量、成色不统一，为适应贸易的需要，必须进行货币兑换，因此，就逐渐分离出专门从事货币兑换的商人。他们最初只是单纯办理铸币的兑换业务，从中收取手续费。随后，经常往来于各地的商人，为了避免长途携带货币和保存货币的风险，把货币交给兑换商人保管，并委托他们办理支付、结算和汇款，向他们支付手续费。货币兑换商人因而聚集了大量的货币资财，他们就利用这些资财办理贷款业务(这时还不能称之为银行)。当货币经营者发现被保管的货币有一个稳定的沉淀额，而且保管数量越大，沉淀额也越多，他们开始用这一部分货币进行放款(意味着由十足准备金变为部分准备金，这是银行业形成过程中一个重要标志)，而且为吸引客户存放货币，他们开始向托管人支付一定的货币(实际上相当于存款利息)，使货币保管业务演变为存款业务。于是，货币兑换业就发展成为既办理兑换，又经营货币存款、贷款和汇款的早期银行了。

在古希腊和古罗马时代，已有委托存款、汇款及兑换货币等活动，但这些还只是货币兑换业性质。中世纪时期，地中海沿岸商业发达，一些专门经营货币业务的机构得到了很大发展，银行业务逐渐兴起。早在16世纪，意大利就已出现了银行业，比如1580年成立的威尼斯银行、1593年成立的米兰银行等。以后，世界商业中心由意大利移至欧洲北部。1609年荷兰成立阿姆斯特丹银行，1621年德国成立了纽伦堡银行，1629年又成立了汉堡银行。

在英国，银行的产生与其他国家不同，它的早期银行是由金匠业发展而来的。

17世纪中叶，英国的金匠业极为发达，金匠业拥有坚固的保险柜和其他安全措施，他们受顾客委托代为保管金银货币，签发保管凭条。还可按顾客的书面要求，将其保管的金银拨给第三者，省去顾客提现和支付的麻烦。同时，金匠业还利用自有资本发放贷款，以谋取高额利息。

在金匠业演变为银行业的过程中，完成了三个重要演变。

(1) 金匠保管凭条演变为银行券。金匠业为保管金银货币给顾客签发的保管凭条，原本只作为保管物品的证明，到期可据以提现。以后由于交易日益频繁，提现支付的金额和次数大量增加，为方便支付，节约费用，久而久之，人们就直接用保管凭条——金匠券进行支付。这样，金匠券逐渐演变为银行券。可见，保管凭条是银行券的原始形式。

(2) 保管业务的划款凭证演变为银行支票。金匠业为开展保管业务，根据顾客的书面要求，为顾客转移保管的金银货币，顾客所签发的这种书面指令，只是一种划款凭证。第三者可据以支款。以后由于保管业务发展为存款业务，这种划款凭证也就随着演变成为银行支票。

(3) 十足准备金转变为部分准备金。金匠业起初对所收存的金银货币保有百分之百的现金准备，发放贷款完全利用自有资本。后来发现，应付顾客提现，并不需要经常保持十足的现金准备，可将其中一部分用于放款，赚取利息。于是十足的保证准备金制度，演变为部分准备金制度。这一转变，使早期银行具有了信用媒介、增减货币量的功能。

(二) 现代商业银行的产生

1. 现代商业银行的建立

现代商业银行的建立有两条途径：一条是高利贷性质的银行逐渐转变为资本主义商业银行；另一条则是按照资本主义经济的要求组织股份商业银行。这在英国表现得最为明显。

早期银行大都利息很高，规模不大，不能满足资本主义工商业的需要，客观上迫切需要建立起既能汇集闲置的货币资本，并能按适度的利息向资本家提供贷款的现代资本主义商业银行。

在英国，从早期银行中独立出一些专门在资本家之间从事信用中介的银行。但是从早期高利贷银行转变为现代银行的速度非常缓慢，直到18世纪末才完成。当时的贷款利率依然很高，年利率为20%～30%。这种情况无法满足工商业的需求。17—18世纪，新兴的资产阶级开展了反高利贷的斗争，要求以法律形式限制放款的利息水平，但由于信用被高利贷者垄断，降低利率的法令不会产生实际效果，于是，他们建立了一些股份银行。这种股份银行资本雄厚、规模大、利率低，并逐渐发展成为资本主义商业银行的主要形式。

世界上第一家股份银行是 1694 年在英国伦敦创办的英格兰银行，它的贴现率规定为 4.5%～6%，大大低于早期银行业的贷款利率。英格兰银行的成立，意味着现代银行制度的建立，标志着高利贷在信用领域中的垄断地位已被动摇，这种股份银行逐步取代了旧式的、个别资本经营的银行，推动了资本主义经济的发展。

2. 现代商业银行的特点

现代商业银行具有三个特点。

(1) 利息水平适当。

(2) 信用功能扩大。早期银行只是简单的信用中介，现代商业银行除了接受存款、发放贷款外，还发行银行券，代客办理信托、汇兑、信用证、信托投资，购销有价证券等业务。

(3) 具备信用创造功能。现代商业银行是信用媒介机构和信用创造机构的统一，其中"信用媒介"早期银行也已具备，而"信用创造"则是现代商业银行最本质的特征。所谓"信用创造"功能，是指现代商业银行所具有的创造存款货币，并用以扩大放款和投资的能力。银行通过这一功能直接影响社会货币供应总量，影响贷款和投资的规模，从而影响币值的稳定。

二、商业银行的性质

现代商业银行是特殊的企业。这句话可以从两个方面理解。

(1) 银行与工商企业的经营目标相同，都是为了追逐利润，所以它们都是企业。

(2) 与一般的资本主义工商企业不同，银行经营的对象不是普通商品，而是货币资本这个特殊商品。银行的活动处于货币信用领域，以信用方式与工商企业发生广泛的经济联系。正是由于现代银行是资本主义生产方式最精巧且最发达的产物，其可以通过信用方式聚集和分配货币资本，具有调节社会经济生活的特殊作用，这就决定了银行在经济中的特殊地位。

三、商业银行的职能

商业银行的职能是由其性质决定的。它具有以下几种职能。

(一)充当信用中介

1. 信用中介的定义

银行一方面代表货币资本的集中，即贷出者的集中；另一方面代表借入者的集中。这时它就是信用中介，这是银行最基本的职能。

银行首先通过吸收存款、动员和集中社会上一切闲置的货币资本，然后，又通过放款把这些货币资本贷给职能资本家使用，并从中承担风险，这样，银行实际便成了货币资本的集中，贷出者和借入者之间的中介人。

第五章 商业银行

2. 信用中介的意义

银行作为信用中介,可以克服资本家之间直接借贷的种种局限,比如在资本数量、借贷时间、空间、期限上不易取得一致和不易了解借者资信等方面。银行通过信用中介职能对资本进行再分配,使货币资本得到充分有效的运用,加速了资本的周转,促进了生产的扩大。

(二)变居民的货币收入和储蓄为资本

把社会中各阶层的货币收入和储蓄变为资本,也是商业银行的重要职能。个人的货币收入是用来供个人日常消费的,储蓄则是为了供将来的消费,所以它们都不是资本。但是,通过银行把它们汇集起来贷放给企业使用,这些零星的货币就成为生产经营者用来从事生产和经营活动的资本,这样,非资本的货币就转化为资本。马克思曾经指出:"小的金额不能单独作为货币资本发挥作用,但它们结合成为巨额,就会形成一个货币力量。"

(三)充当支付中介

银行办理各种同货币资本运动有关的技术性业务时,便会充当支付中介。

由于银行具有较高的信誉和较多的分支结构,银行业务又与各个企业和部门有密切联系,因此,无论企业或个人都愿意委托银行保管货币、贵金属、有价证券,办理货币收付和转账结算等。这样,银行就成为社会的"出纳"和"账房"。银行通过账户为顾客办理货币结算,对于节约流通费用、加速资本的周转具有重要意义。

(四)创造信用流通工具

商业银行创造的信用流通工具主要是银行券和支票。

银行券是由银行开出的、并可随时兑现的、不定期的债券证券,是银行用来扩大信用业务的工具。支票是由客户签发,要求银行从其活期存款账户支付一定金额的付款凭证,也是银行的一种债务证券。借助于支票流通,银行可以超出自有资本和吸收资本的总额而扩大信用。银行借助银行券和支票的流通,扩大信用业务,并不是无限的,因为它要受银行本身现金准备状况和经济发展对信用的客观需要量的限制。

银行券和支票等信用流通工具进入流通界,代替很大一部分金属货币流通。这样,既节约了流通费用,又方便提供经济发展中需要增加的流通手段和支付手段。因而,银行这一职能的存在和发挥,促进了经济的发展。

四、商业银行的组织形式

各国商业银行的组织形式,大体上可以分为以下4种类型。

(一)单一银行制

1. 单一银行制的概念

单一银行制是指银行业务完全由一个银行机构(总行)经营,不设立任何分支机构的制度。目前仅美国银行采用这一体制,各州银行法禁止或限制银行开设分支行。主要原因是美国各州独立性很强,各州政府要保护其各自的利益。但是,随着经济的发展,地区经济联系的加强,以及金融竞争的加剧,美国金融业已一再冲破单一银行制的限制。许多州对银行开设分支结构的限制政策已有所放宽。例如,根据各州不同的法律规定,有的州并不限制银行设立分支结构,有的州限定商业银行的分行只能在某一特定区域开设,有的州则完全禁止。

2. 单一银行制的优缺点

单一银行制在一定程度上限制了银行兼并和垄断,缓和了银行间的竞争和集中,也有利于协调地方政府和银行之间的关系,各家银行在业务上具有较大的灵活性和独立性。但单一银行制在限制竞争的同时,也限制了自身业务的创新和规模的扩大。

(二)分支行制

1. 分支行制的概念

分支行制是指银行机构除总行外,还可在其他地区设立分支结构。其典型代表为英国。英国只有 10 家商业银行,其中规模较大的有 4 家,即巴克莱银行、米特兰银行、劳合银行、国民西敏寺银行,共有分支机构一万余家,总存款额占银行体系的 70%。

2. 分支行制的优缺点

分支行遍布各地,容易吸收存款;便于分支行之间的资金调度,减少现金准备;放款分散于各分支行,可以分散风险。但分支行制会使银行业过分集中,不利于自由竞争。

目前多数国家均采用这种制度,我国的商业银行也主要采取这种组织形式。

(三)银行控股公司制

1. 银行控股制的概念

银行控股制也称集团银行制,即由某一集团成立一个股权公司,再由该公司控制或收购两家以上银行的股票,大银行通过持股公司把许多小银行置于自己的控制之下,这一制度在美国最为流行。

第二次世界大战后,美国商业银行为了冲破各种对设立分支行的限制,为了使银行业务多样化,银行控股公司迅速发展。银行控股公司有两种形式:一种是银行控股公司控制一家商业银行的股权,设立各种附属机构,开展多种非银行的金融业务,它多以大银行为主;另一种是银行控股公司控制两家以上商业银行的股权,便于银行扩展和进行隐蔽的合并,它多以中小银行为主。

2. 优缺点

银行控股公司制有利于扩大资本总量,增强银行的实力,弥补单一银行制的不足。但这种制度容易形成银行业的集中和垄断,不利于银行之间展开竞争。

第五章　商业银行

(四)连锁银行制

1. 概念

连锁银行制是指由个人或集团控制两家以上商业银行的制度。它可以通过股票所有权、共同董事等法律所允许的其他方式实现。

2. 特点

连锁制的成员银行都保持其独立性，连锁银行是在禁止实行分支行制银行和多家控股公司的美国各州发展起来的，经营活动大都在较小地区，其成员多是小银行。它们一般环绕在一家主要银行的周围，其中的主要银行确立银行业务模式，并以它为中心，形成集团内部的各种联合。

随着国际银行业务的不断发展，国际上又出现了多个国家的大银行合资设立跨国财团银行，从事大规模的国际资本投资活动。

> 思考：银行控股公司制、连锁银行制是当时的一种金融创新，你同意吗？

五、商业银行的业务经营原则

(一)商业银行经营的一般原则

营利性、安全性和流动性即三性原则。

1. 营利性

银行的经营动机是为了获取利润。获取利润是商业银行开展业务的核心或标准，利润水平是商业银行经营管理水平的表现，采取各种措施以获取更多的利润是商业银行的经营管理目标。合理调度头寸，把银行的现金准备压缩到最低限度；大量吸收存款，开辟资金来源，把这些资金用在能够获得较多收益的贷款和证券投资上，并尽可能避免呆账的损失；加强经济核算，采用先进技术设备，提高劳工效率，降低费用开支，不断增加业务效益。这是商业银行经营管理的必要措施。

2. 安全性

安全性是指使银行资产避免风险损失。因为银行贷款发放和证券投资存在着信用风险、市场风险和利率风险，有可能发生贷款本金和利息不能按时按量收回和证券损失的情况。如果出现这种情况就必然会影响存款不能按时按量兑付，从而引起客户减少存款，甚至出现挤兑现象，危及银行的经营。银行要加强对客户的资信调查和经营预测；银行资产在种类和客户两方面要做到适当分散，并与负债的规模保持一定比例；银行要遵守国家法令，执行中央银行的金融政策和制度，取得国家的法律保护和中央银行的支持等。

3. 流动性

流动性是银行能随时应付客户提取存款的支付能力，保持流动性，即保持银行一定的清偿力，以应对日常提现需要。

应对突然大量提现需要,保证银行信贷资金正常周转,以及银行业务顺利经营是极其重要的。商业银行或在资产方面保持流动性,或在负债方面保持较高的流动性,都能达到商业银行流动性的目标。在商业银行的资产构成中,可以随时用于偿付客户提取存款的库存现金和在中央银行的存款,其流动性最强,一般称为一线准备;在短期内可以变现的国家债券,其流动性较好,一般称为二线准备;长期贷款、不动产抵押贷款和长期债券需要较长时间收回资金,其流动性最差。如果商业银行资产流动性较差,它就必须做到能随时主动获得足够的负债(即资金来源)以满足客户提现的需要和随时扩大贷款规模的需要。

《中华人民共和国商业银行法》规定:"商业银行以效益性、安全性、流动性为经营原则,实行自主经营、自担风险、自负盈亏、自我约束。"

(二)银行业务经营的三项原则的关系

1. 三者联系密切

从本质上来说,"三性"原则是对立统一的,它们共同保证了商业银行政策有效的经营活动。安全性是前提,只有保证了资金安全无损,业务才能正常运转。流动性是条件,只有保证了资金的正常流动,才能确立信用中介的地位,银行各项业务才能顺利进行。营利性是目的,银行经营强调安全性和流动性,其目的还是为了获得利润。

2. 三者的矛盾

(1) 营利性与安全性呈反方向变化。盈利水平高的资产,风险大,安全系数小,而较安全的资产,盈利水平却较低。

(2) 营利性与流动性也呈反方向变化。盈利高的资产,流动性差,而流动性强的资产,盈利水平较低。

(3) 安全性与流动性之间呈同方向变化,流动性强的资产安全性高,而流动性差的资产安全性低。因此,银行要满足营利性、安全性、流动性三方面的要求,就需要在经营管理中统筹兼顾、协调安排,实现三者之间的最佳组合。

六、我国商业银行的组织形式

我国商业银行的组织形式主要实行分支行制,地方性银行大部分实行单一银行制。目前我国商业银行从所有制形式上来看主要有如下几种。

(1) 国有控股大型商业银行,这是我国现有国家银行的主体。国有控股大型商业银行是由财政部、中央汇金公司控股的大型商业银行,包括中国工商银行、中国农业银行、中国银行、中国建设银行、交通银行、中国邮政储蓄银行。之前中国工商银行、中国农业银行、中国建设银行、中国银行是国有独资商业银行,但随着体制改革问题,国有独资的局面已被打破。

(2) 以公有制为主体的股份制商业银行,主要有招商银行、浦发银行、中信银行、中国光大银行、华夏银行、广发银行、兴业银行、平安银行、浙商银行、恒丰银行、渤海银行。股份制商业银行已经成为我国商业银行体系中一支富有活力的生力军,成为银行业乃至国民经济发展不可缺少的重要组成部分。

(3) 民营股份制的商业银行，是由私人企业集股组建为主的银行，有中国民生银行。

(4) 城市商业银行，其前身是城市合作银行。虽然冠以"合作"两字，但城市合作银行实际上仍属于股份制商业银行性质。改革开放后，我国的合作金融机构——城市信用合作社有了很大发展。1995 年国家提出在城市信用社基础上成立城市合作银行，1998 年又改建为城市商业银行。

(5) 中外合资银行，有厦门国际银行、青岛国际银行、中国国际金融有限公司等。

所有商业银行都必须接受中国人民银行和中国银行保险监督管理委员会的监督管理，国有独资的商业银行还要设立监事会。

第二节 商业银行的负债业务

商业银行的负债业务是指形成商业银行资金来源的业务，主要分为自有资本、存款业务和其他负债业务。

一、自有资本

银行自有资本包括财政拨给的信贷基金、银行成立时发行股票所筹集的股份资本、公积金以及未分配的利润。财政拨给的信贷基金是指在商业银行成立时，国家财政根据一定的比例拨给的铺底资金，它是我国商业银行最原始的资金来源。西方商业银行一般为股份制银行，成立时发行股票筹集资本。这种股份资本是西方商业银行最原始的资金来源，以后可以通过扩股和股息资本化来增加自有资本。

银行的自有资本一般只占银行负债的小部分(1986 年美国银行法令要求不少于 6%)，但是这部分自有资本是银行吸收外来资金的基础。因为银行拥有的资本越雄厚，就越能得到存款人的信任，从而就可以吸收更多的存款。

二、存款业务

存款是银行接受客户存入资金，存款人可以随时或按约定时间支取款项的一种信用业务。这是银行的传统业务，在负债业务中占最主要的地位，约占负债总额的 70%以上。目前我国商业银行存款负债的比重要高于 70%。商业银行存款分为活期存款、通知存款、定期存款和储蓄存款。商业银行最大的特点是可以接受活期存款。

1. 活期存款

活期存款是不规定存款期限，存款人可随时提取，银行有义务随时兑付的存款。银行发给存款人支票簿，存款人可用支票从银行提取现款，但更多的是用支票向第三者支付货款或偿还债务。由于活期存款可用支票随时提存，存取数量大，流通速度快，银行需付出大量的人力和物力，因此，绝大多数国家的银行对活期存款不付利息。在有些国家，甚至收取活期存款客户的手续费。我国商业银行目前对活期存款仍付给较低的利息。虽然活期存款客户经常不断提取存款，但同时也经常有新存款在补充，所以银行总是有稳定的活期存款余额用于发放贷款。

参加活期存款的对象有工商企业、个人、政府以及外国客户等。他们把闲置资金作为活期存款存入银行不是为了获取利息，而是为了通过银行进行各种支付和结算。

2. 通知存款

通知存款是存款人在提取存款时，必须提前一定时间通知银行，以便银行准备资金，保证支付的存款。这项存款的利率一般高于活期存款而低于定期存款。

3. 定期存款

定期存款是有固定期限、到期才能提取的存款。

这种存款凭存单提取，存单不能转让。定期存款具有稳定性，是银行吸收外来资金中相对稳定的部分，可用于长期贷款业务，所以银行均给以较高的利息。存款户如因急需，要求提前提取时，须按规定提前通知银行方能提取，并减少利息。对提前支取的定期存款，我国是按活期存款支付利息。

在大多数国家，金融当局或银行工会都规定了存款利率的最高限额，银行通过提高利率来扩大存款的空间十分有限，银行主要以提供有效服务来吸收存款。各国现代化银行，均设有电子信息处理系统，使客户在存款和提款上尽量少花费时间。银行还装置了 ATM，使客户可在 24 小时之内的任何时间提取一定数量的现金，还提供与存款、提款和付款有关的业务，包括国外兑现支票、本票、旅行支票、国内外汇款、国际存款、信用卡、电话转账等。第二次世界大战后，由于利息率的提高和大额可转让存款单的出现，活期存款占银行负债的比重急剧下降，而定期存款的比重却迅速上升。

4. 储蓄存款

储蓄存款一般是个人为了积存货币和取得利息收入在银行开设账户的存款。储蓄存款不使用支票，而是使用存折、存单和银行卡，手续比较简单。

储蓄存款有活期和定期两种。活期储蓄存款存取无固定期限，只凭存折、银行卡即可提取，存折一般不能流通转让，储户不能透支款项。

三、其他负债业务

其他负债业务主要是指商业银行向同业、中央银行、社会公众借款和在办理结算中占用的客户资金。

1. 同业拆借

同业拆借是指商业银行之间及商业银行与其他金融机构之间的短期资金融通。拆入资金的银行主要是用来解决临时资金周转的需要，故一般期限较短，多则 7 日、少则 1 日，甚至还有半日拆借——上午借下午还。1996 年 1 月 3 日，经过中国人民银行长时间的筹备，全国统一的银行间同业拆借市场正式建立；同年 6 月放开了对同业拆借利率的管制，拆借利率由拆借双方根据市场资金供求状况自行决定，初步形成了全国统一的同业拆借市场利率(CHIBOR)。国际货币市场上较有代表性的同业拆借利率有以下四种：美国联邦基金利率、伦敦同业拆借利率、新加坡同业拆借利率和中国香港同业拆借利率。

同业拆借一般是通过各商业银行在中央银行的存款账户拆出或拆入，也可以采取同业存款，以及回购协议等形式。同业拆借市场有两个利率，拆进利率表示金融机构愿意借款的利率；拆出利率表示愿意贷款的利率。

2. 向中央银行借款

中央银行作为银行的银行，担负着向商业银行贷款的责任。商业银行向中央银行融通资金主要是通过再贴现和再贷款方式进行的。

再贴现是指商业银行将办理贴现业务所取得的未到期票据，转让给中央银行以获得中央银行贴现款的一种行为，也就是向中央银行办理再贴现。

再贷款是商业银行开出票据或以政府债券做抵押向中央银行取得的贷款。各国中央银行对再贷款限制较严，一般只允许用于商业银行临时调剂资金，而不能用于扩大银行资产规模，我国中央银行则根据不同时期的银行状况以及金融政策实行不同程度的管控。

3. 发行金融债券

发行债券也是商业银行筹资的一种方式，用于弥补流动资本的不足，形成负债业务，这种筹资方式的好处是不需缴纳存款准备金。自 1985 年以来，我国银行经中国人民银行批准也面向社会发行金融债券，为特定用途筹集资金。

4. 占用资金

占用资金是指商业银行在办理中间业务及同业往来过程中，临时占用的资金。

银行在办理汇兑、代收代付、代客买卖、代理投资等中间业务时，可以在收进款项和完成业务之间的这段时间内占用客户的资金。在同业往来过程中，如果出现应付款大于应收款的情况，也会占用他行的资金。虽然从每笔业务看，其占用时间很短，金额也不大，但从周转总额来看则巨大，因而也构成商业银行的一项重要资金来源。

第三节　商业银行的资产业务

一、放款(贷款)业务

(一)根据偿还期限划分

放款根据偿还期限的不同，可分为活期放款、定期放款和透支。

1. 活期放款

活期放款是指放款期限未定，银行可以随时收回或借款人可以随时偿还的放款。

2. 定期放款

定期放款是指具有确定期限的放款，又可分为短期放款、中期放款和长期放款。短期放款规定在 1 年之内归还，用于满足企业短期流动资金不足或季节性资金需要。中期放款一般期限为 1~5 年，通常在放款期限内分期偿还本息。长期放款一般指偿还期在 5 年以上的放款。

3. 透支

透支是银行允许存款户在约定的范围内，超过其存款余额签发支票予以兑现的一种放款，分为信用透支、抵押透支和同业透支三种。透支放款有随时偿还的义务，利息按天计算。

(二)根据使用放款的经济内容划分

根据使用放款的经济内容不同，放款可分为经营性放款、有价证券经纪人放款和消费性放款。

1. 经营性放款

它是指商业银行对工商企业经营活动过程中的正常资金需要而发放的放款，包括工商业放款、农业放款和不动产抵押放款等。

工商业放款是银行对工商企业的放款。它在银行放款总额中所占比重最大，在我国，也是商业银行最主要的放款种类。工商业放款包括短期流动资金放款、长期流动资本放款和项目放款等。农业放款是银行对农场或农民个人发放的用于生产的贷款。不动产抵押放款是以建筑物和土地为抵押品的放款，主要包括住宅放款、工商农不动产放款等。这种放款目前在一些西方发达国家较为普遍，在美国，其比重已达到放款总额的 30%左右。但由于这类放款期限较长、流动性差，因而各国商业银行往往将其控制在一定的放款比例内。

2. 有价证券经纪人放款

它是指银行向专门从事证券交易的经纪人提供的放款。目的是解决证券交易过程中出现的暂时性资金短缺的需要。

3. 消费性放款

它是指银行对消费者个人发放的、用于购买耐用消费品或支付其他费用的放款。目的是解决个人用于购买汽车、家用电器、房屋等方面的资金需要。

消费性放款的发放有直接和间接两种。直接发放是消费者和银行直接发生借贷关系。间接发放是银行通过某一商业企业与消费者间接发生借贷关系，即银行可以放款给商店，商店将商品赊销给消费者，消费者根据协议分期付款。消费性放款按用途可分为汽车放款、住宅放款、高档耐用消费品放款、教育与学费放款、旅行放款等。消费性放款可以分期偿还，也可以一次性偿还。另外，消费性放款也可通过信用卡透支发放。

(三)根据信用担保的性质划分

放款根据信用担保的性质可分为以票据、商品、股票、债券为担保的有担保放款和信用放款。

第五章 商业银行

1. 以商业票据为担保的放款

它包括票据贴现和票据抵押放款。

1) 票据贴现

它是指客户将未到期的票据提交银行，由银行扣除自贴现日起至到期前一日止的利息而取得现款，票据到期时由贴现银行按票面额向票据的债务人收回款项。

银行办理票据贴现，须按一定的利率计算利息。这种利率称为贴现率。

未到期票据贴现付款额的计算公式为

$$贴现付款额=票据面额\times(1-年贴现率\times未到期天数\div 365)$$

贴现业务与普通放款的比较：贴现实际上是一种特殊的放款。它与普通放款相比，不同之处表现如下。

普通放款是到期以后收取利息，贴现是在贴现业务发生时从票据面额中预扣利息；普通放款期限较长，且常有转期情况，而贴现的票据期限一般较短，通常都是三个月到期，最长不会超过一年，到期即收回；普通放款的申请人即为银行的直接债务人，而贴现的申请人并非银行的直接债务人，票据的出票人、承兑人和背书人均应对票据款项负责；普通放款利率要略高于贴现率，这是因为贴现业务发生时，银行要按票据面额预扣利息将余额付给客户，银行的实际付款额要低于票面额，所以，贴现利率要低于放款利率。

2) 票据抵押放款

它是以各种票据为担保的放款，放款期限不得超过票据到期的期限。放款到期时，借款人应偿还放款、赎回票据；如不赎回，银行有权处置票据。在票据贴现时，银行付给持票人扣除的只是贴现利息，但在进行票据抵押放款时，银行为了避免借款人不赎回票据而遭受损失，其放款额总是低于票据的面额，一般为 60%～80%。票据面额与放款额的差额通常称为"垫头"。

2. 商品抵押放款

它是以各种商品和商品凭证(比如货运提单、仓库栈单)作抵押的放款。放款不能按期归还，银行可以出售抵押的商品，以补偿放款。银行放款时，垫头较大，商品估价大大低于市场价格，一般为商品市价的 30%～50%，以防止商品跌价或销售发生困难而遭受损失。

票据业务和商品抵押放款业务的意义：均与产业资本循环过程密切联系，能加速资本的周转，促进生产的扩大。商品资本和票据债权可转化为货币资本，比如当商品暂时未能销售出去时，可以把商品抵押给银行取得放款；当商品还处于运送途中时，也可以把商品运送凭证抵押给银行取得放款。这样就会使资本从商品形态提前转化为货币形态。当商品以信用形式出售以后，企业可以获得票据，虽然票据可以作为信用货币而流通，但它毕竟有一定的局限性，这时持票人可以把票据提交银行贴现或抵押。这样票据业务也可使资本从票据债权形态转化成货币形态，以保证资本循环的连续进行。

3. 以股票或债券做担保的放款

这种放款在确定数额时也有垫头。证券投机商以有价证券做质押取得银行放款，运用这笔放款再去购买有价证券，然后再质押再购买，为有价证券的投机提供了大量的货币资本。他们用这些货币资本增加了对证券的需求,提高了证券的行市,从中获得投机利润。

4. 信用放款

它并无实物或有价证券作为质押,通常仅由借款人出具签字的书面凭证作为保证。

这种放款不需客户用任何有价物作保证,同时也使企业获得了追加资本,所以这种放款是资本放款。银行一般只对它所熟悉的确信具有偿还能力的借款人才提供信用放款。这种放款利息率较高,并且附加一定的条件,例如,要求企业提供资产负债表,报告借款的使用情况,不得向其他银行借款等。银行通过这些措施加强对企业的监督和控制。

(四)根据成本定价划分

按成本定价方法划分,可分为固定利率放款和浮动利率放款。

1. 固定利率放款

它是客户根据借款时与银行约定的利率还本付息。对固定利率放款的理解就是在合同存续期间利率不做调整的放款。

2. 浮动利率放款

它分为两种:一种是对资信状况较好又与银行有长久合作关系的客户,一般实行优惠利率,即在银行放款基准利率基础上向下浮动;另一种是在市场利率不稳定的条件下为了使双方单方面承担利率风险,在放款合同有效期内约定利率调整期限,到期放款利率以基准利率为基础上浮或下浮。

二、投资业务

1. 投资业务的概念

商业银行的投资业务是指银行购买有价证券的业务活动。商业银行的投资业务与通常所说的投资不同。普通投资是指以资本从事工商业的经营活动,而银行购买的有价证券包括债券(国库券、公债券、公司债券)和股票。但对于购买股票,一般国家多加以限制或禁止,目前各国商业银行的证券投资主要用于购买政府债券。比如美国近年来全国商业银行的投资总额中,联邦政府债券约占 60%,这主要是由于联邦政府债券比较安全可靠、期限较短、变现能力强。

商业银行购买有价证券,目的是从中谋取投机利润。商业银行在证券交易所中广泛进行投机活动,并对证券交易的经纪人进行贷款资助。据统计,纽约证券交易所内取得商业银行贷款的有价证券周转额超过 50%。证券投资的盈利有可能高于放款的收益。

商业银行投资业务有风险,因此银行必须加强对证券投资的管理,并运用各种投资方式注意回避和分散投资的风险,以确保获取利润。

2. 银行购买有价证券与放款的比较

二者极为相似,但也有不同。其表现为:①放款是银行应借款人的请求而发放,而投资则由银行以购买证券方式贷放;②放款一般在到期以后才能收回,而投资则可以随时将证券在公开市场出售收回；③放款一般用于生产经营活动，与产业资本循环发生联系，而投资一般用于证券投资活动，不和真实资本发生直接联系。

《中华人民共和国商业银行法》规定："商业银行在中华人民共和国境内不得从事信托投资和股票业务，不得投资于非自用不动产。"

第四节　商业银行的中间业务

中间业务是银行不需运用自己的资本，代替客户承办支付和其他委托事项而收取手续费的业务，主要包括汇兑业务、信用证业务、代收业务、同业往来、代客买卖业务、信托业务和租赁业务、代理融通业务、咨询和信息服务业务。

一、汇兑业务

1. 汇兑业务的概念

汇兑业务是银行代理客户把现款汇给异地收款人的业务。这种业务要使用特殊的汇兑凭证——银行汇票或支付委托书。这些凭证是承汇银行向另一银行或分支行发出的命令，命令后者向第三者支付一定数额的货币，银行汇票由银行交给客户，客户再将它寄给收款人，由收款人向汇票指定的银行取款。支付委托书是由承兑银行用邮信或电报直接通知另一银行，再由后者通知第三者取款。

2. 汇兑业务对银行的意义

银行经营汇兑业务会占用客户的一部分资金，因为客户把款交给银行，银行再把款汇给异地的收款人，这中间总会有一段时间间隔。在这段时间内银行就可以占用客户的资金。虽然每笔款项可占用的数额不大，时间也短，但由于银行每天都会办理大量的汇兑业务，故而这笔占用资金的数目就颇为可观。

二、信用证业务

1. 信用证业务的概念

信用证业务是由银行保证付款的业务，可以解决买卖双方互不信任的矛盾。这种业务分为商品信用证和货币信用证两种。

商品信用证是银行应买方的要求，开给卖方的一种保证付款的凭证。在银行应买方的要求开出信用证时，信用证上开列买方购货所规定的条件，比如货物的规格、数量、单价等，只要卖方按所列条件发货，就有权凭信用证要求银行付款。这种业务在异地采购，尤其在国际贸易中，使用非常广泛。

货币信用证是银行收取客户的一定款项后，开给客户保证在异地银行兑取相应现款的一种凭证。旅行者常使用这项特殊的汇兑，这样他们便可不必携带大量现金。

2. 信用证业务对银行的意义

银行经营信用证业务,可以从中收取手续费,并可以占用一部分客户资金。

三、代收业务

1. 代收业务的概念

代收业务是银行接受客户的委托,根据各种凭证代替客户收取款项的业务。

2. 代收的种类

代收业务的对象包括支票、票据、有价证券和商品凭证等。

代收支票款项是客户收到其他银行的支票,委托自己的开户银行代为收款。票据代收业务是银行接受客户的委托,负责收取票据款项;有价证券代收业务是客户把有价证券交给银行,委托银行代收利息与股息等;商品凭证代收业务是卖方把货物向买方运送出去以后,把有关发货的商品凭证交给银行,委托银行代收款项,一般在异地和国际贸易中多采用商品凭证代收业务,而且这种业务往往与放款业务有密切联系。当客户把凭证提交银行请求代收时,一般就能及时从银行取得贷款;当银行收回货款后,再用货款偿还贷款。如果客户请求代收时并没有申请贷款,银行就可以占用代收过程中的资金。

四、同业往来

同业往来是银行之间在进行各项业务时建立的往来关系。银行在办理汇兑、信用证、代收等业务时,需要在不同地区的两家银行进行,而这两家银行如果没有隶属关系,就需要事先订立契约并建立往来账户,通过这种账户办理相互委托的收付事项。在这种业务中,银行之间就要发生债权债务关系。由于这种业务具有相互性质,所以债券债务可以相互抵消。但抵消后总会有一定的差额。如果某银行这种差额表现为负债,就占用对方银行的资金。

五、代客买卖业务

代客买卖业务是银行接受客户的委托,代为买卖有价证券、贵金属和外汇的业务。银行在代理国家发行公债或代企业发行股票和债券时,可以从发行总额中获得一定比例的手续费。这种收入往往是非常可观的。银行在办理这种业务时,常常与资产业务相结合,即银行先按一定的折扣把有价证券买进,然后再陆续卖出。

在现代经济中,代理买卖证券业务已超出中间业务的范围,成为投资银行资本运营的一种主要形式。

六、信托业务

1. 信托业务的概念

信托业务是银行受客户的委托,代为管理、营运、处理有关钱财的业务。

2. 信托业务的种类

这种业务按对象可划分为对个人和对团体两个方面。

(1) 对个人的信托业务包括：代管财产、办理遗产转让，保管有价证券和贵重物品，代办人寿保险等。目前因旅游业发达，银行的信托业务还为委托人设计旅游路线，另外还代拟家庭预算，代办个人纳税等。

(2) 对团体的信托业务包括：代办投资；代办公司企业的筹资事宜，比如股票、公司债券等的注册、发行及股息红利分发、还本等事宜；代办合并或接管其他企业；代管雇员福利账户和退休养老金的发放、业务咨询；代政府办理国库券、公债券的发行、推销以及还本付息等。

3. 信托业务的特点

银行经营信托业务一般只收取有关的手续费，至于在营运中获得的收入则归委托人所有。银行开展这项业务时，可把占用的一部分信托资金用于投资业务。

信托业务一般由专门的信托公司办理，但大的商业银行也没有信托部经营这种业务。

第二次世界大战后，信托业务发展极为迅速，其原因在于银行资产负债业务的联系面广，熟悉行情，信息渠道畅通，而且也和银行营运信贷资金密切相关。

同时由银行承办信托业务，较之个人之间的委托有许多优点，即银行要承担信誉和债务上的责任，集团评估决策，不单方面偏袒，应变能力强等。

银行承办信托业务，不仅可以把一部分信托资金留归自己使用，而且可以掌握大量企业股票，从而取得对一些企业的控制权。

《中华人民共和国商业银行法》规定：商业银行不得办理信托投资业务，但可以代理保险业务。

七、租赁业务

租赁业务是银行通过所属专业机构将大型设备出租给企业使用的业务。

这种业务一般是由银行所控制的分公司经营。租赁的范围包括飞机、船只、车辆、钻井平台、电子计算机和各种机电设备，甚至会扩大到工厂。租赁的一般程序是，先由租户直接与设备制造厂商就设备的型号、规格、数量以及价格和交货日期等进行谈判，谈判结束后，租赁公司向设备制造厂商购买设备，所需资金由租赁公司负责；然后租户与租赁公司签订租赁合同，与设备制造厂商签订维修、培训人员、更新部件等技术合同。厂商按合同向租户所在地发货，货到验收合格后，租期即开始。租户按合同规定，向租赁公司缴纳的租金总额包括设备费、手续费和利息等。租期一般为3～5年，也有10年的，租赁期间一般不得中途解约，租期结束后，承租人可续租、议购或终结租赁退回设备。

八、其他的中间业务

第二次世界大战后，商业银行开展了许多新的业务，如代理融通业务、咨询和信息服务业务、电子计算机服务、银行卡业务等。

1. 代理融通业务

代理融通是由商业银行代客收取应收账款，并向顾客提供资金融通的一种业务方式。这种业务产生于工商企业扩大销售与收回货款的需要，既有利于应收账款按时收回，又可解决赊销企业资金周转不灵的困难，因此极受客户的欢迎。

商业银行在办理此项业务时可以收取一定的手续费和融资的利息，因此这是一项很有发展潜力的业务。

2. 咨询和信息服务业务

由于银行同各方面均有联系，对市场情况了解较多，所以企业经常咨询有关业务。因此，一些国家的大商业银行设立专门机构从事此项业务，包括企业资信评估，提供商品市场供需结构变化趋势，协助专业研究会计手续、结账办法、估算流动资金情况，分析成本，选择客户等。

3. 电子计算机服务业务

一些大的商业银行为了业务上的需要，会广泛采用电子计算机办公。银行拥有的电子计算机除处理本身业务外，还向客户提供服务，包括向企业提供关于市场及投资的分析报告，以及电子银行、网上银行服务等。

4. 银行卡业务

银行卡是由银行发行、供客户办理存取款和转账支付的新型服务工具，包括信用卡、支票卡、记账卡、智能卡等。它是银行业务与高科技相结合的产物，使银行业务有了突飞猛进的发展。

实际上，除上述新业务外，银行为了拓展业务和获取利润，还向客户提供多方面的服务，如住宅及不动产管理业务，协助中小企业发展业务，协助开展国际贸易和国际投资业务，等等。

近年来，美国的商业银行还对住房、交通、公共设施、都市计划等方面提供金融合作，并对教育及职业训练的发展给予了多方面的支持。

过去银行只搞存、放、汇、投资等业务的传统已被打破，现代商业银行可在各方面提供服务，金融服务项目日益增多，已成为所谓"充分服务的银行"，使之具有"金融百货公司"的性质。

第五节　存款的创造

一、几个重要的概念

1. 原始存款

原始存款是客户以现金存入银行形成的存款。银行在经营活动中，只需保留一小部分现金作为付现准备，可以将大部分现金用于放款。客户在取得银行贷款后，一般不会立即提取现金,而是转入其在银行的活期存款账户,这时银行一方面增加了放款,另一方面也增加了活期存款。

2. 派生存款

银行用转账方式发放贷款、贴现和投资时创造的存款,即为派生存款。在信用制度发达的国家,银行的大部分存款都是通过这种营业活动创造出来的。由此可见,原始存款是派生存款创造的基础,而派生存款是信用扩张的条件。

3. 存款准备金与超额存款准备金

商业银行的存款准备金由它的现金库存和它在中央银行的存款两部分构成。现代各国的银行制度,一般均采用部分准备金制,因为如果是全额准备金制,那么银行将不可能利用所吸收的存款去发放存款。但是也不能无限制地运用存款,否则存款货币创造过多,会导致通货膨胀。因此,目前各国一般都以法律形式规定商业银行必须保留的最低数额的准备金,即法定存款准备金。准备金超过法定存款准备金的部分为超额准备金。

4. 法定存款准备金

法定存款准备金 R_d 是银行按照法定存款准备率(r_d),对活期存款总额(D)应保留的准备金,用公式表示:

$$R_d = D \cdot r_d$$

超额准备金(E)是银行实有准备金(R)与法定存款准备金之差。其正值表示 R 的有余部分,负值则表示不足部分,用公式表示:

$$E = R - D \cdot r_d$$

法定存款准备率的高低,直接影响银行创造存款货币的能力。法定存款准备率愈高,银行吸收的存款中可用于放款的资金愈少,创造存款货币的数量则愈小。反之,法定存款准备率越低,创造存款货币的数额越大。可见,法定存款准备率决定了银行创造存款的能力,与信贷规模的变化有密切关系,因此,许多国家的中央银行都把调高或降低法定存款准备率作为紧缩或扩张信用的一个重要手段。

二、存款的创造过程与原理

为了搞清存款创造的原理,先分析一种简单的情况——商业银行最大的信用创造。

1. 必需的假定

(1) 每家银行只保留法定存款准备金,其余部分全部贷出,超额准备金等于零。
(2) 客户收入的一切款项均存入银行,而不提取现金。
(3) 法定存款准备率为20%。

2. 派生存款的创造过程

现假设 A 企业将 10 000 美元存入第一家银行,该行增加原始存款 10 000 美元,按20%提留 2 000 美元法定存款准备金后,将超额准备金 8 000 美元全部贷给 B 企业。B 企业用这笔钱来支付 C 企业货款。C 企业将款项存入第二家银行，使其准备金和存款均同额增加 8 000 美元。该行提留 1 600 美元法定存款准备金后，又将超额准备金 6400 美元贷给 D 企业。D 企业又用来向 E 企业支付货款。E 企业将款项存入第三家银行，该行又继续贷款……如此循环下去，如表 5-1 所示。

表 5-1 派生存款的创造过程

银行名称	存款增加数	按 20% 应留法定准备金数	放款增加数
第一家银行	10 000.00	2 000.00	8 000.00
第二家银行	8 000.00	1 600.00	6 400.00
第三家银行	6 400.00	1 280.00	5 120.00
第四家银行	5 120.00	1 024.00	4 096.00
第五家银行	4 096.00	819.20	3 276.80
第六家银行	3 276.80	655.36	2 621.44
第七家银行	2 621.44	524.20	2 097.15
第八家银行	2 097.15	419.43	1 677.72
第九家银行	1 677.72	335.54	1 342.18
第十家银行	1 342.18	268.44	1 073.74
除这十家银行平均	5 368.71	1 073.74	4 294.97
总计	50 000.00	10 000.00	40 000.00

由表 5-1 可知，在部分准备金制度下，10 000 美元的原始存款，可使银行共发放贷款 40 000 美元，并可使活期存款总额增至 50 000 美元。活期存款总额超过原始存款的数额，便是该笔原始存款所派生的存款总额。银行的这种扩张信用的能力取决于两大因素，即原始存款数额的大小和法定存款准备率的高低，用公式表示如下：

$$\Delta D = \Delta P \cdot 1/r_d \tag{5-1}$$

式中：ΔD——经过派生的活期存款总额的变动；ΔP——原始存款的变动；

$\Delta D - \Delta P$——派生存款总额。

同时，从分析上式可知，活期存款的变动与原始存款的变动显然存在着一种倍数关系 (K)，用公式表示：

$$\Delta D = \Delta P \cdot K \tag{5-2}$$

由式 (5-1) 得 $\Delta P = \Delta D \cdot r_d$

所以
$$K = \Delta D / \Delta P = 1/r_d \tag{5-3}$$

3. 存款货币的最大派生倍数为 r_d 的倒数

假定公式中 ΔP 为已知，则银行的贷款机制所决定的存款货币的最大扩张倍数为 K，称其为派生倍数，该倍数即 r_d 的倒数。

派生倍数的含义：法定存款准备率越高，存款扩张的倍数值越小；法定存款准备率越低，扩张的倍数值则越大。

商业银行如果出现超额准备金，可用于发放贷款，同时创造出派生存款。但是如果法定存款准备金不足，商业银行或者紧缩贷款和紧缩投资，使其在中央银行的存款达到 r_d 的水平；或者向中央银行借款，向同业拆借，扩大原始存款等以增加实有准备金 R 的数额，

第五章 商业银行

导致货币供应量减少。

三、派生倍数的修正

前面分析的商业银行创造存款货币的能力，是在三个假定基础上进行的，信用创造取决于原始存款和派生倍数。但是在实际经济活动中，那三个假定是不存在的，派生倍数还会受种种因素的影响而大为缩减，因此必须作进一步的修正。

1. 第一个修正为现金漏损

前面为了叙述方便，我们对银行创造存款货币的过程曾做过简单的假定，即客户将收入的一切款项均存入银行系统，而不提现金。事实上，多数客户总会有提现的行为。如果在存款派生过程中某一客户提取现金，那么现金就会流出银行系统，出现现金漏损(ΔC)，从而使银行系统的存款准备金减少，派生倍数也必然缩小，银行创造货币的能力下降。由于ΔC与ΔD有一定的比例关系，其现金漏损率为c'，这样存款额变动(ΔD)对原始存款变动(ΔP)的比率可以修正为

$$K=\Delta D/\Delta P=\frac{1}{r_d + c'} \tag{5-4}$$

2. 第二个修正为超额准备金

前面曾假定银行将超额准备金全部贷出，但实际上，银行的实有准备金总会多于法定准备金，会有一定数额的超额准备金(E)尚未贷出。

前面提出，法定存款准备金等于存款总额乘以法定准备率，即$\Delta R_d=\Delta D \cdot r_d$，超额准备金($\Delta E$)也常和$\Delta D$有一定的比例关系，其系数为$e$，则

$$\Delta E = \Delta D \cdot e$$

这样存款额的变动由于e的存在，必使银行创造存款的能力削弱，从而引起派生倍数的变动为

$$K=\Delta D/\Delta P=\frac{1}{r_d + c' + e} \tag{5-5}$$

3. 第三个修正为活期存款转为定期存款

企业持有的活期存款中，也会有一部分转化为定期存款，因为有的国家对活期存款和定期存款规定了不同的法定存款准备率。一般来说，定期存款法定存款准备率低，活期存款法定存款准备率高。因此，银行要按定期存款(D_t)的法定存款准备率(r_t)提留准备金，从而影响存款的派生倍数(K)。定期存款准备金($r_t \cdot D_t$)同活期存款总额(D)之间也保有一定的比例关系。设t为定期存款占活期存款的比例，即$t = D_t/D$，则$r_t \cdot D_t/D = r_t \cdot t$。

$r_t \cdot t$的存在可视同法定存款准备率(r_d)的调整，银行创造存款的能力相应变化，因此派生倍数(K)即可修正为

$$K=\frac{1}{r_d + c' + e + r_t \cdot t} \tag{5-6}$$

由上式可知，银行吸收一笔原始存款能够创造多少存款货币，要受到法定存款准备金

多少、现金流出银行多少、超额准备金多少、定期存款多少等许多因素的影响。分母越大，派生倍数的数值越小。

第六节 商业银行资产负债管理

一、资产负债管理理论

(一)资产管理理论

资产管理理论是以商业银行资产的流动性为重点的传统管理方法。在20世纪60年代前，金融家们普遍认为商业银行的负债主要取决于客户的存款意愿，只能被动地接受负债；银行的利润主要来源于资产业务，而资产的主动权却掌握在银行手中，因此，商业银行经营管理的重点应是资产业务，以保持资产的流动性，达到营利性、安全性、流动性的统一。资产管理理论产生于商业银行经营的初级阶段，是在经历了商业贷款理论、资产转移理论、预期收入理论和超货币供给理论几个不同发展阶段逐渐形成的。

1. 商业贷款理论

商业贷款理论也称真实票据理论。这一理论是在18世纪英国银行管理经验的基础上发展起来的。

1) 主要内容

银行的贷款应以真实的、有商品买卖内容的票据为担保发放，在借款人出售商品取得贷款后就能按期收回贷款。一般认为这一做法最符合银行资产流动性原则的要求，具有自偿性。所谓自偿性就是借款人在购买货物或生产产品时所取得的贷款可以用生产出来的商品或商品销售收入来偿还。根据这一理论要求，商业银行只能发放与生产、商品联系的短期流动贷款，一般不能发放购买证券、不动产、消费品或长期农业贷款。对于确有稳妥的长期资产来源才能发放有针对性的长期贷款。

2) 评价

这一理论与当时经济尚不发达、商品交易限于现款交易、银行存款以短期为主、对贷款的需要仅限于短期的现实相适应。但是当借款人的商品卖不出去、应收账款收不回来或发生其他意外事故时，贷款到期不能偿还的情况还是会发生的，自偿性就不能实现。随着经济的发展，银行吸收存款不但数额庞大，其中定期存款所占比重也不断升高，如果银行贷款还仅限于自偿性的短期贷款，就会导致资金周转不畅，不能满足经济对中、长期贷款的需要，也会影响银行的盈利水平。所以当今的西方学者和银行家已不再接受或不完全接受这一理论。

2. 资产转移理论

资产转移理论是20世纪初在美国银行界流行的理论。

1) 理论要点

随着金融市场的发展，银行为了应付提存，将所持现金的一部分投资于具备转让条件

第五章 商业银行

的证券,作为第二准备金。这种证券只要信誉高、期限短、易于出售,银行就可以达到保持其资产的流动性的目的。比如目前美国财政部发行的短期国库券就符合这种要求。根据这一理论,银行除继续发放短期贷款外,还可以投资于短期证券。另外银行也可以利用活期存款和短期存款的沉淀额进行长期放款。资产与负债的期限没必要严格对称。

2) 评价

当各家银行竞相抛售证券的时候,有价证券将供大于求,持有证券的银行转让时将会受到损失,因而很难达到保持资产流动性的预期目标。资产与负债期限的不对称性必须有一定的界限,但在实际工作中这一界限往往很难确定。

3. 预期收入理论

预期收入理论是在第二次世界大战后,美国学者普鲁克诺于 1949 年在《定期贷款与银行流动性理论》一书中提出的,它是在商业贷款理论和资产转移理论的基础上发展起来的,但又与这两种理论不同。

1) 理论要点

只要资金需要者经营活动正常,其未来经营收入和现金流量可以预先估算出来,并以此为基础制订出分期还款计划,银行就可以筹措资金发放中长期贷款。无论贷款期限长短,只要借款人具有可靠的预期收入,资产的流动性就可得到保证。这种理论强调的是借款人是否确有用于还款的预期收入,而不是贷款能否自偿,担保品能否及时变现。

基于这一理论,银行可以发放中长期设备贷款、个人消费贷款、房屋抵押贷款、设备租赁贷款等,使银行贷款结构发生了变化,成为支持经济增长的重要因素。

2) 评价

这种理论的主要缺陷在于银行把资产经营建立在对借款人未来收入的预测上,而这种预测不可能完全准确。而且借款人的经营情况随时都有可能发生变化,到时不一定具备清偿能力,这就增加了银行的风险,从而损害银行资产的流动性。

4. 超货币供给理论

这一新理论产生于 20 世纪 60 年代末。

1) 理论要点

随着货币形式的多样化,不仅商业银行能够利用贷款方式提供货币,而且其他的非银行金融机构也可以提供货币,金融竞争加剧。这要求银行管理应该改变观念,不仅单纯提供货币,而且还应该提供各方面的服务。根据这种理论,银行在发放贷款和购买证券提供货币的同时,还应积极开展投资咨询、项目评估、市场调查、委托代理等多种服务,使银行资产管理更加深化。

2) 评价

其缺陷是银行在广泛扩展业务之后,增加了经营的风险,如果处理不当容易遭受损失。

以上理论的产生与当时各阶段经济发展的情况相适应。但是这些理论又随着经济的发展,其缺陷越来越突出而难以满足社会经济发展对银行的要求。

(二)负债管理理论

负债管理理论是以负债为经营重点来保证流动性和营利性的经营管理理论。

理论的核心是主张以借入资金的办法来保持银行流动性,从而扩大银行资产业务,增加银行收益。

进入 20 世纪 60 年代以后,各国经济迅速发展,迫切需要银行提供更多的资金,因而促使银行不断寻求新的资金来源,满足客户借款的需要。此外,由于银行业竞争的加剧、实施存款利率最高限制,迫使商业银行必须开拓新的负债业务,不断增加资金来源。除传统的存款业务以外,商业银行还积极向中央银行借款,发展同业拆借,向欧洲货币市场借款,发行大额可转让定期存单,签订"再回购协议"借款等。

负债管理理论的缺陷是提高了银行的融资成本,加大了经营风险;不利于银行稳健经营。

(三)资产负债管理理论的含义

资产负债管理是要求商业银行对资产和负债进行全面管理,而不能只偏重资产或负债某一方的一种新的管理理论。20 世纪 80 年代初,金融市场利率大幅度上升,存款管制的放松导致存款利率的上升,从而使银行吸收资金的成本提高,这就要求商业银行必须合理安排资产和负债结构,在保证流动性的前提下,实现最大限度盈利。资产负债管理理论就是通过资产和负债的共同调整,协调资产和负债项目在期限、利率、风险和流动性方面的搭配,尽可能使资产、负债达到均衡,以实现安全性、流动性和营利性的完美统一。由于资产负债管理理论是从资产和负债之间相互联系、相互制约的整体出发来研究管理方法,因而被认为是现代商业银行最为科学、合理的经营管理理论。

(四)资产管理的内容

资产管理包括准备金管理、贷款管理和证券投资管理。

1. 准备金管理

准备金管理按准备金性质划分,有存款准备金管理、资本准备金管理和贷款准备金管理等。

存款准备金管理是商业银行对吸收的存款按法定比例缴存中央银行的准备金管理。中央银行对缴存的法定存款准备金不支付利息。

资本准备金管理是商业银行对从税后利润中提取的准备金进行管理。

贷款准备金管理即呆账准备金管理,是商业银行对从税前利润中提取的准备金进行管理。

2. 贷款管理

贷款是商业银行资产管理的重点,包括贷款风险管理,贷款长、短期结构管理,信用贷款和抵押贷款比例管理等。

贷款风险管理是商业银行为减少贷款损失,要求对单个客户的贷款不超过银行贷款总额或银行自有资本的一定比例,以达到分散风险的目的。

贷款长、短期结构管理即要求长期贷款不得超过贷款总额的一定比例。

信用贷款和抵押贷款比例管理即限制信用贷款占全部贷款的比例。

3. 证券投资管理

这是商业银行对证券买卖活动的管理,主要内容包括证券投资应面向不同种类的证券,以实现证券的最佳组合,一般应优先购买风险性小、收益率高、流动性大的证券,比如政府债券。

证券投资应保持适当的比例,实现资产的最优组合,一般规定购买的证券总额不允许超过资本总额的一定比例。

(五)负债管理的内容

负债管理包括资本管理、存款管理和借入款管理。

1. 资本管理

根据《巴塞尔协议》规定,从1992年起,按统一标准计算的资本充足比率应达到8%,即资本应达到全部权重风险资产的8%。

2. 存款管理

存款管理是商业银行负债管理的重点,包括对吸收存款方式的管理、存款利率管理和存款保险管理。

对吸收存款方式的管理:比如规定不得以抽彩给奖的方法吸收存款,不得使用欺骗引诱手段吸收存款等;存款利率管理:比如实行严格的利率管制,浮动利率管理,利率自由政策等。存款保险管理:一般规定商业银行必须参加存款保险,以便在发生意外事故导致破产时,能够及时清偿债务,以维护存款人的利益。

3. 借入款管理

借入款管理主要包括向中央银行借款管理、同业借款管理和发行金融债券管理。其总的管理内容是:严格控制借入款的使用,分散借入款的偿还期和偿还金额,借入款应控制适当的规模和比例等。

二、资产负债比例管理

1. 资产负债比例管理的基本要求和重要意义

1994年中国人民银行根据国际惯例和我国实际制定的《商业银行资产负债比例管理暂行监控指标》,要求商业银行全面推行资产负债比例管理制度,即以比例加限额的控制方法,对商业银行资产负债实行综合管理。

资产负债管理的基本要求:以资金来源控制资金运用,防止超负荷经营,保持资产与负债的期限、数量结构相对应,建立指标监控体系;提高资产的流动性,坚持营利性、安全性、流动性的统一,降低不良资产负债比例,提高经济效益。

资产负债管理的重要意义:有利于商业银行转换经营机制,增强自我约束、自我发展的能力;有利于人民银行加强宏观调控;有利于商业银行的公平竞争和金融秩序的稳定,有利于我国商业银行与国际惯例接轨,从而参与国际竞争。

2. 资产负债比例管理的指标体系

资产负债比例管理的指标包括:①资本充足率指标;②存贷款比例指标;③中长期贷款比例指标;④资产流动性比例指标;⑤备付金比例指标;⑥单个贷款比例指标;⑦拆借资金比例指标;⑧对股东贷款比例;⑨贷款质量指标。

各银行在执行上述中国人民银行规定的统一指标前提下,可以根据自身资金营运的特点和强化管理的需要,制定一些补充指标。这些指标报经人民银行同意后方可组织实施,比如中国工商银行补充了汇差清算比例、资产利润比例、负债成本比例、应收利息比例;中国农业银行补充了二级存款准备金比例;中国建设银行补充了信用贷款比例、资金损失比例、负债成本比例、资产盈利比例、实收利息比例、资本回报比例;交通银行补充了可购置固定资产指标、投资限额指标、本身回收率指标、经营收益率指标等。

3. 资产负债比例管理的分类管理

分类管理是针对不同类型的商业银行,分别提出不同的比例要求,并根据比例指标的性质,归类划分为总量管理、流动性管理、安全性管理和效益性管理。

1) 总量管理

总量管理是资金来源与资金运用的平衡管理,包括存贷款比例、拆借资金比例、汇差清算比例等指标。其作用在于使商业银行认真贯彻资金来源制约资金运用的原则,在业务活动中自求资金平衡,防止超负荷经营。

存贷款比例是总量控制的重要指标,商业银行必须在存款总额中扣除上缴人民银行的存款准备金,并保留必要的备用金以后,才能发放贷款;还要按核定指标购买国家债券和政策性银行的金融债券。对国有商业银行按增量控制,其他商业银行按存量控制。

拆借资金比例中规定了拆入资金、拆出资金两个比例,目的在于控制同业之间盲目拆进拆出资金,控制商业银行过量借款,扩张贷款规模,从而调整总量平衡。

2) 流动性管理

流动性管理是关于支付能力、变现能力的管理,包括备付金比例、资产流动性比例和中长期贷款比例等指标。

备付金比例反映银行随时支付客户款项的准备能力,低于 5%~7%说明支付能力不足,但也不宜过高,否则浪费资金。

资产流动性比例反映银行资产的变现能力,比例越高,变现能力越强。

中长期贷款比例反映长期资产与长期负债的对应关系。比例越高,流动性越差;比例越低,流动性越强。

3) 安全性管理

安全性管理是关于防范风险,保护银行信誉的管理,包括资本充足率、风险权重资产比例、贷款质量比例、单个贷款比例和股东贷款比例等指标。

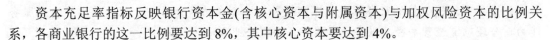

第五章 商业银行

资本充足率指标反映银行资本金(含核心资本与附属资本)与加权风险资本的比例关系，各商业银行的这一比例要达到8%，其中核心资本要达到4%。

风险权重资产比例反映按风险权重系数折算后的风险资产总额与总资产的比例关系。要求这一比例关系不能超过 6%，超过则为高风险区。在具体工作中应通过调整资产结构，即压缩风险度高、效益低的资产项目，增加风险度低、效益高的资产项目，以便从总体上降低风险权重资产比例。

贷款质量比例通过五级分类管理进行监控。

单个贷款比例和股东贷款比例是为防止贷款风险过分集中而设置的指标，如果银行对某一企业或某一股东贷款金额过大，那么一旦这家企业或股东出现经营风险，风险就会转嫁到银行，使银行资产遭受损失，因此必须加以控制。

4) 效益性管理

效益性管理指标均由各商业银行自行设置，主要有负债成本比例、资产盈利比例、资产损失比例、应收利息比例、本息回报比率、经营收益率比例等。通过对这些指标的分析，找出产生问题的原因，以便采取措施，提高获利水平。

> 思考："互联网+"、区块链、大数据等各方面因素给商业银行领域带来的机遇与挑战有哪些？

4. 资产负债综合管理

资产负债综合管理是将资产负债各科目之间按"对称原则"进行安排和管理，使安全性、流动性和营利性之间达到平衡协调。其基本方法是：将资产与负债各科目按期限对称或利率对称的原则加以安排，规定控制指标，以谋求经营上的风险最小化和收益最大化。

> **知识扩充**：特色金融发展
>
> 随着我国经济由高速增长阶段转向高质量发展阶段，金融供给与需求之间不平衡不适应的矛盾日益凸显，银行业高质量发展面临多重挑战。商业银行需要以供给侧结构性改革为主线，改变过去粗放式、同质化的高速增长路径，逐步向高质量发展的可持续路径转变，尤其是中小银行在与大型商业银行相互竞争的市场格局下，更需要明确业务定位，实施有区域特色的差异化经营策略。在新形势下，银行业特色化发展成为一大趋势，特色金融业务得以发展壮大。
>
> 早在 2012 年中国银监会就制定了《中资商业银行专营机构监管指引》(银监发〔2012〕59 号)，鼓励设立小微金融等各类特色专营机构，促进各项专营业务稳健发展。2014 年，银监会发布《绿色信贷指引》，鼓励银行设立区域绿色金融专营机构。2016 年，央行、银监会联合发布《关于加大对新消费领域金融支持的指导意见》，鼓励围绕新消费领域设立特色专营机构，开发专属产品，提供专业性、一站式、综合化金融服务。
>
> 同时，2019 年中国银保监会发布的《关于推动银行业和保险业高质量发展的指导意见》(银保监发〔2019〕52 号)提出了"到2025 年，实现金融结构更加优化，形成多层次、广覆盖、有差异的银行保险机构体系"的发展目标，明确了各类型银行的定位。其中，大型商业银行要在"做强"上下功夫，提升综合金融服务水平，借助现代科技手段发展线上业务，增强普惠金融服务能力；股份制商业银行要坚持差异化市场定位，实现特色化经

营，形成具有比较优势的业务模式，不断提升核心竞争力；地方中小银行要增强金融服务能力，合理确定经营半径，服务地方经济、小微企业和城乡居民。

(资料来源：https://baijiahao.baidu.com/s?id=1701494291725819931&wfr=spider&for=pc，轻金融)

本章小结

商业银行是以追求利润为目标，以经营金融的资产和负债为主要对象，具有货币创新能力，并提供日趋多样化服务的综合性、多功能的金融企业。商业银行是现代金融体系的主体，它对国民经济的发展起着十分重要的作用。本章主要介绍商业银行的产生过程，商业银行的职能，商业银行的组织形式、业务及管理理论等内容。

(1) 从原始的货币兑换业和经营业开始，随着业务不断拓展以及职能的不断体现，形成了真正意义上的现代商业银行概念，即以吸收存款为主要资金来源，以开展贷款和中间业务为主要业务，以营利为目的的综合性、多功能的金融企业。

(2) 商业银行作为社会经济体的重要组成部分，发挥了重要职能，即信用中介、支付中介、信用创造、金融服务等四大职能。

(3) 商业银行作为特殊的金融企业，在组织形式和组织机构方面与一般企业存在很大的共性，但也有其独特性；现代商业银行主要采取了单元制、分支行制、银行控股公司制、连锁银行制和代理行制等组织形式。

(4) 商业银行主要开展资产业务、负债业务和中间业务三大类业务，并不断进行拓展和创新；为保持商业银行的稳健高效运营，在业务经营管理过程中，要遵循流动性、安全性和营利性三大原则。

(5) 商业银行管理理论包括资产管理理论、负债管理理论、资产负债管理理论。

本章习题

1. 简述商业银行经营的三性原则及其相互关系。
2. 简述商业银行的主要业务活动、功能及信用创造的过程。

第六章 中央银行

中央银行

【教学目的与要求】

本章教学的目的是使学生能够了解中央银行的性质、职能、组织形式等基本知识，理解中央银行在金融体系中的特殊地位、中央银行的业务经营原则和金融监管原则，掌握中央银行的资产负债业务及清算业务，重点掌握中央银行的特殊职能、中央银行开展的特殊金融业务。

【重点与难点】

- 中央银行的职能。
- 中央银行的组织形式。
- 中央银行的业务经营原则。
- 中央银行的资产负债业务。
- 中央银行的金融监管原则。

引导案例

美国的支付清算系统

美国的支付清算系统以高科技、高水准、高效能著称于世。美国联邦储备体系在政策制定、提供服务、监督管理、风险控制等多个方面全方位地参与了美国的支付清算安排，并在其中居于极为关键的核心与主导地位。

一、美国支付系统的建立和发展

美联储并没有悠久的历史，其支付清算系统的起步也非常晚。1853 年 10 月 11 日美国 52 家银行在华尔街第 14 号地下室进行了首次票据交换，标志着美国票据交换所支付系统的成立。美国票据交换所的建立时间比伦敦晚了 80 年，但是美国电子支付系统的建立却比伦敦早 14 年。这主要是因为美国在金融业以及金融基础设施的建立方面从没有间断向欧洲金融业学习，并凭借着其强大的政治、经济和科技实力，使本国票据在电子交换方面的发展更加完善。

二、美国当前主要的支付系统

美联储的支付系统由一系列不同的支付系统组成，这些支付系统在功能上存在很大区别。具体来看，美联储的支付系统由联邦资金转账系统、清算所同业支付系统和自动清算所系统三个系统组成。

1. 联邦资金转账系统(Fedwire)

Fedwire 是全美境内的美元总结算资金转移系统，它是美国支付清算的主动脉，归美联储所有，建立于 1913 年。Fedwire 将全美划分为 12 个联邦储备区、25 个分行和 11 个专门的支付处理中心，它将美国联储总部、所有的联储银行、美国财政部及其他联邦政府机构连接在一起，提供实时全额结算服务，主要包括金融机构之间的隔夜拆借、行间清算，公司之间的大额交易结算、美国政府与国际组织的记账债券转移业务，等等。个人和非金融机构可以通过金融机构间接使用 Fedwire。由于该系统有专用的实现资金转移的电码通信网络，所以权威性、安全性较高。此外，它还承担着美联储货币政策操作及政府债券买卖的重要任务。它每日运行18个小时，每笔大额的资金转账从发起、处理到完成，中间的运行过程全部自动化。Fedwire 还有一个簿记证券系统，其运行始于1960年，该系统的主要目的是降低证券交易成本，提高交割与结算效率以及安全系数。该系统每天处理的业务笔数虽然只占非现金支付总交易的1%左右，但其结算金额却占交易总金额的85%。因此，该系统主要是面向大额资金转账的电子支付系统。

2. 清算所同业支付系统(Clearing House Interbank Payment System，CHIPS)

CHIPS 是一个著名的私营跨国大额美元支付系统，于1970年建立，是跨国美元交易的主要结算渠道。通过 CHIPS 处理的美元交易额约占全球美元交易总额的95%，因此该系统对维护美元的国际地位和国际资本流动的效率及安全显得十分重要。CHIPS 的成员包括纽约清算所协会会员、纽约市商业银行、外国银行在纽约的分支机构等。CHIPS 是一个净额支付清算系统，它租用了高速传输线路，有一个主处理中心和一个备份处理中心；每日营业终止后，进行收付差额清算，每日下午六时(纽约时间)完成资金转账。CHIPS 已于1991年替代票据清算，它与 SWIFT(环球银行金融电讯协会)网络连接，主要处理国际资金清算业务，并建立了与国外银行的清算结算体系。

3. 自动清算所系统(Automated Clearing House，ACH)

ACH 是覆盖全美的一个电子清算系统，用于银行间票据交换和清算，主要解决纸质支票的低效和安全问题。ACH 适用于工资发放、政府福利津贴发放、养老金的发放、保险费支付、消费者账单的支付、抵押分期付款及利息的支付、企业间贷款结算等，主要为政府机构、公司、企业、消费者提供小额支付服务。

美国支付系统的自动化、信息化、网络化、无纸化程度很高。美联储一直十分重视支付系统的电子化问题，不断对主要的支付系统进行技术改造和安全防护，从而使美国支付系统的处理能力和效率始终走在世界的前列。

案例分析：支付系统是一个国家信用制度发达程度的衡量标准之一，完善而高效的金融支付系统对一国经济发展、资源配置都是非常重要的。美国金融支付系统在经受了"9·11"事件的考验后被证明是世界上最完善、最高效的支付系统。在2001年9月11日上午世贸大楼被袭击后，其立刻停止了靠近纽约的新泽西美元支付系统的运行，启动灾难备份系统，将美元支付系统从纽约新泽西切换到里士满和达拉斯。在整个切换过程中，支付系统没有中断支付服务，也没有丢失一个数据，充分显示了美国支付系统高度安全、快速有效的运行能力。

一国经济安全的重点是金融安全，而金融支付系统的安全又是保证整体金融安全的关键。美联储是世界上最重视支付系统建设和管理的中央银行之一，通过对美国联邦金融支付系统的分析和了解，对我国进一步完善多币种(人民币、港元、澳门元)支付清算系统，以及提高支付系统的安全性具有重要启示和借鉴意义。

(资料来源：曹龙骐. 金融学[M]. 6版. 北京：高等教育出版社，2019.)

第六章　中央银行

【思考讨论】
我国正积极借鉴美国、加拿大等国的先进经验，发挥后继优势，建立一个完善的金融支付交易系统，谈谈你对这方面的认识。

第一节　中央银行概述

一、中央银行的产生

现代商业银行是从货币兑换业逐渐发展而来的，中央银行是从现代商业银行中分离出来，并逐渐演变而成的。

中央银行的分离与演变过程是银行券发行集中的过程，其体现了票据清算、最后贷款人和金融监管的需要。

(一)垄断货币发行权的需要促使着中央银行的产生

1. 银行券分散发行的缺陷

在银行发展初期，许多私人银行除了办理存款、放款和汇兑等业务外，还办理银行券发行业务，但分散银行券发行权有以下几个缺陷。

(1) 货币流通不稳定。小银行信用能力薄弱，无法保证自己所发行银行券的兑现，从而也无法保证银行券的信誉及其流通的稳定性，进而会引起社会经济秩序混乱。

(2) 小银行信用能力有限，所发行的银行券不能广泛流通。随着资本主义经济的发展，要求有更加稳定的通货，也要求银行券成为能在全国市场上流通的一般的信用流通工具。由此，客观上要求其需由一个资历雄厚、在全国范围内有权威的大银行来集中发行。

2. 发行权自发集中到大银行

在经济发展过程中已经出现了一些大银行，它们拥有大量资本并在全国范围内具有较高的威信，这些银行所发行的银行券在流通中会排挤小银行的银行券。同时，由于存款业务的发展，一般的商业银行已经逐渐地可以不依靠银行券的发行来扩大其信用业务，这样，就形成了银行券集中发行的经济基础。于是，国家用法令限制或取消商业银行的银行券发行权，并把发行权集中到一个或少数几个银行。

之后，具有发行权的银行逐渐放弃直接对企业的信用业务，而主要是专门与商业银行和国家往来，使其在金融市场上的地位日益提高。

(二)建立清算中心的需要促使着中央银行的产生

在银行券发行权被垄断的同时，随着商品生产和商品流通的扩大，银行业务与日俱增，每天所收授的票据数量不断扩大，银行之间的债券债务关系复杂化，票据清偿和结算的矛盾日益突出，信用渠道堵塞的现象经常发生，因此客观上要求银行有一个统一的交换票据和清算债务的中心机构。于是，许多商业银行逐渐把现金准备存入发行银行，它们之间的清算也就通过发行银行来办理，这就使发行银行逐渐成为公认的清算中心和现金保管者。

(三)商业银行对"救命稻草"的需要促使着最后贷款人的出现

贷款的过度发放,使一些资力薄弱的银行逐渐丧失清偿力,由于挤兑而破产的情况时有发生,于是迫切需要把各家银行的现金准备集中起来,当某家银行发生支付困难时给予支持,从而避免其在危机中破产。这样,一些大的发行银行就依靠自己的威望和充足的财力在吸收商业银行存款的同时,对某些资金周转困难的银行和金融机构给予信用上的支持。

随着银行数量的不断增加,业务范围越来越广,金融对国民经济的影响也越来越大。要保证金融稳定、经济稳定,必须建立专门机构对金融业的经营活动进行必要的管理和监督。

由于银行券发行的集中、票据清算、最后贷款人和监管的需要,使得一些大的商业银行逐渐从商业银行体系中分离出来,演变为中央银行。例如,英国的中央银行是英格兰银行,法国的中央银行是法兰西银行,而美国银行券的发行则集中于几个联邦储备银行。从中央银行的产生过程来看,中央银行起源于17世纪中叶,而中央银行制度形成于19世纪中叶。从1656年瑞典银行开始,到1913年美国联邦储备体系建立,大约经历了260年。

> **知识拓展**:我国的中央银行萌芽于20世纪初。当时币制紊乱,银圆、铜钱、钱钞、银票、私帖以及外国银圆同时流通,成色折合复杂。为整理币制,清光绪三十年(1904年)由户部奏请清政府设立户部银行。光绪三十四年(1908年),户部改为度支部,户部银行亦改称大清银行。户部银行发行货币、经办存贷款等业务。户部银行成立时间不长,经清政府批准,由邮传部着手于1908年3月4日成立交通银行,发行纸币,经办铁路、轮船、电报、邮政四个单位的一切款项收支。户部银行、交通银行都属于国家的银行,但实际上都没有真正起到中央银行的作用,只能说是一种萌芽。

二、中央银行制度的发展

中央银行的发展大致可分为两个阶段。

(一)中央银行的普遍推行时期,即19世纪初至20世纪中叶,也就是第二次世界大战结束时止

中央银行的普遍推行时期,是以布鲁塞尔会议为主要推动力。第一次世界大战开始后,各国金融领域发生了剧烈的波动,中央银行纷纷停止或限制银行券兑现,提高贴现率,外汇行市下跌,禁止黄金出口,各金融中心交易亦相继停市,货币制度极端混乱。由此,各国政府当局和金融界人士深感必须加强中央银行的地位和货币信用的管制。于是,1920年在比利时首都布鲁塞尔召开的国际金融会议上提出:凡未设立中央银行的国家应尽快建立中央银行,中央银行应摆脱各国政府政治上的控制,实行稳定的金融政策。布鲁塞尔会议推进了中央银行的普遍建立。

(二)中央银行的强化时期,即20世纪中叶到现在

第二次世界大战后,各国把货币信用政策作为干预生产和调节经济的杠杆。中央银行

第六章 中央银行

是制定货币政策的重要机构,中央银行制度也因此发生了变化,中央银行的地位也日渐增强。

新中国的中央银行是在 1948 年 12 月 1 日合并华北银行、西北农民银行、北海银行的基础在石家庄成立的中国人民银行。但这时及以后一段时期的中国人民银行即是政府的银行(代理财政金库、管理金融行政)和发行银行,执行中央银行职能,也兼办商业银行的各项业务,这就是所谓"大一统"的"一身而兼二任"的兼营式的中央银行。这种体制容易顾此失彼,而且不可避免地会扭曲中国人民银行同其他专业银行及其他金融机构的关系。1983 年 9 月,国务院决定中国人民银行专门行使中央银行的职能,不再兼办工商信贷和储蓄业务,以加强信贷资金的集中管理和综合平衡,更好地为宏观决策服务。

各国中央银行的产生和发展大体上经由三个途径:①由商业银行转化为中央银行,比如英国的英格兰银行、法国的法兰西银行、德国的普鲁士银行;②专门设置的中央银行,比如美国联邦储备系统、第二次世界大战前后发展中国家和新独立国家的中央银行;③由综合型银行改革为单一职能的中央银行,比如东欧各国及中国的中央银行。

三、中央银行的性质

中央银行的性质可以表述为:中央银行是代表政府干预经济、管理金融的特殊的金融机构,是金融管理机关。

(一)与商业银行的不同

中央银行在宏观金融管理方面进行经营活动,它是完成国家经济目标的重要机构。中央银行通过利用货币政策工具,对经济进行调节、管理和干预,以稳定货币、发展经济,并代表国家制定和执行金融政策。

中央银行不是普通的银行,它居于商业银行和其他金融机构之上,与商业银行和其他金融机构是调控与被调控、管理与被管理的关系。

中央银行已不起一般的信用中介的作用,它的主要作用是制定货币政策,加强金融监管,实施金融服务。

(二)与一般政府管理机构的不同

中央银行具有特殊的管理手段。中央银行不是只依靠行政手段,而是主要是通过特有的经济手段,比如货币供应量、利率、贷款等对经济进行干预和管理。

通过一定的财务经营,实施对金融的管理和控制,中央银行对商业银行和其他金融机构要办理贷款业务、清算业务、发行业务,对政府办理国库保管收支业务、买卖有价证券等。中央银行对经济的干预和管理主要是通过这些业务活动实现的。

中央银行调节和干预经济的主要对象是货币供应,因而中央银行发挥它在国民经济中的调节就不能只依靠政治权力,而是依据一系列的经济规律。

中央银行的这种性质决定了它的任务:控制一般银行,执行货币政策,维护币值稳定,促进生产与就业,推动经济发展。

四、中央银行的职能

中央银行的职能有两种划分方法：一种是按照中央银行在社会经济中的地位划分；另一种是按照中央银行的性质划分。

(一) 按照中央银行在社会经济中的地位划分

按这种划分方法，中央银行的职能主要是发行的银行、银行的银行和政府的银行。

1. 中央银行是发行的银行

所谓发行的银行，是指它拥有发行银行券的特权，负责全国本位币的发行，并通过调控货币流通，稳定币值。

中央银行发行银行券最初有一些限制，即必须有十足的准备金，早期是以黄金和商业票据作为发行准备金，后来外汇、公债券、国库券也可作为发行准备金。现在，大多数国家已经取消黄金作为发行准备金，而普遍以政府公债充当，这种情况就为赤字财政和通货膨胀开了方便之门。

2. 中央银行是银行的银行

所谓银行的银行是指中央银行与商业银行发生业务关系，比如集中商业银行的准备金并对它们提供信用，而且还为它们提供清算服务。

中央银行同商业银行的业务往来主要有以下几方面。

(1) 集中商业银行的存款准备。商业银行吸收的存款不能全部贷出，必须保留一部分作为准备金，以备存款人提取。但是商业银行的准备金，并不能全部存在自己的金库里，必须按照规定的比率向中央银行缴存——法定存款准备金。这样就使商业银行的准备金大部分集中于中央银行。中央银行往往会通过各种手段影响商业银行的准备金数量，以达到控制全国货币供应量的目的。

(2) 办理商业银行间的清算。由于各商业银行都有存款准备金存在中央银行，并在中央银行设有活期存款账户，这样就可以通过存款账户划拨款项，办理结算。

(3) 对商业银行发放贷款。商业银行资金短缺时，可从中央银行取得贷款。其方式是把工商企业贴现的票据向中央银行再贴现，或以票据或有价证券作为抵押向中央银行申请贷款。中央银行对商业银行的贷款，主要来源于国库存款和商业银行缴存的准备金。而中央银行在资金不足时，可以发行票据。

3. 中央银行是政府的银行

所谓政府的银行是指中央银行代表国家贯彻执行财政金融政策，代为管理财政收支。

(1) 代理国库。中央银行经办政府的财政收支，执行国库的出纳职能，比如接受国库的存款、兑付国库签发的支票、代理收缴税款、替政府发行公债券、还本付息等。

(2) 对国家提供信贷。中央银行根据国家财政需要，向政府提供贷款。比如，在国家财政出现收支不平衡时，以有价证券为抵押或以国库券贴现方式对国家财政发放短期贷款，这种贷款不致引起货币流通混乱。但是当国家财政赤字长期延续时，政府如果利用中央银行的信用弥补赤字,这时中央银行为支持财政而增发货币,超出商品流通对货币的实际需要,就会导致通货膨胀。

(3) 在国际关系中,中央银行代表国家与国际金融机构建立业务联系,处理各种国际金融事务。

中央银行是政府的银行,不论它的所有制形式是国有的、私人的、股份的或国家与私人合营的,其管理权都掌握在政府手中,处于国家监督之下,成为国家机构的一个组成部分。

(二)按照中央银行的性质划分

依据中央银行是干预经济、管理金融的特殊金融机构来划分,其职能主要是调节、管理和服务。

1. 调节职能

中央银行通过制定和执行货币政策,运用各种金融手段,调节全社会的信用总量,即调节全社会的总需求和总供给,对全国货币、信用活动进行有目的的调控,影响和干预国家宏观经济,从而实现社会总供求的平衡。

2. 管理职能

中央银行为维护全国金融体系的稳定和各项金融活动的正常运行,防止金融危机,对金融机构和金融市场的设置、业务活动和经营情况进行检查、指导、管理和控制。主要内容包括:①制定金融政策、法规;②管理金融机构,包括审查、批准金融机构的设置、撤并、迁移,办理金融机构的注册、登记和办理营业执照等手续;③管理金融业务,包括确定业务活动范围,检查信贷活动情况,制定存放款利率,管理金融市场,监督稽核资产负债结构、法定存款准备金交存状况以及清偿能力等。

3. 服务职能

中央银行向政府、各金融机构提供资金融通、划拨清算、代理业务等方面的金融服务。

(1) 为政府服务,包括:代理国库;代理政府发行债券;代办有关金融业务(比如买卖金银、外汇等);代表政府参加国际金融活动;充当政府的经济顾问等。

(2) 为金融机构服务,包括吸收金融机构存款(比如法定准备金和超额准备金存款),提供贷款和其他形式的融资服务,主持金融机构之间的债券债务清算等。

五、中央银行的组织形式

中央银行的组织形式有四种。

(一)一元式中央银行制度

一元式中央银行制度是指国家建立单纯的中央银行机构,使之全面行使中央银行职能,领导全部金融事业的中央银行制度。这种类型又分为两种情况。

1. 一元式中央银行制度

这是指一国只设立一家统一的中央银行，行使中央银行的权力和履行中央银行的全部职责，中央银行机构自身上下是统一的，机构设置一般采取总分行制，逐级垂直隶属。一元式中央银行制度的特点是权力集中统一、职能完善、有较多的分支机构。中国的中央银行即中国人民银行亦采用一元式组织形式。

一元式中央银行制度，即全国只设一家中央银行，并下设若干分支机构的中央银行制度。世界上绝大多数国家都实行这种类型的中央银行制度，并且通常将总行设在首都，各国中央银行的分支机构一般都按经济或行政区设立。实行一元式中央银行制度比较典型的国家主要是英国、法国、日本等。

英国的中央银行是英格兰银行，成立于 1694 年，总行设在伦敦，在伯明翰、利物浦等 8 个城市设有分行。法国的中央银行是法兰西银行，成立于 1800 年，总行设在巴黎，共有分支机构 234 个。日本的中央银行是日本银行，成立于 1882 年，总行设在东京，下设 33 个分行。我国的中央银行是中国人民银行，成立于 1948 年 12 月 1 日，1984 年正式成为我国的中央银行，总行设在北京，按经济大区设立一级分行。

2. 二元式中央银行制度

这是指中央银行体系由中央和地方两级相对独立的中央银行机构共同组成。中央级中央银行和地方级中央银行在货币政策方面是统一的，中央级中央银行是最高金融决策机构，地方级中央银行要接受中央级中央银行的监督和指导。但在货币政策的具体实施、金融监管和中央银行有关业务的具体操作方面，地方级中央银行在其辖区内有一定的独立性，与中央级中央银行也不是分行与总行的关系，而是按法律规定分别行使其职能。这种制度一般与联邦制的国家体制相适应，如目前的美国、德国即实行此种中央银行制度。

二元式中央银行制度是指全国设立中央一级机构和相对独立的地方一级机构，作为一个体系构成中央银行制度。在这种制度下，地区性中央银行不是总行的分支机构，它们除执行统一的货币政策外，在业务经营管理上也具有较大的独立性。实行复合式中央银行制度的国家有美国、德国等。

美国的中央银行是联邦储备体系，在联邦一级，设立联邦储备委员会，作为联邦储备系统的最高决策机构；设立联邦公开市场委员会，作为公开市场政策的制定和执行机构；设立联邦顾问委员会，对经济发展及银行业发展问题向联邦储备委员会提出建议和提供咨询。在地方一级，美国将 50 个州和一个直属划分为 12 个联邦储备区，共设立 12 家联邦储备银行以及 25 家分行。德国的中央银行是德意志联邦银行，于 1957 年建立，总行设在法兰克福，下辖 10 个州中央银行。德国各州的中央银行作为区域性机构不是中央银行总行隶属机构，有很强的独立性。

(二) 复合式中央银行制度

复合式中央银行制度是指国家不单独设立专司中央银行职能的中央银行机构，而是由一家集中央银行与商业银行职能于一身的国家大银行兼行中央银行职能的中央银行制度。这种中央银行制度往往与中央银行初级发展阶段和国家实行计划经济体制相适应。前苏联和 1990 年以前的多数东欧国家实行这种制度。中国在 1983 年以前也实行这种制度。

第六章　中央银行

(三) 类似中央银行制度

类似中央银行制度是指国内(或地区)没有职能完备的中央银行，而是由几个执行部分中央银行职能的机构共同组成中央银行制度。实行类似中央银行制度的国家和地区主要有新加坡、中国香港等。

新加坡没有中央银行，中央银行的职能由政府设立的金融管理局和货币委员会两个机构行使，新加坡金融管理局负责制定货币政策和金融业的发展政策，执行除货币发行以外的中央银行的一切职能。货币委员会主要负责发行货币，保管发行准备金并维护新加坡货币的稳定。

香港在很长时间没有统一的金融管理机构，中央银行的职能分别由政府、同业公会和商业银行来承担。1993年4月1日，香港成立了金融管理局，香港金融管理局集中了货币政策、金融监管及支付体系管理等中央银行的基本职能。香港金融管理局的职能与世界其他国家的中央银行大致相同，但它不执行下列职能：发行钞票、结算所功能、政府的银行。

(四) 跨国中央银行制度

跨国中央银行制度是指几个国家共同组成一个货币联盟，各成员国不设本国的中央银行，而由货币联盟执行中央银行职能的制度。

组成跨国中央银行的国家，大部分是经济不发达的发展中国家，成员国地域上相邻，在贸易方面与某一经济发达国家有密切联系，希望本国货币能与该发达国家的货币保持固定比价，以促进经济发展，防止本国发生通货膨胀，简化组织机构。比如西非货币联盟，就是1962年3月由贝宁、布基纳法索、科特迪瓦、马里、尼日尔、塞内加尔、多哥、几内亚比绍组成。该联盟的中央银行总行设在达喀尔，在各成员国设有代理机构。总行负责制定货币政策，管理外汇储备；各代理机构经办地区业务，发行共同的货币，并执行中央银行的各项职能。

中非货币联盟由喀麦隆、乍得、刚果、赤道几内亚、加蓬和中非共和国6个成员国组成。总行设在雅温得，发行"非洲金融共同体法郎"。其特点是中非中央银行接受个别国家委员会制定的信用政策目标。银行立法因国而异，由各国自己执行。

东加勒比海货币共同体由安提瓜和巴布达、多米尼加、格林纳达、蒙特塞拉特、圣卢西亚等成员国组成。其特点是该货币管理局对各成员国的银行没有监督义务，不规定上交存款准备金，不承担"最后贷款人"的义务，只执行中央银行的部分职能。因此，它实际上只是一个跨国的准中央银行。

欧洲中央银行，由欧洲经济同盟成员国法国、德国、意大利、荷兰、比利时、卢森堡、爱尔兰、奥地利、芬兰、葡萄牙、西班牙11国于1999年1月1日建立，并发行欧元，总行设在德国法兰克福。2002年1月1日开始发行欧元纸币和硬币，到2002年7月1日加入欧洲货币同盟的各国纸币和硬币先后停止合法流通。

六、中央银行与政府的关系

中央银行与政府有着密切关系，但也有相对的独立性。

(一)中央银行与政府关系密切

中央银行接受国库存款,办理国库支票付款或转账,代收国家税款;中央银行为政府发行各种债券提供服务;支付债券利息和偿付债券本金;代理财政部买卖黄金、外汇,保管国家的黄金、外汇储备。

中央银行对政府提供信贷。在财政收支受季节性影响出现暂时不平衡时,由中央银行提供短期信贷,其方式是采取国库券贴现或提供以国家债券为抵押的贷款。当国家财政长期存在赤字时,由中央银行向政府提供长期信贷。中央银行用贷款弥补财政赤字会造成过多的货币发行,导致货币供给量扩大,威胁货币流通的稳定。因此,许多国家往往用立法限制中央银行对国家贷款的数量和期限。

中央银行的货币政策要与财政政策相互配合,根据不同时期宏观经济活动的状况,货币政策与财政政策在配合上或是双松、双紧,或是一松一紧。在具体操作上可以采取多种搭配形式。比如财政出现大量赤字,国家准备发行债券弥补时,中央银行实行"廉价货币政策"促进市场利率降低,推动市场资金涌向国债市场,以利于财政筹集资金。

(二)中央银行的相对独立性

虽然中央银行与政府关系密切,但是中央银行仍具有相对独立性。

这种相对独立性是指中央银行在政府的监督和国家总体经济政策的指导下,独立地制定、执行货币政策。中央银行作为"政府的银行",对国家发展目标必须予以支持。但是中央银行在具体制定货币政策及其措施时,要充分考虑银行业务的特殊性,以及国家资源、社会积累水平、货币流通状况,不能完全被政府所控制,必须保持一定的独立性。中央银行的首要任务在于保持币值稳定,保证货币正常流通。

(三)中央银行相对独立性的不同模式

中央银行在相对独立性上有不同的模式,归纳起来大体有以下三种。

1. 独立性很大的模式

中央银行直接对国会负责,可以独立制定货币政策和采取相应措施,政府不得直接对它发布命令、指示,不得干涉货币政策。如果中央银行与政府发生矛盾,可通过协商解决。属于这一模式的有美国联邦储备体系、德意志联邦银行等。

2. 独立性较大的模式

有些国家的法律规定财政部可以对中央银行进行监督、发布指令,但中央银行可以独立地制定、执行货币政策。属于这一模式的有英格兰银行、日本银行等。

3. 独立性较小的模式

中央银行直接隶属财政部,其货币政策的制定和采取的措施要经政府的批准,政府有权推迟甚至停止中央银行决议的执行。属于这一模式的有意大利银行等。

第二节 中央银行的主要业务

一、中央银行的业务原则

(一)不经营一般银行业务

中央银行只同商业银行发生业务关系,原则上不经营一般银行业务,因为中央银行是代表政府监管金融的特殊机构,在金融活动中具有各种特权,诸如垄断货币发行、集中法定存款准备金、执行财政金融政策、代管财政收支、管理金融机构等。中央银行的这种特殊身份决定了它不会参与一般金融机构之间的竞争,否则,就无法实现其对金融的调节和控制,难以完成它所承担的根本任务。

(二)不以营利为目的

中央银行在业务经营中,既要管理金融活动,又要推动金融的发展,这就决定了它在金融体系中必然居于领导地位。其直接经营目标在于运用各种信用工具调节宏观经济,稳定币值,促进经济的发展。因此,中央银行绝不能以营利作为经营目标。

(三)不支付存款利息

中央银行的存款主要是财政存款和商业银行交存的法定存款准备金和往来账户存款。财政存款,是中央银行代理国家金库,属于保管性质;存款准备金和往来户存款,是中央银行集中存款储备和便于清算,属于调节和服务性质。而且中央银行不以营利为目的,故对存款一般不支付利息。我国中央银行目前规定对法定存款准备金和商业银行的存款支付较低利息,这主要是从加强资金管理角度考虑的。

(四)资产具有较大流动性

中央银行为了使货币资金能灵活调度,及时运用,必须保证本身的资产具有较大的流动性,因此不宜投放于长期性资产。

(五)业务活动公开化

中央银行为了使社会各界了解其所制定的金融政策和经营方针、策略等,必须定期向社会公布其资产负债情况和业务状况,并提供有关统计资料。

中央银行的经营原则不同于普通银行,所以中央银行的业务活动需要有一定的限制。各国中央银行法规定的限制有:①不得从事商业票据的承兑业务;②不得从事不动产买卖业务;③不得从事不动产抵押放款;④不得收买本行股票;⑤不得以本行股票为抵押进行放款等。对中央银行的业务活动规定某些限制,其目的在于保证中央银行的基本任务得以实现。

二、中央银行的负债业务

(一)货币发行业务

中央银行的纸币和铸币通过再贴现、贷款、购买证券、收购金银外汇等投入市场,从而形成流通中的货币。这些现金货币投入市场后,都是中央银行对社会公众的负债。因此,货币发行成为中央银行一项重要的负债业务。

中央银行成立后货币发行大都集中由中央银行统一办理。其原因是:①钞票可以整齐划一,在全国范围内流通,不致造成币制混乱;②便于政府监督管理,推行国家的货币政策;③中央银行可以随时根据社会经济发展变化进行调节和控制,使货币数量和流通需要尽可能相适应;④中央银行处于相对独立地位,可以抵制政府滥发钞票的要求,使货币供应量适当;⑤中央银行统一发行货币,可以掌握一定量的资金来源,增强金融实力,有利于调控货币供应量。各国中央银行对货币(现钞)发行均有以下几个原则。

1. 集中垄断发行

中央银行发行的货币具有无限法偿能力,并且现代中央银行均不承担兑现义务。

2. 要有可靠的信用基础

在纸币流通条件下,货币不能随意发行,必须有一定的发行保证制度,必须有独立的发行体制,不受政治压力和外界影响,使货币的发行建立在可靠的信用基础上。

3. 维持高度弹性

中央银行发行货币应当适应经济变化的客观要求,有一定的伸缩弹性。随着生产和流通规模的扩大,中央银行应该相应增加货币数量,避免形成通货紧缩,影响商品生产和流通;同时中央银行也要适当控制货币发行数量,避免形成通货膨胀,影响经济稳定。

我国现行货币发行的原则是:集中统一发行原则、经济发行原则和计划发行原则。

(二)代理国库业务

在代理国库业务中,形成的财政性存款是央行的一项负债。

财政金库存款、机关、团体、部队等行政事业单位存款在其支出之前存于中央银行,属于财政性存款,是中央银行的重要资金来源,并构成中央银行的负债业务。中央银行代理国库业务,可以沟通财政与金融之间的联系,使国家的财源与金融机构的资金来源相连接,充分发挥货币资金的作用,并为政府资金的融通提供一个有力的调节机制。

(三)集中存款准备金业务

商业银行必须按照规定比率将其吸收存款的一部分存储于中央银行,同时商业银行将尚未贷放出去、尚未投资的存款准备金也存放在央行,这样就使商业银行的现金准备集中于中央银行,形成中央银行的负债。中央银行可运用这些准备金满足银行的临时资金需要,中央银行还可以通过对商业银行存款准备金的调节来控制商业银行的贷款数量和投资数量。比如中央银行降低法定存款准备率,即可增加商业银行的超额存款准备金,使商业

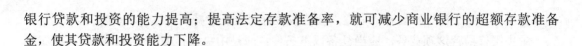

银行贷款和投资的能力提高;提高法定存款准备率,就可减少商业银行的超额存款准备金,使其贷款和投资能力下降。

三、中央银行的资产业务

(一)再贴现和再贷款业务

当商业银行资金短缺时,可从中央银行取得借款。其方式是把工商企业贴现的票据向中央银行办理再贴现,或以票据有价证券作为抵押向中央银行申请借款。意大利银行再贴现的额度相当于商业银行负债额的 3%~5%。德意志联邦银行对金融机构发放的抵押放款期限最长为 3 个月。中央银行可以配合政府的经济政策,把贴现业务作为调节资金的一种手段。例如,通过提高或降低再贴现率以紧缩或扩张信用。

(二)对政府的贷款

中央银行对政府的贷款是政府弥补财政赤字的途径之一,但如果对这种贷款不加限制,就会从总量上削弱中央银行宏观金融控制的有效性,因此,各国中央银行法对此都作了明确的规定。美国联邦储备银行对政府需要的专项贷款规定了最高限额,而且要以财政部的特别库券作为担保。英格兰银行除少量政府隔日需要的资金可以融通外,一般不对政府垫款,政府如果需要资金一般会通过发行国库券的方式解决。

《中华人民共和国中国人民银行法》规定,中国人民银行不得对政府财政透支,不得直接认购、包销国债和其他政府债券,不得向地方政府、各级政府部分提供贷款。

(三)金银、外汇储备业务

各国政府都赋予了中央银行掌管全国国际储蓄的职责,即掌管国际储备。所谓国际储备,是指具有国际性购买能力的货币,主要有黄金、白银、外汇(包括外国货币、存放外国的存款余额和以外币计算的票据及其他流动资产)。此外,还有特别提款权和在国际货币基金组织的头寸等。

(四)证券买卖业务

各国中央银行一般都经营证券业务,主要是买卖政府发行的长期或短期债券。在金融市场发达的国家,政府债券发行量大,市场交易量也大,仅以政府债券为对象进行买卖,中央银行即可达到调节货币供应量的目的。一般在金融市场不太发达的国家,中央政府债券在市场上的流通量很小,中央银行买卖证券的范围就要扩大到各种票据和债券,比如汇票、地方政府债券等。

中央银行持有证券和参与买卖证券的目的,不在于盈利,而是为了调节和控制货币供应量。中央银行买进有价证券,向市场投放了货币,可以增加商业银行的原始存款,用以创造存款货币,扩大货币供应量;反之,中央银行卖出有价证券,则可减少货币供应量。中央银行买进有价证券时,会促使有价证券需求增加,从而提高有价证券价格,降低银行利率；反之，中央银行卖出有价证券，会造成银行可贷资金减少，致使利率上升。

中央银行经营这项业务，应当具备以下条件：一是中央银行处于领导地位，且有雄厚的资金力量；二是赋予中央银行弹性操作的权利，即在买卖证券的数量、种类等方面有一定的机动权限；三是金融市场较发达，组织也较健全；四是证券的数量和种类要适当，长期、中期及短期各类具备，便于选择买卖；五是信用制度要相当发达。

各国中央银行买卖证券业务的做法基本是一致的。在德国，法律规定德意志联邦银行为了调节货币，可以进入公开市场买卖汇票。我国中央银行已于 1996 年 4 月 1 日开始参与公开市场业务操作，主要是买卖国库券等。

四、中央银行的中间业务

中央银行作为清算中心，其清算业务大体可分为以下三项。
(1) 办理票据集中交换，主办票据交换所。
(2) 办理交换差额的集中清算，通过各行在中央银行开设的账户划拨。
(3) 办理异地资金转移，提供全国性的资金清算职能。

目前各国做法不一。英国以伦敦为全国清算中心。美国各联邦储备银行代收外埠支票，并以华盛顿为全国最后清算中心。德国、法国则利用遍布全国的中央银行机构，建立转账账户，为其他银行服务。中国人民银行清算总中心是中国人民银行直属的、实行企业化管理的事业法人单位，是为中央银行、商业银行和全社会提供支付清算及相关服务的全国性金融服务组织。

(一)集中票据交换

这项业务是通过票据交换所进行的。票据交换所是同一城市银行间清算各自应收应付票据款项的场所。票据交换所根据实际需要，一般每天交换两次或一次，所有银行间的应收款项、应付款项，都可相互轧抵后而收付其差额。

各行交换后的应收应付差额，即可通过其在中央银行开设的往来存款账户，进行转账收付，不必收付现金。

(二)办理异地资金转移

各城市、各地区间的资金往来，皆通过银行汇票传递，汇进汇出，最后形成异地间的资金划拨。这种异地间的资金划拨，必须通过中央银行统一办理。

办理异地资金转移，各国清算办法有很大不同，一般有两种类型：一是先由各金融机构内部自成联行系统，最后各金融机构的总管理处通过中央银行总行办理转账结算；二是将异地票据统一集中传送到中央银行总行办理轧差转账。

第三节 中央银行的金融监管

一、中央银行金融监管制度的产生和形成

(一)中央银行金融监管制度的产生

20世纪30年代的经济大萧条曾引起严重的金融危机，使各国商业银行大量倒闭、经济生活动荡不安，给国民经济造成了巨大损失。这使各国中央银行认识到：商业银行不同于一般的经济实体，具有极其广泛深刻的渗透性和扩散性功能，它的经营活动对国民经济影响极大，中央银行要实现经济增长、稳定物价等货币政策目标，就必须将商业银行的活动置于中央银行的监督管理之下。

各国中央银行开始着手建立银行管理制度。例如，德意志联邦银行面对席卷全国的金融危机，于1931年发布了对商业银行管理的紧急法令，对银行经济活动实行严格控制。比利时和瑞士于1935年通过银行立法，旨在加强银行的监督和管理。法国于1941年通过关于建立银行监督机构的法令，其目的是使中央银行对商业银行的监督管理更具法律权威。

(二)中央银行金融监管体制的形成

与各国地理条件和自然状况、经济结构和发展水平以及政治和法律制度相联系，形成了世界各国金融监管的不同模式。

1. 双线多头金融监督体制

"双线"是指在中央和地方设立两级中央银行机构，分别行使金融监管权。中央级机构是最高权力或管理机构，地方机构除执行统一的货币政策外，在业务经济管理上具有较强的独立性。"多头"是指在中央一级和地方一级又分别由两个或两个以上的机构负责银行体系的监督与管理。

世界上实行双线多头金融监管体制的国家不多，主要存在于实行联邦制政治体制的国家，包括美国、加拿大等。

2. 单线多头金融监管体制

"单线"是相对"双线"监管体制而言的，监管权力集中于中央。但在中央一线又分别由两个或两个以上的机构负责金融业的监督管理。通常，这种多头监管体制是以财政部和中央银行为主体开展工作的。

实行这一监管体制的国家较多，代表国家有法国、德国、意大利、比利时、日本、新加坡等。

3. 高度集中的金融监管体制

高度集中的金融监管体制是一国只设立独家中央银行和众多分支机构来执行其监管职能。

世界上大多数国家实行这种金融监管体制，属于这一类型的国家包括一部分资本主义国家和大部分发展中国家。

4. 跨国金融监管体制

跨国金融监管体制是指在经济合作区域内，对该区域内的金融业实行统一的监督与管理的体制。行使这一职能的机构是跨国中央银行，其代表是跨国的西非货币联盟和中非中央银行。

一般国家建立怎样的金融监管体制，是根据各国的国情和实际需要来决定的。一般来说，金融监管体制的建立及其完善程度，是一个国家货币信用制度和金融业完善程度的标志。

二、金融监管的目的和基本原则

(一)金融监管的概念和目的

1. 金融监管的概念

金融监管是指一国政府为实现宏观经济目标，依据法律、条例对全国各商业银行及其他金融机构的金融活动进行决策、计划、协调、监督的约束过程。

2. 金融监管的目的

在现阶段，各国对金融监管的目的是执行国家的金融法规和政策，维护金融体系的安全与稳定，调整金融业内部和各类金融机构之间的关系，保护货币所有者的利益，从而促进经济与社会的稳定发展。

(二)中央银行金融监管的基本原则

各国中央银行在进行金融监管时都要遵守一定的原则，主要内容如下。

1. 依法监管原则

世界各国中央银行金融监管体制虽不尽相同，但在依法监管这一点上却是相同的。依法监管主要体现在：①所有金融机构都必须接受金融监管当局的监管，不能有例外；②金融监管必须依法进行，以确保金融监管的权威性、严肃性、强制性和一贯性，以达到监管的有效性。

2. 适度竞争原则

适度竞争原则要求金融监管当局努力创造适度的竞争环境，形成和保持适度竞争的格局，避免造成金融高度垄断；同时也要防止出现过度竞争、破坏性竞争，从而危及金融业的安全和稳定。

3. 不干涉金融业内部管理原则

这一原则要求，只要金融业的活动符合金融法律、法规，并依法经营，中央银行就不应过多干涉。

第六章 中央银行

4. 综合性管理原则

各国金融监管当局都比较注重综合配套使用行政的、经济的和法律的管理手段，以及各种不同的管理方式和管理技术手段进行监管。

5. 安全稳健与经济效益相结合的原则

安全稳健虽然是监管的重要内容，但并不是金融业存在与发展的最终目的，也不是金融监管的最终目的。金融业发展和金融监管的最终目的是促进社会经济持续稳定地发展。要达到这一目标，金融业就必须具有较好的经济效益。因此效益原则同样具有重要意义。

6. 金融监管机构一元化原则

金融监管的各级机构只有实行一元化、避免多元化，才能做到金融监管的原则、目的、体制、技术手段、管理口径和管理程度的统一，进而有效地实施监管。

三、中央银行金融监管的内容

(一)预防性监督管理

预防性监督管理是各国中央银行金融监管的主要内容，以防患于未然。其主要内容如下。

1. 登记注册管理

任何银行或金融机构开业必须向金融监管当局提出申请，经过严格审查批准后才能开始营业。审批的标准大体包括：①资本充足标准，一般要求超过该国银行法规定的最低资本额；②一般要求股份公司的形式，有不少国家法律明确规定禁止设立个人独资银行，但不排除国有、集体相互合作等形式；③有一个健全的、有专业管理经验和竞争能力的管理机构；④经济需要程度，即要有利于公众利益和竞争；⑤其他条件，比如要求申请注册机构必须有两人以上实际从事业务活动等。银行登记注册以后，一般都是无限期的，只要管理当局不吊销执照就一直有效。

2. 资本充足管理

除了要求银行有最低限度的资本外，还要求银行资本与资产和负债保持一定的比例，即资本与总资产、资产与风险资产、资本与负债之间需维持适当的比例。自有资本对各种资产的比例越高，说明银行经营的安全系数越高。当这些比例低于一定限度时，监督管理当局就会出面干预。

3. 资产流动性管制

资产流动性是衡量银行应对挤提存款能力的标尺。各国金融监管当局为保证银行有足够的变现能力，规定商业银行对其资产必须维持某种程度的流动性。

挤提是指存款人集中大量提取存款的行为，这是一种突发性、集中性、灾难性的危机，即由于消费者对银行给付能力失去信心而产生的从银行大量支取现金的现象。由于银行不会把所有的存款都放着不动、不进行贷款，所以银行保留的现金数量是有限的。当人们争着去银行想把自己的钱提出来时，由于银行流动的现金没有这么多，所以很容易因为挤提事件造成银行破产倒闭，从而进一步加剧货币信用危机，引起金融界的混乱。挤提过程中往往伴随着挤兑，这会使恶劣影响迅速扩大化。

4. 业务活动限制

业务活动限制大致有以下两种情况。

(1) 对银行业务没有严格限制。比如德国、瑞士、奥地利等国，商业银行可以从事长期、短期资金融通业务，以及证券、信托、外汇、个人收付等业务，甚至银行还可以持有企业股票。

(2) 对银行的业务活动实行较严格的限制。比如美国、日本、英国和加拿大以及大多数发展中国家，严格划分了商业银行的界限，将银行业务与证券发行分开，而且禁止银行认购工商企业的股票和债券。美国和日本还严禁银行从事担保业务。但是，随着西方国家对银行业务的逐渐放开，传统金融业务分工界限已进一步模糊，特别是近些年来，美国、英国等一些西方国家的金融业已经走向混业经营。

5. 贷款集中程度限制

对个别客户贷款过分集中，是大多数银行发生危机的主要原因。大多数国家的金融监管当局为了使银行贷款分散风险，限制银行对个别借款者的借款数额，不能超过银行资本的一定百分比。比如法国中央银行规定任何客户不能占有相当于银行资本75%以上的贷款。意大利银行规定，未经特别批准，对单个客户的贷款都不得超过银行资本的100%。

6. 外汇业务限制

银行从事外汇业务经常要承担汇率变动的风险，因此不少国家的中央银行对银行从事外汇业务加以严格管制。但也有一些国家的中央银行(比如美国、法国、加拿大等)，对银行从事外汇业务不加任何限制。按照英国的规定，每家银行每笔外汇交易的净额不得超过该行资本的10%，全部外汇交易的净额不得超过该行资本的15%。

7. 银行检查

实行例行的现场银行检查，一般由金融监管机构的检查团派审计员到现场检查。检查时间一般为1年1次。检查的内容主要是判断被检查银行的活动是否安全、健全与合法，特别注意贷款质量、资产与负债的构成和表外业务以及管理集团的能力等。

(二)存款保险制度

1. 存款保险制度的起源

存款保险制度最初是直接针对银行倒闭情况提出来的。美国鉴于20世纪30年代金融危机中大批银行停业倒闭，因此于1993年决定建立联邦存款保险公司和联邦储蓄贷款保险公司，从而开创了世界现代银行存款保险制度的历史。大多数资本主义国家是在20世纪60年代到80年代先后建立了存款保险制度。发展中国家有的建立了存款"保险基

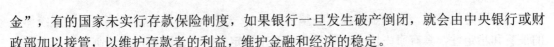

金"，有的国家未实行存款保险制度，如果银行一旦发生破产倒闭，就会由中央银行或财政部加以接管，以维护存款者的利益，维护金融和经济的稳定。

存款保险制度是一种金融保障制度，即由符合条件的各类存款性金融机构集中起来建立一个保险机构，各存款机构作为投保人按一定存款比例向其缴纳保险费，建立存款保险准备金，当成员机构发生经营危机或面临破产倒闭时，存款保险机构向其提供财务救助或直接向存款人支付部分或全部存款，从而保护存款人利益，维护银行信用，稳定金融秩序。

存款保险制度可提高金融体系稳定性，保护存款人的利益，促进银行业适度竞争。但其本身也有成本，可能诱发道德风险，使银行承受更多风险，还会产生逆向选择的问题。截至 2011 年年底，全球已有 111 个国家建立了存款保险制度。

2015 年 3 月 12 日，中国人民银行行长周小川表示，存款保险制度作为金融改革重要的一步棋，已经经过了一段时间紧锣密鼓的准备，2014 年年末时已经对存款保险条例公开征求了意见。

2015 年 5 月 1 日起，存款保险制度正式实施，各家银行向保险机构统一缴纳保险费，一旦银行出现危机，保险机构将对存款人提供最高 50 万元的赔付额。

2. 存款保险制度的目的

存款保险制度的最终目的是维护信用秩序，但具体的目的却有单一或复合之分。单一的目的就是保护存款者的利益；复合的目的则除了保护存款者的利益外，还对面临破产的金融机构提供清偿能力紧急援助或紧急资金援助。

3. 存款保险制度的组织形式

存款保险制度的组织形式有官办的，有银行业自己组织的，也有政府和银行合办的。参加的原则也各不相同，有的强制，有的自愿，但实际上几乎所有的银行都是自愿参加。

4. 存款的保险对象和范围

存款的保险对象和范围一般包括本国的全部银行、外国银行的分支结构和附属机构，而排除本国银行在外国的机构。

存款的保险范围一般包括本国货币存款和外币存款，但也有一些国家不保护外币存款。多数国家都排除了银行间的同业存款、某几种定期存款和可转让大额定期存单等。对于列入存款保险范围的存款，在数量上也不是无限的，都规定有存款保险额度的最高控制点，超过了这个控制点可免除保险。

5. 存款损失的赔偿

对于存款损失的赔偿，大多数国家规定最高控制点以内给予 100%的赔偿，但有些国家则要求存款者承担一部分损失。例如，英国 1 万英镑的存款损失只能得到 75%的赔偿。

6. 对存款保险制度的评价

存款保险制度最初是直接针对银行倒闭情况提出来的，但实践表明这一制度的本质不是消极的而是积极的，它为金融体制的整体设立了一道安全网，提高了整个金融系统体系的信誉和稳定性，具有事先检查和事后监督双重稳定的特性。因此，这一制度正在引起越来越多国家的关注。

(三) 应急措施

中央银行或金融管理当局事实上都无例外地承担了紧急救援的责任，并将它们视为一国金融体系的最后一道防线。

金融监管当局一旦发现某一银行有风险很高的资产或经营管理不善时，立即提请该行高级管理人员注意，以便及时纠正或调整，必要时还会宣布停止该行风险过大的业务活动。若采取上述措施，还不能有效地制止情况的继续恶化，监管当局就有必要采取应急措施，具体措施如下。

(1) 由中央银行提供低利贷款。
(2) 通过金融监管当局和商业银行建立特别机构提供资金。
(3) 在存款保险制度具有复合职能的国家，由存款保险机构提供资金。
(4) 由一个或更多的大银行在官方的支持下提供支援。

除上述措施外，金融监管当局还可以采取官方任命经理、限期整顿、全面暂停业务、由当局全面接管、予以强迫监督等措施。

四、中央银行金融监管的方法

(一) 非现场监控

各国一般都规定银行和金融机构必须按期向中央银行提供有关财务报告，比如资产负债表、损益表及意外负债等。

对财务报告采用对比分析是银行检查的重要方法，其中有两种方法比较常用，具体如下。

(1) 趋势分析法，即对同一家银行不同时期增长或下降的比率分析比较，用以观察一个时期该项比率的变化趋势。

(2) 对比分析法，即将同类金融机构间的资本充足程度、资产质量、收益及流动资金等方面综合起来进行对比。

(二) 现场稽核检查

现场稽核检查是由中央银行派出检查小组到各银行实地检查，主要检查资本充足状况、资产质量、管理质量、收入和盈利状况、清偿能力等，以此达到全面评价的目的。

在检查过程中，有关人员要判断银行活动是否安全、健全和合法；检查银行每项业务活动的政策、做法和程序，判断银行内外部管理的情况；评价贷款、投资以及其他资产的质量；检查存款与其他负债及构成状况以判断银行资本是否充足；评估管理机构的能力和胜任程度等。

第六章 中央银行

(三)加强监管对象内部控制

各国中央银行一般都要求银行和金融机构根据法律规范自我约束、自我管理、建立内控制度。完善的内部控制是规范金融机构经营行为、有效防范风险的关键,也是衡量金融机构经营管理水平高低的重要标志。

(四)内外部审计相结合法

审计是一种监督审查的系统方法。很多国家要求银行定期由注册审计师审查账目报表。银行内部审计的责任是向股东大会负责,审查重点在银行的盈利,而不是银行监督当局关注的风险与安全。内部审计师由银行自己聘请。

必须注意的是,建立外部的审计制度,必须与内部审计相互协调。

(五)事后处理法

金融监管当局发现某一银行的经营不符合金融法规,经营管理状况出现妨碍稳健经营的倾向或有危害公众利益的行为时,按不同情况采取相应措施,具体如下。

(1) 提醒银行高级管理人员注意某种问题。
(2) 命令银行整顿、撤销某项业务。
(3) 上述措施效果不明显时,可以同时采取多项措施,将经营不良情况公布于众,并任命专门小组或委员会监管。
(4) 命令其停止经营全部或部分业务。
(5) 停业整顿。
(6) 撤销其董事或监事。
(7) 吊销营业执照。

> **知识扩充:什么是国库?**
>
> 国库是国家金库的简称,是负责办理国家预算资金收纳、支出的机关,国家的一切预算收入必须全部缴入国库,任何单位不得截留、坐支或自行保管;国家的一切预算支出,由国库统一办理拨付。因此,国库是国家预算执行的重要组成部分。国库工作的稳健、高效运行,对保障国家预算执行,促进社会经济发展,维护社会稳定,加强财政政策与货币政策的协调配合具有十分重要的作用。
>
> (资料来源:http://www.pbc.gov.cn/goutongjiaoliu/113456/113466/113498/2879670/index.html,中国人民银行)

本 章 小 结

本章主要介绍中央银行的产生与发展、性质与职能和主要业务。

(1) 中央银行的产生是统一银行券发行的需要、统一全国票据清算的需要、商业银行需要最后贷款人的需要和对金融业进行监督管理的需要。中央银行的发展经历了普遍建立阶段、中央银行制度完善阶段和中央银行地位强化阶段三个时期。

(2) 中央银行的性质是国家调节宏观经济的特殊金融机构，具有国家机关的性质。具体体现在：中央银行是国家调节宏观经济的工具；中央银行是特殊的金融机构。中国人民银行是中华人民共和国的中央银行。中国人民银行在国务院的领导下，制定和实施货币政策，防范和化解金融风险，维护金融稳定。

(3) 中央银行的职能是由中央银行的性质所决定的，它是中央银行性质的具体体现。按中央银行的性质、地位划分，中央银行的职能可以概括为"发行的银行""银行的银行"和"政府的银行"三大职能。根据修改后的《中华人民共和国中国人民银行法》，将中国人民银行的职责调整为制定和执行货币政策、维护金融稳定和提供金融服务三个方面。

(4) 中央银行在开展业务活动时，与商业银行有着不同的经营原则：中央银行应处于超然地位、不以营利为目的、中央银行不经营一般商业银行业务、中央银行的资产应有较大的流动性和安全性及中央银行对存款一般不支付利息。

(5) 中央银行的主要业务包括负债业务、资产业务和清算业务三项。中央银行的负债是指社会集团和个人持有对中央银行的债权，负债业务主要包括：资本业务、货币发行业务、存款业务和其他业务。中央银行的资产业务是指中央银行运用其负债资金来源的业务，主要包括：贷款业务、再贴现业务、证券买卖、黄金、外汇储备业务。中央银行的清算业务是指中央银行集中票据交换及办理全国资金清算的业务活动，包括地区(同城)票据交换和结清票据交换差额、办理异地资金转移。

(6) 金融监管须遵照监管主体为独立性原则、依法监管原则、"内控"与"外控"相结合原则、稳健运行与风险预防原则、母国与东道国共同监管原则。

本 章 习 题

1. 简述中央银行产生的主要原因、创建时期的特点及制度强化时期的特征。
2. 简述中央银行与一般政府机关和金融机构的区别。
3. 试述中央银行作为"发行的银行、政府的银行和银行的银行"的具体职能。
4. 如何理解中央银行的性质？简述中国人民银行的性质与职能。
5. 中央银行业务活动遵循哪些原则？中央银行的负债、资产业务包括哪些内容？
6. 为调节货币流通和资金供求，中央银行应该怎样操作有价证券买卖？

第七章 金融市场

金融市场

【教学目的与要求】

本章主要介绍金融市场的基础知识和金融交易的基本原理。通过教学活动,使学生在了解金融市场的分类与构成要素的基础上,理解货币市场和资本市场的基本框架,掌握各类金融工具的发行与交易方式及定价原理,重点掌握各种证券交易方式,比如现货交易、期货交易、期权交易等。

【重点与难点】

- 金融市场的分类。
- 各类货币市场上的交易活动。
- 资本市场的构成:证券交易所、场外交易市场、创业板市场等。
- 资本市场上各类证券的发行与交易。
- 现货交易、信用交易、期货交易、期权交易(难点)。
- 证券行市和股票价格指数。
- 基金与基金市场。
- 外汇市场与黄金市场。

引导案例

纽约金融市场

纽约是世界上最重要的国际金融中心之一。第二次世界大战以后,纽约金融市场在国际金融领域中的地位进一步加强。美国凭借其在战争时期膨胀起来的强大经济和金融实力,建立了以美元为中心的资本主义货币体系,使美元成为世界上最主要的储备货币和国际清算货币。西方资本主义国家和发展中国家的外汇储备中大部分是美元资产,存放在美国,由纽约联邦储备银行代为保管。一些外国官方机构持有的部分黄金也存放在纽约联邦储备银行。纽约联邦储备银行作为贯彻执行美国货币政策及外汇政策的主要机构,在金融市场的活动直接影响到市场利率和汇率的变化,对国际市场利率和汇率的变化有着重要影响。世界各地的美元买卖,包括欧洲美元、亚洲美元市场的交易,都必须在美国进行,特别是在纽约的商业银行账户上办理收付、清算和划拨,因此纽约成为世界美元交易的清算中心。此外,美国外汇管制较松,资金调动比较自由。在纽约,不仅有许多大银行,而且商业银行、储蓄银行、投资银行、证券交易所及保险公司等金融机构云集。许多外国银行也在纽约设有分支机构,世界最大的 100 家银行在纽约设有分支机构的就有 95 家。这些都为纽约金融市场的进一步发展创造了条件,加强了它在国际金融领域中的地位。

纽约金融市场按交易对象划分,主要包括外汇市场、货币市场和资本市场。

纽约外汇市场是美国也是世界上最主要的外汇市场之一。纽约外汇市场并无固定的交易场所，所有的外汇交易都是通过电话、电报和电传等通信设备，在纽约的商业银行与外汇市场经纪人之间进行。这种联络就组成了纽约银行间的外汇市场。此外，各大商业银行都有自己的通信系统，与该行在世界各地的分行外汇部门保持联系，又构成了世界性的外汇市场。由于世界各地时差关系，各外汇市场的开市时间不同，纽约大银行与世界各地外汇市场可以昼夜24小时保持联系，因此它在国际上的套汇活动几乎可以立即完成。

纽约货币市场即纽约短期资金的借贷市场，是资本主义世界主要货币市场中交易量最大的一个。除纽约市金融机构、工商业和私人在这里进行交易外，每天还有大量短期资金从美国和世界各地涌入流出。和外汇市场一样，纽约货币市场也没有一个固定的场所，交易都是供求双方直接或通过经纪人进行的。在纽约货币市场的交易，按交易对象可分为联邦基金市场、政府库券市场、银行可转让定期存单市场、银行承兑汇票市场和商业票据市场等。

纽约资本市场是世界上最大的经营中、长期借贷资金的资本市场，可分为债券市场和股票市场。纽约债券市场交易的主要对象是政府债券、公司债券、外国债券。纽约股票市场是纽约资本市场的一个组成部分。在美国，有十多家证券交易所按证券交易法注册，被列为全国性的交易所。其中，纽约证券交易所、NASDAQ和美国证券交易所规模最大，它们都设在纽约。

(资料来源：豆丁网. www.docin.com/p-243216504.html.)

【思考讨论】

谈谈金融市场的构成要素有哪些？

第一节　金融市场概述

一、金融市场的概念和特征

(一)金融市场的概念

由于各经济单位在经济活动中存在着资金盈余或不足的情况，为确保经济活动的正常进行，因此产生了资金的融通，而各种资金融通活动的总和则形成了金融市场。在金融市场中，资金从拥有闲置货币的人手中转移到资金短缺的人手中。但是，由于盈余单位和赤字单位之间的资金融通，要通过直接证券或间接证券等金融工具的交易来实现，所以对"金融市场"可作如下定义：金融市场通常是指以金融资产为交易对象而形成的供求关系及其机制的总和。金融市场分为有形市场和无形市场。

知识扩充： 金融市场是一个特殊的商品市场。在普通商品市场上，人们交易的是各种各样的、使用价值各异的商品，而在金融市场上，人们交易的只有一种特殊的商品即货币资金。但在实际交易中，通常是以多种多样的金融工具作为货币资金的载体。

金融市场可以是无形的市场。金融市场形成的初期，一般都有固定的场所，即有形市场。随着商品经济、信用活动和科学技术的发展，金融市场突破了场所的限制，人们可以借助电话、电传、计算机网络等现代化设施来进行资金融通，从而形成一种无形的金融市场。所以，现代金融市场是有形市场和无形市场并存的市场。

金融市场有广义与狭义之分。广义的金融市场泛指一切进行资金交易的市场，包括以金融机构为中介的间接融资和资金供求者之间的直接融资。狭义的金融市场则限于资金供求者之间的直接融资，交易双方通过办理各种标准化的票据和有价证券的交易来实现融资的目的。

(二)金融市场的特征

1. 交易对象的一致性

金融市场上交易的金融商品尽管种类很多，但实际上都是在交易货币和货币资金，它们没有质量上的差别。

2. 交易关系的特殊性

金融商品的交易仅限于资金的使用权，并不交易资金的所有权。

3. 交易价格的趋同性

金融商品的价格是利率的外在表现，利率服从"价格规律"，因此尽管各种金融商品有不同的价格，但它们的价格之间有密切联系，在供求关系的作用下，各种金融商品价格的变化有趋同性。

4. 交易场所的抽象性

一部分金融交易是在固定的场所进行的，但更多的是通过电话、电报、电传和网络等通信手段来完成的。金融市场以无形市场为主。

二、金融市场的构成要素

任何市场的交易活动至少要有两方参加，即供应方和需求方。金融市场的交易也不例外，它必须有资金供应者(即盈余单位或投资者)和资金需求者(即赤字单位或筹资者)参加。金融市场作为一个市场体系，构成的要素主要有资金供给者、资金需求者、中介人和金融商品。

(一)资金供给者

资金供给者，即进入市场上的投资者，也是金融商品的购买者。

1. 居民个人

主要是以非组织成员的身份参加金融市场活动的居民个人。个人在金融市场上主要是资金供应者，其目的多为调整货币收支结构或追求投资收益的最大化。

2. 金融机构

金融机构包括存款性金融机构和非存款性金融机构。前者主要有商业银行、储蓄机构、信用合作社等金融机构。后者主要有保险公司、养老基金、投资银行、投资基金等金融机构。各类金融机构是金融市场的重要参与者,而作为资金供应者,他们可以在金融市场上大量购买赤字单位发行的直接证券。

(二)资金需求者

资金需求者,即金融市场上的筹资者,也是金融商品的出售方。

1. 工商企业

工商企业经常是金融市场上的资金需求者。无论是工业企业还是商业企业,在生产经营活动中总会因各种原因而产生资金不足的问题,为弥补资金不足,除向银行借款外,另一有效办法就是在金融市场上发行有价证券。作为市场上常驻的资金需求者,并不影响工商企业成为市场上的资金供应者,当企业在经营活动中存在闲置资金时,可通过购买其他赤字单位发行的有价证券进行投资,以实现资产的多样化。

2. 政府机构

政府机构在金融市场上多数时候是以资金需求者的身份参加交易,比如为了弥补临时性财政收支缺口,或是为了筹措某些重点工程建设资金,政府可通过在金融市场上发行政府债券来筹集所需资金。

3. 金融机构

各类金融机构是金融市场的重要参与者,作为资金需求者,它们可以通过向市场发行间接证券来获取资金。

(三)中介人

中介人是指专门为进入市场参与者,比如发行人、投资者等提供各种服务的专职机构。按提供服务内容的不同,中介人有证券经营机构、证券投资咨询机构、证券结算登记机构等。

(四)金融商品

金融商品是金融市场上的交易对象,对投资者来说它是金融资产,对筹资者来说它是筹资工具。

由于金融市场上的交易是一种信用交易,资金供应者让渡的只是货币资金的使用权,并没有转移货币资金的所有权,所以在交易活动达成之时,资金供应者和资金需求者之间也就形成了一种债权债务关系。为了明确这种债权债务关系,就需要一定的凭证来作为依据,这就是金融工具。所谓金融工具,又称"信用工具",是指金融市场上制度化、标准化的融资凭证。金融工具出现后,市场上的资金交易便可借助于金融工具来完成,融资凭证也就成了交易的工具。当赤字单位需要补充资金时,便可在金融市场上出售金融工具来融入资金。当盈余单位需要运用资金时,便可在金融市场上购买金融工具来贷出资金。通过这种金融工具的买卖,资金供求双方达到了资金交易的目的,金融工具实际上成为资金的载体,成为金融市场上交易的工具。

第七章　金融市场

> **知识扩充：** 中央银行作为金融市场的参加者之一，不同于其他四类交易主体，它不是单纯的资金需求者和资金供应者，而是信用调节者。中央银行参与金融市场的活动主要是为了实施货币政策，调节和控制货币供应量，以实现稳定货币、稳定经济的目标。

三、金融市场分类

(一) 间接金融市场和直接金融市场

按照金融市场有无中介机构划分，金融市场分为间接金融市场和直接金融市场。

1. 间接金融市场

间接金融市场是指资金供给者将资金存入金融机构，金融机构再将集中起来的资金提供给资金需求者，这种以金融机构为中介的融资市场称为间接金融市场。比如货币资金借贷市场。

2. 直接金融市场

直接金融市场是指资金供给者与资金需求者直接进行资金融通，不通过金融中介。比如企业之间赊销商品和预付货款，通过发行股票债券筹资等。

目前我国间接金融市场仍占有相当高的比例。

(二) 货币市场和资本市场

按金融工具期限的长短划分，金融市场分为货币市场和资本市场。

1. 货币市场

货币市场是指融通短期资金的市场，主要针对工商企业、政府单位、金融机构之间融通期限在一年以内的资金。其特点是：偿还期限短、流动性高、风险小，这种资金与货币的差别不大，这些金融工具被称为货币的代用品。

2. 资本市场

资本市场是融通资金期限在一年以上的长期资金市场，这种资金主要是用来满足固定资产投资的需要，即促进用来满足投资需求的资本的形成。其特点是：资本市场融通资金的期限长，风险比较大，能给购买这些金融资产的人带来较高的收入。

(三) 发行市场和流通市场

按金融市场的交易程序划分，金融市场分为发行市场和流通市场。

1. 发行市场

发行市场也称初级市场和一级市场，它是发行新票据或新证券的市场。新设公司、公司增资扩股、政府以及工商企业发行债券筹资，都要通过这一市场来完成。发行市场一般是无形市场，不通过交易所进行。发行市场的规模直接关系到各筹资主体筹措资金的数量，以及金融商品的供应数量。

2. 流通市场

流通市场也称次级市场和二级市场，它是已发行票据或证券流通转让的市场。债券、股票的持有者可以在这一市场上出售变现。流通市场可以是有组织的证券交易所形式，也可以是没有固定场所、分散在各地的柜台交易形式。流通市场直接决定着证券的流动性(即变现能力)，它对筹资规模不产生直接影响。

(四)拆借、贴现、证券、基金市场、外汇、黄金、保险市场

按照金融资产存在的形式划分，金融市场可分为拆借市场、贴现市场、证券市场、基金市场、外汇市场、黄金市场和保险市场等。

拆借市场是指金融机构之间买卖它们在中央银行存款账户上余额的场所。贴现市场是指银行以现款买进未到期票据或其他短期债券对持票人提供资金的市场。证券市场是指一种长期资金市场，即股票、债券等长期证券发行和买卖的市场。基金市场是指各类基金的发行、赎回及转让所形成的市场。外汇市场是指买卖外汇的场所。黄金市场是买卖黄金等贵金属的场所。保险市场是指从事因意外事故所造成的财产和人身损失的补偿，是以保险单和年金单的发行和转让为交易对象的特殊的金融市场。

(五)有形市场和无形市场

按金融交易是否有具体场地或空间划分，金融市场可分为有形市场和无形市场。

1. 有形市场

有形市场是指有具体的固定交易场地，比如证券交易所。有形市场的交易称为场内交易。

2. 无形市场

无形市场是指没有具体的固定场地，是观念上的市场，也可称为场外交易、店头交易、柜台交易和电话交易。比如资金拆借市场、证券交易所以外的证券交易。无形市场的交易称为场外交易。

有形市场与无形市场的区分有利于政府对证券交易市场进行管理。国家规定有些证券可以在有形市场进行交易也可在无形市场进行交易，但有些证券只能在无形市场进行交易。

(六)国内金融市场和国际金融市场

按金融商品交易的地域来划分，金融市场分为国内金融市场和国际金融市场。

1. 国内金融市场

国内金融市场是指一个国家内部以本国货币表示的资金交易市场，其交易活动都要受到本国法律和制度的管制。

2. 国际金融市场

国际金融市场是指国家间各种金融业务活动的领域，包括长期和短期资金借贷，外汇

第七章 金融市场

黄金买卖以及票据贴现、国家间债权债务等金融交易。

国际金融市场分为在岸市场和离岸市场(欧洲货币市场)。在岸市场通常是指非居民与居民在货币发行国交易该国货币的市场。离岸市场也叫欧洲货币市场，通常是指融通境外货币的市场，比如欧洲美元市场、欧洲英镑市场、欧洲日元市场等。这里的"欧洲"是"境外"之意，不仅包括欧洲，还包括境外的短期资金市场和长期资金市场。

国内金融市场与国际金融市场的区别主要有以下几个。

市场主体不同。国内金融市场只有居民可以参加；国际金融市场的市场主体包括居民和非居民。

国内金融市场的市场活动受国内法律的严格限制；国际金融市场的市场活动少受或不受市场所在国金融当局的控制。

国内金融市场交易的直接后果只会引起国内资本流动；国际金融市场交易的直接后果是引起国家间的资本流动，影响相关国家的国际收支。

(七)现货市场和期货市场

按金融商品交割时间来划分，金融市场可分为现货市场和期货市场。

1. 现货市场

现货市场是指成交后在较短的时间内(一般是在两个营业日内)进行交割的交易市场。

2. 期货市场

期货市场是指交易双方达成买卖协议后，不是立即交割，而是在约定的未来日期按约定的交易数量、交易价格进行交割的交易市场。期货市场是专门的、有组织的买卖金融资产期货的市场。

四、金融市场的功能

1. 提高资金使用效益

金融市场能够提高资金使用效益，具体表现如下。

(1) 金融市场为资金供需者提供了接触的机会，便利了金融交易，降低了融资成本，提高了资金使用效益。

(2) 金融市场为投资者提供了更多的投资工具，使投资者有了更多的选择，也使效益差的项目很难筹措到资金。

(3) 金融市场融资形式灵活，融资工具多，加速了资金周转。

2. 引导储蓄实现向积累资金和生产资金转化

通过金融市场，可将社会上分散的小额资金汇集成巨额的资金，从而将其用于扩大社会再生产。在经济活动过程中，由于社会各部门的资金收入和支出在时间、数量上很难保持对称，因而在一定期限内，总是会有些单位存在暂时闲置资金，而有些单位又存在资金缺口。对于资金不足的单位来说，若不能及时弥补资金缺口，就会影响到生产经营活动的运行；对于盈余单位来说，其闲置的资金是相对有限的，而且从整个社会角度来看，这些闲置资金也显得比较零散，难以满足大规模的投资要求。这就需要有一个能将社会上分散的小额资金汇集成巨额资金的渠道，以满足社会经济发展的要求。金融市场就为社会提供了这种渠道，在这里，金融市场实际上起着资金"蓄水池"的作用。通过企业发行股票债券使储蓄转化为投资，从而实现资金积累的过程。

3. 为金融机构提供资金配置手段

金融市场的配置功能主要表现为对资源的合理配置。在经济运行过程中，由于多种原因，盈余单位并不一定能将其多余资金作最充分的运用，若是如此，那么整个社会的经济效率将受到影响。而通过金融市场价格杠杆的作用，可以引导资金从低效率部门流向高效串部门，从而在全社会范围内实现资源的合理配置，提高有限资源的利用效率。

此外，金融市场的配置功能还表现为对财富和风险的再分配。对财富的再分配主要是通过金融市场上各种金融资产价格的波动来实现的。因为若金融资产价格上升，就会导致金融资产持有者的财富相应增加；反之，若金融资产价格下跌，那么持有者的财富就相应减少。对风险的再分配，同样可以通过金融市场上的各种金融工具来实现，借助于买卖风险性不同的金融工具，风险厌恶程度较高的人可以将风险转移给风险厌恶程度较低的人，从而实现风险的再分配。

4. 为经济活动提供信息

金融市场的反映功能是指金融市场可以反映出一定时期内国民经济的运行状况。这种反映功能主要表现在以下两个方面。

(1) 金融市场是反映微观经济运行状况的指示器。金融市场上各种证券价格的涨跌，可以反映出证券发行企业的经营管理情况及其发展前景，并由此可推断出相关企业、行业的发展前景。

(2) 金融市场是反映宏观经济运行状况的重要窗口。在实行金融间接调控的条件下，一国的经济政策特别是货币政策的调整、银根的松紧、通货膨胀率的变化，都会通过金融市场的价格波动反映出来。

基于金融市场的这种反映功能，通常将金融市场比喻为国民经济的"晴雨表"。

5. 为中央银行调节宏观经济提供场所

政府对宏观经济的间接调控，主要通过货币政策和财政政策来实现，而金融市场的存在和发展，则为货币政策和财政政策的实施提供了重要的渠道。比如中央银行公开市场业务的操作、政府增减国债发行量调整财政政策等，都需要通过金融市场来实现。

五、金融市场有效运作的条件

金融市场有效运作的具体条件如下。
(1) 发达的市场经济。
(2) 发达、完善的金融体系、银行制度及相当规模的专门人才。
(3) 相当数量和种类的金融工具。

(4) 完备的经济、金融法规以及富有效率的监管体系。
(5) 完备发达的交通、通信设施。

第二节　货　币　市　场

货币市场包括拆借市场、回购协议市场、票据市场、大额可转让定期存市场、国库券市场和短期信贷市场。

一、拆借市场

拆借即同业拆借，是指金融机构同业之间为了平衡头寸而发生的短期资金借贷活动。

头寸是中国传统的商业、金融用语，意思是款项。如果银行当日全部收入款项大于付出款项，称其为多头寸；付出款项大于收入款项，称其为缺头寸；对头寸盈余和短缺进行预计，称其为轧头寸。

拆借与拆放：拆借是指资金短缺者从资金盈余者处借入款项；拆放是指资金盈余者向资金短缺者拆出款项。

(一)买卖中央银行存款账户余额

该业务主要是为满足商业银行调整法定存款准备金的需要。法定存款准备金不足的银行，会受到中央银行的处罚，必须买入资金；法定存款准备金有盈余的银行表明资金闲置，影响盈利，必须卖出资金。

美国各商业银行均以存放在联邦储备银行的准备金账户的资金为借贷工具，该资金被称为买卖联邦基金。它的期限非常短。

(二)同业借贷

同业借贷市场是金融机构之间买卖短期资金的市场。与买卖中央银行存款账户余额相比，同业借贷期限更长，且买卖对象也不局限于中央银行的准备金账户余额。

美国联邦基金的拆借额通常都在 100 万美元以上，因此其成为各金融机构之间进行大规模短期资金融通的批发市场。拆借市场规模较大，拆借利率对市场资金供求状况反应灵敏，通常同业拆借利率是货币市场的基准利率。

旧中国同业拆借市场很发达。新中国成立后我国实行计划经济时期取消了同业拆借。改革开放后，又恢复了同业借贷。1996 年 1 月，全国统一的同业拆借市场投入运行。目前同业拆借市场分一级网和二级网两个系统，以融资中心网络建立的同业借贷市场，成为拆借市场的主要形式。其优越性在于充分运用现代先进通信技术，快速敏捷，有利于金融机构融通资金，加快资金的周转速度，充分利用资金。

(三)票据交换所日拆

票据交换所是对同一城市银行之间因办理转账结算、资金划拨而相互代收、代付的票据，集中进行交换及清算资金的场所。

参加票据交换的银行需要在票据交换所开设存款账户，其账户余额必须满足对外付款的需要。对于在票据交换中可能发生的资金不足或多余，一般通过相互拆借来解决。

(四)经纪人贷款

1. 经纪人贷款的概念

银行对证券经纪人和自营商以所持证券为抵押品的贷款，被称为经纪人贷款。对经纪人贷款要收取一定的保证金，即购买证券不能全额用银行贷款，必须使用一定比例的自有资金作保证，超过自有资金的部分由银行提供贷款。

2. 保证比例

保证比例是指证券经纪人自有资金数量占抵押证券价值的比例。保证比例越高，借款比例越低，贷款风险就越小；相反，保证比率低，则贷款风险大。

3. 经纪人贷款的意义

经纪人贷款主要有以下几个意义。
(1) 为银行资产流动性提供了一个重要途径，使银行找到了短期资金利用的新途径。
(2) 成为货币市场与资本市场的通道。当银行信用过度流入证券市场而使证券市场的价格暴涨时，中央银行便提高保证比例，经纪人贷款随之下降，减少了流入证券市场的资金数量，使证券价格回归合理价格；当证券价格暴跌时，中央银行可适当降低保证比例，对经纪人的贷款随之增加，使证券价格回归合理价位。

保证比例成为中央银行实施宏观调控的重要选择性手段。

> **知识扩充：上海银行间同业拆放利率**
>
> 上海银行间同业拆放利率(Shanghai Interbank Offered Rate，简称Shibor)，从2007年1月4日开始正式运行，是由信用等级较高的银行组成报价团自主报出的人民币同业拆出利率计算确定的算术平均利率，是单利、无担保、批发性利率。中国人民银行成立Shibor工作小组，并依据《上海银行间同业拆放利率实施准则》确定和调整报价银行团成员、监督和管理shibor运行、规范报价行与指定发布人行为。全国银行间同业拆借中心授权Shibor的报价计算和信息发布。目前，对社会公布的Shibor品种包括隔夜、1周、2周、1个月、3个月、6个月、9个月及1年。

二、回购协议市场

回购协议是指通过回购协议进行短期资金交易的市场。它曾经是金融机构为绕过活期存款不计息的金融管制，进行的一种金融产品创新，解决了金融机构短期负债不足的问题。

具体操作步骤是：卖方在出售证券的同时，与证券买方签订协议，约定在一定期限后按约定价格购回所卖证券，从而及时获得可用资金的交易行为。实质上，这是一个证券抵押贷款市场。

回购协议市场近年来发展迅速，期限由一天发展到1~3个月，甚至更长。回购协议市场具有批发性质，是通过电话、电传达成交易的，属于柜台交易市场。回购协议市场是中央银行对银根松紧进行扭转性微调的场所。

三、票据市场

票据市场是指商业票据的承兑、抵押、贴现等活动所形成的市场。

(一)商业汇票市场

商业汇票市场包括承兑市场和贴现市场。

1. 商业票据的承兑

商业票据承兑是一种付款承诺行为，主要分为商业承兑和银行承兑。承兑票据是我国银行近年来新开展的一项表外业务。

2. 商业汇票的贴现

商业汇票在到期前可以背书转让和到银行进行贴现。

贴现是指经银行承兑后的汇票可以在货币市场上以贴现方式获得现款。如果金融机构自身急需资金，也可将贴进的到期票据向其他金融机构转贴现，或向中央银行申请再贴现。贴现息公式如下：

$$贴现息=贴现票据面额×贴现率×贴现日至票据到期日间隔期$$

(二)商业本票市场

商业本票是债务人开具，允诺在一定时间、地点，以一定金额支付给一定的受票人，以作为债权债务的凭证。发行商业本票仅限于少数著名的大企业。

四、大额可转让定期存款单市场

1. 大额可转让定期存款单市场的概念

大额可转让定期存款单市场，是经营可转让定期存款单的市场。大额可转让定期存款单市场是货币市场的新形式，于20世纪60年代初期开始流行。

2. 大额可转让定期存款单的特点

银行发行的大额可转让定期存款单与普通存款单不同，其特点是：①不记名，一般存款单为记名存款单；②可以转让，一般存款单不能转让买卖，只能由存款人支取；③面额大，金额比较固定，比如美国的最低金额在10万美元，一般在50万美元以上，一般存款单的面额不固定，最低存款额也不受限制；④期限短，大额可转让定期存款单的存款期限短，平均为4个月，最短为14天，最长一般在1年以内，一般存款单期限相对较长。

大额可转让定期存款单从名义上看是存款凭据，是存款人的债权凭证，实际上是银行发行的允许在一定日期(到期日)按票面金额和约定利率支付本金和利息的债券，属于允诺支付的银行本票性质，是银行负债管理的一种形式。

3. 大额可转让定期存款单的利率

大额可转让定期存款单的利率由发行人根据市场利率水平和银行本身的信用而定,一般比同期限国库券的利率高。

4. 大额可转让定期存款单的发行方式

大额可转让定期存款单有两种形式,即批发和零售。

5. 大额可转让定期存款单市场的意义

就资金供给者而言,多由大银行发行,信誉好,安全性高,流动性好,利率高于国库券和银行承兑汇票,是理想的投资场所,有利于动员他们的资金加入生产和流通。

从资金需求者来看,该模式是银行筹措资金的好方法,是扩大信贷资金来源的有效途径。

五、国库券市场

(一)国库券市场的含义与特征

1. 国库券市场的含义

在国外,国库券市场是在货币市场上发行和流通政府短期债券的场所。

2. 国库券市场的特征

市场风险小;流动性强;税收优惠。

(二)国库券的发行方式

国库券采用拍卖的方式发行,分竞争性投标和非竞争性投标两种。

竞争性投标是指在投标书中列出国库券的购买数量和购买价格。非竞争性投标是指在标书中只报出购买的数量,不报价格,而以中标价格的平均价为购买价格,但购买数量有最高限制。

(三)国库券的发行价格

国库券按券面折扣发行,到期按券面金额偿还,二者之差为国库券的利息。

(四)国库券的年收益率

国库券的年收益率计算公式如下:

$$国库券看收益率=\frac{本利和-买价}{买价}\div 未到期的天数\times 360\times 100\%$$

六、短期信贷市场

短期信贷市场在货币市场上占主要地位,它是银行通过吸收各种存款,然后对工、农、商各业及其他货币资金需求者提供短期信贷或抵押贷款。银行存款和贷款业务参看商业银行业务。

第三节 资本市场

资本市场是长期资金市场。资本市场的特点是：金融工具期限长；市场交易的目的主要是解决长期投资的资金需要；资金借贷量大；市场交易工具特殊。资本市场由证券市场和银行中长期存贷款市场构成。

> **重要提示**：因为银行中长期存贷款在商业银行一章中已涉及，因此在这里只讲资本市场中的证券市场。

一、证券市场

证券市场是指按照市场法则从事法律认可的有价证券的发行、转让等活动所形成的市场，包括一级市场和二级市场。

有价证券是指那些能够为其持有者带来收益，并能转让流通的资本所有权或债券证书。它是资本市场金融工具的基本形式，比如股票、债券等。

二、证券的发行(一级市场)

(一)证券的发行程序

必须依照国家法律规定的方法进行。

(1) 提出发行申请。向国家证券管理部门提出正式书面申请。申请的主要内容：近年来的财务状况，比如资产负债表、近几年的利润及亏损记录；拟发行证券的数量和条件；综合经营管理素质情况；拟发行证券的种类、方式、用途及票面应列事项；对新筹资金使用效益的分析预测等。

(2) 批准或核准发行。

(3) 落实发行任务。发行证券公司准备招募书等；选择、确定证券承销机构，比如选定推销、助销、包销(包括银团(如辛迪加)包销)机构；承销机构选择有利时机销售证券。

(二)证券的发行方式

证券的发行方式有公募和私募两种，具体内容如下所述。

1. 公募方式

公募方式是指发行人委托金融中介机构面向社会公开出售有价证券，主要分为募集发行、出售发行和投标发行。在公募发行中，发行对象不受限制，任何投资者均可认购股票，因而有利于发行公司吸收各方面的资金，筹资潜力大，且无须提供特殊优厚的条件，但公募发行的准备工作量比较大，而且必须在发行说明书中如实公布有关财务指标。

2. 私募方式

私募方式是将证券只出售给少数特定的投资者，即与发行人有某些关系的人。这种发行方式是小企业募集小额资金的方法。

一般上市交易的证券不能采用私募方式发行，必须采用公募方式。习惯上，国家债券的发行由中央银行代理，地方政府债券、企业债券和股票由投资银行承办。

投资银行在代理发行证券时，是公司企业的重要筹资参谋，比如对选择发行证券的种类、确定最佳发行时机、确定证券的发行利率和价格等都会提出建议。

(三)证券发行利率和发行价格的确定

1. 债券的发行利率

确定债券利率要考虑以下因素。
(1) 发行人的信用程度。
(2) 期限长短。
(3) 还本付息的方式。
(4) 管理体制(税赋、利率限制)。
(5) 银根松紧状况。

2. 债券的发售价格

债券的发售价格有面值发行、溢价发行和折价发行三种。

> **知识扩充**：债券发行价格的确定主要取决于债券票面利率和市场收益率的差异。当票面利率高于债券发行时的市场收益率水平时，为避免发债成本过大，可以相应提高发行价格，即采用溢价发行。当债券票面利率低于债券发行时的市场收益率水平时，为避免因收益过低而致使债券无人问津，可相应降低发行价格；当债券票面利率与市场收益率基本相等时，可采用平价发行。
>
> 例如，某企业发行面额为 1 000 元、年利率为 10% 的 5 年期公司债：当市场收益率为 8% 时，其发行价格=1 000×(1 +10%×5)÷(1+8%×5)≈1 071 (元)，即为溢价发行。
>
> 当市场收益率为 10% 时，其发行价格=1 000×(1+10%×5)÷ (1+10%×5) =1 000(元)，即为平价发行。
>
> 当市场收益率为 12% 时，其发行价格=1 000×(1+10%×5)÷(1+12%×5)=937.5(元)，即为折价发行。

3. 股票的发行价格

股票的发行价格有平价发行、溢价发行、折价发行、市价发行和中间价发行。

平价发行是以股票面额作为发行价格来发售股票，亦称"面值发行"。采用平价发行有助于股票的推销，益于发行者迅速筹集到股本金。

溢价发行是指以超过股票面额的价格发售股票。采用溢价发行可以使发行者用较少的股份筹集到所需的股本金，有利于提高资本利润率。

折价发行是以低于股票面额的价格发售股票。目前世界上许多国家一般不允许股票折

第七章 金融市场

价发行,比如英国公司法明文规定不准折价发行股票。美国多数州法律也规定折价发行股票是违法的,但也有些州规定为合法。我国公司法第 131 条规定:"股票发行价格可以等于票面金额,也可以超过票面金额,但不得低于票面金额"。

股票的分红派息取决于公司企业的盈利能力,分红派息的方式可以是现金,也可以折成股票,还可以是企业产品或企业其他资产。

三、证券交易系统(二级市场)

股票二级市场又称股票交易市场或流通市场,是指由股票持有人买卖或转让已发行的股票所形成的市场。股票二级市场是股票市场不可或缺的组成部分,它对整个股票市场的运行和发展都起着重要作用。证券交易系统分为两类,证券交易所交易系统和非证券交易所交易系统。

(一)证券交易所交易系统

1. 证券交易所

证券交易所是由证券管理部门批准的,为证券的集中交易提供固定场所和交易设施,并制定各项规则以形成公正合理的价格和有条不紊的秩序。

2. 组织形式

目前世界各国证券交易所的组织形式大致可分为公司制和会员制两类。公司制证交所是由各类金融机构和非金融机构共同投资入股建立起来的公司法人。会员制证交所是以会员协会形式成立的不以营利为目的的组织,主要由证券商组成。采用会员制的证交所只有会员及享有特许权的经纪人才有资格在证交所内进行证券交易。

3. 证券交易制度

证券交易所采用何种证券交易制度,直接影响到证券市场功能的发挥。根据价格决定的特点,证券交易制度可分为做市商交易制度和竞价交易制度两种。做市商交易制度又称"报价驱动制度",在该制度下,证券交易的买卖价格均由做市商报出,证券交易双方并不直接成交,而是向做市商买进或卖出证券。竞价交易制度又称"委托驱动制度",在该制度下,证券交易双方通过委托各自的经纪商,将交易指令送到交易中心,由交易中心进行撮合成交。目前世界上大多数发达国家的证交所一般都是采用混合的交易制度,而包括我国在内的新兴证券市场则大多实行竞价交易制度。

4. 证券交易所的主要功能

证券交易所的主要功能如下所述。
(1) 提供有关证券交易场所上的方便。
(2) 负责上市公司证券的资格审查。
(3) 负责管理交易所成员的交易行为。

证券交易所对证券价格的形成无影响,交易价格不是交易所规定的,也不是证券经纪人规定的,而是用一种特殊的竞价方式来确定的。

(二)非证券交易所交易系统

非证券交易所交易系统的交易活动一般没有固定的场所,交易室可以通过电讯手段或通过金融机构的柜台完成。

在金融机构柜台进行的交易,被称为柜台交易或店头交易。

非证券交易所交易系统的交易成本低(不需要买交易席位、不需要交入场费、不需要向社会公布财务状况),而且利于保守商业秘密。

(三)证券交易方式

证券交易方式有现货交易、信用交易、期货交易和期权交易。下面介绍期权交易的有关内容。

1. 期权交易的概念

期权又称选择权,是指它的持有者在规定的期限内具有按交易双方商定的价格购买或出售一定数量某种金融资产的权利。持有者也可以根据需要放弃行使这一权利。为了取得这一权利,期权合约的买方必须向卖方支付一定金额的费用。

2. 期权的分类

期权合约分为看涨期权和看跌期权两类。看涨期权:买方有权在某一确定的时间以确定的价格购买相关资产。看跌期权:买方有权在某一确定时间以确定的价格出售相关资产。

期权也可分为美式期权和欧式期权两类。美式期权的买方可以在期权的有效期内的任何时间行使或放弃权利。欧式期权的买方只能在合约到期时行使权利。

四、二板市场

(一)二板市场的概念

二板市场又称"创业板市场""技术股市场""新市场",它是为高科技领域中运作良好、成长性强的新兴中小企业提供融资的场所,是资本市场的重要组成部分。

二板市场依托计算机网络进行证券交易,为创业投资者提供退出通道,对上市公司的经营业绩和资产规模要求较为宽松,但对信息披露和主业范围要求相当严格。

(二)二板市场的特点

二板市场具有如下特点。

1. 面向高成长与高科技企业

二板市场主要是为达不到主板市场所要求的规模的中小企业提供服务,特别是为其中的高科技企业提供融资服务。具有非常好的发展前景,但当前盈利不一定好,且面临着很大的经营风险是从事高新技术的企业的共同特点。这决定了二板市场与主板市场有着不同的市场特征和监管特色。

2. 较低的上市要求

高科技企业发行上市前处于成长初期，其资产规模、盈利能力还达不到主板市场的要求，各国对二板市场的上市标准都低于主板市场，对业务记录的要求一般为 0～3 年，主要视业务性质而定，最低盈利要求也比较低。

3. 高风险市场

高新技术企业属于新兴行业，面临的技术风险、市场风险、经营风险以及内幕交易和操纵市场风险都很大，破产倒闭的概率比主板市场要高。

4. 保荐人制度

保荐人要确保申请上市公司完全符合二板市场的上市规定，所有上市文件均完全符合二板市场的要求，并且公司对所有重大事项和必要信息作出了充分披露。

二板市场的上市公司比主板市场上保留的推荐人时间更长，推荐人对上市公司的有关文件需仔细审核、充分披露，并承担风险责任。

5. 以机构投资者为主

二板市场风险大，需要投资者有较强大的判断能力和较高的风险承受能力，所以以专业投资者为主，个人投资者主要是通过共同基金和养老金间接参与。

6. 实行做市商制度

做市商制度是一种市场交易制度，由具备一定实力和信誉的法人做市商，不断地向投资者提供买卖价格，并按其提供的价格接受投资者的买卖要求，以其自有资金和证券与投资者进行交易，从而为市场提供即时性和流动性，并通过买卖价差实现一定利润。简单地说就是：报出价格，并能按这个价格买入或卖出。

7. 实行上市时效制度

信息的实效性规定了创业板公司风险的大小，直接影响到投资者的信心。《创业板招股说明书》第六条和第七条对招股说明书的有效性、招股说明书核准之日起至披露前、招股说明书内容被扩充、修改等都作了与主板不太一样的规定。

五、证券定价理论

(一)证券行市

有价证券的市场价格取决于有价证券的收益与银行利率的对比关系，它与自身的收益成正比，与银行利率成反比。用公式表达即

$$P = A / i$$

式中：P——有价证券市场价格；

A——证券收益；

i——现行利率。

(二)股票价格指数

1. 概念

股票价格指数是用以表示多种股票平均价格水平及其变动并衡量股市行情的指标。

2. 股票价格指数的计算方法

(1) 拉斯贝尔指数。拉斯贝尔指数简称拉氏指数,其计算方法是用基期的销售额作为权数,对个体价格指数求加权算术平均数,得出一个综合价格指数公式。同时,用基期销售额(或产值)对个体物量指数求加权算术平均数,得出一个与价格综合指数相对应的综合物量指数的方法。这两个指数都是德国人拉斯贝尔斯于1864年提出的。

(2) 帕氏指数。又称报告期加权综合指数,是1874年德国学者帕煦(Paasche)所提出的一种指数计算方法。它是在计算一组项目的综合指数时,把作为权数的变量固定在报告期。

知识扩充:从指数发展的历史来看,价格指数的编制方法主要有两种。一种是德国学者拉斯尔斯(Laspeyres)提出的用基期数量加权计算的价格指数,这一指数简称为拉氏指数;另一种是德国学者帕煦提出的用报告期数量加权计算的价格指数,这一指数简称为帕氏指数。拉氏指数的优点是用基期数量作权数可以消除权数变动对指数的影响,从而使不同时期的价格指数具有可比性。

(3) 费雪指数。该指数由美国统计学家欧文·费雪((Irving. Fisher)于1911年提出。费雪指数是指拉氏指数和帕氏指数的几何平均数,主要用于对指数公式的测验,以及调和拉氏与帕氏两种指数的矛盾,又被称为"费雪理想指数"。

3. 目前世界上影响较大的股票价格指数

(1) 美国的道琼斯股票价格指数。亦称道琼斯股票价格平均数,简称"道琼斯平均数"或"道琼斯指数"。美国道琼斯公司所编制的表明股票行市变动的一种股票价格平均数。在美国的各种股票价格平均数中,它的历史最悠久,最为著名,经常为经济界所引用。编制道琼斯股票价格指数所用的股票是在纽约证券交易所上市的65家美国公司的股票。

知识扩充:道琼斯股票价格指数,一般是指道琼斯第一组平均数,它是美国最有代表性的大工业垄断公司股票价格的平均数。股票价格平均数是表示股票价格水平变动的,它的涨落一般可以反映经济发展的变化情况。它通常以某年某月为基期,基期股票价格为100,以后各期的股票价格同基期相比计算出的百分数,即为该期的股票价格指数。道琼斯股票价格平均数的计算方法,最初是用简单算术平均的方法,即股票价格总数除以公司数。但是,随着经济的发展,行业结构发生了变动,有的公司被合并或是被吞并,各公司在市场上的作用发生了变化,尤其是在公司股票发生分割的情况下,如果仍用股票价格总数除以公司数的办法,就无法真实反映股票价格的变动情况。因此,该公司从1928年起采用新的方法计算。例如,有A、B、C三种股票,每股价格分别为20美元、25美元、45美元,价格总数为90美元,除以3,每股平均价格为30美元。现在C股股票分割,一分为二，每股价格降为 15 美元。这时，A、B、C 三种股票价格总数为 20+25+15=60 美元。在这种情况下，如果再按原来的办法简单地除以 3，所得的股票价格的平均数就是 20 美元，这与实际情况不符，因为原来 3 股股票价格平均数并没变动，因此，必须用新的除数，即用新的股票价格总数与旧的股票价格平均数相比，以其比值为除数，再以此除以新的股票价格总数，从而得出三种股票价格新的平均数。也就是 60÷30=2；60÷2=30 美元。这 30 美元就是在 C 股分为三股之后 A、B、C 三种股票新的平均数。

(2) 英国《金融时报》指数。全称是"伦敦《金融时报》工商业普通股股票价格指数"，是由英国《金融时报》公布发表的。包括从英国工商业中挑选出来的具有代表性的 30 家公开挂牌的普通股股票。以 1935 年 7 月 1 日作为基期，其基点为 100 点。

(3) 日经平均指数。简称日经平均指数 Nikkei225(日语：日本平均汇率价格、日经 225 指数)，是由《日本经济新闻社》推出的在东京证券交易所交易的 225 品种的股价指数。

(4) 恒生股票价格指数。由香港恒生银行全资附属的恒生指数公司编制的指数。入选样板股为香港股票市场 33 家上市公司，是以发行量为权数的加权平均股价指数。以 1964 年 7 月 31 日为基数日，基数点 100 点，并选出 30 家上市公司股票作为成分股，仅供恒生银行内部参阅，直至 1969 年 11 月 24 日才正式向外发布，开始点数是 150 点。

第四节 基 金 市 场

一、基金与基金市场的概念

1. 基金的概念

一般对基金有以下两种理解。

(1) 基金是通过发行基金股份或收益凭证，将投资者分散的资金集中起来，由专业管理人员分散投资于股票、债券或其他金融资产，并将投资收益分配给基金持有者的一种融资活动。

(2) 基金也指从事这类活动的金融中介机构。

2. 基金市场

基金市场是指各类基金的发行、赎回及转让所形成的市场。

3. 投资基金特征

投资基金有以下几种特征。

(1) 经营成本低。
(2) 分散投资降低了投资风险。
(3) 专家管理增加了投资收益机会。
(4) 服务专业化。
(5) 投资者按投资比例享受收益。

二、基金的种类

(一)按组织形式和法律地位划分

按组织形式和法律地位划分，可将基金分为契约型基金和公司型基金。

1. 契约型基金

契约型基金是依据一定的信托契约原理而组织起来的基金，其活动属于代理投资行为。

2. 公司型基金

公司型基金是依公司法成立的基金，通过发行基金股份将集中起来的资金用于投资各种有价证券。

(二)按基金的受益凭证是否可赎回划分

按基金的受益凭证是否可赎回划分，可将基金分为开放型基金和契约型基金。

1. 开放型基金

开放型基金是指基金管理公司在设立基金时，发行的基金单位总份数不固定，基金总额也不封顶，可视经营策略和实际需要连续发行，投资者可随时购买和转卖给基金管理公司。

2. 封闭型基金

封闭型基金是指基金管理公司在设立基金时，限定了基金的发行数额，在初次发行达到了预定的发行计划后，基金即宣告成立，并进行封闭，在一定时期内不再追加发行新的基金单位。

(三)按基金投资对象的不同划分

按基金投资对象的不同划分，可将基金分为股票基金、债券基金、货币基金、专门基金、衍生基金和杠杆基金、对冲基金与套利基金、伞形基金、基金中的基金。

(四)按投资目的的不同划分

按投资目的的不同划分，可将基金分为成长型基金、收入型基金和平衡型基金。

(五)按投资计划所编定的证券资产内容是否可以变更划分

按投资计划所编定的证券资产内容是否可以变更划分，分为固定型基金、融通型基金和半固定型基金。

1. 固定型基金

固定型基金是指投资基金按计划投资，其投资的证券资产一旦编定后，不论其价格如

第七章 金融市场

何变化，基金管理人都不得通过出卖、转让等方式任意改变已编入的证券资产。

2. 融通型基金

融通型基金是指基金管理人可根据市场情况，自由决定其证券投资的对象、出售并变更基金所编入证券资产的内容和结构，以有效防止受益凭证价格的跌落。

3. 半固定型基金

半固定型基金是指介于固定型与融通型基金之间，即投资基金投资的证券资产编定后，其管理人在一定的条件和范围内，可变更基金的资产内容。

三、基金及其市场运作

(一)投资基金建立的步骤

投资基金的建立需要经过如下步骤。
(1) 物色基金发起人，确定基金性质。
(2) 制定基金文件，向主管机关报批。
(3) 发布基金招募说明书，发售基金券。

(二)投资基金的交易

1. 封闭型基金的转让

封闭型基金的投资者不能向基金管理人申请赎回基金证券，但可以在基金市场上自由买卖基金证券。

2. 开放型基金的赎回

基金证券赎回是针对开放型基金而言的，指投资者向基金管理人赎回基金证券。基金管理人在每一个交易日都有责任以每一基金单位资产净值的价格赎回投资者卖出的基金。

(三)投资基金的变更和终止

1. 投资基金的变更

投资基金的变更是指投资基金在其运作过程中，因某种特殊情况而使基金本身或运作过程发生重大改变。一般基金发生变更行为，必须报主管机关核准。

2. 投资基金的终止

基金期限届满则基金视为终止。基金终止后，管理人、托管人必须聘请会计师事务机构和公正法律机构进行基金的清产核资和公证，并将清产核资后的基金净资产按照投资者的出资比例进行公正合理地分配。

> **知识扩充：《中华人民共和国证券投资基金法》**
> 《中华人民共和国证券投资基金法》是为了规范证券投资基金活动，保护投资人及相

关当事人的合法权益，促进证券投资基金和资本市场的健康发展而制定的法律。

《中华人民共和国证券投资基金法》于 2003 年 10 月 28 日在十届全国人大常委会第 5 次会议上通过，自 2004 年 6 月 1 日起施行。现行版本为 2015 年 4 月 24 日第十二届全国人民代表大会常务委员会第十四次会议修正。

第五节 外汇与黄金市场

一、外汇市场

(一) 外汇市场的概念

外汇市场是专门从事外汇买卖的场所活动，有狭义和广义之分。

狭义的外汇市场指银行间的外汇交易，包括同一市场各银行间的外汇交易、不同市场各银行间的外汇交易、中央银行与外汇银行之间以及各国中央银行之间的外汇交易活动。通常被称为批发外汇市场。

广义的外汇市场指由各国中央银行、外汇银行、外汇经纪人及客户组成的外汇买卖、经营活动的总和，包括上述批发市场以及银行同企业、个人间进行外汇买卖的零售市场。

(二) 外汇市场的主要功能

外汇市场主要有以下几项功能。

(1) 通过外汇市场可以实现购买力的国际性转移。

(2) 通过外汇市场可以调剂国际资金余缺，加速国际资金周转。

(3) 利用外汇市场所拥有的发达的通信设施及手段，可以提高资金使用效率。

(4) 进出口商利用市场中的远期外汇买卖业务，可有效地避免或减少因汇率变动带来的风险，从而促进国际贸易的发展。

(5) 外汇市场有助于各国政府和企业正确地进行有关决策。

(三) 外汇市场的分类

1. 市场形态

根据市场形态划分，可将其分为有形市场和无形市场。

(1) 有形市场。也称"欧洲大陆式"外汇市场。其特点是有固定的交易场所，参加交易的各方按规定时间在交易场所进行交易，比如巴黎、法兰克福、阿姆斯特丹、米兰等外汇市场。

(2) 无形市场。也称"英美式"外汇市场。其特点是没有固定的交易场所，其外汇交易都是通过电话、电报、电传、计算机网络等进行的，比如伦敦、纽约、苏黎世等外汇市场。

2. 市场交易主体

根据市场交易主体及业务活动方式划分，可将其分为国内外汇市场和国际外汇市场。

(1) 国内外汇市场。它的主体主要是本国居民。银行在这个市场上从事的外汇交易，大部分需要利用外汇经纪人的中介服务来完成。

(2) 国际外汇市场。亦即世界外汇市场，市场主体包括居民与非居民。银行在这个市场上从事外汇交易，一般是直接同其他银行进行，而不通过外汇经纪中介。

(四)外汇市场的主体

外汇市场的主体是指外汇市场的参加者。主要有外汇银行(外汇银行是其中最重要的主体机构)、外汇经纪人、进出口商及其他外汇供求客户、外汇投机者及中央银行或政府其他外汇管理机构等。

(五)外汇市场的交易方式

1. 即期外汇交易

即期外汇交易又称现货交易，是指在外汇买卖成交后当日或第二个营业日内进行清偿交割的一种外汇交易方式。

2. 远期外汇交易

远期外汇交易是指在外汇买卖成交一段时间后，再按双方预先约定交易的货币、数额和汇价进行清算交割的一种外汇交易方式。

3. 掉期外汇交易

掉期外汇交易是指某一种货币在被买入的同时即被卖出，所买入和卖出的货币金额相等但期限不同，或一个为即期一个为远期，或为两个不同期限的远期。当然掉期外汇交易也指某一种货币在被卖出的同时即被买入，所卖出和买入的货币金额相等但期限不同，或一个为即期一个为远期，或为两个不同期限的远期。

4. 套汇交易

套汇交易是指利用各外汇市场汇率的差别，低买高卖，获取地区间外汇差价收益的交易活动。

5. 套利交易

套利交易是指利用不同外汇市场存在的利率差异，进行外汇交易获利，又称"利息套汇"。套利活动主要有两种形式：不抛补套利和抛补套利。

6. 外汇期权交易

外汇期权交易是指远期外汇买卖权利的交易。外汇期权交易基本形式有两种，即买方期权和卖方期权。买方期权也称看涨期权；卖方期权也称看跌期权。

二、黄金市场

1. 黄金市场的概念

黄金市场是专门集中进行黄金买卖的交易中心、场所或活动。

2. 黄金市场的分类

(1) 按对国际黄金市场的影响程度划分，可将其分为国际性黄金市场和区域性黄金市场。

(2) 按交易结算的期限划分，可将其分为黄金现货交易市场和黄金期货交易市场。

(3) 按管理程度划分，可将其分为自由黄金交易市场和限制性黄金交易市场。

3. 黄金市场的主体

黄金市场的主体指黄金市场的参与者，即供求双方。

4. 黄金市场的交易方式

(1) 根据交割期限，可分为现货交易与期货交易。

(2) 根据交易黄金的转移方式，可分为账面划拨(黄金交易的基本形式)、实物交易、金币交易和黄金券交易。

本 章 小 结

本章主要介绍金融市场的概念、类型、构成要素和功能，以及货币市场及资本市场的金融工具及其业务运作。

(1) 金融市场是指实现货币资金借贷、办理各种票据和有价证券买卖的领域。金融市场有广义和狭义之分。

(2) 根据不同的分类标准，可以将金融市场分成不同的子市场。按照所交易金融资产的期限划分，可分为货币市场和资本市场；按金融交易标的物的性质划分，可分为外汇市场、黄金市场和保险市场。

(3) 金融市场的构成要素主要包括：金融市场参与者、金融工具、交易价格、组织形式等。

(4) 金融市场的功能主要表现在：能够迅速有效地引导资金合理流动，提高资金配置效率；能够及时反映经济活动的走势；为金融管理部门进行金融间接调控提供了条件；不仅为金融资产规模的扩大创造了条件，而且促进了金融工具的创新；促使居民金融资产多样化和金融风险分散化。

(5) 货币市场是短期资金融通的市场，是中央银行实施货币政策的场所。货币市场可分为同业拆借市场、商业票据市场、大额可转让定期存款单市场、回购市场、短期政府债券市场等。

(6) 资本市场是提供长期性资本融通的市场，其基本功能是实现并优化投资与消费的跨时期选择。按市场工具划分，资本市场通常由股票市场、债券市场和投资基金市场构成。

第七章 金融市场

本章习题

1. 金融市场与其他市场有何异同？
2. 简述金融市场的功能。
3. 试述金融市场的构成要素及其相互关系。
4. 货币市场由哪些子市场构成？
5. 同传统的定期存款相比，大额可转让定期存款单具有哪些特点？
6. 简述债券与股票的联系与区别。
7. 简述投资基金的特点。
8. 在回购市场中，利率的确定取决于哪些因素？
9. 投资基金发起人必须同时具备哪些条件？

第八章 国际金融

国际金融

【教学目的与要求】

通过本章教学,应使学生了解有关国际金融方面的基础知识,比如国际收支、外汇与汇率、国际储备等,理解国际金融的基本理论,掌握国际收支的主要内容、汇率的基本种类、国际储备的作用与构成部分,并要求在教学过程中,结合当前国际和我国的实际情况,重点掌握国际收支平衡表的编制和分析方法,以及汇率的标价方法、种类与外汇交易的基本方式。

【重点与难点】

- 国际收支及国际收支平衡表的概念。
- 国际收支的内容。
- 国际收支不平衡的原因及调节方法。
- 外汇与汇率的概念。
- 汇率的标价方法和汇率的种类。
- 汇率与经济的关系。
- 国际储备的构成及管理。

增强人民币汇率弹性 重视美联储加息对中国经济的影响

自 2020 年 5 月底以来,人民币汇率几乎呈单边升值态势,尤其是 2020 年 5 月至 2021 年 2 月之间,单边升值趋势过于明显。这样的升值表面上看起来比较稳健,但缺点也非常明显,那就是有利于国际投机资本的套利,而且容易产生利益输送。

新型冠状病毒肺炎疫情危机爆发之后,美元、欧元等国际货币严重超发,且利率归零或放大负利率,令我国与美欧日英等经济体的利差明显放大,这时一些国际投机资本就会从美欧等市场贷出美元等国际货币,然后通过各种方式输入我国,其中就包括虚假贸易等手段。因此,在新型冠状病毒肺炎疫情期间,中国的进出口贸易额激增,这里必然有虚假贸易的增量。

这些外汇输入我国境内之后,不仅通过利率差获利,同时还会借助人民币稳定的升值预期放大投机杠杆以获取暴利。这就使得国际资本巨额套取我国外汇储备,并给人民币的未来增加了不确定性。因此人民币汇率应加强双向波动,增加随机性,要打乱国际投机资本高杠杆套利的节奏,以避免恶意套利与利益输送导致我国财富与外汇储备的非正常流失。

美联储的加息与降息对世界经济的影响非常大。目前美元依然是国际主要货币,我国的国际贸易支付结算也是以美元为主。美元对我国的进出口商品有很强的定价权,因此美

第八章 国际金融

联储的货币政策的调整对我国经济的干扰是比较大的。

例如在新型冠状病毒肺炎疫情危机当中，美元严重超发且利率归零，导致国际大宗商品市场走出了超级牛市，煤炭等价格的飙升迫使我国的企业成本骤升，导致中国国内生产价格指数(PPI)居高不下，对我国的实体经济形成了严重冲击，也给我国的新基建增加了成本。

而美联储的加息与缩表周期必然引导美元回流，并会加大我国房企等的外债压力，会提高国内的债务风险，同时中美之间利差的缩窄，国际投机资本易跨境流出，进而冲击中国的流动性。

一般情况下，在美联储加息国际流动性下降时，国内可以通过宽货币对冲缩窄中美利差。虽然这会使国际资本更易跨境流出，容易导致人民币贬值，不过，国内的宽货币与美联储的紧货币形成对冲后，国内市场的流动性就会整体稳健，经济相对稳定。因此，有人认为美联储的加息与缩表对我国经济影响不大。

但问题在于，由于欧洲地缘风险导致全球通胀走高，欧美经济有陷入滞胀的嫌疑，这种情况下美联储加息难以有效控制通胀。一旦全球通胀无法有效控制，我国以降息降准对冲美联储的紧货币政策就会形成矛盾，会激化国内通胀快速上行。

在全球通胀没有明显回落的前提下，如果不对冲美联储的紧货币政策，国内的流动性就会下降，将会影响经济增长；而对冲则会刺激通胀，这将对我国经济造成严重的负面影响。

另外，美联储加息与缩表会抑制外部消费，后期对我国的出口会形成压力，而美联储的紧货币还有可能导致国际金融市场的高风险传导。美联储的加息与缩表周期是华尔街全球剪羊毛的主要周期，同时又在滞胀经济的前提下形成了复杂的国际经济局面。因此，国内要对美联储的加息周期高度重视，要重视美联储加息周期对我国金融与经济形成的风险。

【思考讨论】

谈谈增加人民币汇率的弹性的意义有哪些。

(资料来源：根据新浪财经头条综合整理)

第一节 国际收支

一、国际收支的概念

国际收支的概念有广义和狭义之分。

狭义的国际收支：等同于贸易收支或外汇收支。第二次世界大战以前都采用这个概念，直到二战后各国才开始采用广义的国际收支概念。

广义的国际收支是指一个国家在一定时期内对外政治、经济、文化往来所产生的全部国际经济交易的系统记录。

国际货币基金组织对国际收支的解释："国际收支是一定时期内反映如下内容的统计

报表：①一个经济实体与世界其他经济实体之间的商品、劳务和收益交易；②这个经济实体的货币、黄金、特别提款权的所有权变动与其他变动，以及这个经济实体对世界上其他经济实体之间的债权债务；③无偿转移及其对应登记，从会计学意义上讲，是平衡未能相互抵消的任何交易和变动所必需的项目。"

二、国际收支平衡表

(一)国际收支平衡表的概念

国际收支平衡表是系统地记录一个国家在一定时期(通常为一年)内全部国际收支项目及金额的统计报表。

(二)国际收支平衡表的编制原理

国际收支平衡表是按复式记账的原理编制的。

(三)国际收支平衡表的内容

各国依据自身经济状况的不同，国际收支平衡表的内容也繁简不一，但大多数国家都包括经常项目、资本项目和平衡项目。

1. 经常项目

经常项目也称往来项目，是本国对外经济交易经常发生的项目。它是国际收支平衡表中最主要和最基本的项目。

经常项目包括贸易收支、劳务收支和转移收支三项。

2. 资本项目

资本项目是用于记载资本的输出和输入总额，反映以货币表示的债权债务在国家间的转移。第二次世界大战后，资本输出的规模越来越大，因而资本项目在一些国家的国际收支平衡表中的地位日益重要。

它由长期资本的输出和输入以及短期资本的输出和输入构成。

3. 平衡项目

平衡项目是在国际收支经常账户差额与资本账户差额不能相抵时，使借贷双方总计得以达到平衡的项目。

它包括错误与遗漏、分配的特别提款权和官方储备。

(四)国际收支平衡表的分析

按照复式记账原理编制的国际收支平衡表，总是平衡的。那么如何判断一国国际收支是平衡还是失衡呢？这里涉及两个概念，即自主性交易和调节性交易。

自主性交易是指交易者出于自身的交易动机和需要进行的交易。它包括经常项目和资本项目中的长期资本收支。

调节性交易是指在自主性交易产生不平衡时所进行的用以调节自主性交易的不平衡而发生的弥补性交易。它包括资本项目重点短期资本和国际储备项目的变动。

通常判断一国国际收支是否平衡取决于自主性交易的差额：无差额为平衡；收入大于支出为顺差；收入小于支出为逆差。

三、国际收支的调节措施

一个国家的国际收支失衡会对国内经济产生不利影响，会直接影响对外扩大交往能力和信誉。大量逆差的存在，会使外汇供应短缺，外汇汇率上升，本币贬值，资本外逃。大量顺差的存在，会使本国汇率有升值压力，对出口产生不利影响，同时也面临较大的通货膨胀压力。一般要采取调节措施进行调节，可采取的措施如下。

1. 外汇缓冲政策

1) 概念

外汇缓冲政策是指一国政府为对付国际收支不平衡，把黄金和外汇储备作为缓冲体，通过中央银行在外汇市场买卖外汇，来消除因国际收支不平衡而形成的外汇供求缺口，从而使国际收支不平衡所产生的影响仅限于外汇储备的增减，而不会因汇率急剧变动而进一步影响本国的经济。

2) 优点与缺点

优点是简便易行，缺点是会因巨额的、长期的国际收支逆差，使国际储备枯竭。

2. 财政政策

1) 概念

财政政策是指财政部门用扩大或缩小财政开支、提高或降低税率的办法来平衡国际收支。

2) 运用

当国际收支出现逆差时，往往会实行紧缩性的财政政策，比如削减财政支出、提高税率以增加财政收入、减少投资和消费，致使物价下跌，从而扩大出口、减少进口，以消除逆差；当国际收支出现顺差时，往往会实行扩张性财政政策，抑制出口、增加进口，以消除顺差。

3. 货币政策

1) 概念

货币政策也称金融政策，是指西方国家经常采用的通过改变再贴现率和法定存款准备率来调节国际收支的政策措施。

2) 运用

当出现逆差时，往往会调高再贴现率和法定存款准备率，使信贷规模缩小，市场利率提高，导致需求下降进口减少、刺激资本流入抑制资本流出，实现平衡。当出现顺差时则反向操作。

4. 汇率政策

1) 概念

汇率政策是指一国通过汇率的调整来实现国际收支平衡的政策措施。

2) 运用

当国际收支存在逆差时，降低本国货币汇率，提高外汇汇率，使本国商品在国外市场上以外币计算的价格下跌，提高竞争力，刺激出口抑制进口。反之则反向操作。

运用这种方法的条件有以下几个：①实行自由贸易；②国内外物价稳定；③进出口商品的价格需求弹性大。

5. 直接管制

1) 概念

直接管制是指政府通过发布行政命令，对国际经济交易进行行政干预，以求国际收支平衡的政策措施。它包括贸易管制和外汇管制。

2) 副作用

会引起国际经济组织的反对，以及他国的反抗和报复。直接管制也不能真正消除国际收支不平衡问题，当管制取消后，不平衡问题还会重新出现。

第二节　外汇与汇率

一、外汇

外汇有动态和静态两种含义。

动态外汇是指一种国际汇兑行为，即把一国货币兑换成另一国货币，以清偿国家间债权债务关系的一种专门性经营活动。

关于静态外汇的概念有新的发展。过去，静态的外汇是指以外币表示的用于进行国际结算的支付手段和资产。现在，静态的外汇是指可以在国际结算中使用的各种支付手段和各种对外的债权。

按照《中华人民共和国外汇管理条例》的规定，外汇包括：①外国货币，包括纸币和铸币；②外币支付凭证，包括票据、银行存款凭证、邮政储蓄凭证等；③外币有价证券，包括政府债券、公司债券、股票等；④特别提款权、欧元；⑤其他外币资产。

二、汇率及其标价法

(一)汇率的概念

汇率是指两种货币的折算比率，是以一种货币表示另一种货币的价格。对这个概念的理解：汇率是两种不同货币之间的比价，它反映的是一国货币的对外价值。

第八章 国际金融

(二)汇率的标价法

汇率有直接标价和间接标价两种标价法,但在国际外汇市场上还有一种通用的美元标价法。

1. 直接标价法

1) 概念

直接标价法是指以一定单位的外国货币作为标准折算成一定数量的本国货币的标价方法。

2) 汇率的升降

在直接标价法下,一定单位的外币折算成的本国货币比原来增多,说明外汇汇率上升而本币汇率下跌,即外币升值本币贬值;反之,一定单位的外币折算成本国货币比原来减少,说明外汇汇率下跌而本币汇率上升,即外币贬值,本币升值。

目前世界上大多数国家采用这种标价法,我国也采用这种方法。

2. 间接标价法

1) 概念

间接标价法是指以一定单位的本国货币作为标准,折算成一定数量的外国货币的标价法。

2) 汇率的升降

在间接标价法下,一定单位的本国货币折算成的外币数额比原来增多,说明本币汇率上涨或外汇汇率下跌,即本币升值或外币贬值;反之,一定单位的本国货币折算成的外币数额比原来减少,说明本币汇率下跌或外汇汇率上升,即本币贬值或外币升值。

(三)汇率的种类

按照不同标准进行分类,有多种形式的汇率。按确定汇率的方法划分,有基本汇率和套算汇率;按对外汇管理宽严程度划分,有官方汇率和市场汇率;按外汇资金的用途划分,有贸易汇率和金融汇率;按汇率是否统一划分,有单一汇率和复汇率;按国际货币制度的演变划分,有固定汇率、浮动汇率和联合浮动汇率等;按银行外汇汇付方式不同划分,有电汇汇率、信汇汇率、票汇汇率;按外汇交易交割时间不同划分,有即期汇率和远期汇率。

三、汇率的决定和变动

(一)在纸币流通条件下,汇率的决定因素

纸币流通条件下汇率决定的基础是购买力平价,即两种货币购买力的对比。

(二)影响汇率变动的主要因素

影响汇率变动的主要因素有以下几种。

1. 一国的经济状况

经济增长强劲,增长速度加快,能从两方面引起本币汇率上升,反之会从两方面引起本币汇率下跌。

如果经济增长速度快,一是投资机会增多,使资本流入上升,导致本币需求上升,从而带动本币汇率上升;二是使出口有了强力的支撑,贸易顺差,从而使本币上升。

欧元汇率上升与欧洲各国的经济增长密切相关。

2. 国际收支的影响

一国如果出现国际收支逆差,对外债务增加,引起外汇需求增加,可能会导致外汇汇率上升和本币汇率下降;如果出现顺差,意味着对外债权增加,本币需求增加,可能带动本币汇率上升。

3. 一国的货币流通状况

如果一国发生通货膨胀,会使本币购买力下降,物价上涨,抑制出口,刺激进口增长。一般由于对内贬值自然也会对外贬值,从购买力平价角度讲会导致本币汇率下跌;同时因导致国际收支逆差,也会使本币汇率下跌。如果一国发生通货紧缩,从购买力平价角度讲,会使本国货币汇率上升,即本币升值;同时如果导致国际收支顺差,也会从另一方面使本币汇率上升。

4. 一国的利率水平

一国的利率水平高于其他国家,会导致国际资本流入本国,使本币需求上升,从而带动本币汇率上升。反之,会引起资本外流,使外汇需求上升,从而带动外汇汇率上升。

除上述因素外,政治因素、政府的各项政策因素、外汇管制、预期心理、金融投机等都会对汇率的变动产生影响。

(三)汇率变动对经济的影响

汇率变动对经济会造成以下影响。

1. 汇率变动对贸易和国际收支的影响

汇率变动会使该国进出口商品价格相应涨落,抑制或刺激国内外居民对进出口商品的需求,从而影响进出口规模和贸易收支。

2. 汇率变动对资本流动的影响

资本从一国流向国外,主要是追求利润和避免受损,因而汇率变动会影响资本的流出与流入。关于货币升值对于资本流动的影响,与汇率变动对资本流动的影响相反。

3. 汇率变动对国际储备的影响

本国货币汇率变动通过资本转移和进出口贸易额的增减,直接影响本国外汇储备的增加或减少。储备货币的汇率下跌,使保持储备货币国家的外汇储备的实际价值遭受损失,而储备货币国家则会因该货币贬值而减少债务负担,从中获利。

第八章 国际金融

4. 汇率变动对通货膨胀的影响

汇率变动后，会立即对进口商品的价格产生影响。首先是进口的消费品和原材料价格变动，进而以进口原料加工的商品或与进口商品相类似的国内商品价格也发生变动。汇率变动后，出口商品的国内价格也发生变动。比如本币汇率下降，则外币购买力提高，国外进口商就会增加对本国出口商品的需求。在出口商品供应数量不能相应增长的情况下，出口商品的国内价格必然上涨。在初级产品的出口贸易中，汇率变化对价格的影响特别明显。

在资本主义周期的高涨阶段，因国内外总需求的增加，进口增多，对外汇需求增加，外币价格高涨，导致出口商品、进口商品在国内价格的提高，并在此基础上推动了整个物价水平的高涨。

5. 汇率变动对国际债务的影响

汇率变动会使得债权国的债权利益减少，而债务国的债务减少会使其更愿意负债。

四、汇率制度

(一)汇率制度的概念

汇率制度是指一国货币当局对其货币汇率的变动所做的一系列安排或规定。

从 19 世纪末(约 1880 年)至 1973 年世界主要国家采用的是固定汇率制度，从 1973 年以后则主要采用浮动汇率制度。

(二)汇率制度的类型

汇率制度的类型如表 8-1 所示。

表 8-1 汇率制度的类型

汇率制度类型	含 义	类 型	特 点
固定汇率制度	它是指汇率的确定受平价制约，汇率只能围绕平价在很小的范围内上下波动	金本位制下的固定汇率制度	汇率围绕铸币平价(两国货币含金量的对比)，在黄金输送点内上下波动，政府有义务对汇率波动进行干预
		纸币本位制下的固定汇率制度	两种货币围绕黄金平价，在法定大范围内上下波动，政府有义务对汇率波动进行干预
浮动汇率制度	它是指一国不再规定其货币的金平价及汇率波动幅度，货币当局不再承担对汇率变动进行干预的义务，汇率由外汇供求关系来决定	自由浮动和管理浮动	自由浮动：政府对汇率波动不进行干预，外汇供求关系决定汇率
			管理浮动：政府对汇率波动进行干预，使汇率变动符合政府目标
		单独浮动和联合浮动	单独浮动：一国货币同任何国家货币没有固定比价关系
			联合浮动：货币集团国内各国货币之间保持固定比价关系，对集团外国家货币则实行联合浮动

第三节 国际储备

一、国际储备的概念、特征与作用

1. 国际储备的概念

国际储备是指一个货币当局所占有的、能随时用来干预外汇市场、支付国际收支差额的资产。

2. 国际储备的特征

国际储备具有如下特征。
(1) 政府的可得性。即资产能随时地、方便地被政府得到和支配。
(2) 流动性。即能容易地变为现金的能力。
(3) 普遍可接受性。即在外汇市场上或在政府间清算国际收支差额时易被普遍接受。

3. 国际储备的作用

国际储备具有如下作用。
(1) 国际储备是一国金融实力和地位的体现。国际储备主要来源于国际收支的经常项目和资本项目的顺差。国际储备数额的变化是国际收支变化的最终结果的体现，是一国经济实力、金融实力在国际地位上的体现。
(2) 国际储备可以调节国际收支的失衡。国际收支无论发生顺差或逆差，都需要进行调节，使其趋于平衡。国际储备在这个调节过程中起着缓冲作用，比如国际收支顺差带来的储备资产增加要存入国际储备中待用，国际收支逆差的形成过程是通过动用国际储备进行支付和清偿的。
(3) 国际储备具有干预外汇市场、调节本国货币汇率的作用。在管理浮动汇率制度下，当本国货币汇率在外汇市场上发生波动时，政府可动用国际储备来干预外汇市场的货币供求状况，使汇率稳定在政府期望的水平上。比如通过出售储备货币购入本国货币，使本币汇率上升；反之，通过购入储备货币抛出本币，使本币汇率下降。
(4) 国际储备是一国举借外债和清偿能力的基础及信用保证。一国的国际储备状况是国际金融机构评估国际资本对该国投资风险的指标之一。充裕的国际储备不仅便于国家在国际金融市场上举债，吸引外资流入，促进国内经济发展，而且还是债务国偿还本息的可靠保证。对于广大的发展中国家，由于其货币不是世界货币，因此更需拥有大量的国际储备来满足其经济持续发展的需要。

二、国际储备的构成

国际储备有狭义和广义之分。狭义的国际储备是指自有国际储备；广义的国际储备除自有国际储备外，还包括借入储备。

第八章　国际金融

(一)自有国际储备

自有国际储备主要包括一国的黄金储备、外汇储备、在国际货币基金组织的储备头寸和特别提款权,具体内容如下所述。

1. 货币用黄金储备

虽然自 1976 年起,根据国际货币基金组织的《牙买加协议》的有关规定,黄金同国际货币制度和各国的货币脱钩,黄金不再成为货币制度的基础,也不允许用于政府间国际收支差额的清算,即黄金非货币化。但是国际货币基金组织在统计和公布各成员国的国际储备时,依然把黄金储备列入其中,主要原因是黄金长期以来一直被人们认为是一种最后的支付手段,它的贵金属特性使它容易被人们接受。而且,世界上存在发达的黄金市场,各国货币当局可以方便地通过向市场出售黄金来获得所需的外汇,以平衡国际收支差额。

2. 外汇储备

外汇储备由各国官方持有的在国外可自由兑换的储备货币,和其他可以随时转换成这些货币的资产组成。具体包括政府在国外的短期存款,以及拥有的外国有价证券、外国银行的支票、期票、外币汇票等。

外汇储备与其他储备资产相比,有如下特点。

(1) 流动性强。即能够及时、自由地用于对外支付,满足国家间债权债务清偿的需要。

(2) 风险性大。即作为储备货币的汇率变动和运用储备货币的机会成本会给外汇储备带来较大的风险。

(3) 不稳定性。即外汇储备的量和储备货币的构成,会因各种内在因素和外在因素的变化而变化。

外汇储备是国际储备中的主体,在 20 世纪 70 年代以前,各国外汇储备的供应主要依赖美元,美元的国际收支状况将直接影响到各国国际储备的情况。美国国际收支顺差会导致国际支付手段不足,美国国际收支逆差会导致国际支付手段过多,造成世界性通货膨胀,因此美国国际收支状况将影响到世界贸易和国际经济往来能否顺利进行。20 世纪 70 年代后美元危机导致国际储备多元化,但美元仍是国际货币体系的核心。

3. 在国际货币基金组织的储备头寸

各成员国在基金组织的储备头寸是指成员国在基金组织的储备部分提款权余额,再加上向基金组织提供的可兑换货币的贷款余额。

成员国向基金组织认缴份额时,认缴份额的 25%须以可兑换货币缴纳,其余 75%用本国货币缴纳。当成员国发生国际收支困难时,有权以本国货币抵押的形式向该组织申请提用可兑换货币。按照国际货币基金组织规定的条件,最多可向国际货币基金组织提取认缴可兑换货币的 125%,其中 25%为储备部分提款权,其余部分为信用提款权。

4. 特别提款权

一国国际储备中的特别提款权(Special Drawing Right,SDR)部分,是指该国在基金组织特别提款权账户上的贷方余额，是相对于普通提款权之外的又一种使用资金的特别权利。

基金组织于 1969 年创设特别提款权，它不像黄金储备那样具有内在价值，也不像外汇储备那样有各种储备货币发行国的实际资源和财富作后盾，而是单纯靠基金组织信用流通使用的虚拟的信用储备资产。特别提款权只是一种记账单位，它不能直接用于贸易和非贸易支付，只是会员国在基金组织中的账面资产，因此其使用权仅限于基金组织会员国之间与基金组织之间的官方结算与支付。

(二)借入储备

国际货币基金组织现在把具有国际储备资产三大特性的借入储备统计在国际清偿力范围之内。借入储备资产主要包括备用信贷、互惠信贷协议、本国商业银行的对外短期可兑换货币资产三部分。

1. 备用信贷

备用信贷是指成员国在国际收支发生困难或预计要发生困难时，同基金组织签订的一种备用贷款协议。在协议中通常包括可借用款项的额度、使用期限、利率、分阶段使用的规定、币种等。协议签订后，成员国在需要时便可按协议规定的方法提用，无需办理其他手续。对于未使用部分的款项，只需缴纳 1%的年管理费。

凡按规定可随时使用但未被使用的额度，将会被计入借入储备。

2. 互惠信贷协议

互惠信贷协议是指两国签订的当一国国际收支困难时使用对方货币的协议。

互惠信贷与备用信贷相同的是：一国获得的储备资产是借入的，可以随时使用。它与备用信贷不同的是：备用信贷是多边的，互惠信贷协议是双边的，互惠协议只能用来解决协议国之间的收支差额，而不能用作清算同第三国的收支差额。

3. 本国商业银行的对外短期可兑换货币资产

本国商业银行在离岸金融市场或欧洲货币市场上的资产，因为其流动性强，所以对政策的反应十分灵敏。政府虽然对其没有所有权，也没被政府借入，但政府可以通过政策的、新闻的、道义的手段来诱导其流动方向，从而间接达到调节国际收支的目的。

这一部分储备资产也被称为诱导性储备资产。

三、国际储备管理

国际储备管理一般包括两个方面，一是数量管理，二是质量管理。数量管理研究的是一国应保持多少储备才算合理，质量管理研究的是如何正确处理储备资产的结构比例，使储备资产风险最小而收益最大。

国际储备作为备用资产，在未被使用时的闲置是一种损失和浪费，储备资产越多，需付出的机会成本就越高，因此储备的总量能满足需要就可以了，并不是越多越好。国际储备数量的多少主要取决于：一国国际收支状况、一国经济发展状况、一国的汇率制度、一

第八章 国际金融

国货币的国际地位、一国经济周期的变化、金融市场的发展程度、国际货币合作状况等因素。

国际储备的质量管理主要包括储备资产的形态结构、储备货币的币种结构和外汇储备资产的期限结构的管理。从国际储备的形态结构来看，各国外汇储备所占比重最大，确定外汇比重储备结构时，应该注意这几个问题：以该国对外支付常用的货币种类为主、选择有升值趋势的货币、适时保留未来偿债所用的货币、注意币种的多样化。在外汇储备资产的期限结构安排上，要注重安全性、流动性和营利性的有机结合。

本 章 小 结

本章主要介绍国际收支和国际收支平衡表，国际收支失衡的调节，国际货币制度的类型，外汇的概念，汇率的标价方法，影响汇率变动的因素和汇率变动对经济的影响，汇率风险和汇率制度。

(1) 国际收支是一定时期内一国居民与非居民之间经济交易的系统记录。国际收支平衡表是记录国际收支的工具，按照复式簿记原理编制，包括三大项目：经常项目、资本和金融项目、误差和遗漏项目。

(2) 国际收支失衡的调节包括自动调节机制和政策性调节机制。国际收支调节政策包括财政和货币政策、汇率政策、外汇缓冲政策、直接管制和其他奖出限入措施以及国际合作措施等。

(3) 国际货币制度是对国际交往中货币支付引起的外汇、汇率以及外汇收支等活动作出的安排。国际货币制度的产生与发展经历了三个阶段：国际金本位、布雷顿森林体系和牙买加体系。

(4) 外汇的概念有动态和静态之分。动态外汇是指国际汇兑的行为和过程；静态外汇是指以外币表示的、可以用作国际清偿的支付手段和资产。外汇具有三个主要特征：可自由兑换性、普遍可接受性和可偿性。外汇根据可否自由兑换，可分为自由外汇与记账外汇；根据来源与用途不同，分为贸易外汇和非贸易外汇。

(5) 汇率又称汇价或外汇行市，就是两种货币的兑换比率，也就是一国货币以另外一国货币表示的价格。常见的汇率标价方法有直接标价法、间接标价法和美元标价法。按照不同的分类标准，汇率可以分为基准汇率和套算汇率、买入汇率和卖出汇率、即期汇率和远期汇率等多种形式。

(6) 汇率的变动受到许多因素的影响，主要包括国际收支状况、通货膨胀差异、利率差异、经济增长、中央银行对外汇市场的干预、预期因素、政治因素等。汇率的变化也对经济的许多方面产生影响，主要包括对贸易收支、资本流动、国内物价、外汇储备、微观经济活动等方面的影响。

(7) 汇率制度又称汇率安排，是指一国货币当局对本国汇率变动的基本方式所作的一系列安排或规定。传统的方法将汇率制度分为固定汇率制和浮动汇率制。从 1999 年开始，国际货币基金组织对汇率制度进行了重新分类，分为无独立法定货币的汇率制、货币局制、传统的固定钉住制、水平调整的钉住制、爬行钉住制、爬行带内浮动制、不事先公布干预方式的管理浮动和单独浮动八类。

本 章 习 题

1. 简述金本位制下国际收支的自动调节机制。
2. 试述国际收支的政策调节机制。
3. 国际货币制度包含哪些内容？
4. 简述国际金本位制的主要内容。
5. 简述对布雷顿森林体系的评价。
6. 试举例说明直接标价法如何转变为间接标价法。
7. 如何理解货币升值与法定升值？
8. 试述影响汇率变动的主要因素。
9. 汇率变动对经济的影响有哪些？
10. 试比较固定汇率制和浮动汇率制的优劣。
11. 一国在进行汇率制度选择时应考虑哪些因素？

第九章 货币供求均衡

货币供求

【教学目的与要求】

通过本章学习，目的是使学生能够了解货币范围的扩展和货币的层次划分，理解货币供需理论的发展变化，掌握货币需求的概念与货币需求理论、货币供给的形成、货币供求均衡等，重点掌握货币需求和货币供给的形成过程，以及货币需求理论和货币供给理论。

【重点与难点】

- 货币层次。
- 货币需求概念。
- 货币供给理论。
- 货币供给的过程和影响因素。
- 货币供求均衡。

引导案例

金融支持实体经济稳固

《2020年第三季度中国货币政策执行报告》(以下简称《报告》)指出，2020年以来，新型冠状病毒肺炎疫情给我国经济社会发展带来严重冲击。在党中央坚强领导下，全国上下齐心协力，统筹疫情防控和经济社会发展工作取得重大战略成果。我国经济增长好于预期，供需关系逐步改善，市场活力动力增强。前三季度经济增长由负转正，第三季度国内生产总值(GDP)同比增长4.9%，前三季度居民消费价格指数(CPI)同比上涨3.3%，就业形势总体稳定，进出口贸易稳中向好。

《报告》指出，中国人民银行坚持以习近平新时代中国特色社会主义思想为指导，坚决贯彻党中央、国务院的决策部署，响应及时有力，加大宏观政策应对力度。稳健的货币政策更加灵活适度、精准导向。坚持以总量政策适度、融资成本明显下降、支持实体经济三大确定性应对高度不确定的形势，根据疫情防控和经济社会发展的阶段性特征，灵活把握货币政策调控的力度、节奏和重点，为保市场主体稳就业营造了适宜的货币金融环境，为疫情防控、经济恢复增长提供了有力支持。2021年以来，金融部门已推出涉及9万亿元货币资金的货币政策应对措施，前十个月，金融部门向实体经济让利约1.25万亿元。

一是保持流动性合理充裕。合理把握中期借贷便利、公开市场操作等货币政策工具的力度和节奏，保持短、中、长期流动性供给和需求均衡，有效稳定市场预期，引导市场利率围绕政策利率平稳运行。二是持续深化贷款市场报价利率改革。按期完成存量浮动利率贷款的定价基准集中转换工作，使贷款利率隐性下限被完全打破。三是完善结构性货币政策工具体系，突出分层次、有梯度的内在逻辑，增强直达性、精准性。四是以我为主，兼顾对外均衡。人民币汇率以市场供求为基础双向浮动，弹性增强，市场预期平稳，跨境资本流动有序，市场供求平衡。五是牢牢守住不发生系统性风险的底线，有效防控金融风险。

《报告》认为，总体来看，稳健的货币政策体现了前瞻性、主动性、精准性和有效性，成效显著，传导效率进一步提升，金融支持实体经济力度稳固。9月末，广义货币供应量(M2)同比增长10.9%，社会融资规模存量同比增长13.5%，增速均明显高于2019年。9月份，企业贷款加权平均利率为4.63%，较上年12月下降0.49个百分点。货币信贷结构持续优化，9月末，普惠小微贷款同比增长29.6%，制造业中长期贷款同比增长30.5%。人民币汇率双向浮动，在合理均衡水平上保持基本稳定。9月末，中国外汇交易中心(CFETS)人民币汇率指数报94.40，较2019年末升值3.29%。

《报告》强调，稳健的货币政策要更加灵活适度、精准导向，更好适应经济高质量发展需要，更加注重金融服务实体经济的质量和效益。完善货币供应调控机制，把好货币供应总闸门，根据宏观形势和市场需要，科学把握货币政策操作的力度、节奏和重点，保持流动性合理充裕，保持广义货币供应量和社会融资规模增速同反映潜在产出的名义国内生产总值增速基本匹配。健全市场化利率形成和传导机制，深化贷款市场报价利率改革，继续释放改革促进降低贷款利率的潜力，综合施策推动社会融资成本明显下降，发挥市场在人民币汇率形成中的决定性作用。增强结构性货币政策工具的精准滴灌作用，提高政策直达性。重视预期管理，保持物价水平稳定。处理好内外部均衡和长短期关系，尽可能长时间实施正常货币政策，保持宏观杠杆率基本稳定。打好防范化解重大金融风险攻坚战，健全金融风险预防、预警、处置、问责制度体系，维护金融安全，牢牢守住不发生系统性金融风险的底线。以创新驱动、高质量供给引领和创造新需求，加快形成以国内大循环为主体、国内国际双循环相互促进的新发展格局。

(资料来源：中国金融新闻网，https://www.financialnews.com.cn)

【思考讨论】

问题：为什么说货币供给机制受制于经济和金融体制？

第一节　货币供应量的定义

一、货币的范围

从本质与职能的角度来分析，货币是固定地充当一般等价物的特殊商品，具有价值尺度、流通手段、贮藏手段和支付手段等职能。凡是具备这些职能的，都应列入货币的范围。但是，随着商品经济的发展，不同形式的货币其职能均有一定的变化。

例如，简单商品经济时期，货币是具有价值和使用价值、交易双方共同接受的商品，具体有贝壳、牲畜、金属等货币形式；当银行券被人们普遍接受成为流通中的货币时，它具有货币的四种职能，是因为它是金的符号，但它不能作为世界货币使用；当纸币完全取代金币，成为流通中唯一的本位货币时，纸币能执行价值制度、流通手段、支付手段职能，执行贮藏手段的职能取决于币值的稳定程度，人们识别货币的准则开始发生了变化，

第九章　货币供求均衡

即不再把货币同价值与使用价值联系在一起，金币与纸币的共性是有实体、可触摸。进入 20 世纪以后，人们对货币的认识又被存款货币的出现打破了，这种能够购买商品的活期存款因可以充当流通手段和支付手段，得以进入货币的范围，这时的货币脱离了实体(不可触摸)。

到目前为止，现金(纸币和硬辅币)、活期存款是被人们普遍承认的货币。

二、准货币的概念

准货币又叫亚货币或近似货币，是一种以货币计值，虽不能直接用于流通但可以随时转换成通货的资产。准货币虽不是真正意义上的货币，但因其可以随时转化为现实的货币，故对货币流通有很大影响，是一种潜在货币。

货币与准货币的区分是通过划分货币层次来实现的。

三、货币层次的划分

1. 货币层次划分的意义

便于进行宏观经济运行监控和货币政策操作。

2. 货币层次划分的依据

即按照不同形式货币的流动性，或者说不同金融工具发挥货币职能的效率高低确定货币层次。也可以说是按货币作为流通手段和支付手段的方便程度来划分。

3. 货币层次的划分

货币作为一种法定的具有流通职能的货币符号，市场中货币的供给量的货币层次是如何划分的呢？

流通中的现金(M_0)是指银行体系以外各个单位的库存现金和居民的手持现金之和。

狭义的货币供应量(M_1)是指 M_0 加上企业、机关、团体、部队、学校等单位在银行的活期存款。

广义的货币供应量(M_2)是指 M_1 加上企业、机关、团体、部队、学校等单位在银行的定期存款。

1) 美国的货币层次划分

M_1=流通中的现金+旅行支票+活期存款+其他支票存款。

M_2=M_1+储蓄存款+小额定期存款+零售货币市场共同基金余额+调整项。

M_3=M_2+大额定期存款+机构持有的货币市场共同基金余额+所有存款机构发行的回购负债+调整项。

L=M_3+其他短期流动资产(L 代表广义货币需求)。

2) 我国的货币层次划分

M_0=流通中的现金。

M_1=M_0+企业活期存款+机关团体部队存款+农村存款+个人持有的信用卡存款。

M_2=M_1+城乡居民储蓄存款+企业存款中具有定期性质的存款+信托类存款+其他存款。

$M_3 = M_2 +$金融债券+商业票据+大额可转让定期存单等。

其中，M_1是通常所说的狭义货币供应量，M_2是广义货币供应量，M_2与M_1之差是准货币。

第二节 货币需求

一、货币需求的概念

货币需求指微观经济主体(个人、企业或政府)在既定的国民收入水平和分配范围内对持有货币的需求。

货币需求量是指人们通过对各种资产的安全性、流动性和营利性的综合衡量，在确定的最优资产组合中所愿意持有的货币量。

理解货币需求的概念应把握以下三点。

(1) 货币需求是一种现实需求，而非潜在需求。货币需求有名义需求与实际需求两种。

(2) 在理论上，人们的货币需求大致可分为对交易媒介的需求和对资产形式的需求。现实中，这两类货币的需求相互交融。

(3) 人们的货币需求取决于他们的各种持币动机。

二、货币需求理论的演变

一种是从宏观的角度出发，把货币需求定义为：为完成一定的交易量，需要有多少货币来支撑。或者说流通中的商品需要多少货币媒介来满足它的交换，马克思的货币必要量公式和费雪方程式就是这种类型。

另一种是从微观角度出发，把货币看作个人持有的一种资产，把货币理解为在收入一定的前提下人们愿意用货币保留的财富量。从剑桥学派提出现金余额学说后，经济学家主要是从后一种角度来研究货币需求。

(一)马克思的货币必要量公式

执行流通手段职能的货币必要量=商品价格总额/货币的流通速度，即

$$M = \frac{P \cdot Q}{V}$$

式中：M——流通中需要的货币总量；

P——商品价格；

Q——市场中流通的商品数量；

V——货币的流通速度。

该公式表明，货币量取决于价格水平、进入流通的商品数量和货币的流通速度这三个因素，与商品价格和进入流通的商品数量成正比，与货币流通速度成反比。

第九章 货币供求均衡

(二)传统的货币数量论

它的基本观点是：货币的数量决定着货币的单位价值和物价水平，货币的单位价值与货币的数量成反比，物价水平与货币的数量成正比。

两个非常著名的理论：费雪方程式和剑桥方程式。

1. 费雪方程式

费雪认为，从货币的交易媒介职能出发，商品交换总额与货币流通总额总是相等的。其公式如下。

$$MV=PT$$

式中：M——货币量；

V——货币流通速度(流通次数)；

P——一般物价水平；

T——总产出；

PT——国民收入。

费雪方程式的含义：货币数量乘以给定时间内的货币使用次数等于名义收入。

费雪在分析时认为，V 在短期内不变，因此货币需求 M 只与实际收入 PT 有关，当实际收入上升时，货币需求上升。在短期内可以认为货币的流通速度是常数。T 为产出水平，在短期内也是大体稳定的，所以货币量 M 的变化完全体现在价格 P 的变动上，即货币数量的变化引起商品价格的变化。

费雪方程式的缺陷：①不涉及利率的影响；②认为货币只有交易媒介功能；③混同金属货币与纸币及其对物价的不同作用；④V、T 不变的假设与现实不符。

2. 剑桥方程式

剑桥方程式属于现金余额学说，是由剑桥学派的经济学家马歇尔和庇古等人发展起来的。他们认为，人们的财富要在三种用途上进行分配：一是用于投资取得收益；二是用于消费取得享受；三是用于手持现金以获得便利。

第一和第二种用途的财富会很快被消耗掉，无须以货币形式来代表。第三种选择，即把货币保留在手中，便形成货币余额。人们需要货币只是为了保有现金，所以货币需求就是收入中用现金形式保有的部分。

剑桥方程式如下：

$$M=kPY$$

式中：k——手持现金占总财富的比例，为常量；

P——物价水平；

Y——总财富。

k 作为常量，一般受三个重要因素的影响。

(1) 便利与安全。即人们持有货币能获得的便利与避免的风险。

(2) 投资。持有货币投资所能获得的实际收入程度。

(3) 直接消费。即把货币转用于立即消费所获得的满足程度。

剑桥方程式的含义：货币需求与交易水平呈正相关，与名义国民收入呈正相关。

剑桥方程式是对费雪方程式的发展，其具体表现如下。

(1) 剑桥方程式把货币需求与经济主体的动机联系起来，从而成为真正的货币需求理论。

(2) 它除研究了货币的交易数量外，还研究了货币作为贮藏手段的数量。

(3) 费雪方程式中的 V 是常数，而剑桥方程式中的 k 是变量，更符合实际。

二者对货币需求分析的侧重点不同。费雪方程式把货币作为交易手段来研究货币需求，是作为流量进行研究的；而剑桥方程式把货币作为一种资产来研究货币余额，是把货币需求作为存量来研究的。

(三)凯恩斯的流动性偏好理论

1. 凯恩斯的货币需求动机(三动机)

(1) 交易动机的货币需求。交易动机的货币需求是指人们为进行日常交易而产生的货币需求。它主要取决于收入，且与收入成正比。

(2) 预防动机的货币需求。预防动机的货币需求是为应付那些意料之外的支出而产生的货币需求。它主要取决于收入，且与收入成正比。

(3) 投机动机的货币需求。投机动机的货币需求是指人们持有闲置的货币余额，以便在利率变动中进行债券投机并获取利润的需求。投机动机的货币需求与市场利率成反比。

概括地说，交易性货币需求包括前两个动机，它是收入的递增函数；投机性货币需求包括投机动机，它是利率的递减函数。

假设市场只有货币与债券两种资产。因为市场利率与债券价格成反比，因此当利率高时，人们预期利率在未来会下降，即预期债券价格将上升，会抛出货币购进债券，即人们的投机性货币需求减少。当利率低时，人们预期利率在未来会上升，会抛出债券获得货币，即人们的投机性货币需求增加。所以，投机性货币需求是利率的递减函数。

有一个问题需要特殊说明，流动性陷阱在极端情形下，即当利率低到一定程度时，所有经济主体都预期利率将上升，从而使所有的人都希望持有货币而不愿持有债券。在这种情况下，投机动机的货币需求将趋于无穷大，此时，若继续增加货币供给，将被无穷大的投机动机货币需求全部吸收，从而使利率不再下降。这种极端的情形，就是所谓的"流动性陷阱"。

凯恩斯认为，一般情况下，由流动偏好决定的货币需求在数量上主要受收入和利率的影响。其中交易性和预防性货币需求是收入的递增函数；投机性货币需求是利率的递减函数，所以，货币需求是有限的。但是当利率降到一定低点之后，由于利息率太低，所有人都会预期利率上升，人们不再愿意持有没有收益的生息资产(债券)，而宁愿以持有货币的形式来持有其全部财富。这时，货币需求便不再是有限的，而是无限大。这时，不论中央银行增加多少货币供应量，都将被人们无限大的投机性货币需求所吸收，将其储藏起来，利率不会再下降。这就像存在着一个大陷阱，中央银行的货币供给都落入其中。在这种情况下，中央银行试图通过增加货币供应量来降低利率的意图就会落空。如图 9-1 所示，当利率降到 i_1 点时，货币需求曲线 L 就会变成与横轴平行的直线，人们把这一直线部分称作"流动性陷阱"。所谓"流动性陷阱"，即代表着凯恩斯分析的货币需求发生不规则变动的一种状态。

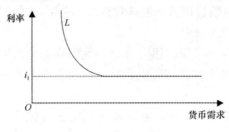

图9-1 流动性陷阱

2. 凯恩斯的货币需求函数

$$M=M_1+M_2=L_1(y)+L_2(r)$$

式中：M——货币总需求；

M_1——交易性的货币需求；

M_2——投机性的货币需求；

y——收入；

r——市场利率；

L_1——M_1 与 y 的函数关系；

L_2——M_2 与 r 的函数关系。

货币总需求包括交易性货币需求与投机性货币需求，交易性货币需求是收入的递增函数，投机性的货币需求是利率的递减函数。

3. 凯恩斯货币需求理论的贡献

凯恩斯货币需求理论首次提出了货币需求的三个动机，建立了货币需求函数；首次分析了货币需求的利率弹性问题。提出的政策主张：管理当局可以通过改变利率来影响货币需求量。

4. 凯恩斯货币需求理论的政策含义

中央银行通过增加货币供应量，可降低利率、扩大投资，增加就业和产出，刺激货币需求增加，进而使社会总需求增加，就业量与国民收入成倍增长。这就是凯恩斯提出的解决失业问题的政策措施。

但是，当货币供应量大量增加，利率降到某一极限时，就会进入流动性陷阱，货币需求量会无限增大，使货币政策完全失效。这时候，解决失业问题的办法是财政政策，即通过政府扩大财政支出，直接进行投资以刺激有效需求增加。因此国家必须对经济进行调节。

5. 凯恩斯货币需求理论的发展

一是由交易动机和预防动机引起的货币需求不但是收入的函数，也是利率的函数；一是人们多样化资产选择行为对投机性货币需求的影响。

(1) 对交易性货币需求和预防性货币需求的研究。

鲍莫尔和托宾从收入和利率两个方面，对交易性货币需求进行了细致的研究，证明了交易性货币需求不但是收入的函数也是利率的函数。

平方根公式表明货币的交易性货币需求与收入 y 和债券的交易费用 b 成正比，同时与利率 r 成反比。利率和预防性货币需求也是负相关的关系。

(2) 对投机性货币需求的研究。

托宾和马克维茨等人提出了资产组合理论。他们认为，人们可以选择货币和债券的不同组合来持有财富，在选择不同比例的组合时，不仅要考虑各种资产组合带来的预期报酬率，还要考虑到风险。

人们进行资产组合的基本原则是，在风险相同时选择预期报酬高的组合，在预期报酬相同时选择风险低的组合。

预期收益率可以用数学期望来计算，风险用标准差来计算。

(四)现代货币数量论关于货币需求理论的一般内容

弗里德曼的新货币数量说是现代货币数量论的代表。1956 年，米尔顿·弗里德曼发表《货币数量说的重新表述》一文，以货币需求理论的形式，提出新货币数量说。

1. 货币需求的决定因素

货币需求的决定因素有以下几个。

(1) 总财富。总财富(包括人力财富与非人力财富)是制约人们货币需求规模的变量。但是，由于总财富无法用货币来直接测量，因而它以恒久性收入为代表而成为货币需求函数中的一个变量。

(2) 人力财富与非人力财富的比例。一般来说，人力财富在总财富中所占的比例越大，货币需求就相对越多。

(3) 货币及其他资产的收益。其他资产的收益是人们持有货币的机会成本。所以，其他资产的收益率越高，货币需求就越少；反之，其他资产的收益率越低，货币需求就越多。在弗里德曼的货币需求函数中，被作为机会成本变量的主要有债券的预期收益率、股票的预期收益率及实物资产的预期收益率(即预期物价变动率)。

(4) 影响货币需求的其他因素。

2. 货币需求函数

货币需求函数的公式如下：

$$\frac{m_d}{p} = f\left(y, w_m, r_m, r_b, r_e, \frac{1}{p} \cdot \frac{d_p}{d_t}, u\right)$$

式中：$\dfrac{m_d}{p}$ ——实质货币需求量；

p ——物价水平；

r_m ——货币预期收益率；

r_b ——债券的预期收益率；

r_e ——股票的预期收益率；

$\frac{1}{p} \cdot \frac{d_p}{d_t}$——物价水平的预期变动率,实物资产的预期收益率;

w_m——非人力财富占总财富的比例;

y——名义恒久性收入;

u——影响货币需求的其他因素。

3. 结论

与凯恩斯的货币需求理论完全不同,表现如下。
(1) 货币需求是稳定的,这与恒久收入的稳定相关;对利率变动不敏感。
(2) 货币需求通过货币数量影响总支出,从而转到货币供给量的变动影响价格与产量上。
因此,弗里德曼认为,要稳定经济,就必须稳定货币供应。

三、中国货币需求函数的构造

中华人民共和国成立后,我们一直按照 1∶8 的公式,即现金与社会商品零售额之比,确定货币需求量与货币供给量。但改革开放后,货币需求变得多层次化、复杂化,我们对货币需求量的测算也不仅局限于现金需求量的测算上,近年来主要运用基本公式法,我国确定了货币增长率的公式。

这个公式也有一定缺陷:一是假定经济增长率与货币增长率是 1∶1 的关系;二是笼统地把物价上涨率作为货币需求的增量依据,并以此确定货币供给量,这样会助长通货膨胀的发生。

经过体制改革,中国经济运行的市场化程度大幅提升,经济货币化进程、价格改革基本完成,金融市场从无到有,规模逐渐壮大,运作日渐规范,企业的约束机制也逐渐建立起来。新的市场经济体制的基本确立,使我国现阶段货币需求的决定与影响因素逐渐接近西方货币需求理论的分析,除了收入、财富等规模变量外,其他金融资产收益率水平等机会成本变量也成为影响我国货币需求的更要因素。

1. 收入

无论从宏观角度还是从微观角度分析货币需求,收入都是决定我国货币需求量最重要的因素。从宏观视角看,收入的替代指标是产出。国民收入核算的基本原理告诉我们,国民总产出即为国民总收入。因此,伴随我国产出的逐年增加,经济总体的增长,对交易性货币的需求必然不断增加。从微观角度看,国民总收入即为要素提供者与企业经营者收入之和,经济增长带来的收入增长在市场经济下主要表现为各微观经济主体的货币收入增加。伴随着生产流通的扩大和生活水平的提高,货币支出就会相应扩大,也就需要有更多的货币量来作为商品交易的媒介,交易性货币需求必然相应增加。上述分析实际上是从宏观和微观不同视角对同一问题进行的分析。更通常的说法是,随着一国经济的增长和收入的增加,该国经济运行对执行交易媒介职能的货币将产生更多的需求。众多学者以经济增长率作为收入增长率衡量指标,用模型测算货币需求总量方式的变化也证实了这个关系。

2. 物价水平

从理论上说，物价水平的变动对交易性货币需求和资产性货币需求产生的影响不同。就交易性货币需求而言，在商品和劳务量既定的条件下，价格水平越高，用于商品和劳务交易的货币需求也必然增加，因此，物价水平和交易性货币需求之间是同方向变动的关系。相反，物价水平与资产性货币需求呈反向变动关系。这是因为在物价水平持续上升的情况下，微观经济主体作为资产持有的货币，其价值会伴随着物价水平的上升而不断下降。为了避免损失，理性的经济主体会相应减少资产性的货币需求。

就我国目前的状况来说，物价水平的上升更容易引起货币需求总量的增加，其原因在于交易性货币需求对物价上升更富有弹性，而资产性货币需求对物价上升不敏感。在目前我国社会保障体制还不完善和金融市场不健全的情况下，居民部门对未来支出的不确定预期增强，即使在物价不断上涨的通货膨胀时期，也不愿将货币性资产转化为商品性资产或其他证券类资产，因此资产性货币需求并不随着物价的上涨而下降，甚至经常出现在通货膨胀时期资产性货币需求增加的情况。

3. 其他金融资产收益率(利率)

改革开放以来，伴随着金融市场从无到有、从小到大的发展历程，除了货币之外，人们还通常持有股票、债券、保险等非货币性金融资产。非货币性金融资产是货币的替代物，当债券、股票等金融资产的收益率上升时，人们往往愿意减少货币的持有数量，而相应增加非货币性金融资产的持有数量，此时，资产性货币需求下降。在上面所述的西方货币需求理论中，货币资产的收益率通常被假定为零，利率被视为债券和股票收益率的代表，因而得出利率与资产性货币需求反方向变动的关系。在现实中，存款性货币的收益率大于零，因此，人们会比较存款利率与债券利率、股票收益率之间的关系，根据自己的风险偏好进行资产组合与调整，资产性货币需求也会发生相应变动。

近几年，我国的货币市场和资本市场发展较快，金融工具的种类不断增加，规模也逐渐加大，非货币性金融资产对货币资产的替代效应已经逐渐显现。可以预期，随着我国金融市场的快速发展和不断规范，金融资产对货币资产的替代性将越来越强，人们的资产性货币需求将会随着金融市场的稳健发展而出现增速减缓的趋势。

第三节 货币供给

一、货币供给的概念

对货币供给可以从动态理解也可从静态理解。

从动态来看，货币供给是指中央银行和商业银行向流通中投入、扩张或收缩货币量的行为和过程。现金与存款共同构成社会的货币供应量。其中，现金由中央银行供给，存款由商业银行供给。

从静态来看，货币供应量是指一国各经济主体所持有的现金(通货)与存款的总和。它是一个存量概念。

二、货币供给形成的机制

(一)银行是现代经济中货币供给的主体

1. 大部分存款货币是由商业银行创造出来的，存款货币是基础货币的重要构成之一

商业银行一方面要吸收存款，另一方面又要把这些存款贷出去，放出去的贷款经过市场活动又成为另一家银行的存款，这些存款又会被这家银行贷出，如此循环往复。资金这样反复进出银行体系，使银行存款不断扩张，这就是商业银行创造存款货币的过程。(详细内容已在商业银行信用创造与收缩中讲述。)

2. 中央银行在货币供给中的作用

中央银行在货币供给中主要有以下作用。

(1) 创造银行券(现金供给的形成)。

发行银行券是中央银行的重要职能，流通中的现金都是通过中央银行的货币发行业务流出的。中央银行发行的银行券——现金，是基础货币的又一构成部分。

(2) 中央银行主要通过调整、控制商业银行创造存款货币的能力及行为实现其在货币供给过程中的作用。

商业银行创造存款货币的能力，取决于取得原始存款和中央银行的法定存款准备率的高低。

原始存款来自吸收现金存款和从中央银行取得的贷款。我们假定整个社会的现金均已存入银行系统，而商业银行均最大限度地将其运用出去，那么决定商业银行增加放款从而增加存款创造的决定性因素就是中央银行提供给商业银行的贷款。

中央银行向商业银行提供货币资金的方式主要有：再贴现、再贷款、降低法定存款准备金率和在公开市场上购买有价证券(作用机理在之后的货币政策一章中再详细分析)。这些方式均会导致商业银行在中央银行的超额准备金发生变化，从而增加或收缩商业银行的放款能力。但是除法定存款准备金率具有绝对的强制力外，再贴现、再贷款和公开市场业务都是非强制性的调整，商业银行可以选择决定。

(3) 中央银行对基础货币的决定。

基础货币是指流通于银行体系之外的现金(通货)和银行体系的储备之和或者说基础货币是现金与商业银行在中央银行的准备金存款之和，用公式表示为

$$B=C+R$$

其中 B 为基础货币，C 为现金，R 为存款准备金。

基础货币有一定的稳定性，不论存款被提现还是现金存入银行，基础货币的数量都不会改变。

中央银行对基础货币的控制也就是中央银行对银行券和商业银行存款准备金的影响和控制。

从上述过程中可以看出，中央银行在货币供给过程中是初级的，并不直接改变流通中的货币供应量，商业银行是最终改变流通中货币量的角色，处在终极的位置。

(二)商业银行的扩张信用和派生存款机制

商业银行不具备信用创造基础货币的功能,却具备在中央银行放出基础货币的基础上扩张信用、创造派生存款的能力。

1. 商业银行存款创造过程

假设法定存款准备率为20%,那么商业银行体系的存款创造过程如表9-1所示。

表9-1 存款创造过程

银 行	存款增加额	存款准备金增加额	贷款余额
A	1 000	200	800
B	800	160	640
C	640	128	512
D	512	102.4	409.6
…	…	…	…
合计	5 000	1 000	4 000

需要注意的是,是中央银行放出的每笔信用并不能由商业银行无限制地创造派生存款。

2. 商业银行创造派生存款的制约因素

一般来说,银行体系扩张信用、创造派生存款的能力要受以下三类因素的制约。

(1) 缴存中央银行存款准备金。商业银行吸收的存款并不能全部用于发放贷款或投资于有价证券,其中有一部分要按规定的比例缴存中央银行,还要留一部分作为应付客户提存和支用的业务周转金而存入中央银行。这样一来,这一部分就不能作为商业银行继续发放贷款的资金来源。

(2) 提取现金数量(现金漏损)。存款中有一部分要转化为现金,一旦商业银行的存款转化为现金,流出银行体系,这部分存款也就失去了扩张信用、创造派生存款的能力。

(3) 企事业单位及社会公众缴付税款。各类法人单位及居民个人缴纳税款、购买政府债券,都会使其在商业银行的一部分存款转化为财政存款。财政存款直接存入中央银行(中央银行代理国库的职能),不属于商业银行的信贷资金来源,因此商业银行也就失去了继续扩张信用的能力。

(三)基础货币与派生存款倍数衡量

基础货币与派生存款的倍数衡量是通过货币乘数来实现的。

货币乘数也称"货币创造乘数""信用的扩张倍数" 或"存款的扩张倍数",是狭义货币供应量和广义货币供应量与基础货币的比率,体现为一定量的基础货币扩张的倍数。它反映了基础货币派生出货币供应量的能力。一般用 m 表示,其公式为

$$m = M/B \ (m \text{ 为广义或狭义货币供应量},\ B \text{ 为基础货币})。$$

第九章 货币供求均衡

货币供应量与基础货币的关系为：

$$M=mB.$$

由上式可见，货币乘数越大，表明基础货币扩张的能力越强；货币乘数越小，表明基础货币扩张的能力越弱。

三、决定货币供给的其他因素

通过上述内容可知，银行主宰货币的供应，货币供应量取决于银行的业务操作。事实上这只是一个简单的推论，实践证明银行通过业务操作实现的货币供应及其调整，归根结底取决于社会各部门对货币的需求。货币需求对货币供给的决定作用具体表现在以下几个方面。

1. 中央银行控制基础货币的直接程度受制于货币需求

(1) 中央银行对现金的控制是相对的。中央银行发行现金的数量最终取决于社会各部门和公众对现金的需求。

(2) 中央银行对商业银行的准备金存款的控制是相对的。商业银行的准备金存款由法定和超额准备金存款两部分构成。中央银行通过制定法定存款准备率，可以控制法定存款准备金，但中央银行对再贴现率的变化、再贷款规模的改变、公开市场业务的操作，其影响都要取决于商业银行对中央银行适时调节手段的反应。而这种反应既与中央银行政策手段本身的诱惑有关，也与银行可贷规模、物价稳定程度和对市场的预期有关。

2. 商业银行扩大信贷规模受制于社会的信贷资金需求

商业银行贷款的形成取决于借贷双方的共同意愿。即使中央银行实行了一系列扩张政策手段后，商业银行最终增加了存款准备金，货币供应量就一定会扩大吗？答案是否定的。例如商业银行愿意提供贷款而且也有能力贷款，但客户不愿借(比如在经济萧条时期)，也不能扩大货币供给；同样地，客户愿借，但银行愿意保存较多的超额准备而不贷，结果也不能扩大货币供给。

3. 社会公众持有现金的愿望影响货币供给总量

流通中现金存入银行，可以成倍派生存款，扩大货币供给量。但现金被存款户从银行中取出则会大幅度地减少存款货币量，从而大大降低商业银行的存款创造能力。因此非银行部门持有现金数量的大小，将会直接影响到货币供应总量。

社会持有现金的数量受经济运行的影响。比如经济繁荣期，利率上升，人们愿意放弃不生息的现金，将其转换为存款及各种有价证券，减少持币量；经济萧条期，对金融资产的不安全感使人们纷纷从银行提取现金以求安全。

结论：在货币供应这个链条中，存在多个环节。首先是中央银行对基础货币的影响程度，其次是商业银行准备金存款的改变对货币供应量的影响程度。其中任何一个环节都会影响到货币供应量的最终形成。

货币需求对货币供给的制约作用说明：尽管银行部门可以提供或者调整货币量，但社会并不会简单地接受这个量。货币供应量的最终形成是社会各部门共同作用的结果。

四、财政收支对货币供给的影响分析

当政府的财政收支出现赤字，需要采用特定的方式弥补赤字时，会影响货币供给量的变化。例如从历史上看，政府经常会由于战争、自然灾害，或过去庞大的皇室支出导致财政赤字，经常增加铸币来弥补赤字，从而直接增加了货币的投放量。

在不兑现信用货币流通的情况下，财政赤字的弥补主要有两个途径：一是向社会公众借款，二是向银行借款。下面分析这两种途径对货币供给量的影响。

(一)向社会公众借款

社会公众用闲置资金购买政府发行的债权，使社会公众手中的闲置资金转移到政府部门，在这个过程中，现金和存款货币会从社会公众手中转移到政府的存款账户上，而货币供给量没有发生变化。但是如果个人或企业不是用闲置资金购买政府债券，就会引起借款增加，而且银行为满足他们的贷款需求，会增加从中央银行的贷款，这就引起了货币供应量的增加。

(二)向银行部门借款

向银行部门借款又分为向商业银行和向中央银行借款两种情况。

1. 向商业银行借款

政府以发行债券的形式向商业银行借款。如果商业银行用超额存款准备金购买政府债券，并没有因此增加它向中央银行的借款，货币供应量不增加。如果由于商业银行购买政府债券，引起商业银行超额存款准备金不足，然后再向中央银行进行再贷款、再贴现或者卖出中央银行票据，这样就会增加货币供给量。

2. 向中央银行借款

当财政向中央银行借款时，对货币供给量的影响非常直接。比如财政向中央银行出售债券，中央银行购买国债的结果是：中央银行持有政府债券数量增加，同时财政存款增加，随着财政的支出，现金货币增加、商业银行的存款准备金增加，即基础货币增加，并在货币乘数作用下使货币供应总量按乘数成倍扩张。如果财政以借款方式从中央银行取得资金，那么中央银行对财政的贷款增加，同时财政存款增加，随着财政支出的过程，基础货币增加，同样在货币乘数的作用下，货币供应量会成倍地增加。

货币乘数，也称货币扩张系数，是用以说明货币供给总量与基础货币之间倍数关系的一种系数。在基础货币一定的条件下，货币乘数决定了货币供给的总量。

五、货币供给的理论模式

根据以上对货币供给过程的分析，我们可以用一个公式表示货币供应过程中各个因素之间的关系：第一层次的货币供给等于第一层次的货币乘数乘以基础货币，即

$$M_1 = K_1 \cdot B$$

其中，M_1 为第一层次的货币，B 为基础货币，K_1 表示第一层次的货币乘数。

公式中，B 是中央银行可以基本直接控制的量。在 M_1 目标值一定的条件下，中央银行根据各时期测定的 K_1，确定此期间对 B 的调节量并通过调节 B 达到调节 M_1 的目的。

确定货币乘数的方法有两种。

一是根据历史资料建立回归方程，确定货币乘数。但货币乘数是受多种因素影响的变量，如果这些因素变化不定，K_1 也就不能准确确定，中央银行通过控制基础货币来调节 M_1 的计划就会落空。

二是通过公式，即

$$K_1 = \frac{c' + 1}{c' + e + r_d + r_t \cdot t}$$

从公式中可以看出货币乘数的决定因素共有 5 个：活期存款的法定准备金比率(r_d)、定期存款的法定准备金比率(r_t)、定期存款比率(t)、超额准备金比率(e)及通货比率(c')。这些决定因素本身又受多种因素的影响，它们对货币乘数，对货币供给量的影响更是纷繁复杂。

六、货币供给理论中的"新观点"

《雷德克利夫报告》提出了一种"新观点"：

第一，对经济真正具有重大影响的不仅是传统意义上的货币供给(即狭义货币供给)，而且是包括这一货币供给在内的整个社会的流动性；第二，决定货币供给的不仅是商业银行，而且是包括商业银行和非银行金融机构在内的整个金融系统；第三，货币当局所应控制的不仅是传统意义上的货币供给，而且是整个社会的流动性。

> 思考：下列情况对基础货币有何影响？
> (1) 公开市场卖出。
> (2) 政府利用向公众发行债券的方式弥补赤字。
> (3) 中央银行提高贴现率。
> (4) 政府向中央银行透支。
> (5) 中央银行为阻止本币升值而购入外汇。
> (6) 公众到银行提取现金。
> (7) 中央银行向国内企业购入 1000 台计算机。
> (8) 财政部利用它在中央银行的存款收购粮食。

第四节 货币供求均衡

一、货币均衡的判断

1. 货币供给与货币需求的关系

如果把货币供给看作是外生变量,那么它就决定着货币需求。当经济处在商品短缺阶段时,经济运行过程中存在着大量的投资机会,货币需求非常大,货币供给的外生性非常明显。

如果把货币供给看作是内生变量,那么它就取决于货币需求。当经济处在商品相对过剩阶段时,在经济运行过程中投资机会不多,货币需求变小,货币供给的内生性变得非常明显。在纸币流通的情况下,发生通货紧缩,这体现了货币供给的内生性。

2. 货币均衡

货币均衡就是指货币供给和货币需求大体相等的状态,即 $M_S \approx M_D$。

货币的非均衡就是 $M_S \neq M_D$。即或 $M_S > M_D$,存在通货膨胀;$M_S < M_D$,存在通货紧缩。

货币均衡和非均衡的判别标志是物价和利率。

(1) 物价。如果价格水平提高,则名义收入增加,名义货币需求增加;价格水平下降,名义收入减少,名义货币需求减少。如果名义货币供应不能随之调整,就必然会带来货币供求的非均衡。

(2) 利率。在市场经济条件下,货币的均衡和非均衡更重要地表现为利率的变化。当货币供给大于货币需求时,产生通货膨胀,会使名义利率上升实际利率下降;当货币供给小于货币需求时,产生通货紧缩,会使名义利率下降实际利率上升。

二、货币供求均衡与社会总供求

在现代经济中,如果社会总需求大于社会总供给,就意味着市场处于供求的紧张状态,物价上涨和社会不稳定;如果社会总需求小于社会总供给,就意味着市场处于疲软状态,企业开工不足,失业率上升和经济萧条。一般政府通过经济手段和行政手段调节经济运行,使经济在社会总供求完全均衡的基础上运行。在这个过程中,社会的总供求均衡状态与货币的供求状况之间,始终存在紧密的联系。

一方面,在货币经济中,所有的商品供给的目的,都是为了换取等值的货币,以作进一步的购买,并进行连续的生产与消费,这形成了商品供给与货币需求的关系。另一方面货币供给又形成对商品的需求,所以它们之间的关系,可表述为 $A_S \rightarrow M_D$ 和 $A_D \leftarrow M_S$,其中 A_S 表示总供给,A_D 表示总需求。由于社会总供给与社会总需求之间存在对立统一关系,在商品供给过剩、技术手段取得很大进步的今天,社会总需求更多地制约社会总供给,货币供给从实质上看也受制于货币需求,四者的关系可以进一步表示为

第九章 货币供求均衡

$$\begin{array}{ccc} A_S & \rightarrow & M_D \\ \uparrow & & \downarrow \\ A_D & \leftarrow & M_S \end{array}$$

从关系式中可看出，如果 $A_S=A_D$，则会有 $M_D=M_S$；如果 $A_S<A_D$，那么有 $M_D<M_S$，即存在通货膨胀；如果 $A_S>A_D$，则有 $M_D>M_S$，即存在通货紧缩。社会总供求的均衡与否与货币供求的均衡与否有密切关系。

三、中央银行对货币供求的调节

货币供求的均衡和非均衡表现为物价和利率水平的变化，在完全的市场经济状态下，价格和利率的波动也会使货币供求由非均衡自动过渡到均衡。也就是说，在完全的市场经济中，货币均衡和非均衡是由市场自动调节的。

但市场会失灵，所以需要对经济进行宏观调控，对货币供求的调控由中央银行完成。中央银行可以通过货币政策工具调节货币供给量，使货币供需实现均衡。虽然中央银行对货币供给的控制能力较强，但是货币需求更多地取决于企业、个人的行为，因此中央银行对货币需求的影响很小。由此可以看出中央银行对货币供求均衡的调节的有效性受到多种因素的影响。

本 章 小 结

本章主要介绍了货币需求理论、货币供给的形成过程、货币供求均衡等内容。

(1) 古典货币数量理论强调货币数量对商品价格的决定性影响。其中，费雪方程式侧重于货币流量分析，并未考虑投机动机对货币需求的影响；剑桥方程式除了从货币存量角度分析货币需求外，还注重微观主体的行为对货币需求的影响。

(2) 凯恩斯货币需求理论进一步强调微观主体行为对货币需求的影响，引出交易性需求及投机性需求，并将利率引入货币需求函数。

(3) 现代货币数量学派不仅坚持了货币数量决定商品价格的观点，同时还强调实质货币需求具有相对稳定性。

(4) 马克思的货币需求理论建立在金属货币流通的条件下，货币需要量公式强调商品价格取决于生产过程而非流通过程。该公式强调人们的交易性需求，没有考虑由投机动机及预防性需要形成的货币需求。

(5) 商业银行是现代经济中货币供应的主体，通过吸收存款、发放贷款的过程，可以使原始存款扩大成数倍的派生存款额，银行派生存款的机制构成货币供给机制。但非银行经济部门的行为对货币供应也有很大作用，主要是在货币乘数中有所反映。货币乘数的稳定与否，决定了货币当局调节货币量是否有可操作性的依据。

(6) 货币均衡是指货币供应量基本符合一个国家同期的客观货币需求量。通常衡量货币供求是否均衡的主要标志是物价水平的基本稳定。保证货币供求均衡的重要条件是实行正确的货币政策和财政政策。

本 章 习 题

1. 试述传统货币数量说中，现金交易数量说与现金余额数量说的主要内容与区别。
2. 简述凯恩斯流动性偏好理论所述的货币需求的构成。
3. 简述市场利率对货币需求的影响及其原因。
4. 基础货币是通过哪些渠道供应的？基础货币与货币供给量的关系是怎样的？
5. 请列出货币乘数的影响因素并具体说明。

第十章　通货膨胀与通货紧缩

通货膨胀

【教学目的与要求】

通过本章教学，使学生能够对通货膨胀和通货紧缩有一个基本的认识，要求学生掌握通货膨胀的定义及类型，产生通货膨胀的原因、后果与对策，通货紧缩的定义、原因及治理对策，重点掌握通货膨胀和通货紧缩形成的原因及应对措施。

【重点与难点】

- 通货膨胀的类型。
- 通货膨胀的原因。
- 通货膨胀的后果。
- 治理通货膨胀的对策。
- 通货紧缩的原因与治理对策。

引导案例

超级通货膨胀率爆发　委内瑞拉经济崩溃

据美国消费者新闻与商业频道(CNBC)网站文章，委内瑞拉无疑正在经历世界历史上最大的经济灾难之一，每天委内瑞拉的物价都在飞涨。

国际货币基金组织(International Monetary Fund)本周称，2018 年委内瑞拉陷入了悠长的经济和社会危机之中。委内瑞拉的经济状况与 1923 年的德国、2000 年的津巴布韦的情况类似。在 2000 年年初，津巴布韦国内爆发了人类历史上最严重的恶性通货膨胀，国内物价飞涨，社会问题显现。

总部位于伦敦 Fasanara Capital 的首席执行官 Francesco Filia 称："超级通货膨胀让经济体系出现停滞：吓跑了国外投资者，让本国的企业没有信心，摧毁了存款和家庭收入的购买价值，因此也破坏了长期的经济增长。"

Francesco Filia 还补充称："超级通货膨胀还带来了一系列的违约，而且由此产生的资本控制也不可避免。一旦进入这类恶性通货膨胀情况之中，就很难停下来，原因是国家政策的信誉已经遭到毁灭性破坏。"

委内瑞拉是如何沦为这种境地的？

摩根大通资产管理公司(J.P. Morgan Asset Management)新兴市场债券投资专家 Zsolt Papp 在接受 cnbc 电话采访时表示："很不幸，委内瑞拉现在的情况是由历史上众多不当的经济管理策略共同导致的。"

委内瑞拉的经济对石油依赖程度非常高，原因是该国的石油储备量非常丰富。据称，委内瑞拉拥有的已探明石油储量在全球高居第一位。在国际贸易中，委内瑞拉的石油出口量占到该国出口总量的 90%以上。当 2014 年国际原油价格开始下跌的时候，石油出口带来的收入大大下降，这给委内瑞拉经济带来了新的挑战。

尼古拉斯·马杜罗(Nicolas Maduro)在 2013 年接替了查韦斯成为委内瑞拉新一任总统。马杜罗政府一直让该国的货币处于被高估的状态，并收紧了兑美元的渠道，这意味着委内瑞拉人想要用玻利瓦尔(委内瑞拉的货币)兑换美元是非常困难的。玻利瓦尔在国内的供给数量越来越多，但是进口的商品数量却越来越少，这就导致委内瑞拉国内的物价大幅上涨，目前委内瑞拉国内的通货膨胀率已经升至创纪录的水平。

委内瑞拉国内的经济问题大部分是因为马杜罗采取的独裁政策导致的。马杜罗政府选择印制更多的钱，而不是削减开支。马杜罗的政策在许多选民看来在过去都是非正常的一种措施。所以说马杜罗政府的经济政策导向进一步加剧了委内瑞拉的通货膨胀率。

委内瑞拉经济出现危机除了是因为国际原油价格和国内政府经济政策失当外，还有来自国际方面的制裁。美国方面禁止购买委内瑞拉政府和委内瑞拉国有石油公司新发行的国债。美国之所以要制裁委内瑞拉，最主要的原因是美国认为委内瑞拉政府是一个专制政府。

由于国内经济出现了巨大的困难，委内瑞拉政府无法按时偿还国际投资者的债务，这不仅导致委内瑞拉的国债量上升，还进一步恶化了委内瑞拉融资贷款的外来渠道。委内瑞拉政府在国际上也丧失了信誉，这无疑降低了委内瑞拉获得更多贷款的机会。

委内瑞拉经济接下来会怎样？

国际货币基金组织还称："我们预计委内瑞拉的财政赤字将会继续扩大，因为委内瑞拉政府可能会继续扩大基础货币的数量。这种行为自然也会推动通货膨胀率的加速上升。与此同时委内瑞拉国内的货币需求量却在大幅下降。"

摩根大通资产管理公司的经济学家 Papp 称，考虑到委内瑞拉国内问题的严重性，即使最近国际原油价格出现了反弹，委内瑞拉国内经济糟糕的情况也不会得到反转。

为了对抗委内瑞拉国内的超级通货膨胀了，马杜罗政府打算把该国货币的 0 减少 5 个，此前马杜罗宣布减少 3 个 0。委内瑞拉的新版货币将在下个月进入流通渠道。

根据联合国(United Nations)2018 年 5 月份公布的数据，自 2014 年以来已经有 150 多万委内瑞拉人逃出了委内瑞拉。

联合国发布的报告还称，目前每天都有成千上万的委内瑞拉人逃到附近的邻国。在整个 2018 年这个趋势将会持续下去。大量的委内瑞拉人出逃委内瑞拉给委内瑞拉带来了更多的经济问题。这使委内瑞拉不仅会受到人才流失带来的伤害，还会导致委内瑞拉国内缺乏劳动力。

(资料来源：腾讯财经，https://finance.qq.com/a/20180731/039889.htm)

【思考讨论】

恶性通货膨胀对经济的影响有哪些？

第十章 通货膨胀与通货紧缩

第一节 通货膨胀概述

一、通货膨胀的定义

通货膨胀是指一个经济中的大多数商品和劳务的价格连续在一段时间内普遍上涨。如果仅有一种商品的价格上升，这不是通货膨胀，只有大多数商品和劳务的价格持续上升才是通货膨胀。

二、通货膨胀的衡量指标

通货膨胀的严重程度是通过通货膨胀率这一指标来衡量的。通货膨胀率被定义为从一个时期到另一个时期价格水平变动的百分比。宏观经济学用价格指数来描述整个经济中的各类商品和劳务价值的总体平均数，也就是经济中的价格水平。

宏观经济学中常涉及的价格指数主要有零售物价指数、消费物价指数、批发物价指数和国内生产总值平减指数。

1. 零售物价指数

零售物价指数，简称 RPI(Retail Price Index)，即根据商品的零售价格编制的指数，反映商品零售价格水平变动的趋势和程度。零售物价的调整变动直接影响到城乡居民的生活支出和国家的财政收入，并会影响居民购买力和市场供需平衡以及消费与积累的比例。因此，计算零售价格指数，可以从一个侧面对上述经济活动进行观察和分析。

2. 消费物价指数

消费物价指数(Consumer Price Index，CPI)，又名居民消费价格指数，是反映一定时期内城乡居民购买的生活消费品和服务项目价格变动趋势和程度的相对数，是对城市居民消费价格指数和农村居民消费价格指数进行汇总计算的结果。通过该指数可以观察和分析消费品的零售价格和服务项目价格变动对城乡居民实际生活费支出的影响程度。

3. 批发物价指数

批发物价指数是根据商品批发价格编制的指数。批发价格是商品在进入零售、形成零售价格之前，由中间商或批发企业所定的价格，其水平取决于商品出厂价格或收购价格，对零售价格有决定性影响。

4. 国内生产总值平减指数

国内生产总值平减指数(GDP Deflator)是按当年价格计算的国内生产总值与按基年不变价格计算的国内生产总值的比率。

优点：范围广，既包括消费资料，也包括生产资料；既包括有形商品，也包括无形商品(劳务)。能准确反映物价总体水平的变动情况。

缺点：资料难搜集，多数国家每年只统计一次，不能迅速反映通货膨胀的程度和动向；国内生产总值包括与居民生活并无直接联系的生产资料和出口商品，不能准确反映对居民生活的影响。

三、通货膨胀的类型

(一)按通货膨胀的程度不同划分

按通货膨胀的程度不同划分，可将其分为温和的通货膨胀、奔腾式通货膨胀和恶性通货膨胀。

(1) 温和的通货膨胀，又称爬行的通货膨胀或不知不觉的通货膨胀，指年通货膨胀率在10%以内。

(2) 奔腾式通货膨胀，也称快步小跑式通货膨胀，指年通货膨胀率在10%以上到100%以内。

(3) 恶性通货膨胀，又称超级通货膨胀或无法控制的通货膨胀，指年通货膨胀率在100%以上。

(二)按表现形式不同划分

按表现形式不同划分，可将其分为隐蔽的通货膨胀和公开的通货膨胀。

(1) 隐蔽的通货膨胀，又称压制型通货膨胀，其没有价格上涨的表现，主要以黑市盛行、商品实行票证供应等现象为主要表现形式。

(2) 公开的通货膨胀，又称开放式的通货膨胀，以价格上涨为主要表现形式。

(三)按通货膨胀产生的原因不同划分

西方和我国，对通货膨胀的成因有各种理论概括。从理论规范的要求出发，对于通货膨胀的成因归纳为四条比较合适，即需求拉上说、成本推动说、供求混合推动说和结构型说。

1. 需求拉上说

当总需求与总供给处于供不应求状态时，过多的需求拉动价格水平上涨，可以表述为："过多的货币追求过少的商品。"

对物价水平产生需求拉上作用的有两方面：①实际因素，比如投资需求增加；②货币因素，货币需求减少或货币供给增加过快。

这样的分析是以给定总供给为假定前提的。如果投资的增加引起总供给同等规模的增加，那么物价水平可以不动；如果总供给不能以同等规模增加，那么物价水平上升较缓；如果丝毫不能引起总供给增加，那么需求的拉动将完全作用到物价上。

需求拉上型的通货膨胀可用图10-1加以说明。

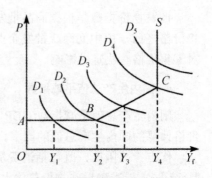

图10-1　需求拉上型通货膨胀

在图10-1中，横轴 Y 代表总产出，纵轴 P 代表物价水平。社会总供给曲线 AS 可按社会的就业状况而分成 AB、BC 与 CS 三个线段。

(1) AB 线段的总供给曲线呈水平状态，这意味着供给弹性无限大。这是因为这时社会上存在着大量的闲置资源或失业人群。当总需求从 D_1 增至 D_2 时，总产出从 Y_1 增至 Y_2，而物价并不上涨。

(2) BC 线段的总供给曲线则表示社会逐渐接近充分就业，这意味着闲置资源已经很少，从而总供给的增加能力也相应较小。此时，在需求拉动之下的产出扩张将导致生产要素资源价格的上涨。因此，当总需求从 D_2 向 D_3、D_4 增长时，产出虽也在增加，但增幅减缓，同时物价开始上涨。

(3) CS 线段的总供给曲线表示社会的生产资源已经达到充分利用的状态，即不存在任何闲置的资源，Y_f 就是充分就业条件下的产出。这时的总供给曲线就成为无弹性的曲线。在这种情况下，当总需求从 D_4 增加至 D_5 时，只会导致物价的上涨。

2. 成本推动说

这是一种侧重从供给或成本方面分析通货膨胀形成机理的假说。

成本推动的原因主要有以下两种。

(1) 工资成本推动型通货膨胀：工会迫使厂商提高工资，并使工资的增长快于劳动生产率的增长时，生产成本就会提高，从而导致物价上涨。物价上涨后，工会又要提高工资，从而对物价上升产生压力，进而形成工资—物价螺旋上升。

(2) 利润推动型通货膨胀：垄断企业为了获取垄断利润而人为提高产品价格，导致通货膨胀。

成本推动理论模型在于论证：不存在需求拉上的条件下也能产生物价上涨。所以，总需求给定是假设前提。既然存在这样的前提，当物价水平上涨时，取得供求均衡的条件只能是实际产出的下降，相应地，就必然是就业率的降低。因而这种条件下的均衡是非充分就业的均衡。成本推动型的通货膨胀可用图10-2表示。

在图10-2中，初始的社会总供给曲线为 A_1S。在总需求不变的条件下，由于生产要素价格提高，生产成本上升，使总供给曲线从 A_1S 上移至 A_2S、A_3S。结果，由于生产成本提高，导致失业增加、实际产出缩减。在产出由 Y_f 下降到 Y_2、Y_1 的同时，物价水平却由 P_0 上升到 P_1、P_2。成本推动型通货膨胀旨在说明，在整个经济尚未达到充分就业条件下物价上涨的原因。这种理论也试图用来解释"滞胀"现象。

3. 供求混合推动说

这种观点认为，在现实经济社会中，通货膨胀的原因究竟是需求拉上还是成本推动很难分清：既有来自需求方面的因素，又有来自供给方面的因素，即所谓"拉中有推、推中有拉"。例如，过度需求——物价上涨——提高工资——成本(工资)推进通胀。"成本推动"只有加上"需求拉上"才有可能产生一个持续性的通货膨胀。

当非充分就业的均衡存在时，就业的难题往往会引出政府的需求扩张政策，以期缓解矛盾。这样，成本推动与需求拉上并存的混合型通货膨胀就会成为现实。

供求混合推动型的通货膨胀如图10-3所示。

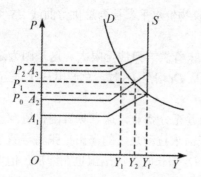

图 10-2　成本推动型通货膨胀

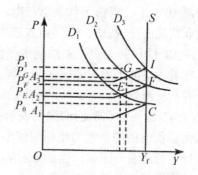

图 10-3　供求混合推动型通货膨胀

图 10-3 实际上是将图 10-1 和图 10-2 综合在一起所得的结果。由于需求拉上(即需求曲线从 D_1 上升至 D_2、D_3)和成本推动(即供给曲线从 A_1S 上升至 A_2S、A_3S)的共同作用,物价将沿 $C—E—F—G—I$ 呈螺旋式上升。

4. 结构型(部门结构说)

结构型通货膨胀的基本观点是:由于各国经济部门结构的特点不同,当一些产业或部门在需求方面和成本方面发生变动时,往往通过部门之间的相互看齐的过程而影响到其他部门,从而导致一般物价水平的上升。

这种结构型通货膨胀可分为三种情况:需求转移型、外部输入型、部门差异型。

第二节　通货膨胀产生的原因

通货膨胀一般表现为物价总体水平的上升,关于它的原因,西方经济学家提出了种种解释,可分为三个方面:一是货币数量论的解释,强调货币在通货膨胀过程中的重要性;二是用总需求和总供给来解释;三是从经济结构变动角度来说明。下面将对通货膨胀的原因进行具体说明。

一、财政赤字

解决财政赤字的方法有两种,一是向中央银行贷款;二是发行公债。

如果向中央银行贷款,就会造成中央银行增加货币供给,从而引起市场货币供给量增加,进而导致通货膨胀。

发行公债,如果向中央银行推销,或以公债为抵押向中央银行贷款,中央银行向政府发放贷款,通过财政支出,转变为商业银行存款,再通过商业银行贷款,将数倍扩大货币供应量。而财政支出多为非生产性的,不会增加产品和商品的流通数量。

因而为解决财政赤字增发的货币,必然会导致货币供给量过多,进而导致通货膨胀。

二、信用膨胀

商业信用是以商业票据为工具的,商业票据经过背书可以流通转让,代替货币起交换媒介作用，相当于增加了货币供给量，减少了货币需求量。

商业信用和一部分消费信用是由企业提供的，但企业之所以能提供商业信用和消费信用，是因为得到了银行提供的信用。

银行信用向工商业提供的贷款必然要转为存款，而且转换的存款数量数倍扩张，这就直接扩大了货币供应量。

商业信用、消费信用、银行信用的膨胀，一方面减少了流通中对货币的需要量，另一方面增加了流通中的货币供给量，因此，信用膨胀即信贷规模的扩大，如果超过了流通、生产的需要，就必然会出现通货膨胀的现像。

三、经济发展速度过快与经济结构不合理

经济发展速度过快，积累基金规模过大，建设规模超过了工农业生产所能承担的能力，或消费基金规模过大，超过了消费资料的供应能力，商品供不应求。这就是因为建设投资而投放到市场上的货币与生产资料的供应不相适应，以及工资、奖金等渠道投放到市场上的货币与消费资料的供应不相适应，从而使货币供应量超过货币需求量，出现通货膨胀。

一国重工业发展速度过快，超过了轻工业和农业所能承担的能力，使重、农、轻比例失调，会引起市场商品供不应求，物价上涨，出现通货膨胀。

我国从20世纪50年代起，数度出现的通货膨胀，都源于经济过热和产业结构不合理。

四、外债规模过大

大量举借外债的国家，背负着沉重的还本付息包袱，并且有可能因此导致财政赤字和通货膨胀。比如墨西哥在20世纪80年代，由于大量借外债，最终导致通货膨胀。

五、通货膨胀的国际传导

国际通货膨胀一般有以下四个传导途径。

1. 价格途径

在汇率不变的情况下，一国发生通货膨胀，会使本国商品价格上涨，进而刺激国外商品大量流入。而商品出口国在商品供应减少的同时，由于出口的增加导致了货币供给增加，必然使商品价格上升，从而导致该国发生通货膨胀。

2. 需求途径

在汇率不变的情况下，一国发生通货膨胀，会诱导其他国家向该国出口商品。如果商品出口国，由于出口需求增加，而资源已达到充分利用，生产量不能增加时，会导致社会总需求大于社会总供给，货币供给大于货币需求，从而产生通货膨胀。

3. 国际收支途径

在汇率不变的情况下，一国出现通货膨胀，会刺激本国商品进口，导致该国国际收支

逆差，而商品出口国则由于出口增加，导致该国国际收支顺差。顺差国由于外汇收入增加，为收兑外汇，导致向流通领域注入大量的本国货币，使货币供给超过货币需求，从而产生通货膨胀。

4. 示范作用途径

国际性的物价上涨，使一些尚不存在通货膨胀的国家的企业预期本国物价也会上涨，为避免损失，提前将物价上涨的因素计入成本，抬高物价，或囤积居奇，引起本国物价总水平上涨。

第三节 通货膨胀的效应与调控

一、通货膨胀的经济效应

(一)通货膨胀促进论

1. 凯恩斯的"半通货膨胀"论

凯恩斯认为货币数量增加，在实现充分就业前后所产生的效果不同。在经济达到充分就业之前，货币量增加可以带动有效需求增加。即在充分就业之前，增加货币既可提高单位成本，又可增加产量；当经济实现充分就业之后，增加货币量就产生了显著的通货膨胀效应，使物价总体水平上升，但产量没增加。

2. 新古典学派的促进论

这一学派认为，通货膨胀通过强制储蓄、扩大投资来增加就业并促进经济增长，当政府财政入不敷出时，常常借助于财政透支解决收入来源。如果政府将膨胀性的收入用于实际投资，就会增加资本形成，而只要私人投资不降低或降低数额不小于政府新增数额，就能提高社会总投资并促进经济增长。

3. 收入在政府与私人部门的再分配与通货膨胀促进论

当发生通货膨胀时，政府占收入的比率增加，社会的储蓄率提高，有利于经济增长。这种有利影响主要表现在：降低资本—产出系数；改变投资结构；促进对外贸易发展。

促进论认为，通货膨胀是政府的一项政策，政府可以获得直接利益，获利大小则完全取决于政府调控经济水平的高低。

(二)通货膨胀促退论

(1) 通货膨胀降低储蓄。
(2) 通货膨胀降低投资。
(3) 通货膨胀造成外贸逆差。
(4) 恶性通货膨胀会危及社会经济制度的稳定。

二、通货膨胀的社会效应

1. 通货膨胀对就业的影响

通货膨胀可能带来就业的增长,但这仅仅是暂时的。关于这一点,可以用菲利普斯曲线来加以验证,如图10-4所示。

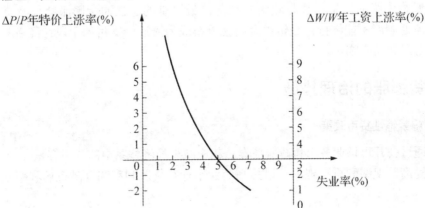

图10-4 菲利普斯曲线

菲利普斯曲线是用来反映通货膨胀与失业之间关系的一种曲线,以新西兰经济学家威廉·菲利普斯命名。它是说明通货膨胀率和失业率之间此涨彼落、互相替代的曲线。在一个以物价上涨率为纵轴、失业率为横轴的平面坐标图上,菲利普斯曲线表现为从左上方向右下方倾斜。该曲线表明:当失业率较高时,物价上涨率较低;反之,物价上涨率则较高。因此,经济管理者只可能在高失业率—低物价上涨率和低失业率—高物价上涨率这两种组合中择一而从,要想使失业率和物价上涨率同时达到令人满意的低水平理论上是不可能的。

2. 通货膨胀对财富和收入再分配的影响

1) 收入再分配效应

在通货膨胀下,由于货币贬值,名义货币收入的增加往往并不意味着实际收入的等量增加,有时甚至会出现实际收入不变乃至下降的现象。由于社会各阶层收入来源不相同,在物价总水平上涨时,有人收入水平会下降,有人收入水平会提高。这种由物价上涨造成的收入再分配,就是通货膨胀的收入再分配效应。

2) 资产结构调整效应

资产结构调整效应也称财富分配效应。一个家庭的财富或资产由两部分构成:实物资产和金融资产。在通货膨胀环境下,实物资产的货币值大体随通货膨胀率的变动而相应升降;金融资产则比较复杂,不同的金融资产受通货膨胀的影响不同。因此,每个家庭的财产净值,在通货膨胀之下,往往会发生很大变化。

3. 恶性通货膨胀与经济社会危机

恶性通货膨胀会使正常的生产经营难以进行，例如：产品销售收入往往不足以补进必要的原材料；地区之间上涨幅度极不均衡会造成原有商路的破坏，以及流通秩序的紊乱；迅速上涨的物价，使债务的实际价值下降，正常信用关系会极度萎缩。恶性通货膨胀只是投机的温床，而投机是经济机体的严重腐蚀剂。

恶性通货膨胀的后果往往是政治的动荡。最严重的恶性通货膨胀会危及货币流通自身；纸币流通制度不能维持；金银贵金属会重新成为流通、支付的手段；经济不发达地区的经济则会迅速向实物化。

三、通货膨胀的治理措施

1. 实施紧缩性货币政策

(1) 通过公开市场业务出售政府债券，相应减少经济体系中的货币存量。

(2) 提高贴现率和再贴现率，以抬高商业银行存贷款利率和金融市场利率水平，缩小信贷规模。

(3) 提高商业银行的法定准备金，以降低货币扩张倍数，压缩商业银行放贷，减少货币流通量。

2. 实施供应政策

对于需求拉上型的通货膨胀，在压缩社会总需求的同时，运用刺激生产增长的方法来增加供应。比如实行减税政策，提高机器设备的折旧率，以促进生产、促进投资、增加供应。

3. 紧缩性财政政策

紧缩性财政政策有减少财政开支、提高税率、增加税种等。

4. 改革货币制度

中国目前面临着一个重大的货币制度创新，这种规模的货币制度创新可以被称为是货币革命。而中国未来的发展，终将要求中国能够通过对其货币制度的创新，为中国创造新的文明社会发展空间和结构。在现有的由西方主导的国际货币金融结构下，中国不可能成为主导性的国家，因为这种货币结构本身就不是为中国量身打造的，而且极具竞争性的西方对手始终掌握着这些货币制度的关键结构，并不允许中国染指。

第四节 通 货 紧 缩

一、通货紧缩的定义

通货紧缩是指一般物价水平普遍持续地下跌。通货紧缩的定义，与通货膨胀一样，目前在国内外还没有统一的认识，从争论的情况来看，大体可以归纳为三种。

第十章　通货膨胀与通货紧缩

第一种观点认为，通货紧缩是经济衰退的货币表现，因而必须具备三个基本特征：一是物价的普遍持续下降；二是货币供给量的连续下降；三是有效需求不足，经济全面衰退。这种观点被称为"三要素论"。

第二种观点认为，通货紧缩是一种货币现象，表现为价格的持续下跌和货币供给量的连续下降，即所谓的"双要素论"。

第三种观点认为，通货紧缩就是物价的全面持续下降，被称为"单要素论"。

尽管对通货紧缩的定义仍有争论，但对于物价的全面持续下降这一点的认识却是共同的。一般来说，单要素论的观点对于判断通货紧缩的发生及其治理更为科学一些。这是因为，通货紧缩作为通货膨胀的反现象，理应反映物价的变动态势，价格的全面、持续下降，表明单位货币所反映的商品价值在增加，是货币供给量相对不足的结果。也就是说，货币供给不足可能只是通货紧缩的原因之一。因此，双要素论的货币供给下降的界定，将会缩小通货紧缩的范围。而三要素论中的经济衰退，一般是指通货紧缩发展到一定程度的结果，因此，用经济衰退的出现来判断通货紧缩就太晚了。根据单要素论的观点，判断通货紧缩的标准只能是物价的全面持续下降，其他现象可以作为寻找成因、判断紧缩程度等的依据，但作为通货紧缩的构成要素是不妥的。

二、通货紧缩的原因

通货紧缩的原因是多种多样的，但从国内外经济学家对通货紧缩的理论分析中，仍可概括出引起通货紧缩的一般原因。

1. 紧缩性的货币财政政策

如果一国采取紧缩性的货币财政政策，降低货币供应量，削减公共开支，减少转移支付，就会使商品市场和货币市场出现失衡，导致流通中的货币相对于满足经济增长的需求显得不足，从而引起政策紧缩性的通货紧缩。

2. 经济周期的变化

当经济到达繁荣的高峰阶段，会由于生产能力大量过剩，商品供过于求，导致物价的持续下降，从而引发周期性的通货紧缩。

3. 投资和消费的有效需求不足

当人们预期实际利率进一步下降，经济形势继续不佳时，投资和消费需求都会减少，而总需求的减少会使物价下跌，形成需求拉下性的通货紧缩。

4. 新技术的采用和劳动生产率的提高

技术的进步以及新技术在生产上的广泛应用，会大幅提高劳动生产率，降低生产成本，导致商品价格的下降，从而出现成本压低性的通货紧缩。

5. 金融体系效率的降低

如果在经济过热时，银行信贷盲目扩张，会造成大量坏账，进而形成大量不良资产，金融机构自然会"惜贷"和"慎贷"，加上企业和居民不良预期形成的不想贷、不愿贷行为，必然导致信贷萎缩，这同样会减少社会总需求，导致通货紧缩。

6. 体制和制度因素

体制变化(企业体制、保障体制等)一般会打乱人们的稳定预期，如果人们预期将来收入会减少，支出将增加，那么人们就会"少花钱，多储蓄"，引起有效需求不足，物价下降，从而出现体制变化性的通货紧缩。

7. 汇率制度的缺陷

如果一国实行钉住一篮子货币的汇率制度，而本国货币又被高估，那么就会导致出口下降，国内商品过剩，企业经营困难，社会需求减少，从而导致物价持续下跌，进而形成外部冲击性的通货紧缩。

三、通货紧缩对国民经济的影响

通货紧缩的危害很容易被人忽视，因为从表面上来看，一般价格的持续下跌会给消费者带来一定的好处，在低利率和低物价增长的情况下，人们的购买力会有所提高。然而，通货紧缩的历史教训却令人提心吊胆，这就是20世纪30年代的大危机。通货紧缩与通货膨胀一样，都会对经济发展造成不利影响。通货紧缩会加速实体经济进一步紧缩，因此，它既是经济紧缩的结果，又反过来成为经济进一步紧缩的原因。通货紧缩一旦形成，如果不能及时处理好，就可能会带来一系列问题。通货紧缩对经济的影响主要有以下几个方面。

1. 通货紧缩对投资的影响

通货紧缩对投资的影响主要通过影响投资成本和投资收益来产生作用。

通货紧缩会使得实际利率有所提高，社会投资的实际成本也会随之增加，从而使投资减少。同时，在价格趋降的情况下，投资项目预期的未来重置成本会趋于下降，并且会推迟当期的投资。另一方面，通货紧缩会使投资的预期收益下降。在通货紧缩的情况下，理性的投资者预期价格会进一步下降，公司的预期利润也将随之下降。这时使得投资者的投资倾向降低。

通货紧缩还经常伴随着证券市场的萎缩，而证券市场的萎缩又反过来加重公司筹资的困难。

2. 通货紧缩对消费的影响

物价下降对消费需求有两种效应：一是价格效应；二是收入效应。价格效应指在通货紧缩的情况下，物价持续下跌，消费者可以以更低的价格购买到同样数量和质量的商品或服务，如果消费者预期将来价格还会下降，那么他们将会推迟消费；收入效应指在通货紧缩的情况下，就业预期、价格和工资收入、家庭资产都趋于下降，因此消费者将会缩减消费。因此，在通货紧缩的情况下，价格效应倾向于使消费者缩减消费；而收入效应则使消费者缩减支出，二者共同作用，最终抑制了社会总需求，对经济造成不利影响。

3．通货紧缩对收入再分配的影响

在通货紧缩的情况下，商品价格下降，金融资产的价值也会缩水。虽然名义利率很低，但由于物价呈现负增长，实际利率还会很高。高的实际利率一般有利于债权人，而不利于债务人。如果通货紧缩持续时间很长，而且相当严重，可能会导致债务人失去偿债能力，那么债权人也会受到损失。

4．通货紧缩对银行业的影响

通货紧缩还可能会使银行业面临困境，当银行业面临一系列系统恐慌时，一些资不抵债的银行就会因存款人"挤提"而被迫破产。通货紧缩一旦形成，便可能形成"债务—通货紧缩陷阱"。此时，货币变得更为昂贵，债务则会因货币成本上升而相应上升。虽然名义利率未变甚至下调，但实际利率仍然较高，债务负担有所增加，企业经营的困难会最终体现在银行的不良资产上。因此，通货紧缩对于银行业来说，容易形成大量的不良资产。

四、通货紧缩的治理

1．实行积极的货币政策

(1) 较大幅度地增加货币供应量，尤其是扩大中央银行基础货币的投放。
(2) 下调法定存款准备金率和完善准备金制度。
(3) 加快利率市场化。
(4) 加速货币信贷主体的货币投放积极性，消除货币投放中的障碍。

2．实行积极的财政政策

(1) 调整财政投资的内容和方向。
(2) 加大启动消费需求的财政政策力度。
(3) 加速推进税费体制改革。

3．优化供给

(1) 通过完善产业组织而优化供给。
(2) 通过技术创新而优化供给。
(3) 通过结构调整而优化供给。
(4) 通过体制改革而优化供给。

4．增加汇率制度的灵活度

(1) 扩大货币互换协定规模。
(2) 完善优化汇率体制。
(3) 增强货币的有效性。

本 章 小 结

通货膨胀和通货紧缩是宏观经济的两种失衡状态，是由货币供求失衡导致的社会总需求和总供给出现偏离，对经济社会乃至政治生活的影响是巨大的。本章对通货膨胀和通货紧缩的定义、产生的原因和治理对策等问题进行了介绍和阐述。

(1) 通货膨胀是指一般物价水平持续上涨的经济现象。

(2) 通货膨胀按表现形式可以分为公开的通货膨胀、隐蔽型通货膨胀；按程度可分为温和型、奔腾式和恶性通货膨胀。

(3) 衡量通货膨胀的常用指标有消费物价指数、批发物价指数、国内生产总值平减指数，三者各有优缺点，各国选择其中的一种或几种来衡量通货膨胀。

(4) 分析通货膨胀产生原因的理论有需求拉上说、成本推动说、供求混合推进论和结构性通货膨胀论。

(5) 通货膨胀对经济的影响包括对经济增长、国民收入再分配、社会经济秩序等方面的影响。对通货膨胀的治理对策包括宏观紧缩政策、收入紧缩政策、供给政策、收入指数化政策、货币规则、币制改革等。

(6) 通货紧缩是与通货膨胀相对立的一个概念，通货紧缩从本质上说是一种货币现象，也是一种实体经济现象，表现为一般物价水平的持续下跌。

(7) 通货紧缩会产生降低就业和经济增长，乃至经济衰退的负面影响，还有可能导致银行业的危机。对通货紧缩的治理对策有：扩张性的需求管理政策、引导预期行为、鼓励消费；改善供给结构，增加有效供给；增加外部需求，促进出口；健全金融体系；等等。

本 章 习 题

1. 通货膨胀按成因可分为哪些类型？并解释其形成的原因。
2. 简述通货膨胀的治理政策。
3. 通货膨胀的衡量有哪些指数？并解释其含义。
4. 产生成本推进型的通货膨胀主要有哪些原因？
5. 产生结构型的通货膨胀主要有哪些原因？
6. 简述通货紧缩产生的原因。
7. 简述应对通货膨胀的货币政策和财政政策。
8. 如何针对工资推进型的通货膨胀进行治理？
9. 针对通货膨胀如何实施供应管理政策？

第十一章 货币政策

货币政策

货币政策

【教学目的与要求】

通过本章教学，使学生能够了解货币政策的含义和作用，理解货币政策的传导机制，掌握货币政策的最终目标、中介目标与政策工具之间的联系，以及货币政策最终目标及各目标之间的矛盾，重点掌握中央银行如何运用货币政策工具调节经济。

【重点与难点】

- 货币政策的含义。
- 货币政策的最终目标。
- 货币政策的中介目标。
- 货币政策工具。
- 货币政策的传导机制。

美国公开市场业务运作

美国联邦公开市场委员会(FOMC)由联邦储备体系理事会的7位成员、纽约联邦储备银行行长和另外4位联邦储备银行行长组成。尽管只有5家联邦储备银行的行长在该委员会中拥有表决权，但另外7位地区储备银行的行长也列席会议并参加讨论，所以他们对委员会的决定也有些影响。由于公开市场操作是联邦储备体系用以控制货币供应量最重要的政策工具，联邦公开市场委员会必然成为联邦储备体系内决策的焦点。虽然法定准备金比率和贴现率并非由联邦公开市场委员会直接决定，但同这些政策工具有关的政策实际上还是由这里决定的。联邦公开市场委员会不直接从事证券买卖，它只是向纽约联邦储备银行交易部发出指令，在那里，负责国内公开操作的经理指挥人数众多的下属人员，实际操作政府或机构证券的买卖活动。该经理每天会向联邦公开市场委员会成员及其参谋人员通报交易部活动的情况。

公开市场操作可以分为两类：能动性的公开市场操作和保卫性的公开市场操作。前者旨在改变准备金水平和基础货币；后者旨在抵消影响货币基数的其他因素的变动(比如在联邦的财政部存款和在途资金的变动)。美联储公开市场操作的对象是美国财政部和政府机构证券，特别是美国国库券。

纽约联邦储备银行交易部工作流程如下。

国内业务操作经理监督交易员进行证券买卖。假设这位经理叫吉姆，他的工作日从阅读一份估计昨天晚上银行系统准备金总量的报告开始。这份关于准备金的报告，有助于他确定需要多大规模的准备金变动才能达到令人满意的货币供应量水平。而他也会检查当时的联邦基金利率——这可以提供有关银行系统准备金数量的信息：如果银行体系拥有可贷放给其他银行的超额准备金,联邦基金利率有可能下降;如果银行准备金水平低,几乎没有银行拥有超额准备金可以放贷,联邦基金利率便有可能上升。

上午9时,吉姆与几位政府证券交易商(他们为私人公司或商业银行工作)进行讨论,以便对当天交易过程中这些证券价格的走势有所感觉。同这些交易商见面之后,大约在上午10时,他收到研究人员提交的报告,其中附有关于可能影响基础货币的一些短期因素的详细预测。例如,如果预测结算在途资金将因全国范围内的天气晴好使支票交付加快而减少,吉姆便知道,他必须运用保卫性的公开市场操作(购买证券),来抵消因在途资金减少而预期带来的基础货币减少。然而,如果预测在联邦的财政部存款或外国存款会减少,便有必要运用保卫性的公开市场出售,来抵消预期的基础货币扩大。这份报告也会对公众持有的通货情况作出预测。如果预期通货持有量上升,那么,运用公开市场购买以增加货币基数,从而防止货币供应量下降,便是必须做的事情了。

上午10时15分,吉姆或其手下的一名工作人员打电话给财政部,了解财政部对财政部存款这些项目的预测。与财政部的通话,也能获得其他方面的有用信息,例如将来财政部出售债券的时间安排可以提供有关债券市场走势的线索。

在取得了所有这些信息以后,吉姆查看他从联邦公开市场委员会收到的指令。这个指令告诉他,联邦公开市场委员会欲实现的几种货币总量指标的增长率(用幅度表示,如年率4%~6%)和联邦基金利率的幅度(如10%~14%)是多少。然后,他规划好为实现联邦公开市场指令所需进行的能动性的公开市场操作。把必要的保卫性的公开市场操作同所需进行的能动性的公开市场操作合在一起,该经理便作出了当天公开市场操作的"行动计划"。

整个过程到上午11时15分完成,这时,吉姆与联邦公开市场委员会的几位成员举行每天例行的电话会议,简要报告他的战略。计划得到同意以后,通常在上午11时30分稍后一些,他让交易部的交易员打电话给政府证券一级交易商(私人债券交易商,人数在40人左右),询问出售报价(如果拟做公开市场购买)。举例来说,如果吉姆为增加基础货币而打算购买2.5亿美元的国库券,交易员便将交易商在不同报价水平上所愿出售的国库券数额写在一块大黑板上。报价从低价到高价依次排列。由于美联储欲得到尽可能有利于他们的价格,因此他们会由低到高依次购买国库券,直到计划购买的2.5亿美元都已买到为止。

收集报价和着手交易,大约在12时15分完成。交易部随即平静下来,但是交易员仍要继续监视货币市场和银行准备金的动向,在极少数情况下,吉姆还可能决定有必要继续进行交易。

有时,公开市场操作是以直截了当的买卖证券的方式进行的。不过,交易部市场采取另外两种交易方式。在回购协议方式(常称作回购)下,美联储与出售者订立协议,规定出售者要在短时期内(一般不超过一星期)再将这些证券购回。一份回购协议,实际上就是一次暂时的公开市场购买。当美联储打算实施暂时性的公开市场出售时,它可以进行一售一购配对交易(有时称作反回购)。在这种方式下,美联储出售证券,但买主同意在不久的将来再把这笔证券卖回给美联储。

(资料来源:聊城大学精品课程平台,http://jpkc.lcu.edu.cn/m/jrx/content/555.html 金融学,教学案例,美国公开市场业务运作.)

第十一章 货币政策

【思考讨论】
公开市场业务有何优缺点？

第一节 货币政策目标

货币政策作为宏观需求管理政策，在整个国民经济宏观调控体系中居于十分重要的地位。货币政策目标的正确选择、决策程序的科学合理和政策工具的正确使用是货币政策作用有效发挥的重要前提。货币政策目标选定后，中央银行必须利用自己的特殊地位，选择适当的中介目标并运用相应的政策工具，对宏观经济运行进行调节，以保证政策目标的实现。从货币政策工具到货币政策目标的实现，整个传导过程就是货币政策的传导机制。货币政策能否取得预期效果，需要进行一定的检验和衡量；而要准确地检验货币政策效果，则需考察货币政策与其他宏观经济政策，特别是与财政政策的配合协调问题，这就是货币政策效应问题。本章将会对这些问题进行详细讨论。

一、货币政策的含义

货币政策是指中央银行为实现既定的经济目标运用各种工具控制、调节货币供应量和利率水平，进而影响宏观经济的方针和措施的总和。货币政策通常包括三个方面的内容：一是货币政策的目标；二是实现货币政策目标的操作工具和手段，也称为货币政策工具；三是执行货币政策所达到的政策效果。由于从确定目标到运用工具，并实现最终的政策效果，需要经过一些作用环节和时滞，因而货币政策研究还必须包括货币政策的中介目标和传导机制等内容。

一国政府所制定和实施的某项经济政策，一般只对经济运行中的某些方面产生影响，再加上社会公众预期的作用，往往会降低一项经济政策的作用效果，从而大大降低政府实现某项政策所要达到目标的可能性。而货币政策却不同，它既有政策的最终目标，又有中介目标；既有强制性政策工具，又有非强制性、指导性工具；既有公开手段和方法，又有比较隐蔽的手段和方法。因此，货币政策对宏观经济的调节能力一般较强，调控效果也较好，是各国对经济运行进行宏观调控的主要手段。另外，由于大多数货币政策工具都是经济手段，因此运用起来比较灵活，行政干预的成分较少，政策回旋的空间较大。市场经济水平较高的发达国家都十分重视用货币政策对宏观经济运行进行调控。

一般来说，货币政策具有以下几个特征。

1. 货币政策是一项宏观经济政策

宏观经济政策的目标基本上也是货币政策的目标，以需求管理为核心的货币政策是一种将总量调节和结构调节相结合，并以总量调节为主的宏观经济政策。货币政策的制定和实施，旨在通过对货币供应量、利率、汇率等宏观金融变量的调控，来对整个国民经济运行中的经济增长、物价稳定、国际收支状况和就业水平等宏观经济运行情况产生影响，以促进社会经济的协调、健康和稳定发展。

2. 货币政策主要是间接调节经济运行的政策

货币政策对经济运行的调节，主要是通过经济手段，利用市场机制的作用，通过调节货币供应量以及其他金融变量影响经济活动主体的行为来达到间接调节经济变量、影响宏观经济运行的目的。当然，这并不排除在特定的经济金融条件下采取行政手段调节的可能性。

3. 货币政策是调节社会总需求的政策

货币政策通过货币供应量和利率水平的变化来调节社会总需求。由于货币供给形成对商品和劳务的购买能力，因此货币作为一般社会财富的表现，对商品和劳务的追逐形成社会总需求，而利率水平则通过对投资需求、消费需求的调节而影响到社会总需求。另外，汇率的变化通过对进出口贸易、国际资本流动的影响形成对社会总需求的影响。因此，货币政策对宏观经济的调节是通过调节社会总需求实现的，社会总供给的变化是作为社会总需求变化的结果而发生的。货币政策是一种直接调节社会总需求、间接调节社会总供给的宏观政策。

二、货币政策的最终目标

(一)货币政策最终目标的内涵

货币政策目标包括货币政策的最终目标和中介目标，前者一般是一国宏观经济的目标；后者是为实现货币政策的最终目标而设置的可供观察和调整的指标。货币政策的最终目标主要有四个方面：稳定物价、充分就业、经济增长和国际收支平衡。

1. 稳定物价

物价稳定与经济发展有着密切的联系，物价稳定是经济发展的前提，经济发展又是物价稳定的基础。要实现物价稳定的目标，既要控制通货膨胀，也要防止通货紧缩。但究竟什么是物价稳定，这对于不同的国家以及不同的经济学家来说有着不同的看法。大多数经济学家都认为，在通货膨胀和通货紧缩已成为世界性经济现象的环境中，企图把物价固定在一个绝对不变的水平上是不可能的。在现代经济中，物价如果陷入绝对静止的状态，反而是一种不正常的现象。在通货膨胀的情况下，最关键的是能否把通货膨胀控制在可以承受的范围之内。有的经济学家认为，5%以内的通货膨胀率是一种温和的通货膨胀，对经济的发展有一定的刺激作用，也是经济运行所能承受的。另一些经济学家则认为 3%以内的通货膨胀率才是可取的。在不同的国家和不同的情况下，人们对物价波动的承受能力是不同的，但任何一个国家或地区都不希望物价大幅上涨，而是企图将通货膨胀率限制在最低水平上，以便与其他经济目标相协调。

人们之所以希望物价水平能保持稳定，是因为物价水平的持续上升会造成经济中的不确定性增加。例如，在物价水平不断变动的情况下，商品和劳务中所包含的信息就难以理解，消费者、企业和政府的决策也就难以确定。物价水平极端不稳定的事例是恶性通货膨胀，比如德国在 1921—1923 年恶性通货膨胀期间，物价水平的持续上涨严重冲击了德国

第十一章 货币政策

经济，导致其国内生产总值急剧下降。通货膨胀也会使人们难以对未来的行动作出妥善的计划和安排。通货膨胀还可能造成一个国家的紧张气氛，使社会失去对本国货币的信任。如果通货膨胀严重，会产生大量的货币替代现象，导致国家货币主权地位的丧失，从而引起经济和社会的动荡。

2. 充分就业

之所以将充分就业作为货币政策的最终目标之一，是由于一个国家的劳动力能否充分就业，是衡量该国的各种资源是否达到充分利用、经济是否正常发展的标志。如果实现了充分就业，那么就意味着各种社会资源得到了最大限度的有效利用，经济发展也是正常的。但到底什么是充分就业也很难判断。在西方经济学中，所谓"充分就业"一般是指消除了一国经济中的非自愿性失业的状态。非自愿性失业是指在愿意接受现行的工资水平和工作条件的情况下，仍然找不到工作所形成的失业现象。在现实生活中，除了非自愿性失业之外，还有两种失业实际上是不可避免的：一种是自愿失业，另一种是摩擦性失业。自愿失业是指由于劳动者不愿意接受现行的工资水平和工作条件而形成的失业。摩擦性失业是指由于短期内劳动力供求的暂时失衡而造成的失业。很显然，充分就业与这两种失业的存在是不矛盾的。因此，作为货币政策的最终目标，充分就业也只是意味着通过实施一定的货币政策，以减少或消除社会上存在的非自愿性失业，但这并不意味着将失业率降到零。有的经济学家认为，3%的失业率就可以看作是充分就业了，而有的经济学家则认为长期维持在 4%～5%的失业率是比较好的。美国多数经济学家都认为，失业率在 5%以下就应算作充分就业。

3. 经济增长

经济增长是指社会经济活动中的商品和劳务总产量的增加，它是由于社会总供给变化引起的国民收入的长期增长。这一定义包含三层含义：第一，经济增长集中表现在经济实力的增长上，而这种经济实力的增长就是商品和劳务总量的增加，即国内生产总值的增加。如果考虑到人口的增加和价格的变动，也可以说是人均实际国民生产总值的增加。第二，技术进步是实现经济增长的必要条件，也就是说只有依靠技术进步，经济才有可能增长。第三，经济增长的充分条件是制度与意识的相应调整，也就是说只有社会制度和意识形态适合于经济增长的需要，技术进步才能有效发挥作用，经济也才可能增长。

经济增长要保持一定的速度，过快或过慢都是不可取的，关键是一国经济要在一个较长时期内始终处于稳定增长的状态之中。但究竟多高的增长速度才是合适的，那就要视各国的具体情况而定，要在经济增长利益和经济增长成本之间进行权衡和比较。在西方一些发达国家，年经济增长率能达到 2%～3%就算是相当不错了，比如美国将人均国内生产总值的年增长率达到 1%～4%作为目标。如果一个国家在较长时期内都经历着负增长，那么一旦该国出现经济正增长就可视为实现了经济增长目标。而在一些国家，经济增长速度普遍较高，但却不能认为经济增长速度过快。因此，大家对于经济增长速度不能简单地以 8%或 7%作为目标，而要视我国不同时期的具体情况而定，既不能片面地追求高速度，也不能当经济增长速度稍有下降就大惊小怪，关键是要看经济增长速度与不同时期的经济环境是否协调，与我国的国力是否适应。另外，一定速度的经济增长，往往是以付出一定的成本为代价的,比如社会公众必须忍受当前消费的减少以进行储蓄和投资,从而谋求未来福利的较多增加。在产值增长的背后,还可能隐藏着社会资源的浪费和环境的污染等问题,这些都是货币政策所无力控制的。所以,中央银行的货币政策只能以其所能控制的货币政策工具,创造一个适宜于经济增长的货币金融环境,这样才能促进经济增长。只要经济增长能够提高社会公众的福利水平,使稀缺的社会资源得到充分合理的利用,那么这个经济增长速度就是合理的、适度的。

4. 国际收支平衡

国际收支平衡是指一个国家或地区与世界其他国家或地区之间在一定时期内全部经济活动往来的收支基本持平、略有顺差或略有逆差。保持国际收支平衡是保证国民经济持续稳定健康发展和国家经济安全稳定的重要条件。如果一个国家的国际收支失衡,那么不论是顺差还是逆差,都会对该国的经济发展带来不利影响。巨额的国际收支逆差可能会导致外汇市场对本币信心的丧失,资本大量外流,外汇储备急剧下降,本币大幅贬值,甚至还会导致该国发生货币金融危机。而长期的巨额国际收支顺差,往往会使外汇储备大量闲置,同时又不得不因购买大量外汇而增发本币,这就有可能导致或加剧国内的通货膨胀。运用货币政策调节国际收支,主要的目的是通过调节利率和汇率水平来实现本外币政策的协调和国际收支平衡。

除了上述四大目标外,保持金融稳定也是相当重要的。中央银行应灵活运用货币政策,以避免货币危机、金融危机和经济危机对该国经济的不良影响,维护金融稳定。货币危机是由于货币严重贬值带来的货币信用危机,在不兑现的信用货币条件下,一旦发生信用危机,将可能直接威胁到该货币的流通和生存。货币危机既可能由国内恶性通货膨胀引起,也可能由本币对外严重贬值所致。金融危机主要是指由银行支付危机带来的大量金融机构倒闭,进而影响到金融体系的正常运行。1997年,东南亚国家由于本币大幅贬值,使企业和银行所借大量短期外债的本币偿债成本大幅上升,导致大量的企业和金融机构无力偿债而破产,亚洲金融危机也由此爆发。经济危机是社会经济的正常运行秩序遭受严重破坏,企业大量破产,失业大幅上升,经济严重衰退,甚至濒临崩溃的一种恶性经济灾难。历史上出现的经济危机,大多是由金融危机引发的。在世界经济一体化、金融全球化不断推进的今天,保持一个国家的金融稳定意义重大,因此货币政策应有广阔的舞台。

(二)货币政策最终目标之间的矛盾与统一

1. 稳定物价与充分就业

应该说,如果物价稳定了,就可以为劳动者的充分就业与其他生产要素的充分利用提供一个良好的货币环境,充分就业同时又可为物价的稳定提供物质基础。从这一意义上讲,稳定物价与充分就业之间是统一的。但新西兰著名经济学家威廉·菲利普斯在研究了1861—1957年期间英国的失业率与物价变动之间的关系后得出结论:物价上涨率与失业率之间存在着一种此消彼长的关系。他把这一现象概括为一条曲线,人们称其为"菲利普斯曲线"(见的第十二章相关内容)。如果要减少失业或实现充分就业,就必须要增加货币供应量以刺激社会总需求的增加,而社会总需求的增加在一定程度上必然会引起物价水平的上涨。相反,如果要压低物价上涨率,就必然要减少货币供应量以抑制社会总需求的增加，而社会总需求的减少必然会导致失业率的提高。因此，在失业率和物价上涨率之间，可能有三种组合：一是失业率较高的物价稳定；二是通货膨胀水平较高的充分就业；三是在物价上涨率和失业率的两极之间进行相机抉择。作为中央银行的货币政策最终目标，既不应选择失业率较高的物价稳定，也不应选择通货膨胀率较高的充分就业，而只能在两者之间根据具体的社会经济条件相机抉择。

2. 稳定物价与经济增长

一般来说，这两个目标是可以相互统一的，物价稳定就意味着货币的购买力稳定，这样就可以为经济发展提供一个良好的金融环境和稳定的价值尺度，从而使得经济能够稳定增长。经济增长了，稳定物价和货币购买力也就有了雄厚的物质基础。所以，我们既可以通过稳定物价来发展经济，也可以通过发展经济来稳定物价。但是，世界各国的经济发展史表明，在经济发展较快时，难免会伴随有物价较大幅度的上涨，如果这时过分强调物价的稳定，经济的增长和发展就会受阻。此时的中央银行或货币当局往往只能在两者之间进行调和，即在可以接受的物价上涨水平内发展经济，在保证经济最低增长的前提下稳定物价。

3. 稳定物价和国际收支平衡

稳定物价主要是指稳定货币的对内价值，而平衡国际收支则是为了稳定货币的对外价值。如果国内物价不稳，国际收支便很难平衡。因为当国内物价高于国外物价时，必然会引起出口下降、进口增加，从而出现贸易逆差。但当国内物价稳定时，国际收支却并不一定能平衡。例如，当一国物价保持不变，而国外物价却上涨时，就会使本国商品的价格相对于外国商品显得较低，致使该国出口增加，而进口减少，国际收支就会产生顺差。因此，在世界经济一体化的大趋势下，一国的物价水平与国际收支之间存在着较为复杂的关系。在一国物价稳定时，国际收支能否平衡还取决于该国的经济发展战略、资源结构、生产结构与消费结构的对称状况、对外贸易政策、关税政策、利用外资政策等，同时还要受其他国家贸易政策和经济形势等诸多因素的影响。

4. 经济增长与国际收支平衡

在正常情况下，经济增长与国际收支平衡之间没有太大的矛盾。但随着国内经济的发展，国民收入增加以及对外支付能力的增加，通常会增加对进口商品的需求。如果这时的出口贸易不能随进口贸易的增加而相应增加，就会引起贸易收支状况的恶化，形成贸易逆差。当逆差很大时，就要限制进口，并压缩国内投资规模，这就会妨碍国内的经济增长，甚至会引起经济衰退。另外，要促进国内的经济增长，往往需要增加投资，在国内储蓄不足的情况下，就要引进外资。外资的流入虽然可以在一定程度上弥补贸易逆差造成的国际收支失衡，但却并不一定能保证经济增长与国际收支平衡目标的同时实现。

5. 充分就业与国际收支平衡

就业人数增加时，收入水平就会提高，当有支付能力的需求扩大时，对外国商品的需求也会随之增加，这样就可能会形成或扩大国际收支逆差。政府为了减少逆差，一般就会采用紧缩性的货币与财政政策，以抑制国内需求，这样又会导致就业机会的减少，使得失业率提高。因此,从短期来看,充分就业时的国际收支可能不平衡,而当国际收支平衡时却也可能存在大量失业。所以,充分就业与国际收支平衡这两大目标之间也存在着相互矛盾的地方。

6. 充分就业与经济增长

通常情况下,就业人数越多,经济增长速度就会越快;而经济增长速度越快,为劳动者提供的就业机会也就越多。但在这种统一关系的背后,还存在一个劳动生产率的动态变化问题。如果就业增加带来的经济增长伴随着社会平均劳动生产率水平的下降,那就意味着经济增长是一种以投入产出比的下降为前提的粗放式增长,这不仅意味着当期会浪费更多的资源,还会影响到后期的经济增长,因而这种就业增长是不可取的。只有就业增加所带来的经济增长同时伴随社会平均劳动生产率提高的情况才是应该鼓励的。

从上面的分析可见,在四大货币政策最终目标之间存在着不同程度的矛盾和统一关系,如表 11-1 所示。处理这些目标之间的矛盾,应视具体经济环境的需要或者统筹兼顾,没有事先的定论。如表 11-2 所示为第二次世界大战后西方国家货币政策最终目标的演变。

表 11-1 货币政策最终目标之间的关系①

	稳定物价	充分就业	经济增长	国际收支平衡
稳定物价		—	*	*
充分就业	—		+	—
经济增长	*	+		—
国际收支平衡	*	—	—	

注:"+"表示基本统一,"—"表示有矛盾,"*"表示既统一又矛盾。

表 11-2 第二次世界大战后西方国家货币政策最终目标的演变②

国家	20世纪50—60年代	20世纪70年代	20世纪80年代	20世纪90年代
美国	充分就业	稳定货币	稳定货币	稳定货币、经济增长
英国	充分就业,兼顾国际收支平衡	稳定货币	稳定货币	稳定货币
加拿大	充分就业,兼顾国际收支平衡	稳定货币,兼顾国际收支平衡	稳定货币,兼顾国际收支平衡	稳定货币,兼顾国际收支平衡
法国	经济增长、充分就业	稳定货币	经济增长、充分就业	经济增长、充分就业
意大利	经济增长、充分就业	稳定货币,兼顾国际收支平衡	稳定货币,兼顾国际收支平衡	稳定货币、经济增长、充分就业
日本	稳定货币,兼顾国际收支平衡	稳定货币,兼顾国际收支平衡	稳定货币,兼顾国际收支平衡	稳定货币,兼顾国际收支平衡

我国实施具体的货币政策是从 1984 年中国人民银行成为真正的中央银行后开始的。

---

① 范从来,姜宁. 货币银行学[M]. 2 版. 南京:南京大学出版社,2003.
② 曹龙骐. 货币银行学[M]. 北京:高等教育出版社,2000,428.

第十一章 货币政策

对于我国的货币政策最终目标应如何确定这一问题,曾存在过很长时间的争论,理论界主要有三种不同意见。

(1) 第一种意见认为我国货币政策的最终目标应该是保持币值和物价的基本稳定,即所谓的"单一目标论"。理由是保持币值和物价的稳定是我国的一贯政策,也是经济稳定发展的前提和基础。中央银行的首要职责就是要控制信贷规模的增长,防止通货膨胀的出现。而发展经济、充分就业是国民经济各部门的共同目标,并不是金融部门的单独目标。

(2) 第二种意见认为我国货币政策的最终目标应该是稳定物价和发展经济,即所谓的"双重目标论"。因为发展经济和稳定物价是我国货币政策目标不可分割的两个部分,两者之间存在着十分密切的联系,两者在货币政策最终目标中应是同等重要的。发展经济是稳定物价的重要保证,稳定物价又是经济发展的前提条件。就稳定物价而言,应是一种积极的、能动的稳定,即在经济发展中求稳定。就经济发展而言,应是持续、稳定、健康、协调的发展,即在稳定中求发展。否则,两者的要求就都不会实现,政策目标也就无从谈起了。

(3) 第三种意见认为我国应借鉴西方国家中央银行调控经济运行的实践,在确定我国货币政策的最终目标时,除了发展经济和稳定物价外,还要考虑充分就业和国际收支平衡等目标,即所谓的"多目标论"。这是因为,货币政策作为宏观经济间接调控的主要经济手段之一,对各个宏观经济目标都具有十分重要的影响,不能只以一个或两个宏观经济目标作为其政策目标,而应该在总体上兼顾各个目标,并在不同时期以不同的目标作为相对重点。

尽管理论界对货币政策的最终目标有这样或那样的争论,但无论是哪一种观点,对"稳定物价"这一目标还是达成共识,因为我国在改革开放后曾饱受通货膨胀之苦,深知通货膨胀对人民生产生活的危害。1997年后,我国又陷入了较长时间的通货紧缩,同样也对我国的经济发展造成了不良影响。那么我国现阶段的货币政策最终目标究竟是如何确定的?根据1995年3月18日第八届全国人民代表大会第三次会议通过,并经2003年12月27日第十届全国人民代表大会常务委员会第六次会议修改的《中华人民共和国中国人民银行法》第三条规定,我国的货币政策目标是保持货币币值的稳定,并以此促进经济增长。我国经济发展的历史实践已经证明,只有在稳定币值的基础上,经济增长才能实现持续、快速和健康。中国人民银行作为我国的中央银行,应通过调节货币供应量和信用总量,为国民经济的发展创造一个良好的货币金融环境,从而有效促进我国经济的健康发展。

三、货币政策的中介目标

从货币政策工具的运用到货币政策最终目标的实现,需要经历一个相当长的作用过程。在这个过程中,需要及时了解政策工具使用是否恰当、政策目标能否实现,这就需要借助于一些可以被量化和操作的经济指标。这些经济指标就成为实现货币政策最终目标的传导性金融变量,人们称其为货币政策的中介目标。货币政策工具是调节货币政策中介目标的一定手段,中央银行通过运用货币政策工具来影响货币政策中介目标,进而通过中介目标的变动最终实现货币政策目标。中介目标按其所处环节、地位和时空约束条件的不同,又可分为近期中介目标(也称为操作目标)和远期中介目标。近期中介目标是指直接受货币政策工具作用，间接影响货币政策最终目标的金融变量；远期中介目标是指间接受货币政策工具作用、直接影响货币政策最终目标的金融变量。一般所说的中介目标是指远期中介目标。

(一)中介目标的性质与选择标准

作为从观测、监控货币政策工具到货币政策最终目标作用过程的金融变量，中介目标有三个基本性质。第一，控制启动器。即中央银行运用货币政策工具，一方面能直接引起作为中介目标的金融变量的变动，另一方面又能通过这些中介变量启动最终目标的实现。第二，传导指示器。即中介目标能让全社会及整个金融体系了解中央银行货币政策的作用方向和强度，传导中央银行的货币政策意向，以使各经济主体作出符合中央银行货币政策要求的决策。第三，反馈显示器。即中央银行通过中介目标的观察、检测和分析，能反映出货币政策的作用方向是否正确、强度是否恰当、时间是否适合，以便及时进行反馈调节。

货币政策中介目标的选择是实施货币政策重要的中间环节，其准确与否决定着货币政策的最终目标能否实现。通常，中央银行在选择货币政策中介目标时主要考虑三条基本标准：一是必须是可以度量的金融变量；二是选取的中介目标变量必须能够为中央银行所控制；三是必须与货币政策最终目标相关。

1. 可测性

可测性是指中央银行选择的金融变量必须具有明确合理的内涵和外延，中央银行能够迅速而准确地获取有关变量指标的资料数据，并且易于进行定量分析。对中介目标变量进行及时准确测量是十分必要的。一个中介目标是否有用，关键要看这个变量在政策偏离轨道时能否比货币政策最终目标更快地发出信号。而要让这个变量很快地发出信号的前提，就是要能够迅速准确地测量这一变量，并对它进行及时分析和预测。

2. 可控性

可控性是指中央银行通过运用各种政策手段，来对中介目标变量进行有效的控制和调节，能够准确地控制中介目标变量的变化情况和变动趋势。如果中央银行不能控制中介目标变量，那么即使中央银行发现某中介目标变量偏离了正常轨道，也无法改变其运行方式，这一中介目标也就失去了应有的作用。例如，有些经济学家建议用名义 GDP 作为中介目标，但由于中央银行很少能对名义 GDP 进行直接控制，名义 GDP 对中央银行如何安排货币政策工具提供不了多少帮助，因此它不是合适的中介目标变量。相反，中央银行能够对货币供应量和利率从多方面进行有效控制。所以，货币供应量和利率两个变量就可以作为中介目标变量。

3. 相关性

相关性是指中介目标必须与货币政策最终目标密切相关，这样就能保证中央银行能通过控制和调节中介目标促使最终目标的实现。相关性反映了中介目标对最终目标的影响力，相关性程度越大，这种影响力就越大，中央银行通过控制中介目标变量来控制最终目标变量的效力也就越大。更为重要的是，中介目标对最终目标的影响力必须能够准确地测量和预测,这样就能够知道或预计这种影响力到底有多大。例如,虽然中央银行能够迅速、准确地获取化妆品的价格并能完全控制它,但这没有什么用处,因为中央银行不能通过化妆品的价格来影响国内的物价水平、总产出水平和就业水平。然而,货币供应量和利率这两个变量却同物价水平、总产出水平和就业水平关系密切。中央银行通过控制这两个变量就能实现对物价、总产出和就业的影响。因此,货币供应量和利率就是很好的中介目标变量。

(二)中介目标的种类

1. 近期中介目标(操作目标)的种类

1) 基础货币

基础货币也称高能货币,是流通中的现金和商业银行的存款准备金的总和,它构成了货币供应量成倍伸缩的基础。以基础货币作为操作目标,能较好地满足可测性、可控性和相关性的要求。首先,基础货币的可测性高。一方面基础货币有明确的内涵和外延,这是指它在性质上是一种高能货币,在范围上是指流通中现金和金融机构的存款准备金。另一方面在统计资料的获取上,由于基础货币表现为中央银行的负债,因此就可以从中央银行的资产负债表中及时、准确地获取它的数据。其次,基础货币的可控性强。流通中现金的发行都集中于中央银行,其发行渠道是由中央银行直接控制的;金融机构的存款准备金也直接接受中央银行法定存款准备金率调整的控制。由此可见,基础货币作为近期中介目标,中央银行可以根据货币政策意图主动而有效地进行调节和控制。最后,基础货币的相关性强。根据货币乘数理论,货币供应量是基础货币与货币乘数的乘积,基础货币与货币供应量呈明显的正相关,基础货币的变动直接影响货币供应量的变化,进而影响到市场的物价水平及整个社会的经济活动,从而促进货币政策最终目标的实现。

2) 短期利率

短期利率是在货币供求关系作用下的利息收益与本金的比率。作为货币政策的近期中介目标,短期利率的主要优点在于:一是受货币供应量和中央银行再贴现率的影响,可以影响货币供求和投资行为,进而影响社会经济活动;二是与再贴现率和货币供求关系有较高的相关性,能较好地传递货币政策的意图。但短期利率作为操作目标也有缺陷,原因是短期利率的变化非常快,因而导致其可测性和可控性比较差。

2. 远期中介目标的种类

1) 货币供应量

货币供应量同样符合货币政策中介目标的三条标准。首先,货币供应量具有较强的可测性。不论是 M_1(狭义的货币供应量)还是 M_2(广义的货币供应量),都反映在中央银行和商业银行的资产负债表中,这就使得对于货币供应量的统计资料的收集比较容易,计算和分析也比较方便。其次,货币供应量具有很强的可控性。中央银行可以通过公开市场操作、调整法定存款准备金率、调整再贴现率等手段,以影响基础货币和货币乘数,从而实现对货币供应量的控制。最后,货币供应量对总产出、物价水平和就业水平等经济变动有着十分密切的关系,因此把货币供应量作为货币政策的中介目标,这种强相关性就可以对总体经济目标的实现产生有效影响。

2) 长期利率

长期利率也可称为股权收益率，是指凭借长期金融投资所取得的股息收益与金融投资资本份额的比率。之所以有些国家或货币理论将股权收益率作为货币政策的远期中介目标，是因为股权资本的收益率和资本投资息息相关，而投资又与货币供应量和货币需求动机息息相关。当货币供应量增加，货币需求动机倾向于投机动机时，长期利率就会下降，社会总需求则相应扩张，物价也可能因此上升，反之亦然。同时，长期利率要受到银行系统可贷资金的作用，而可贷资金量又要受到中央银行资产的控制，因此，长期利率可以为中央银行所间接控制。但是，长期利率作为远期中介目标要有明确的约束条件和限制：第一，在所有制结构上，股份制应占绝对比重，只有这样才能保证股权收益率变动会影响社会总需求和其他经济活动的变化。第二，证券市场发育比较成熟，股权收益率与投资规模、可贷资金可供量之间联系紧密，在量上足以影响社会总投资的变化。第三，公开市场操作应成为货币政策工具中最主要的政策工具。由于这些限制条件的存在，长期利率一般只能作为远期中介目标的参考性变量。

(三)我国的货币政策中介目标

在 1994 年前，我国并没有明确的货币政策中介目标，中央银行一直以采取行政命令式的直接调控手段为主。实际操作中经常选用的中介目标是信贷规模和现金发行量。但随着社会主义市场经济体制的逐步确立和完善，这两个指标越发不能适应经济发展的客观需要。从我国现阶段的实际情况出发，大多经济学者认为应把货币供应量作为我国货币政策的主要中介目标。货币供应量这一指标对经济生活的作用十分直接，它的变动会立即在经济生活中得到反映。在货币供应量各层次的划分中，M_0 的口径太窄，M_2 包括了潜在货币。在我国金融市场发育尚不健全的情况下，潜在货币与现实货币的界限还是比较清楚的，因此宜把 M_1 作为货币政策中介目标的重点。M_1 是直接用于市场交易的货币量，与经济活动，尤其是与物价水平的变动密切相关。当然，中央银行在重点控制 M_1 的同时，也要兼顾 M_0 与 M_2。因为当时我国尚处于社会主义初级阶段，市场发育还不健全，各种结算工具并没有得到普遍推广，现金与消费品价格的变动存在一定联系，中央银行仍需采取相应的调控措施，以控制现金投放量。而 M_2 中的居民储蓄存款在银行存款总额中所占的比重越来越大，大量的储蓄存款会对通货膨胀构成潜在压力，有人形象地将储蓄存款比喻为"笼中虎"，故中央银行同样不能忽视。实际上，进入 20 世纪 90 年代后，我国的货币政策中介目标已经完成了由信贷规模向货币供应量的过渡。中国人民银行从 1994 年 9 月起，定期向社会公布各个层次的货币供应量指标；从 1998 年起，取消了商业银行的信贷规模管理，全面实行资产负债比例管理和风险管理。

在市场经济比较发达的国家，除了选择货币供应量作为中介目标外，通常还以利率作为中介目标。但在我国现阶段，利率还不适宜作为我国的货币政策中介目标，主要是因为我国的利率市场化改革还未完成，反映资金供求关系的市场利率尚未形成，企业和银行行为还缺乏硬化的自我约束机制。但随着我国利率市场化改革的逐步深入，利率也将会成为我国货币政策的一个重要中介目标。

第二节 货币政策工具

货币政策目标的实现是通过货币政策工具的运用来完成的。所谓货币政策工具,是指中央银行为实现特定的货币政策目标,在实施货币政策时所采取的具体措施或操作方法。货币政策的执行必须通过各种货币政策工具的运用来完成。根据各种货币政策工具的基本性质以及它们在货币政策实践中的运用情况,货币政策工具大致可分为一般性货币政策工具、选择性货币政策工具和其他货币政策工具三大类。

一、一般性货币政策工具

一般性货币政策工具是指各国中央银行普遍运用或经常运用的货币政策工具。一般性货币政策工具包括三种,也称为货币政策"三大法宝",即存款准备金政策、再贴现政策和公开市场操作。

(一)存款准备金政策

存款准备金政策是指中央银行通过调整法定存款准备金比率来影响商业银行的信用创造能力,从而影响货币供应量的一种政策措施。存款准备金是银行及其他金融机构为应付客户提取存款和资金清算而缴存在中央银行的货币资金。存款准备金比率是准备金总额占存款或负债总额的比例。存款准备金分为法定存款准备金和超额准备金两部分。法定存款准备金是金融机构按中央银行规定的比例上缴的部分;超额准备金是指准备金总额减去法定存款准备金的剩余部分。法定存款准备金制度建立的最初目的是保持银行资产的流动性,提高金融机构的清偿能力,从而保障存款人利益以及金融机构本身的安全。当存款准备金政策普遍实行,中央银行拥有调整法定准备金率的权力之后,这一权力就成为中央银行控制货币供应量的一项重要工具了。

众所周知,商业银行通过贷款可以创造出成倍的派生存款。在其他条件不变时,存款创造的倍数(即存款乘数)将取决于法定存款准备金比率。如果中央银行降低法定存款准备金率,商业银行就会有较多的超额准备金可用于发放贷款,进而通过整个银行体系的连锁反应创造出更多的派生存款。反之,如果中央银行提高法定存款准备金率,商业银行的超额准备金就会减少,甚至会产生法定存款准备金的短缺,从而减少贷款规模,在必要时还必须提前收回贷款或出售证券,以补足法定存款准备金。在这种情况下,商业银行只能创造出较少的派生存款,甚至引起存款货币的成倍紧缩。因此,法定准备金率的变动同货币供应量成反比例关系。当中央银行调低法定存款准备金率时,就是在实行扩张性的货币政策;当中央银行调高法定存款准备金率时,就是在实行紧缩性的货币政策。究竟实行扩张性的货币政策还是实行紧缩性的货币政策,这取决于具体的经济形势以及货币政策的最终目标。一般来说,在经济处于需求过度和通货膨胀的情况下,中央银行可以提高法定存款准备金率,以收缩信用规模及货币供应量;如果经济处于衰退状况,中央银行就可以降低法定存款准备金率,使商业银行及整个金融体系成倍扩张信用及货币供应量,以刺激经济增长,摆脱衰退的阴影。

存款准备金政策通常被认为是货币政策中作用最猛烈的工具。之所以最猛烈,一是由于存款准备金率的调整是通过货币乘数的变化来引起货币供应量更大幅度的变化,即使是存款准备率调整的幅度很小,也会引起货币供应量的巨大波动;二是由于中央银行法定存款准备金率的调整适用于所有的在中央银行有存款要求的金融机构,这一政策的影响面是非常广泛的。通过调整法定准备金率的存款准备金政策也有明显的缺陷,主要表现在:第一,由于存款准备金率的调整会对货币供应量产生很大的影响,如果调整幅度没有掌握好,极易引起整个经济体系的剧烈动荡。第二,如果中央银行频繁地调整法定存款准备金率,会使商业银行的流动性管理无所适从,可能会引起金融机构经营管理上的其他问题。第三,在商业银行拥有大量超额准备的情况下,中央银行如果提高法定存款准备金率的幅度不大(提高的幅度没有超过超额准备金比率),只会使原来的超额准备金转换成法定存款准备金,而整个准备金总额并没有发生变化,这会使中央银行收缩货币供应量的紧缩意图落空。

由于存款准备金政策存在的种种弊端,各国中央银行在货币政策实践中都很少采用这一工具。其实,近些年来,世界上很多国家的中央银行都纷纷降低了法定存款准备金比率或者干脆取消了法定存款准备金制度。美联储于 1990 年 12 月取消了定期存款的法定存款准备金要求,并于 1992 年 4 月将可签发支票存款的法定存款准备率从 12%降为 10%。加拿大于 1992 年 4 月取消了所有两年期以上定期存款的法定存款准备要求。瑞士、新西兰、澳大利亚已完全取消了法定存款准备金的要求。①面对这种情况,有人会担心银行存款将会无限扩张,其实在存款创造过程中有许多漏出因素并没有考虑进我们在第十章分析的货币乘数模型之中,如果把所有的漏出因素都考虑进来,那么取消存款准备金要求就不会使银行存款无限派生下去。我国对这一工具的运用近年来有所加强,于 1998 年年初将法定存款准备金率从 13%下调到 8%,后又于 1999 年 11 月进一步下调到 6%,2003 年 9 月 21 日微升至 7%,2004 年 4 月 25 日起根据金融机构的资本充足率和资产质量状况,实行差别存款准备金率制度。

(二)再贴现政策

再贴现政策是中央银行通过制定和调整再贴现率来影响商业银行的信贷规模和市场利率,以实现货币政策目标的一种手段。当商业银行发生资金短缺,或因扩大信贷规模而需要补充资金时,商业银行可能凭其贴现业务中取得的未到期的商业票据向中央银行办理再贴现,再贴现率由中央银行根据当时的经济形势和货币政策的最终目标确定。再贴现政策一般包括两个方面的内容:一是再贴现率的确定与调整;二是规定何种票据有贴现的资格。前者主要着眼于短期,即中央银行根据市场的资金供求状况,随时对再贴现率进行调整,以影响商业银行借入资金的成本,刺激或抑制对贴现资金的需求,从而调节货币供应量。后者则着眼于长期,对要再贴现的票据种类和申请机构加以规定,并区别对待,以起到抑制或扶持票据出票人或持票人的作用,从而改变社会资金的流向。

再贴现政策是中央银行最早使用的货币政策工具。早在 1873 年,英国就用这一工具

---

① 彭兴韵. 金融学原理[M]. 北京:生活·读书·新知三联书店,2003:392.

第十一章 货币政策

调节货币信用。美国的再贴现制度始于 20 世纪 30 年代，1946 年美国《就业法》确定了统一的"官方贴现率"（即再贴现率）。德国的再贴现起源于帝国银行的前身普鲁士银行时期，目前再贴现贷款约占德意志联邦银行总贷款的三分之一。在 20 世纪 70 年代初，日本银行就开始较频繁地调整再贴现率，以调节社会信贷总量，特别是在第二次世界大战以后的经济重建过程中，日本银行的再贴现政策对日本经济的恢复和发展起到了积极作用。韩国银行从 20 世纪 60 年代开始运用再贴现政策，自 20 世纪 90 年代以来，其再贴现贷款逐渐限于向中小企业提供资金。我国运用再贴现政策始于 1994 年，并大致经历了三个阶段：第一阶段是利用商业票据作为一种结算手段，通过办理贴现、再贴现以推广票据的使用，从而帮助企业解决拖欠问题；第二阶段是把再贴现作为调整信贷结构的一种手段，对某些行业、部门或商品实行信贷倾斜政策；第三阶段则将再贴现政策视为货币政策工具体系中的重要组成部分进行操作。

中央银行调整再贴现率，其目的主要有三个：第一，影响商业银行的借款成本，进而影响商业银行的融资意向。当中央银行提高再贴现率时，商业银行要么是减少从中央银行的再贴现借款，因为利率提高后，对商业银行的贷款需求会起到抑制作用，这样会直接紧缩信用规模；要么是同方向提高对工商企业的贷款利率，因为如果商业银行不提高贷款利率，其盈利就会受到影响，而提高贷款利率同样也会抑制工商企业的贷款需求，这样就会间接地起到紧缩货币量的作用。第二，利用"告示效应"影响商业银行及社会公众的预期行为。也就是说，中央银行调整再贴现率，实际上是为整个经济社会提供了一种有关货币政策的信息。比如，当中央银行降低再贴现率时，就意味着中央银行实行的是一种扩张性的货币政策；而当中央银行提高再贴现率时，就意味着中央银行实行的是一种紧缩性的货币政策。由于这种政策信号的提前提供，就可以使人们事先做好相应的反应或准备。这种"告示效应"会在很大程度上加强对金融市场的直接影响，特别是商业银行一般会自觉与中央银行保持行动一致，按同样方向和幅度调整对企业的贷款利率。第三，调整经济结构。比如规定再贴现票据的种类，对不同用途的信贷加以支持或限制，促进经济发展中需要扶持的行业部门的发展；还可以对不同票据实行差别再贴现率，从而影响各种再贴现票据的再贴现规模，使货币供应结构符合中央银行的政策意图。此外，中央银行还可以通过调整再贴现率影响市场利率水平。在利率市场化的条件下，中央银行的再贴现率通常被视为一个国家的基准利率，市场利率将围绕这一基准利率上下波动。

中央银行实施再贴现政策的最大优点是可以利用这一工具来履行最后贷款人的职责，通过再贴现率的变动，影响货币供应量、短期利率以及商业银行的资金成本和超额准备金规模，以实现中央银行既调节货币供应量又调节信贷结构的政策意图。同时，作为一种一般性的货币政策工具，再贴现政策对一国经济的影响是比较缓和的，它有利于一国经济运行的相对稳定。

但是，再贴现政策也有一些缺陷，其主要表现在 4 个方面：①再贴现政策的运用对外界环境有较高的要求。运用这一工具必须满足两个条件：一是商业信用比较发达，票据业务必须成为经济主体进行融资的主要方式之一；二是商业银行以再贴现方式向中央银行借款的规模比较大。如果这两个条件不能同时满足，那么再贴现政策的作用就会大打折扣。②在实施这一政策的过程中，中央银行处于被动等待的地位。虽然中央银行可以利用再贴现率的调整来控制货币供应量的变动，但商业银行或其他金融机构是否愿意到中央银行申请再贴现，以及再贴现多少，完全是由金融机构自己决定的。③调整再贴现率的"告示效应"也是相对的。如果市场利率相对于再贴现率正在上升，那么再贴现贷款将会增加。这时即使中央银行并无紧缩意图，但为了控制再贴现贷款规模和调节基础货币的结构，它也会提高再贴现率以使其保持与市场利率变动的一致性。这一行为可能会被公众误解为是中央银行正在转向紧缩性货币政策的信号。这时，更好的办法可能只能是直接向公众宣布中央银行的货币政策意向。④相对于法定存款准备金政策来说，虽然再贴现率比较易于调整，但是随时调整也会引起市场利率的经常性波动，从而会影响商业银行的经营预期，甚至会导致商业银行无所适从，危害到金融业的稳定。由于上述缺点决定了再贴现政策并不是一项十分理想的货币政策工具，弗里德曼就认为应该取消再贴现政策，将公开市场操作作为唯一的货币政策工具。

(三)公开市场操作

公开市场操作是指中央银行通过在公开市场上买进或卖出有价证券(主要是政府短期债券)来投放或回笼基础货币，以控制货币供应量，并影响市场利率的一种行为。当金融市场上资金短缺时，中央银行通过公开市场操作买进有价证券，这就相当于向社会注入一笔基础货币，从而增加货币供应量；相反，当金融市场上资金过多时，中央银行可以通过卖出有价证券回笼货币，收缩信贷规模，从而减少货币供应量。

公开市场操作主要是通过银行系统准备金的增减变化来实现调节货币供应量的目的的。假设中央银行在公开市场上向某商业银行购进500万元政府债券，这家商业银行在中央银行的准备金就会增加500万元(见图11-1)，也就导致基础货币增加500万元。通过货币乘数的作用，货币供应量将会增加500万元的数倍。如果中央银行用现金购买政府债券，就会增加全社会的现金投放量，也会导致基础货币增加500万元，对货币供应量的倍数影响是一样的。如果中央银行在公开市场上向商业银行卖出500万元的政府债券，就会使商业银行在中央银行的准备金存款减少500万元，这样基础货币就会减少500万元，货币供应量就会成倍收缩。

某商业银行

资产	负债
政府债券　-500万元	
在中央银行存款　+500万元	

中央银行

资产	负债
政府债券　+500万元	商业银行存款　+500万元

图11-1　公开市场操作对基础货币的影响

值得注意的是，中央银行在公开市场上买进有价证券，不仅可以使货币供应量增加，而且还会使市场利率水平下降。一方面，在市场货币需求不变时，货币供应量的增加会使货币供应大于货币需求，均衡利率水平将会下降。另一方面，中央银行买进有价证券后，会引起有价证券需求量的增加，从而在有价证券供应量一定的条件下，使有价证券的市场价格上升。由于有价证券的价格一般与市场利率成反相关,所以证券价格的上升也会使利率水平下降。

公开市场操作具有以下明显的优点:①具有较强的主动性和灵活性。公开市场操作是由中央银行主动决定的,其交易规模的大小可以由中央银行完全把握,无论是让基础货币发生较大的变动还是较微小的变化,中央银行都可以通过公开市场操作来实现。公开市场操作不像存款准备金政策和再贴现政策那样,具有很大的惯性,如果中央银行发现操作失误,随时可以再次运用这一工具进行矫正。②具有充分的直接性。中央银行运用公开市场操作可以直接影响银行系统的准备金规模,进而迅速影响全社会的货币供应量水平,以保证货币政策目标的实现。通过公开市场操作,中央银行还可能抵消各种冲击因素对银行准备金的影响,以使准备金规模维持在预定的目标水平上,从而保持货币供应量的稳定。③可以进行经常性、连续性的操作,具有较强的伸缩性,是中央银行进行日常性调节最为理想的货币政策工具。④由于公开市场操作每天都在进行,故不会导致人们的预期变化,这样有助于货币政策目标的实现。所以说,公开市场操作是中央银行进行宏观金融调控的一种理想工具。但要让这一工具有效地发挥作用,必须具备一定的条件:第一,中央银行要具有较高的独立性,且拥有强大的、足以调控整个金融市场的资金实力。第二,金融市场要相当发达,证券种类齐全并达到一定的规模。第三,要有其他政策工具的配合,可以设想,如果没有存款准备金政策,这一工具是无法发挥作用的。

根据以上分析,一般性货币政策工具及其基本的运用策略可用表 11-3 表示。

表 11-3 一般性货币政策工具的基本操作方法

政策工具	经济形势	
	通货膨胀(总需求>总供给)	通货紧缩(总需求<总供给)
存款准备金政策	提高法定存款准备金比率	降低法定存款准备金比率
再贴现政策	提高再贴现率	降低再贴现率
公开市场操作	卖出有价证券	买进有价证券

二、选择性货币政策工具

选择性货币政策工具是指中央银行针对个别部门、个别企业或某些特定用途的信贷所采用的货币政策工具。与一般性货币政策工具不同,选择性货币政策工具通常可在不影响货币供应总量的条件下,影响金融体系的资金投向和不同贷款的利率水平。在这类货币政策工具中,最常用的有以下几种。

1. 消费者信用控制

消费者信用控制是指中央银行对消费者分期购买耐用消费品贷款的管理措施,其目的在于影响消费者对耐用消费品的有支付能力的需求。在社会需求过于旺盛或者发生通货膨胀时,中央银行可以对消费者信用采取一些必要的管理措施,比如对各种耐用消费品规定付现的最低额,并对用于购买这些商品的贷款规定最长期限等,以减少社会用于购买耐用消费品的支出,并缓解通货膨胀的压力。相反,在经济衰退时期就必须撤销或者放宽对消费者信用的限制条件,以提高消费者对耐用品的购买力,促使经济回升。实践证明,消费者信用控制能较有效地控制消费信用的消长,从而对经济能起到有利的调节作用。

2. 证券市场信用控制

证券市场信用控制是指中央银行为防止证券买卖的过度投机,对凭信用购买证券时规定必须以现金支付的比例。现金支付的金额占证券交易额的比率被称为证券保证金比率,这种控制实际上就是控制证券保证金比率。规定了最低的法定保证金也就间接控制了对证券买卖贷款的最高限额。例如,中央银行将保证金比率从 50%提高到 80%,那么经纪人为客户垫付的款项就会由原来的 50%减少到 20%,这就相应减少了商业银行对证券经纪人的贷款,从而达到收缩信用的目的。中央银行对证券市场信用的调节,主要是关心资金流入市场的问题,并不是直接干预证券价格。为防止过度的证券信用,规定保证金比率有利于在证券价格上涨时,减少过度信用所造成的市场风险;而在证券价格下跌时,可以避免保证金不足的客户被迫抛售证券,从而稳定证券价格,防止证券市场的大起大落,从而维持证券市场的健康稳定发展。

3. 不动产信用控制

不动产信用控制是指中央银行对商业银行或其他金融机构的房地产贷款所规定的各种限制性措施,以抑制房地产交易中的过度投机行为。不动产信用控制主要包括规定商业银行或其他金融机构房地产贷款的最高限额、最长期限以及首次付款和分期还款的最低金额等。这一措施最初始于美国,后被多国运用。

4. 优惠利率

优惠利率是指中央银行对国家拟重点发展的某些经济部门、行业或产品规定较低的利率,其目的在于刺激这些部门的生产和投资,以调动它们的积极性,实现产业结构和产品结构的调整升级。

5. 进口保证金制度

这一方法类似于证券保证金的做法,即中央银行要求进口商按照进口额一定比例预缴,作为保证金,以抑制进口规模的过快增长。这一措施多为国际收支经常出现逆差的国家所采用。

三、其他货币政策工具

在货币政策的具体实践中,除了以上所述的一般性货币政策工具和选择性货币政策工具以外,中央银行还可根据本国的具体情况和不同时期的具体要求,运用一些其他的货币政策工具。这些政策工具很多,既有直接的信用控制,也有间接的信用控制。

(一)直接信用控制

1. 信贷配给

信贷配给是指中央银行根据金融市场的资金供求状况以及客观经济形势的需要,权衡轻重缓急，对商业银行系统的信贷资金加以合理的分配和必要的限制。这种信用分配方式在资金需求旺盛、资金短缺、单纯依靠市场机制作用不可能达到控制效果时最宜采用。我国长期以来实际上是以国家综合信贷计划来进行信用配给的。

2. 流动性比率

流动性比率是指中央银行为了限制商业银行的信贷能力，规定在商业银行的全部资产中流动性资产所占的比重。一般来说，资产的流动性越高，其收益性就越低。商业银行为了维持中央银行规定的流动性比率，就不能任意地将流动性资金过多地用于长期性的贷款和投资，必要时还必须减少长期贷款所占的比重，同时还需要有一部分随时可以提现的资产。这样一来，中央银行也就达到了限制信用扩张的调控目的。

3. 利率上限

利率上限是指以法律的形式规定商业银行和其他金融机构存贷款利率的最高水平。利率上限是最常用的直接信用管制工具，美国在 1980 年以前曾长期实行的 Q 字条例(见第三章第六节)就是这种管制工具的典型。Q 字条例规定，商业银行对活期存款不准支付利息，对定期存款和储蓄存款支付的利率不得高于规定的最高利率水平。当时美国实行 Q 字条例的主要目的是防止商业银行之间通过提高利率来争夺存款，并发放高风险的贷款。20 世纪 60 年代，一些发展中国家不顾本国国情，盲目效仿西方国家的货币政策，通过设定利率上限来人为地压低利率水平，导致了严重的金融抑制。现在，随着各国相继实行利率市场化的改革，这种货币政策工具已经很少被运用了。

4. 直接干预

直接干预是指中央银行根据金融情况，在必要时对各金融机构或某一类金融机构在一定时期内的信贷业务施以行政干预。比如规定贷款的最高发放额；直接干涉银行对活期存款的吸收；规定各银行投资与贷款的方针等。中央银行对业务活动不当的商业银行，可拒绝向其提供融资，或者提供融资时收取惩罚性的利息。

(二)间接信用控制

间接信用控制是中央银行采用行政手段间接影响商业银行的信用创造能力的措施，主要有道义劝告和窗口指导等。

1. 道义劝告

这是指中央银行利用其在金融体系中的特殊地位和威望，通过对商业银行和其他金融机构的业务活动提供指导、发表看法或提出某种劝告以影响商业银行的贷款数量和贷款方向，从而达到控制和调节信用的目的。例如，在证券市场或房地产市场投机盛行时，中央银行可要求商业银行减少对这些市场的贷款。道义劝告并不具有强制力，中央银行仅是根据货币政策的意向向金融机构提出某种具体指导，使其领会意图，自愿合作。这种方法虽然没有法律约束力，但由于中央银行的特殊地位和特殊影响，事实上金融机构一般都会采取合作态度。实践证明，中央银行经常不断地与金融机构建立和保持这种对话关系，扩大它的道义影响，不仅有助于进一步提高中央银行的威信和地位，而且确实有利于货币政策的实施。

2. 窗口指导

窗口指导是指中央银行根据产业行情、物价趋势和金融市场的发展动向，对主要金融机构下达指令，要求其将贷款的增减额限制在适当的范围之内。如果商业银行不接受"指导"进行贷款，中央银行就会削减其贷款的额度，甚至采取停止提供信用等制裁措施。第二次世界大战结束后，窗口指导曾一度是日本主要的货币政策工具。日本银行（日本的中央银行）为了保持同业拆借利率的稳定，利用自己在金融体系中的威信以及金融机构对它的高度依赖，通过与金融机构的频繁接触，来指导它们自觉地遵守日本银行提出的要求，从而达到控制信贷和调节货币供应量的目的。以限制贷款增加额作为特征的窗口指导，并将其作为一项货币政策工具，虽然仅是一种指导，不具有法律效力，但发展到今天，已经转化为一种强制性的手段。如果商业银行等金融机构不听从日本银行的窗口指导，日本银行可以对这些金融机构进行经济制裁，制裁的办法主要是在再贴现时对这些金融机构进行限制。

第三节 货币政策传导机制

货币政策传导机制是指货币当局（中央银行）从运用一定的货币政策工具，到实现其预期的最终目标所经过的途径或具体的过程。也就是说，从货币政策工具的运用到最终目标的实现将有一个过程。在这一过程中，货币政策工具的运用将首先对某些货币政策中介目标产生一定的影响，再通过这些中介目标来影响实际经济活动，从而实现货币政策的最终目标。一般来说，中央银行通过各种货币政策工具的运用，会对商业银行的存款准备金和短期利率等经济变量产生比较直接的影响，而这些近期中介目标变量的变动将影响货币供应量和长期利率等远期中介目标变量。由于远期中介目标变量对实际经济活动能产生比较直接的影响，因此，如果货币政策工具运用得当，就能实现货币政策的最终目标。这一传导过程如图11-2所示。货币政策的传导机制大致可以分为三个阶段：第一阶段，货币政策工具的运用直接作用于货币政策的近期中介目标（操作目标）；第二阶段，货币政策近期中介目标的变动影响货币政策的远期中介目标；第三阶段，货币政策远期中介目标的变动最终影响到实际经济变动，从而实现货币政策的最终目标。

图11-2 货币政策的传导机制

例如，中央银行运用公开市场操作在公开市场上向商业银行购进一定数量的政府债券，商业银行的准备金存款就会增加。由于商业银行的准备金是基础货币的重要组成部分，加上货币乘数的作用，商业银行准备金的增加将会引起货币供应量的倍数扩张。从其

第十一章 货币政策

具体的过程来看,当商业银行向中央银行出售政府债券引起准备金增加后,它就可以增加贷款或投资,这将会导致存款货币的成倍增加。此外,当货币供应量增加后,利率水平就会降低,社会投资规模就会扩大,就业人数也会增加。无论是货币供应量增加还是利率水平下降,都会引起社会总需求的增加,在社会总供给不变的情况下,物价水平就会提高。于是,这种公开市场操作的最终结果就是物价上涨、就业机会增加和经济增长。也就是说,中央银行通过对公开市场操作的运用,实现了充分就业和经济增长这两个最终目标,但未能达到稳定物价这一最终目标,这是由货币政策最终目标之间的矛盾所决定的。

一、凯恩斯学派的货币政策传导机制理论

凯恩斯学派的货币政策传导机制理论主要来源于凯恩斯于 1936 年出版的《就业、利息和货币通论》一书。根据凯恩斯的分析,货币供应量的增加或减少将会引起市场利率水平的下降或上升,在资本边际效率不变的条件下,利率的下降将引起投资规模的增加,利率的上升则会引起投资规模的减少。投资规模的增加或减少,又将进一步通过乘数作用引起总支出和总收入的同方向变动。如果用 M 表示货币供应量,i 表示利率水平,I 表示投资规模,E 表示总支出,Y 表示总收入,那么凯恩斯的货币政策传导机制理论就可以表示如下:

$$M \rightarrow i \rightarrow I \rightarrow E \rightarrow Y。$$

在凯恩斯之后,许多凯恩斯学派的经济学家对凯恩斯的这一理论进行了全面的分析,并增加了许多新的见解和内容。凯恩斯学派关于货币政策传导机制的主要观点如下。

(1) 由于货币政策传导机制中的核心变量是利率,所以货币政策必须通过利率来加以传导,即货币政策的中介目标应是利率。许多西方国家在货币政策的长期实践中,实际上正是以利率作为中央银行的控制对象的。

(2) 从货币政策的传导机制来看,货币政策的作用是间接的,它必须经过两个中间环节,即 $M \rightarrow i$ 和 $i \rightarrow I$。这两个中间环节的任意一个出现问题,都会导致货币政策无效。当第一个环节出问题时,就会出现通常所说的"流动性陷阱"现象。即当利率下降到一定程度以后,任何货币量的增加都会被无限增大的投机性货币需求所吸收,利率水平就不会再下降。第二个环节出问题是指投资的利率弹性不足,比如在利率下降后,如果投资者对利率下降并不敏感,也会使扩张性货币政策不能取得扩大投资规模的效果。因此,凯恩斯学派非常强调财政政策的有效性,并且认为货币政策是不可靠的。

(3) 凯恩斯提出的货币政策传导机制理论只强调了货币和利率等金融变量的变动对实际经济活动的影响,而没有考虑实际经济活动的变化也会对货币和利率产生相应的反作用。例如,货币供应量的增加将导致利率下降,利率的下降将会刺激投资增加,投资的增加又将引起收入的成倍增加,凯恩斯的分析就到此为止了。因此,凯恩斯的分析实际上只是一种局部均衡分析,只反映货币市场对商品市场的影响,而没有反映商品市场与货币市场的相互作用。实际上,收入的增加必将引起货币需求的增加,在货币供给不变时,利率就会回升,从而使原已增加的投资又趋于减少,收入由此而减少。如果我们采用一般均衡分析法,就会在 IS-LM 模型内找到一个均衡点,这一点将会同时满足货币市场与商品市场的均衡。所以货币政策对实际经济活动的传导机制,实际上并不是一个单向的过程,而是货币市场与商品市场之间循环往复的作用与反作用的过程。

二、货币学派的货币政策传导机制理论

货币学派的货币政策传导机制理论是在批评凯恩斯学派理论的过程中提出来的,因此,它与凯恩斯学派的理论存在重大的分歧。货币学派认为,货币供应量的变动无须通过利率进行传导,利率在货币政策传导机制中不起重要作用,他们更强调货币供应量在整个传导机制上的直接效果,认为货币量变动可直接引起支出与收入的变动。货币学派的货币政策传导机制理论可表示如下:

$$M \to E \to I \to Y.$$

$M \to E$,是指货币供应量的变化直接影响支出水平。这是由于:①货币需求有内在的稳定性,在货币需求函数中没有包括任何货币供给的因素,因而货币供应量的变动不会直接引起货币需求的变化。②当货币供应改变,比如增大时,由于货币需求没有发生变化,公众手持货币量就会超出他们所愿意持有的货币余额,于是,人们将通过增加支出来消除这一过多持有的货币余额。

$E \to I$,是指变化了的支出用于投资的过程,货币学派认为这是一个资产结构的调整过程。这是由于:①超过意愿持有的货币余额要么用于购买金融资产,要么用于购买非金融资产,甚至是用于人力资本的投资。②不同取向的投资会引起不同资产相对收益率的变化。如果投资于金融资产过多,金融资产市值就会上涨,收益率相对下降,这就会刺激对非金融资产的投资,比如产业投资等;产业投资增加,既可能引起产出增加,又可能促使物价上涨。③在资产结构的调整过程中,不同资产收益率的差距将趋于消失,并逐渐达到稳定状态。

影响名义收入 Y 的因素。名义收入是实际产出与物价水平的乘积,名义收入增加可能是由于实际产出水平的提高,也可能是由于物价水平的上涨,还可能是由于实际产出增加和物价水平上涨同时产生的结果。由于 M 作用于支出,导致资产结构调整,并最终引起收入 Y 的变动,但这一变动究竟在多大程度上反映了实际产量的变化,又有多大程度反映了物价水平的变动?根据弗里德曼的分析,在短期内,货币供应量的增加会引起实际产出和物价水平同时增加;但就长期来说,货币供应量的增加只能引起物价水平的上涨。在短期内,货币供应量增加之所以能引起实际产出的增加,是因为在短期内公众还没有来得及调整他们的通货膨胀预期,但预期通货膨胀率却低于实际发生的通货膨胀率。也就是说,在短期内,还存在着人们未预期到的通货膨胀,货币学派认为正是这一未预期到的通货膨胀,才可能引起实际产出水平的暂时增加。但是,从长期来看,人们会及时调整自己对通货膨胀预期的偏差,幻觉随之消失,于是实际产出水平也就不会增加了,货币供应量的增加在长期内只能引起物价水平的增加。

三、后凯恩斯学派的货币政策传导机制理论

后凯恩斯学派的货币政策传导机制主要有两种思路。

1. 托宾的 Q 理论

许多经济学家认为,货币政策会通过影响股票价格而影响投资支出。这里需要弄清楚

第十一章 货币政策

的第一个问题是：货币政策的变动是如何影响股票价格的？按照凯恩斯学派的观点，货币供应量增加会降低市场利率水平，由于债券利率降低，投资于股票比投资于债券更加具有吸引力，从而股票需求增加，股票价格就会上涨。另一种思路认为，当货币供应量增加时，社会公众发现自己持有的货币量大于意愿持有量，这时资产结构调整行为就会发生，增加对股票的购买也就自然而然了，由于社会公众对股票需求的增加，导致了股票价格的上涨。第二个问题是：股票价格变化是如何影响投资支出的？对于这个问题，詹姆斯·托宾提出了一种关于股票价格与投资支出相关联的理论，人们把这一理论称为托宾的 Q 理论。这里的 Q 是指企业的市场价值与资本的重置成本之比。股票价格越高，Q 值越大；股票价格越低，Q 值越小。当 $Q>1$ 时，企业的市场价值高于资本的重置成本，即意味着新厂房、新设备的成本要低于企业的市场价值。在这种情况下，企业就可以发行股票，并能在股票上得到一个比它们正在购买的设备和设施要高一些的价格。由于企业可以通过发行较少的股票而买到较多的新投资品，投资支出就会增加。反之，当 $Q<1$ 时，企业的市场价值就会低于资本的重置成本，企业就不会购买新的投资品，投资支出就会减少。将上述两个方面结合起来，我们便得到下面的货币政策传导机制：

$$M\uparrow \to P_s\uparrow \to Q\uparrow \to I\uparrow \to Y\uparrow$$

当货币供应量 M 增加时，首先引起股票价格 P_s 的上升，托宾的 Q 值增大，投资支出增加，最终总产出水平 Y 也将增加。

托宾的 Q 理论对美国经济大萧条时期投资支出水平极低的现象作出了很好的解释。在大萧条时期，股票价格暴跌，1933 年的股票市值仅相当于 1929 年年底的十分之一左右，托宾的 Q 值也降到了空前的水平，因而投资支出水平也降到了极低点。

2. 米什金的货币政策传导机制理论

米什金认为，货币增加导致一个人的财富增加时，不一定会增加这个人的消费，特别是对耐用消费品的消费。因为当他需要流动性的时候，就只有卖掉耐用消费品，他就很容易遭受损失。相反，如果他拥有金融资产，由于金融资产的流动性较强，他就不易遭受损失。因此，当人们的财富增加时，金融资产持有增加，发生财务危机的可能性下降。在这样的前提下，消费者会增加耐用消费品和住房的支出，从而导致全社会收入水平的增加，即

$$M\uparrow \to V\uparrow \to D\downarrow \to C\uparrow \to Y\uparrow$$

其中，V 代表金融资产价值，D 代表发生财务危机的可能性，C 代表耐用消费品和住房的消费支出。

四、国际贸易传导机制

在开放经济条件下，净出口是构成一国总需求的重要组成部分。但是，净出口受汇率变动的影响较大。当外币升值、本币贬值时，本国的商品在国外市场上的价格会相应地降低，因此出口就会增加，进口则会减少。反之，当本币升值而外币贬值时，本国商品在国际市场上的竞争力就会减小，净出口则会下降。

货币政策的变化首先影响利率，利率变化接着会引起汇率的变化，汇率变化导致净出口发生变化，支出相应变化。以扩张性货币政策为例，当中央银行采用扩张性货币政策

时，国内的利率水平将会下降，在国外利率没有相应调整时，国内利率与国外利率的利差就会扩大。根据利率平价理论，这时，本币汇率 E(直接标价法)就会上升，外币升值，本国净出口扩大。用 NX 表示净出口，通过国际贸易的货币政策传导机制可以表述如下：

$$M\uparrow \to i\downarrow \to E\uparrow \to NX\uparrow \to Y\uparrow$$

五、货币政策与财政政策的协调

从理论上看，货币政策与财政政策有四种配合模式：紧缩的财政政策与紧缩的货币政策的配合(双紧)；宽松的财政政策与紧缩的货币政策的配合(松财政紧信贷)；宽松的货币政策与紧缩的财政政策的配合(松信贷紧财政)；宽松的财政政策与宽松的货币政策配合(双松)。

双紧的搭配方式一般适用于社会总需求大于社会总供给，出现了严重的通货膨胀和经济过热的情况。但使用不当，会导致整个经济萧条。

双松的搭配模式主要适用于社会总需求严重不足，经济转入严重萧条的情况。这种配合可以通过扩大有效需求以促进经济增长，但把握不当有可能会引发通货膨胀。

松信贷紧财政的模式适用于社会总需求与社会总供给大体平衡，但消费偏旺而投资不足的情况。

松财政紧信贷的模式适用于社会总需求与社会总供给大体平衡，但消费不足而投资过旺的情况。

六、加入 WTO 对中国货币政策的部分影响

加入 WTO 后，中国金融业对外开放的主要内容在银行业方面大致包括：加入 WTO 后两年内将允许外资银行对国内企业开办人民币业务；五年内将允许外资银行开办人民币零售业务等。这对中国的货币政策将造成以下影响。

1. 减弱货币供应量中介目标的有效性

外资银行的金融创新会传递到中国，使货币需求发生剧烈变化，减弱货币供应量中介目标的有效性。随着外资银行业务的扩展，利率市场化的压力将进一步增大(外资银行在其本国是按市场利率提供金融产品的)，为我国以利率作为中介目标创造了条件，有专家指出，在未来 5～10 年内，应考虑将市场利率作为中介目标。

2. 减弱利率管制、窗口指导等政策性较强的工具的有效性

外资银行的资金主要来源于国际金融市场，因此，与国内金融机构相比，它们受到货币政策的影响和约束较小。比如窗口指导，它们可以不听我国央行的意见；比如利率管制，假如央行为了抑制通胀用行政命令的方式提高国内商业银行的存贷款利率，但外资银行也可以经营人民币业务，可能会以较低的利率向企业贷款，致使利率管制政策的有效性减弱；比如再贴现、再贷款政策只能影响到向央行进行融资的金融机构，但由于外资银行在资金上不依赖于我国央行，因此这两项工具的有效性也将减弱。

第十一章 货币政策

第四节 货币政策效果

货币政策效果是指中央银行操作货币政策工具后，社会经济运行所作出的现实反应，或指货币政策最终目标的实现程度。货币政策效果与货币政策目标是不同的，货币政策目标是一种主观变量，而货币政策效果则是一种客观变量。就一般意义而言，货币政策目标都是好的、积极的，而货币政策效果则可能既有好的和积极的一面，又有坏的和消极的一面。从各国中央银行运用货币政策的实践来看，货币政策的效果有收效迟早与效力大小之分。

一、影响货币政策效果的因素分析

(一)货币政策时滞

货币政策时滞也称为货币政策作用时滞，它是指货币政策从研究、制定到实施后所发挥实际效果的全部时间过程。按照货币政策时滞发生的性质分类，可以分为内部时滞和外部时滞两大类。

1. 内部时滞

货币政策内部时滞是指从经济形势发生变化，需要中央银行采取行动，到中央银行实际制定政策所需要的时间。内部时滞又可以细分为认识时滞和行动时滞。

认识时滞是指从确实有实行某种货币政策的需要到货币当局认识到存在这种需要所耗费的时间。这段时滞的存在一是由于搜集各种信息资料需要花费一定的时间；二是由于对各种复杂的经济现象进行综合分析，作出客观、符合实际的判断需要一定的时间。

所谓行动时滞，是指从认识到需要改变政策，到提出一种新的政策所需耗费的时间。这种时滞的长短取决于中央银行占有的信息资料和对经济形势发展的预见能力。

内部时滞的长短主要取决于中央银行对经济形势变化和发展的敏感程度、预测能力以及中央银行制定政策的效率和采取行动的决心，并与决策人员的素质、中央银行独立性的大小以及经济体制的制约程度等问题紧密地联系在一起。

2. 外部时滞

货币政策外部时滞是指从中央银行采取行动开始，到对货币政策目标产生影响为止的时间间隔。外部时滞又可细分为操作时滞和市场时滞两个阶段。

操作时滞是指从中央银行调整货币政策工具到对货币政策中介目标发生作用所需要的时间距离。这段时滞的存在，是因为无论使用何种货币政策工具，都要通过影响中介目标才能起作用。货币政策究竟能否生效，主要取决于商业银行及其他金融机构对中央银行货币政策的态度、对政策工具的反应以及金融市场对货币政策的敏感程度。

市场时滞是指从中介变量发生反应到货币政策对最终目标产生作用所需要的时间距离。这是由于微观经济主体对中介目标变动的反应有一个滞后过程，而且投资或消费的实现也有一个滞后过程。

根据上文的分析可以看出，内部时滞是可以通过中央银行改变信息搜集和处理方式、提高决策水平等途径缩短的，而外部时滞则主要取决于货币政策的操作力度，以及金融部门、企业部门对政策工具的反应大小，它是一个由多种因素综合决定的复杂变量，因而中央银行往往很难对外部时滞的长短进行控制。货币政策各种时滞之间的相互关系如图 11-3 所示。

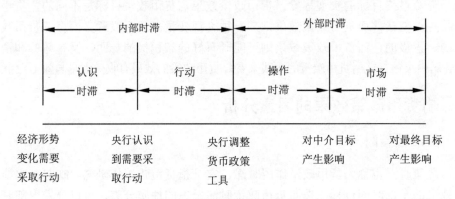

图 11-3　货币政策时滞分布

时滞是影响货币政策效果的重要因素。如果货币政策能较快地作用于经济运行，中央银行就能够根据对经济形势进行判断和预测，及时对货币政策的方向和力度进行必要的调整，从而使货币政策能更好地发挥作用，实现预期的政策目标。但如果货币政策的时滞有很大的不确定性，比如对时滞不能进行很好的预测和把握，那么货币政策就有可能在错误的时间发生作用，反而会使经济和金融运行出现不利变化。如果货币政策的时滞太长，货币政策的作用效果就很难验证了。

(二)微观经济主体预期

微观经济主体预期是影响货币政策效果的又一重要因素。以美国经济学家卢卡斯为代表的理性预期学派认为由于理性预期的存在，货币政策往往是无效的。例如，当政府计划推行扩张性货币政策促进经济增长时，社会公众会通过各种信息渠道预测到社会总需求将会增加，物价也会上涨，这时工人就会通过工会组织要求雇主提高工资，企业预期的成本就会增加，这样企业就不愿意扩大生产，扩张性货币政策的实施结果就只有物价的上涨而没有产出的增长。由于预期的存在，似乎只有在政策的取向和力度没有或不完全为公众所知晓的情况下，货币政策才能生效或达到预期效果。但这样的可能性并不大，货币当局不可能长期不让社会公众知道它所要采取的政策。即使采取非常规的货币政策，旨在不让公众预期到，但微观经济主体的行为也会发生异常变化，并会使经济陷入混乱之中，这并不是中央银行愿意看到的结果。实际的情况是，即使社会公众的预期是相当准确的，但要采取具体对策或者是这些对策要发生作用也会有一定的时滞。也就是说，货币政策在现实生活中还是可以奏效的，公众的预期只是使货币政策效果打了一个折扣。

(三)货币流通速度

货币流通速度的变化对货币政策的效果也有较大的影响。对于货币流通速度的一个较小变动,如果政策制定者未能预料到或者估算时出现差错,都可能使货币政策的效果受到影响,严重时甚至会使本来正确的货币政策走向反面。例如,货币当局预计下一年度的 GDP 增长 20%,根据以往的货币资料以及操作经验,只要包括货币流通速度在内的其他因素不变,货币供应量只要等量增加就可满足 GDP 增长对货币的追加需求。如果货币流通速度在预测期内加快了 10%,不考虑其他条件的变化,货币供应量只需增加 $9.1\%\left(\frac{1+20\%}{1+10\%}-1\right)$ 即可。但如果货币当局没有预见到货币流通速度的变化,而是按流通速度不变时的考虑增加货币供应 20%,那么过多的货币投放量必将成为经济过热的因素。当然,在现实生活中,由于影响货币流通速度的因素有很多,因此对货币流通速度变动的估算不可能做到准确无误,也正因为如此,货币政策的实施效果同样会受到影响。

(四)金融改革与金融创新

金融改革与金融创新的出现给各国中央银行货币政策的制定和实施带来了重大影响。一方面,以"自由化"为特征的金融改革和金融创新在一定程度上提高了货币当局调控货币运行的能力;另一方面,利率自由化、金融工具的多样化以及金融市场一体化又在一定程度上影响了货币政策的制定、实施和效果。第一,利率自由化后,由于影响利率水平变化的因素太多且相当复杂,而货币当局对利率的控制力有限,利率的波动将更加频繁并且更加剧烈。第二,各种新型金融工具特别是衍生金融工具的推出,使货币政策效果大打折扣。比如在中央银行采取紧缩性货币政策时,由于许多金融工具可以替代货币的交易媒介和贮藏手段职能,就会使货币政策的紧缩效果不一定见效。第三,金融市场的国际化和全球经济一体化的不断推进,使得各国之间的经济联系越来越紧密,国际资本的跨国流动越来越频繁,一个国家的货币政策往往会受到来自国外经济冲击的影响,这也会弱化货币政策的作用效果。

(五)政治性因素

任何一项货币政策的实施都会给不同的阶层、集团、部门或地方的利益带来一定的影响。如果这些利益主体在自己利益受到影响时作出强烈的反应,就会形成一定的政治压力,这些政治压力会通过种种渠道影响中央银行的货币政策制定和实施,除非货币政策的调整符合这些利益集团的利益。但符合特殊利益集团利益的政策往往并不符合大多数公众的利益。

此外,在西方国家,货币政策还会受到政治性经济周期的影响。一般来说,执政党在大选之前为迎合选民的心态,通常会采取各种措施刺激经济,而到大选之后新政府则会及时采取收缩政策,以使经济运行趋于平稳,这就形成了"政治性经济周期"。由于大多数西方国家中央银行理事会成员的任期与政府首脑不一致,因此,在大选之前就会出现货币政策与财政政策大相径庭的局面。总统总是力主刺激经济、降低失业率,而中央银行却力图稳定经济运行、抑制通货膨胀。所以,政治性经济周期的存在也会在一定程度上影响货币政策的效果。

二、货币政策效果的衡量

衡量货币政策效果,一是看货币政策发挥作用的快慢,前文关于货币政策时滞的分析已经论述;二是看货币政策的数量效果,即政策的强度如何,这一点应该是更重要的。

货币政策是通过若干中间变量的连锁反应对经济运行发生作用的,通常首先会影响存款准备金的数量,然后再进一步影响到货币供应量,而后引起市场利率的波动,最终影响存款产出水平。货币政策的强度与货币需求的利率弹性以及真实资产需求的利率弹性成正比。利率弹性大,很小的利率变化也会引起经济主体进行资产调整,货币政策的强度就大;利率弹性小,即使利率水平发生较大变化,也不一定会引起资产调整,货币政策的强度就小。

对货币政策数量效果的判断,一般是考察实施货币政策所取得的效果与预期所要达到的目标之间的差距。我们以评估紧缩性货币政策为例,如果通货膨胀是由社会总需求大于社会总供给造成的,那么货币政策的实施正是要纠正这种失衡。对货币政策是否有效的判断可以从以下几个方面进行:①如果通过货币政策的实施,紧缩了货币供应量,阻止了物价水平的上涨,或者是物价水平回落,同时又没有影响产出的增长,我们就可以说这项紧缩性货币政策就是非常有效的。②如果紧缩的货币供应量在平抑物价水平上涨或促使物价水平回落的同时,也抑制了产出的增长,那么对这一政策效果的衡量就要通过对比价格水平变动率与产出变动率而定。若产出数量的减少小于价格水平的降低,则货币政策可视为是有效的;若产出数量的减少大于价格水平的降低,则紧缩性货币政策的效果就较差。③如果货币供应量紧缩不利于抑制物价水平的上涨或促使物价回落,反而会抑制产出的增长甚至使产出出现负增长,那么可以说货币紧缩政策是无效的。

总之,货币政策效果是指中央银行操作货币政策工具后,社会经济运行所作出的现实反应,或货币政策最终目标的实现程度。衡量货币政策效果,一是看货币政策发挥作用的快慢,二是看货币政策的数量效果,即政策的强度如何。IS-LM 模型作为一种分析工具,可以帮助我们了解货币政策和财政政策对经济活动的作用和效果。

第五节 IS-LM 模型:货币政策与财政政策

货币政策和财政政策是现代市场经济条件下政府进行宏观经济调控的两大政策手段。如果政府决策者决定增加货币供应或增加政府支出,那么通过 IS-LM 模型可以帮助决策者分析这些工具对利率和总产出的影响,从而了解货币政策和财政政策对经济活动的作用和效果。IS 曲线反映了商品市场均衡的要求,而 LM 曲线则反映了货币市场均衡的要求,实物因素和货币因素都会对均衡利率和均衡产出产生影响。在实际操作中,货币政策和财政政策既可以相互替代,又可以相互补充。如果二者配合得当,就可以很顺利地实现宏观调控目标。

一、商品市场均衡:IS 曲线的移动

IS 曲线描述了利率与商品市场均衡总产出的各种组合(见第三章第四节)。为了进一步

第十一章 货币政策

深入研究货币政策的传导过程和效果，需要首先分析影响 IS 曲线位置的因素。显然，决定 IS 曲线位置的因素不是利率和总产出，而是这两种因素以外的其他因素，这些因素是 IS-LM 模型的外生变量，与利率和总产出无关，我们称之为自主性因素或自主变量。自主变量的变动会引起 IS 曲线的位置发生移动，从而导致每一个利率水平上的均衡产出水平都发生变动。

1. 自主性消费支出的变动

自主性消费支出的增加会导致总需求曲线向上移动，从而 IS 曲线向上(右)移动，如图 11-4 所示。假定 IS 曲线的初始位置是 IS_1，而 i_1 是任一固定的利率水平，在这个利率水平上总需求曲线最初位于 Y_1^d，均衡总产出为 Y_1。如果最初的消费支出为 $C_1 = C_{01} + c \cdot Y$，由于自主性消费支出 C_{01} 增加到 C_{02}，因此消费支出增加到 $C_2 = C_{02} + c \cdot Y$，于是总需求就由最初的 $Y_1^d = C_1 + I + G + NX$ 增加到 $Y_2^d = C_2 + I + G + NX$，均衡总产出也从 Y_1 增加到 Y_2。因此，由于自主性消费支出的增加，使得每一固定利率水平上的均衡产出都增加，即 IS 曲线右移。

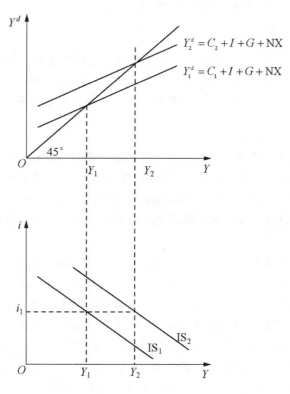

图 11-4 自主性消费变动对 IS 曲线的影响

2. 自主性投资支出的变动

自主性投资支出是指总收入和利率都为零时的投资支出水平。如果投资函数为 $I = I(Y, i)$，那么自主性投资支出就为 $I_0 = I(0,0)$。因此，投资函数的一般形式就是

$$I = I(Y, i) = I_0 + I_1(Y, i) \tag{11-1}$$

在式(11-1)中，I_0 为自主性投资支出，与收入和利率无关；而 I_1 与收入和利率则密切相关，当收入和利率都为零时，I_1 就为零。如果假定在既定的利率水平下，经济主体的边际投资倾向 $v(0<v<1)$ 不变，式(11-1)就可以写成

$$I = I_0 + v \cdot Y - \beta \cdot i \tag{11-2}$$

其中，β 也是大于零的常数，表示投资对利率的反应程度。

我们知道，利率水平变化会引起投资规模的变化，从而影响总产出的均衡水平，但这种变化只是体现在均衡点沿着同一条 IS 曲线移动，而 IS 曲线的位置并没有变化。自主性投资变动就不一样了，因为这种投资支出不受利率和收入的影响，属于外生因素，其变动必定会影响到 IS 曲线的位置。也就是说，随着 I_0 的变动，每一种利率水平上的均衡产出水平都会发生变动。我们只要将图 11-4 中的自主性消费支出改成自主性投资支出，就同样能够说明 IS 曲线是如何随着自主性投资支出的增加而发生位置移动的：当 I_0 从 I_{01} 增加到 I_{02} 时，投资从 $I_1 = I_{01} + I_0(Y, i)$ 增加到 $I_2 = I_{02} + I_1(Y, i)$，任一利率水平 i 下商品市场的总需求就从 $Y_1^d = C + I_1 + G + NX$ 上升到 $Y_2^d = C + I_2 + G + NX$，于是均衡总产出从 Y_1 增加到 Y_2，所有这些变化最终导致 IS 曲线从 IS_1 右移到 IS_2。

3. 政府购买支出的变动

政府购买的增加将使任何给定利率水平上的总需求曲线上移，从而 IS 曲线右移，均衡的总产出水平上升；相反，如果政府缩减开支，IS 曲线就会左移，均衡产出随之减少。这一情形也可通过观察图 11-4 得到，只要将其中的自主性消费支出改成政府购买支出即可。

4. 税收的变动

在任一给定的利率水平上，税收的减少将使国民的可支配收入增加，从而消费支出增加，这就使得总需求曲线上移，均衡总产出水平也随之增加，结果 IS 曲线右移。反之，如果增加税收，就可使任一利率水平上的总需求曲线下移，均衡总产出水平下降，IS 曲线就左移。将图 11-4 中的自主性消费支出增加改成税收减少，同样可用来说明税收变动对 IS 曲线的影响情况。

由于税收是政府收入的主要来源，即政府支出主要来源于税收。因此，一般来讲，税收与政府购买支出会同时发生变动。税收增加，政府购买支出增加；税收减少，政府购买支出就会减少。根据前面的分析，税收增加会使 IS 曲线左移，而政府购买支出增加就会使 IS 曲线右移。那么，在税收增加的同时政府购买支出也增加，IS 曲线究竟如何移动呢？这就需要分析税收变动和政府支出变动对 IS 曲线的影响力孰大孰小。为了分析这个问题，我们假定税收 T 增加 ΔT 时，政府购买支出 G 也等额增加 $\Delta G = \Delta T$。这时任何利率水平 i 和总产出水平 Y 上的总需求 $Y^d = C_0 + c(Y-T) - \alpha \cdot i + I + G + NX$[①] 的变化情况为

$$\Delta Y^d = \Delta G - c \cdot \Delta T = (1-c)\Delta T \tag{11-3}$$

由于边际消费倾向 c 满足 $0<c<1$，所以 $\Delta Y^d > 0$。也就是说，虽然税收增加使总需求曲线下移(幅度为 $c\Delta T$)，但是政府购买支出的等额增加却使总需求曲线上移(幅度为 $\Delta G = \Delta T$)，这样总需求曲线的上移幅度大于下移幅度，最终结果是使总需求曲线上移

---

① α 表示消费支出对利率的反映程度。一般来说，利率水平越高，消费支出越小。

$(1-c)\Delta T$。这就会导致 IS 曲线右移[①],即对应于任何利率水平的均衡总产出水平都会增加。

5. 自主性净出口的变动

与投资支出一样,由利率变动引起的净出口变动仅导致总产出水平沿着 IS 曲线移动,但却并不能使 IS 曲线整体移动。净出口变动中还有来自外部因素影响而发生的部分,比如外国人对本国的某种商品特别偏爱而导致的本国出口增加,这部分出口增加往往与利率无关,属于自主性净出口增加。净出口的这种自主性增加会导致任一利率水平上的总需求曲线上移,均衡总产出增加,从而使 IS 曲线右移。考虑到自主性净出口变动的因素,净出口函数可以写成

$$NX = NX_0 - \gamma i, \tag{11-4}$$

其中,NX_0 代表自主性净出口,γ 代表净出口对利率的反应程度。由式(11-4)可知,$\frac{\partial NX}{\partial i} < 0$,这是因为在物价不变的条件下,如果国内利率上升,那么本币存款将比外币存款更有吸引力,所以本币就会升值,从而导致出口额下降。

6. 各种自主性因素的综合作用

综合上述几大自主性影响因素,商品市场均衡总产出的决定方程可以表达为

$$Y = (C_0 + cY - cT - \alpha i) + (I_0 + vY - \beta i) + G + (NX_0 - \gamma i) \tag{11-5}$$

则 IS 曲线的方程为

$$Y = Y(i) = \frac{C_0 + I_0 + NX_0 + G - cT}{1-c-v} - \frac{\alpha + \beta + \gamma}{1-c-v}i \tag{11-6}$$

其中,C_0, I_0, NX_0, G, T 为外生变量,c 为边际消费倾向,v 为边际投资倾向,$0 < c$,$v < 1$ 且 $0 < c + v < 1$,α, β, γ 也都是大于零的常数。当外生变量发生变动时,IS 曲线的位移量(即任何利率水平上均衡总产出的变动量)为

$$\Delta Y = \frac{\Delta C_0 + \Delta I_0 + \Delta NX_0 + \Delta G - c\Delta T}{1-c-v} \tag{11-7}$$

二、货币市场均衡:LM 曲线的移动

LM 曲线描述了货币市场均衡利率与总产出水平的变动情况,即当货币供给等于货币需求时的各种总产出水平与利率水平的组合(见第三章第三节)。能使 LM 曲线发生位移的因素有两个:一是货币需求的自主性变动;二是货币供应量的变动。

---

① IS 曲线的右移幅度计算为:由方程 $Y = Y^d = C_0 + c(Y-T) - \alpha i + I_0 + vY - \beta i + G + NX$ 可得 $Y = \frac{C_0 - \alpha i + I_0 - \beta i + NX}{1-c-v} + \frac{G-cT}{1-c-v}$,由于 G 和 T 等额增加,而其他因素都不变,因此均衡总产出的变化为 $\Delta Y = \frac{\Delta G - c\Delta T}{1-c-v} = \frac{1-c}{1-c-v}\Delta T$,这就是 IS 曲线的右移幅度。

(一)自主性货币需求的变动

自主性货币需求是指货币需求构成中与收入水平和利率水平无关的货币需求,即当收入和利率都为零时的货币需求。人们之所以产生自主性货币需求,既不是由于收入的增加,也不是因为投机的需要,而是出于最基本的生活需要。也就是说,不论有没有收入,人们都要满足生存需要,为了维持生存所必需的最少货币持有量就构成了自主性货币需求。考虑到自主性货币需求后,货币需求函数可以表示为

$$M^d = M^d(Y,i) = M_0 + L(Y,i) = M_0 + kY - hi, \quad (11\text{-}8)$$

其中,$M_0 = M^d(0,0)$是自主性货币需求,L是非自主性货币需求。L与收入和利率密切相关,是收入的增函数,是利率的减函数。若自主性货币需求增加ΔM_0,导致每一总收入水平Y上的货币需求曲线都要右移$\Delta M^d = \Delta M_0$,如图11-5所示,即从图中的$M_1^d(Y)$右移到新的位置$M_2^d(Y)$。由货币市场均衡方程$M^s = M_0 + kY - hi$可知,任何既定总产出水平Y对应的均衡利率水平$i = (M_0 + kY - M^s)/h$,由于只有M_0增加了ΔM_0,其他因素都不变,故均衡利率将增加$\Delta i = \Delta M_0 / h$,因此,LM曲线的整体上升幅度为$\Delta M_0 / h$。

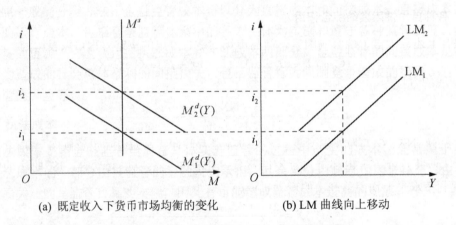

(a) 既定收入下货币市场均衡的变化　　(b) LM曲线向上移动

图11-5　自主性货币需求变动对LM曲线的影响

(二)货币供应量的变动

货币供应量增加,将直接导致垂直的货币供应曲线右移,LM曲线会因此下移。如图11-6所示,若货币供应量增加ΔM,货币供应曲线将从M_1^s右移至M_2^s,从而每一收入水平Y对应的均衡利率都要下降,即从$i_1 = i_1(Y)$下降到$i_2 = i_2(Y)$。因此,LM曲线将从初始位置LM_1下移至LM_2。

由于货币市场的均衡利率$i = (M_0 + kY - M^s)/h$,货币供应量增加ΔM后,每一总收入水平Y上的均衡利率将变动$\Delta i = -\Delta M / h$。所以,当货币供应量增加时,LM曲线的下移幅度为$\Delta M / h$。

第十一章 货币政策

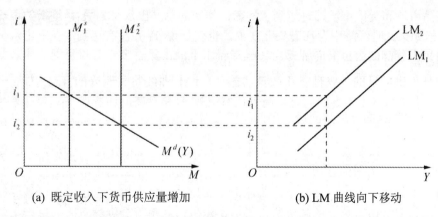

(a) 既定收入下货币供应量增加　　　(b) LM 曲线向下移动

图 11-6　货币供应量变动对 LM 曲线的影响

(三)两种变动因素的综合作用

把影响 LM 曲线位置的以上两种自主性因素综合考虑在货币市场均衡利率的决定方程 $M^s = M_0 + kY - hi$ 中，可得到受这两个因素影响的 LM 曲线的方程为

$$i = i(Y) = \frac{M_0 + kY - M^s}{h} \text{。} \tag{11-9}$$

其中，M_0 和 M^s 是自主性因素，k 和 h 都是大于零的常数。当自主性因素 M_0 和 M^s 都发生变动时，LM 曲线将发生位置移动，位移量(即任何收入水平上均衡利率的变动量)为

$$\Delta i = \frac{\Delta M_0 - \Delta M}{h} \text{。} \tag{11-10}$$

由式(11-10)可知，如果自主性货币需求增加的同时，货币供应量也等额增加，则 LM 曲线的位置不会发生移动。

三、货币政策和财政政策效应

接下来我们就运用 IS-LM 模型来分析均衡总产出和均衡利率对货币政策和财政政策的反应，即考察货币政策和财政政策的实施效果。在分析之前，我们首先要求在商品市场和货币市场同时均衡，即 IS 曲线和 LM 曲线相交时的总产出和利率的决定方程。将式(11-6)和式(11-9)联立求解，可得均衡总产出 Y_e 和均衡利率 i_e 分别为

$$Y_e = \frac{h(C_0 + I_0 + NX_0 + G - cT) + (\alpha + \beta + \gamma)(M^s - M_0)}{k(\alpha + \beta + \gamma) + h(1 - c - v)} \tag{11-11}$$

$$i_e = \frac{k(C_0 + I_0 + NX_0 + G - cT) - (1 - c - v)(M^s - M_0)}{k(\alpha + \beta + \gamma) + h(1 - c - v)} \tag{11-12}$$

通过式(11-11)和式(11-12)，我们就可以分析出货币政策和财政政策对总产出水平和利率水平的影响。

(一)货币政策的影响

如图 11-7(a)所示，假设 IS 曲线与 LM_1 相交于初始点 E_1，此时的经济活动处于均衡状

态,即商品市场和货币市场同时达到了均衡,均衡的总产出水平为 Y_1,均衡的市场利率水平为 i_1。但如果此时经济中存在着失业现象,也就是说 Y_1 并没有达到潜在产出水平,于是货币当局决定通过增加货币供应量来增加产出,以减少失业。

增加货币供应量的扩张性货币政策实施后,LM 曲线将从原来的 LM_1 右移至新位置 LM_2,商品市场与货币市场的同时均衡点从原位置 E_1 移至新的均衡点 E_2,结果利率就从 i_1 下降至 i_2,总产出则从 Y_1 增加到 Y_2。这样,货币当局通过运用货币政策就达到了增加就业和促进经济增长的预期效果。这一效果是如何实现的呢?在经济的初始均衡点 E_1 处,货币当局向经济中注入了新的货币,从而打破了 E_1 的均衡,导致货币市场上有了超额货币供给,利率水平开始下降。而利率下降刺激消费支出、投资支出和净出口都得到增加,故总产出增加。只要货币市场上的超额货币供给不消失,利率就会继续下降,总产出就会继续增加。当经济到达 E_2 点时,货币的超额供给消失,也不存在货币的超额需求,消费支出、投资支出和净出口的变化都停止了,因而总产出的增加也得以停止。

利用式(11-11)和式(11-12),我们可对货币政策的实施效果进行定量分析。设货币供应量增加 ΔM,其他因素不变,则有如下结果。

总产出增加量为

$$\Delta Y = \frac{\alpha + \beta + \gamma}{k(\alpha + \beta + \gamma) + h(1-c-v)} \Delta M 。 \quad (11\text{-}13)$$

利率的减少量(绝对值)为

$$\Delta i = \frac{1-c-v}{k(\alpha + \beta + \gamma) + h(1-c-v)} \Delta M 。 \quad (11\text{-}14)$$

消费支出、投资支出和净出口在货币政策传导中的作用,在式(11-13)和式(11-14)中通过系数 α、β 和 γ 得到了反映。更重要的结论是,上两式说明,总产量与货币供应量呈正相关,市场利率与货币供应量呈负相关。

(二)财政政策的影响

现在我们分析财政政策的作用。假设经济处于均衡状态 E_1 时是非充分就业的,而货币当局又不愿增加货币供应量,政府能否通过调整政府支出和税收来实现增加总产出和减少失业的目标呢?

图 11-7(b)描绘了总产出和利率对扩张性财政政策的反应情况。政府增加政府支出或减少税收都将使 IS 曲线从 IS_1 右移至 IS_2,于是总产出增加,失业减少,商品市场和货币市场的均衡点也从 E_1 移至 E_2 点,总产出从 Y_1 增加到 Y_2,但利率却从 i_1 上升到 i_2。这一过程是如何实现的?我们知道,政府支出增加,将直接增加总需求;税收减少则增加了公众的可支配收入,使消费支出增加,从而也将增加总需求。由此形成的总需求的增加使得总需求曲线右移,在总供给曲线不变的条件下,总产出增加,价格水平上涨。而较高的总产出水平又导致了实际货币需求的增加,价格水平上涨使得实际货币供应减少,结果利率水平必然上升。这一调整过程只有当经济达到新的均衡状态 E_2 时才会结束。

我们看到,在促进经济增长(提高总产出水平)这个目标上,扩张性财政政策和扩张性货币政策的效果是一样的。但是,这两种政策对市场利率的影响却是不同的,即扩张性货币政策使利率水平下降，而扩张性财政政策却使利率水平上升。如果利率水平维持在 i_1 不变，总产出水平应该增加到 Y_3，但由于利率上升到 i_2，会引起一部分投资减少，总产出水平只能增加到 Y_2，少增加的 $Y_3 - Y_2$ 部分通常称为挤出效应。

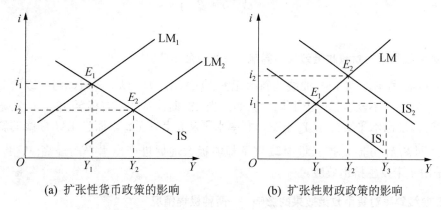

(a) 扩张性货币政策的影响　　　　　(b) 扩张性财政政策的影响

图 11-7　扩张性货币政策和财政政策的影响

紧缩性财政政策(减少政府支出或增加税收)的作用过程与上面的描述恰好相反。减少政府支出或增加税收都会使 IS 曲线左移，从而使总产出减少，利率降低。总之，总产出和利率都与财政政策正相关。这种正相关的关系，也可通过式(11-11)和式(11-12)加以定量分析。

当政府支出增加 ΔG，而其他因素都不变时，均衡总产出和利率的增加量分别为

$$\Delta Y = \frac{h}{k(\alpha+\beta+\gamma)+h(1-c-v)}\Delta G, \tag{11-15}$$

$$\Delta i = \frac{k}{k(\alpha+\beta+\gamma)+h(1-c-v)}\Delta G。 \tag{11-16}$$

当税收减少 ΔT，而其他因素都不变时，均衡总产出和利率的增加量分别为

$$\Delta Y = \frac{hc}{k(\alpha+\beta+\gamma)+h(1-c-v)}\Delta T, \tag{11-17}$$

$$\Delta i = \frac{kc}{k(\alpha+\beta+\gamma)+h(1-c-v)}\Delta T。 \tag{11-18}$$

当政府支出和税收同时等额增加 ΔB，而其他因素都不变时，均衡总产出和利率的增加量分别为

$$\Delta Y = \frac{h(1-c)}{k(\alpha+\beta+\gamma)+h(1-c-v)}\Delta B, \tag{11-19}$$

$$\Delta i = \frac{k(1-c)}{k(\alpha+\beta+\gamma)+h(1-c-v)}\Delta B。 \tag{11-20}$$

因此，从总的效果来看，总产出和利率水平都有所提高，这说明增加政府支出的扩张效应大于增加税收的紧缩效应。在政府支出和税收等额增加的情况下，财政政策从总体上看仍然是扩张性的，只不过扩张效果差了一些。

(三)几种极端情况下的货币政策和财政政策效果

由式(11-6)可知，IS 曲线的斜率等于 $\left(-\dfrac{1-c-v}{\alpha+\beta+\gamma}\right)$；由式(11-9)可知，LM 曲线的斜率等于 k/h。

1. LM 曲线斜率对财政政策效果的影响——两种极端情况

如图 11-8 所示，当 LM 曲线的斜率无穷大(LM_2)，即 $k/h=\infty$ 时，财政政策的运用只能引起利率变动，不能引起产出变动。例如，当 IS 曲线从 IS_1 右移至 IS_2，即实施扩张性财政政策时，产出水平维持在 Y_1 不变，利率水平从 i_1 上升至 i_2。而当 LM 曲线的斜率等于零(LM_1)，即 $k/h=0$ 时，扩张性财政政策却能极大地促进产出水平的提高(从 Y_1 增加到 Y_2)，这是由于未发生挤出效应。

2. IS 曲线斜率对货币政策效果的影响——两种极端情况

如图 11-9 所示，当 IS 曲线的斜率无穷大(IS_2)，即 $\dfrac{1-c-v}{\alpha+\beta+\gamma}=\infty$ 时，货币政策的运用也只能引起利率变动，不能引起产出变动。例如，当 LM 曲线从 LM_1 右移至 LM_2，即实施扩张性货币政策时，产出水平维持在 Y_1 不变，利率水平则从 i_1 下降至 i_2。而当 IS 曲线的斜率等于零(IS_1)，即 $\dfrac{1-c-v}{\alpha+\beta+\gamma}=0$ 时，扩张性货币政策却能极大地促进产出水平的提高(从 Y_1 增加到 Y_2)，这时的货币政策就会非常有效。

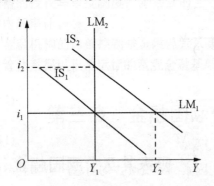
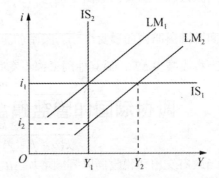

图 11-8　LM 曲线斜率对财政政策效果的影响　　　图 11-9　IS 曲线斜率对货币政策效果的影响

(四)货币政策与财政政策的配合

前文对货币政策和财政政策作用的分析表明，通过实施某一种货币政策或财政政策，可以调整总产出和利率水平，从而实现经济增长的目标。但是，假如在某一时期的失业率非常高，政策制定者该如何决策呢？是选择提高货币供应量，还是选择增加政府支出或减税？或者是既提高货币供应量又增加政府支出和减税呢？在现实的政策实践中，宏观调控部门很少单独采取纯货币政策或纯财政政策，而大多是综合运用两种政策，因为这两种政策往往能起到相互补充的作用。现在，我们运用式(11-11)和式(11-12)对货币政策和财政政

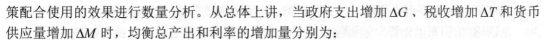

策配合使用的效果进行数量分析。从总体上讲,当政府支出增加 ΔG、税收增加 ΔT 和货币供应量增加 ΔM 时,均衡总产出和利率的增加量分别为:

$$\Delta Y = \frac{h\Delta G - hc\Delta T + (\alpha + \beta + \gamma)\Delta M}{k(\alpha + \beta + \gamma) + h(1 - c - v)}, \tag{11-21}$$

$$\Delta i = \frac{k\Delta G - kc\Delta T - (1 - c - v)\Delta M}{k(\alpha + \beta + \gamma) + h(1 - c - v)}。\tag{11-22}$$

1. 两政策配合下的效果

1) 双松政策的效果

当同时实行扩张性货币政策和扩张性财政政策时,有 $\Delta G > 0$(或 $\Delta T < 0$)且 $\Delta M > 0$,根据式(11-21)可知,这时的总产出 Y 的增加幅度相当大。但是,在扩张性财政政策导致利率上升的同时,扩张性货币政策又会把利率水平拉低,因此利率上升的幅度不会很大。双松政策的这一效果,正是凯恩斯实行扩张性财政政策和扩张性货币政策的依据。

2) 一松一紧政策的效果

当实行扩张性财政政策和紧缩性货币政策时,有 $\Delta G > 0$(或 $\Delta T < 0$)且 $\Delta M < 0$,于是在 IS 曲线右移的同时 LM 曲线左移,这样总产出 Y 的增加幅度就不会很大,从而可以保持总产出的稳定。但就利率水平而言,由于两种政策都会导致利率水平的上升,故利率的上升幅度就会很大,往往会造成金融市场的不稳定。相反,若实行紧缩性的财政政策和扩张性的货币政策,就有 $\Delta G < 0$(或 $\Delta T > 0$)且 $\Delta M > 0$,此时 IS 曲线左移的同时 LM 曲线右移,同样总产出水平可以保持稳定,但利率水平将会大幅度下降。

3) 双紧政策的效果

当实行紧缩性财政政策和紧缩性货币政策时,有 $\Delta G < 0$(或 $\Delta T > 0$)且 $\Delta M < 0$,这时 IS 曲线和 LM 曲线同时左移,总产出水平 Y 将急剧下降,而利率却因为两种政策对利率的作用相反所以变化不大。双紧政策对付恶性通货膨胀有"立竿见影"之效,但经济萎缩的代价往往也是很大的。

2. 两政策之间的联系

对货币政策与财政政策的配合使用这一问题,既要认识到这两种政策之间的替代性和互补性,也要认识到它们之间的矛盾性。

1) 财政政策与货币政策之间的替代性

财政政策和货币政策都是宏观需求管理政策,它们的最终目标应该是一致的,即都是为宏观经济调控服务,促进充分就业,促进经济增长。正是由于目标上的一致性,使得两者之间具有一定的相互替代性。例如,通过财政政策或货币政策都能达到紧缩经济的目的,二者可以相互替代。单独实行紧缩性财政政策,比如增加税收或削减政府支出,就能迅速地使总需求下降,且滞后期短,效果较快。单独实行紧缩性货币政策,可使利率水平上升,抑制投资规模,从而降低总需求,但滞后期较长,效果较慢。如果将二者配合使用,就会更加有效。

2) 财政政策与货币政策之间的互补性

虽然单独使用财政政策或货币政策,都能达到调节宏观经济的目的,但两者各有所长，具有一定的互补性。例如，如果从财政方面增加政策支出，就会刺激社会总需求增加，从而增加总产出水平；与此同时从货币政策上也加以考虑，适当提高利率水平，就会抑制投资规模，限制收入过度增长。这两方面互相配合，一松一紧，逐步微调，将有可能取得更好的调控效果。20 世纪 80 年代，美国里根政府将过去的"双松或双紧"政策调整为"一松一紧"政策，使美国经济走出了"滞胀"，并出现了为期六年的经济"小繁荣"，取得了很好的政策效果，当然美国也为此付出了沉重的代价，即巨额财政赤字和经济低速增长。

3) 财政政策与货币政策之间的矛盾性

一般来说，货币政策的主要任务是稳定金融市场，而财政政策的主要任务则是发展公共服务，由于二者的具体任务不同，因此常常会产生一些矛盾。而矛盾性的存在，就要求我们在运用这两种政策时密切注意二者的协调配合，以尽量避免和解决矛盾。例如，政府为了满足公共需要造成了巨大的财政赤字，而中央银行通过公开市场操作购买大量政府债券为政府提供资金，就势必引起通货膨胀；为了治理通货膨胀，中央银行又不得不紧缩货币量，导致利率提高；但利率上升又会增加政府的财政负担，从而进一步加剧财政状况的恶化。这种恶性循环，往往会造成财政部与中央银行的关系紧张。事实上，为了避免和克服这些矛盾，中央银行往往会屈从于政治压力，从而导致执行货币政策的独立性丧失。

(五)关于货币政策和财政政策的争议

由于各个经济学派在货币政策和财政政策的相对重要性、中介目标的选择、政策刺激的效果以及影响因素等问题上看法不一，由此而选择的政策措施也就大相径庭。

1. 凯恩斯学派的政策主张

凯恩斯学派认为，由于消费支出和投资支出经常会发生变化，导致 IS 曲线天生就不稳定。同时，由于货币需求也容易发生变化，LM 曲线就更加不稳定了。所以，依靠货币系统在减轻 IS 曲线移动时对产出和就业的影响无法发挥有效的作用。因此，凯恩斯学派认为在没有政府干预的情况下，经济将很难保持稳定。基于上述原因，凯恩斯学派提倡采用积极的货币政策和财政政策来促进经济的稳定发展。就货币政策来说，凯恩斯学派主张实施"逆经济风向"调节的相机抉择方针，即在经济过热时采取紧缩性货币政策，而在经济衰退时采取扩张性货币政策。在中介目标的选择上，由于 LM 曲线比 IS 曲线更不稳定，即 IS 曲线相对比较稳定，所以他们不赞成将货币供应量作为中介目标，而应选取利率作为中介目标。图 11-10 对此作了解释。由图 11-10 可见，虽然货币当局可对货币供应量进行控制，但由于货币需求的自主性变动较大，因此 LM 曲线会在 LM_1 和 LM_2 之间漂移，造成利率在 i_1 和 i_2 之间波动，继而导致收入在 Y_1 和 Y_2 之间波动。如果此时货币当局采取控制利率的方法，把利率稳定在 i^* 的水平，那么 i^* 与相对稳定的 IS 曲线就会决定一个比较稳定的产出水平 Y^*。可见这时将利率作为中介目标非常有利于经济的稳定。

2. 货币主义学派的政策主张

货币主义学派认为在没有积极的货币政策和财政政策的情况下，IS 曲线和 LM 曲线的位置是比较稳定的。他们认为货币的需求是缺乏弹性的，因此，货币系统能起到内在稳定

第十一章 货币政策

器的作用,即能防止 IS 曲线的移动对一国总产出水平和就业造成的影响。当 IS 曲线由于扩张性财政政策的实施而向右移动时,利率水平就会提高,从而抵消了产出和就业的大部分潜在扩张。正因为如此,所以货币主义学派认为没有必要实行积极的货币政策和财政政策,他们强烈反对凯恩斯学派关于国家干预经济运行的思想,认为正是由于国家的干预阻碍了市场机制自我调节作用的发挥,从而引起经济波动,而且相机抉择的货币政策还会加剧经济的波动。弗里德曼因此提出的"单一规则"认为,货币当局只应公开宣布在今后若干年内货币供应量的增长率,并保持一个固定不变的数值,就可保证物价水平的稳定和经济的稳定增长。可见,弗里德曼认为当 IS 曲线移动时,应以货币供应量作为中介目标,因为这一目标可防止经济的大起大落。图 11-11 对此作了解释说明。当 LM 曲线相对固定在 LM^* 时,假定 IS 曲线的波动范围位于 IS_1 和 IS_2 之间,若以利率为中介目标,将利率稳定在 i^* 处,产出就会在 Y_1' 和 Y_2' 之间较大幅度地波动;但如果以货币供应量为中介目标,通过控制货币供应,就可以使 LM 曲线保持稳定,这时虽然 IS 曲线的波动幅度不变,但它与 LM 曲线的交点决定了经济只会在 Y_1 和 Y_2 之间较小的幅度内波动。

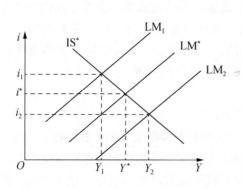

图 11-10　LM 曲线的不稳定与经济波动

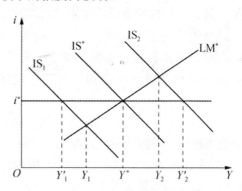

图 11-11　IS 曲线的不稳定与经济波动

3. 供给学派的政策主张

在 20 世纪 70 年代批判凯恩斯主义的还有供给学派。他们同样强调充分发挥市场机制本身的作用,但同时还重新确认供给决定需求这一古典原理,认为经济具有足够的能力购买它的全部产品。所以,供给学派主要的政策主张是通过降税等措施来刺激投资和产出。由于其认为不需要在需求方面采取什么行动,因此决定了他们的货币政策主张是单一的稳定。①

4. 理性预期学派的政策主张

与货币主义学派一样,理性预期学派也认为经济本身具有强有力的自动调节机制,同时强调相机抉择政策可能引起经济的动荡。但与货币学派不同的是,理性预期学派认为货币供给系统性的可预期变化不会对实际产出和就业产生影响,只有货币供给未预期到的突然变化才会对这些重要的实际变量产生影响。他们认为在相机抉择的货币政策体系中,经济主体必然学会如何预期中央银行的政策行动,从而采取相应对策使得货币政策无效。所以,相机抉择的政策应该被抛弃,取而代之的应是固定的"单一规则"。

---

① 黄达. 货币银行学[M]. 2 版. 北京:中国人民大学出版社,2000:369.

本章小结

货币政策是指中央银行为实现特定的经济目标，运用各种政策工具调节货币供应量和利率，进而影响宏观经济的方针和措施的总和。本章主要介绍了货币政策的概念、货币政策最终目标及各目标之间的关系。

(1) 货币政策是调节社会总需求的，并间接调节经济的宏观经济政策，可分为扩张型货币政策、紧缩型货币政策和均衡型货币政策。

(2) 货币政策最终目标包括稳定物价、充分就业、经济增长和国际收支平衡四大目标，各目标之间既统一又矛盾。中央银行在一定时期内只能力求实现其中最主要的一个或两个货币政策目标。我国货币政策目标的选择有其现实的意义。

(3) 货币政策工具可分为一般性的货币政策工具、选择性的货币政策工具及其他货币政策工具。一般性的货币政策工具有存款准备金政策、再贴现政策、公开市场操作三大政策，通常被称为三大法宝。选择性的货币政策工具有消费者信用控制、证券市场信用控制、不动产信用控制、优惠利率等。其他货币政策工具中属于直接信用控制的有信贷配给、流动性比率、直接干预、利率上限等，属于间接信用控制的有道义劝告、窗口指导等。

(4) 货币政策中介目标为数量化、具有可传导性的金融变量。货币政策中介目标的选择具有可控性、可测性和相关性。近期中介指标可供选择的金融变量主要有存款准备金、基础货币和短期利率。远期中介指标可供选择的金融变量主要有货币供应量和股权收益率。

(5) 货币政策效果是中央银行推行一定的货币政策之后，实际取得的经济效果。货币政策时滞按照性质分类由内部时滞和外在时滞两大类。影响货币政策的效用的其他因素还包括微观经济主体预期因素、政治因素、货币流通速度等。货币政策传导机制是指货币当局(中央银行)从运用一定的货币政策工具到达其预期的最终目标所经过的途径或具体的过程。也就是说，从货币政策工具的运用到最终目标的实现将有一个过程。在这一过程中，货币政策工具的运用将首先对某些货币政策中介目标产生一定的影响，再通过这些中介目标来影响实际经济活动，从而实现货币政策的最终目标。

(6) 衡量货币政策效果，一是看货币政策发挥作用的快慢；二是看货币政策的数量效果，即政策的强度如何。IS-LM 模型作为一种分析工具，可以帮助我们了解货币政策和财政政策对经济活动的作用和效果。

本章习题

1. 简述央行货币政策最终目标及其各目标之间的矛盾。
2. 中央银行有哪些选择性货币政策工具？如何利用？
3. 分析中央银行一般性货币政策工具的效果。

第十一章 货币政策

4. 简述货币政策中介目标的选择标准。
5. 什么是货币政策传导机制？它有哪些优缺点？
6. 什么是存款准备金政策？其效果和局限性如何？
7. 什么是再贴现政策？它有哪些优缺点？
8. 什么是公开市场操作？它有哪些优点？
9. 简述货币政策选择战略。
10. 简述存款准备金政策的作用过程。
11. 简述再贴现政策的作用过程。
12. 简述公开市场操作的作用过程。
13. 简述影响货币政策效果的因素。

第十二章 金融监管

金融监管

补充金融创新

【教学目的与要求】

通过本章教学,使学生能够掌握金融监管的概念与范围、基本原则,了解金融监管体制的类型和内容。

【重点与难点】

- 金融监管的概念与范围、基本原则。
- 金融监管体制的类型和内容。

英国金融监管概况

英格兰银行是历史最悠久的中央银行。根据英格兰银行法,其经营目标为:维护金融体系健全发展,提升金融服务有效性,维持币值稳定。就其首要目标而言,是为了强化保障存款户与投资者权益,这与金融机构业务经营状况密切相关。依据1987年银行法规定,金融监管业务系由英格兰银行下辖的银行监管局掌管。随着金融市场的进步与发展,银行与金融中介机构的传统分界线日趋模糊。因此,时任英国首相布莱尔于1997年5月20日宣布,英国金融监管体系改制,将资金供需与支付清算系统中居枢纽地位的银行体系,以及隶属证券投资委员会的各类金融机构、业务整合成立单一监管机构,即金融服务总署(Financial Services Authority,FSA)。

FSA有九个业务监管机构:建筑融资互助社委员会、互助社委员会、贸易与工业部保险业委员会、投资管理监管组织、个人投资局(主管零售投资业务)、互助社设立登记局(主管信用机构监管)、证券期货管理局(主管证券及衍生性信用商品业务)、证券投资委员会(主管投资业务,包括票据清算与交换)、英格兰银行监管局(主管银行监管,包括批发货币市场)等。

法律赋予FSA权利如下:

(1) 对银行、建筑互助社、投资公司、保险公司与互助社的授权与审慎监管。
(2) 对金融市场与清算支付系统的监管。
(3) 解决影响公司企业、市场及清算支付系统的问题。

在某些特殊情况下,比如英格兰银行未能贯彻其利率政策,且危及经济体系稳定性时,FSA将与英格兰银行协商合作。

FSA掌管所有金融组织,目的在于提升监管效率,保障消费者权益,并改善受监管单位的金融服务。受FSA监管的金融产业,对英国经济的重要性可通过以下数据有一个大致了解。

(1) 金融服务占国内生产总额的70%。

(2) 近一百万人服务于金融产业，相当于5%的英国劳动人口。

(3) 大部分成年人均为金融产业的消费者：80%的家庭拥有银行或建筑互助社的账户，约70%的人购买人寿保险或养老年金，超过1/4的成年人投资股票或信托。

(资料来源：聊城大学商学院《金融学》精品课程平台，http://jpkc.lcu.edu.cn/m/jrx/content/559.html.)

【思考讨论】

1. 查阅相关资料，对比我国与英国金融监管体系的差别。
2. 英国金融监管体系给我们什么启示？

第一节　金融监管的界说和理论

一、金融监管及其范围

金融监管有广义和狭义之分。金融监管是金融监督与金融管理的复合称谓。金融监督是指金融监管当局对金融机构实施全面的、经常性的检查和督促，并以此促使金融机构依法稳健地经营，安全可靠和健康地发展。金融管理是指金融监管当局依法对金融机构及其经营活动实行的领导、组织、协调和控制等一系列的活动。

狭义的金融监管是指金融监管当局依据国家法律法规的授权对整个金融业(包括金融机构以及金融机构在金融市场上所有的业务活动)实施的监督管理。广义的金融监管是在上述监管之外，还包括金融机构内部控制与稽核的自律性监管、同业组织的互律性监管、社会中介组织和舆论的社会性监管等。

金融监管的范围是人类金融活动的各个领域，或者是某些金融活动领域。比如对存款货币银行的监管，对非存款货币银行的监管，对短期货币市场的监管，对资本市场和证券业以及各类投资基金的监管，对外汇市场的监管，对衍生金融工具市场的监管，对保险业的监管，等等。

二、金融监管的基本原则

所谓原则，是指观察问题和处理问题的准则。它反映了客观规律的要求。国家调节社会经济生活，实现经济战略目标就必须在尊重货币信用自身运动规律的基础上对银行、货币、信用活动进行有效的控制和监管。

金融监管的原则就是金融监管操作的基本规范，这是进行有效的金融监管的前提条件。世界各国都把金融监管的基本原则写进了本国的有关法律。特别是巴塞尔委员会于1997年9月公布了《有效银行监管的核心原则》(以下简称《核心原则》)之后，各国金融监管当局基本上都将其作为银行业监管的指导原则，这些原则渗透和贯穿于监督管理体系的各个环节和整个过程。

1. 监管主体的独立性原则

《核心原则》提出："在一个有效的银行监管体系下，参与银行监管的每个机构要有明确的责任和目标,并应享有操作上的自主权和充分的资源。"同时,促进有效银行监管需创造先决条件。这些条件主要有:稳健且可持续的宏观经济政策;完善的公共金融基础设施;有效的市场约束;高效率解决银行问题的程序;提供适当的系统性保护(或公共安全网)的机制。

近年来,世界上一些国家不断发生金融危机,这些国家总结经验教训,正在酝酿金融体制的重大改革,其中加强监管主体的独立性是重要的一条。例如,日本于1998年4月1日正式开始实施修改后的《日本银行法》,以"自由、公平和全球化"为宗旨的日本金融改革也随之拉开了帷幕。《日本银行法》旨在加强日本银行作为中央银行的独立性,使日本银行更好地行使中央银行的职能。英国更是组建了全面监管金融业的金融管理局,颁布了《2000年金融服务和市场法》,大大加强了监管主体的独立性。

2. 依法监管原则

虽然各国金融管理体制和监管风格各有不同,但在依法监管这一点上是共同的,这是由金融业的特殊地位所决定的。所以,金融监管最主要的体现有两点:一是金融机构必须接受国家金融监管当局的监督与管理,不能有例外;二是金融监管必须依法进行。必须保持管理的权威性、严肃性、强制性和一贯性,才能保证它的有效性。而要达到这一点,金融法规的完善和依法监管是不可缺少的。

3. "内控"与"外控"相结合的原则

要保证监管的及时和有效,客观上需要"内控"与"外控"有机配合。因为外部强制管理不论多么缜密严格,也只能是相对的,假如管理对象不配合、不协作,而是设法逃避、应付,那么外部监督管理也难以达到预期的效果;反之,如果将全部希望放在金融机构本身的"内控"上,那么一系列不负责任的冒险经营行为和风险就难以有效地避免。因此,实施"内控"和"外控"相结合的原则非常必要。

《核心原则》强调,"发照机关必须有权制定发照标准并拒绝一切不符合标准的申请。发照程序至少应包括审查银行的所有权结构、董事和高级管理层、经营计划和内部控制,以及包括对资本金在内的预计财务状况等;当报批的所有者是外国银行时,首先应获得其母国监管当局的批准。""在确保银行管理做到这一点方面,监管者起着关键的作用。监管程序的一个重要部分是监管者有权制定和利用审慎法规和要求来控制风险,其中包括资本充足率、贷款损失准备金、资产集中流动性、风险管理和内部控制等方面。""内部控制的目的是确保一家银行的业务能根据银行董事会制定的政策以预防的方式经营。只有经过适当的授权方可进行交易;资产得到保护而负债受到控制;会计及其他记录能提供全面、准确和及时的信息;管理层能够发现和评估业务的风险。"内部控制包括三个主要内容:①组织结构(职责的界定、贷款审批的权限分离和决策程序);②会计规划(对账、控制率、定期试算等);③双人原则(不同职责的分离、交叉核对、资产双重控制和双人签字等)。

4. 稳健运行与风险预防原则

金融机构必须安全稳健地经营业务,这是各国都要坚持的金融管理政策之一。安全稳健与风险预防及风险管理是密切相连的。安全稳健是一切金融监管当局监管工作的基本目标之一，而要达到这一点，就必须进行风险监测和管理。因此，所有监管技术手段指标体系，无一不是着眼于金融业的安全稳健及风险性预防管理。安全稳健并不是金融业存在发展的终极目标，它的终极目标在于满足社会经济的需要，促进社会经济稳健协调地发展。

风险预防是监管者的重要职责。《核心原则》中指出："银行监管者必须掌握完善的监管手段，以便在银行未能满足审慎要求(如最低资本充足率)或当存款人的安全受到威胁时采取纠正措施"。在极端的情况下，如果银行或其他金融机构已不具备继续生存能力，在这种情况下，监管者可参与决定该机构是否应被另一家更健康的机构接管或合并。当所有的办法都失败后，监管者必须有能力关闭或参与关闭一家不健康的银行以维持整个银行系统的稳定性。

5. 母国与东道国共同监管原则

随着世界经济一体化的发展，跨国银行日趋增多。跨国银行的母国与东道国对其监管应有明确的责任归属。《核心原则》中指出，母国监管者的责任是："银行监管者必须实施全球性并表监管，对银行在世界各地的所有业务，特别是其外国分行、附属和合资的各项业务。进行充分的监测，并要求其遵守审慎经营的各项原则。"东道国监管当局的责任是："银行监管者必须要求外国银行应按东道国国内机构所同样遵循的高标准从事当地业务，而且从并表监管的目的出发必须有权分享其母国监管当局所需的信息。"

母国与东道国建立联系、交换信息，共同完成对跨国银行的监管。这种联系是指东道国监管在当局发照之前，要征求其母国监管当局的意见。在一些情况下，有些国家监管当局之间相互已经达成了双边协议，这些协议可以帮助确定分离信息的范围和分享信息的条件。除非能就获取信息达成满意的协议，否则母国银行监管当局应当考虑禁止东道国内银行在母国内建立机构开展业务。

三、金融监管的理论依据

金融市场的失灵决定了政府有必要对金融活动进行外部监管。现代经济学发展中的市场失灵理论和信息经济学发展为金融监管奠定了理论基础。金融监管的理论基础是管制理论，目前管制理论主要有社会利益论、社会选择论和经济监管论等。

(一)社会利益论

社会利益论源于20世纪30年代美国经济危机，并且一直到20世纪60年代都是经济学家们所接受的有关监管的正统理论。该理论认为，监管是政府对公众要求纠正某些社会个体和社会组织的不公正、不公平和无效率或低效率的一种回应。监管被认为是政府用来改善资源配置和收入分配的手段。在20世纪30年代经济危机时期，人们迫切需要政府通过管制来改善自由市场的低效率和不稳定状态，并恢复公众对全国金融领域存款机构和货币的信心。该理论的核心思想是自由的市场机制不能带来资源的优质配置，甚至由于垄断、(正或负)外部效应和不对称信息的存在，将导致自由市场的破产。在这种情况下就需要作为社会公共利益代表的政府在不同程度上介入经济过程，通过实施管制以纠正市场缺陷，避免市场破产。

具体而言，社会利益论认为，造成市场价格扭曲的原因通常来自三个方面：垄断、外部效应和信息不对称。

1. 垄断与金融监管

垄断分为自然垄断和非自然垄断两种情况。在满足社会理想的生产水平时，如果市场上只存在一个供应商时，该产业的生产成本才能达到最低，那么这个产业所在的市场就是属于"自然垄断"的市场。什么样的产业容易形成"自然垄断"呢？经济学的研究表明：当产业成本中有很大一部分是固定成本时，该产业就容易产生自然垄断。例如公共事业、通信业、航空业等。在这种情况下，固定成本很大程度上相当于边际成本，因此产出越大，平均成本就越低。自然垄断使得经济的产出效率实现了最大化，但却严重损害了经济的分配效率，导致分配效率和产出效率之间出现了根本性冲突以及严重的价格扭曲。如果只有一个供应商生产时效率最高，那么该供应商为追求利润最大化，必然会将产品价格置于边际成本之上，而分配效率就会因此丧失。为了取得分配效率，市场就需要有许多的供应商，以便使他们在竞争的压力下使其供应价格等于其生产的边际成本，但是在这种情况下产出效率就会下降。因此，为了协调产出效率和分配效率之间的矛盾，自然垄断式的市场就需要有政府的监管。

非自然垄断是指不属于自然垄断的产业或市场，由于各种不同的原因或出于各种不同的目的，最终形成的不同形式的市场垄断。非自然垄断的情况比较复杂，可以分为各种不同的具体情形，但总的情况与自然垄断相似。一方面，生产的集中有利于生产成本的降低和产出效率的提高；另一方面，生产的集中又容易使得厂商形成操纵价格和产量的市场力量，引起价格扭曲，从而损害经济的分配效率。

2. 外部效应与金融监管

外部效应是指某个生产者或消费者的经济行为给其他生产者或消费者带来的影响。如果是有利的影响，就称之为外部经济，反之，就是外部不经济。也就是说，某些人获得收益，却不承担成本；而另一些人分担了成本却不能获得利益。外部效应的存在会带来两个直接后果：一是产品成本失真；二是效用失真。产品成本和效用的不真实必然会导致产品价格与边际成本不符的情况，从而造成市场价格扭曲。因此，当存在外部效应时，仅靠自由竞争是不能保证资源的有效配置的。

在出现外部效应时，如果社会具备产权明晰的条件，那么供应商可能会走到一起协商解决经济外部效应的问题。但是，如果协商的成本太高，就会导致协商不成功。因此，在存在外部效应的情况下，较好的办法是通过政府监管来消除外部效应带来的成本效用分摊不公，以及由此造成的价格扭曲和经济效率降低等问题。

3. 信息不对称与金融监管

信息经济学认为信息的不对称是造成市场价格扭曲的最重要原因。信息不对称性的一种情况是信息在产品生产者和消费者之间、在合同的双方或者多方之间分配的不对称性。产品的生产者或者供货方对产品的价格、产量和质量方面信息的掌握程度要多于购买者，买卖双方之间的信息不对称，会导致产品价值和价格的不符。尤其是当所销售的产品特别依赖于信息时,或者产品本身就是一种信息含量很大的产品时,产品的价值与价格之间的这种不符合性就会增大。这样,在同一价格之下销售价值较高产品的销售者将会退出市场,而一些价值比较低的产品的销售者会利用这种机会占据市场,结果就会导致劣品驱逐良品的市场逆向选择。

信息不对称性的另一种情况是一方试图以另一方的信息减少为代价来取胜,因此可能会发生遏制对方信息来源的道德风险。信息不对称性存在的事实要求揭示更多有关产品和劳务的信息,使消费者能把高质量产品和低质量产品区别出来。因此,从经济学的角度来看,市场上存在要求提高市场效率的强烈愿望:一方面,生产者有揭示信息给市场参与者的愿望。另一方面,生产者也有不愿意披露信息的预期。因此,经济学认为,当公司内部的信息太专门化,不能及时披露,或者是披露代价太大时,政府监管可能就是修正信息不对称性的一种有效办法。

(二)社会选择论

社会选择论也叫公共选择理论,是从公共选择的角度来解释政府管制的。社会选择论认为政府管制作为政府职能的一部分,是否应该管制,对什么进行管制,如何进行管制等,都属于公共选择问题。管制制度作为产品,同样存在着供给和需求的问题,但其作为一种公共产品,只能由代表社会利益的政府来供给和安排,各种利益主体则是管制制度的需求者。管制者并不只是被动地反映任何利益集团对管制的需求,它应该坚持独立性,努力使自己的目标与促进一般社会福利的方向相一致。

该理论认为,当市场不能够在完全竞争状态下运行,或者完全竞争的市场机制不被社会需要时,就会发生市场失灵。监管是政策提供的为满足公共需要、而用来纠正市场失灵的一种手段,通过监管能够增加公共利益。关于这一点,可以从两个方面去理解。其一,监管部门和监管对象的关系是服务与被服务之间的关系。监管是市场竞争主体提出的要求,监管是为适应市场要求由政府提供的服务,商家是监管的直接受益者。比如,为了保护商家的利益,扶植某产业的发展,政府制定最低限价,对违反监管规定的予以处罚,就应该是商家的普遍需要。其二,监管部门代表消费方的利益对商家的经营行为进行监管,直接受益人是消费方。这虽然制约了商家的现实利益,但是商家可以从市场的健康发展中得到应有的补偿,实现长远的发展需要,并且也不会与监管部门的监管发生根本上的利益冲突。

不过有批评者认为,社会选择论对监管的解释是强力集团与政府因某种利益关系而结盟,政府监管是为了强力集团的利益,对市场进行监管。商家作为监管对象,不会在监管中得到实际的好处。因而监管与被监管是对立的,始终在进行猫捉老鼠的游戏。猫和老鼠都会在监管中不断提高博弈能力,从而使监管日臻完善。这种理论用来解释监管过程有一定道理,但是,这种监管肯定是低效和高成本的。

(三)经济监管论

经济监管论又叫监管经济学,是目前为止较为确切的一种理论,它提出了可检验的假设和一系列合乎逻辑的推理。根据监管经济学的观点,之所以会存在着监管的需求,是因为企业可以在国家监管的条件下实现经济地位的改善。企业可以从政府监管那里获得至少四个方面的利益：直接的货币补贴；控制竞争者的进入；获得影响替代品和互补品的能力；定价能力。而监管的供给则来自那些千方百计谋求当选的政治家，他们需要选票和资源。由于愿意接受监管的利益集团十分明白，通过监管能够从政治家那里获得好处，因此，他们就愿意承担相应的成本，同时，会千方百计地寻找能够给它们提供政策庇护的合适的庇护者。监管就是在这种供求关系的相互作用下产生的一种产品。

由于政治决策具有间断性、整体性、强制性和一次性的特点，因此，政治决策过程与一般的市场决策过程之间存在着一些本质上的差别，这就是为什么许多企业和行业都能够同时利用政治手段来实现自己各自的不同目的的原因。从这一点上讲，监管已经超出了纯经济现象的范畴。可以这么认为：监督问题是一个寻找某个企业、行业或者团体在什么时候和为什么能够利用国家的力量来为自己的目的服务的问题，或者是寻找国家在什么时候和为什么将这些具有共同政治目的的企业集中起来加以利用的问题。

四、金融监管成本

按照一般的分类方法，金融监管成本可以分为直接成本和间接成本。直接成本是指金融监管的运行成本，包括金融监管体系中的各方主体为实施和遵守各种监管制度、法规政策而消耗的资源。它主要包括执法成本和守法成本两部分。金融监管的间接成本是指由于监管行为造成的社会总体福利的间接损失，包括监管行为限制竞争造成的损失、监管行为滋生的道德风险等。

1. 执法成本

执法成本是指金融监管当局在具体实施监管的过程中产生的成本，通常属于显性成本。执法成本的一部分由被监管的金融机构承担，其余部分由政府预算来补充。由于金融监管当局关注的是监管目标的实现，因此有可能造成监管成本过高的现象。

2. 守法成本

守法成本是指金融机构为了满足监管要求而额外承担的成本损失，通常属于隐性成本，主要表现为金融机构在遵守监管规定时造成的效率损失——降低了资金的使用效率，限制了新产品的开发等。

3. 道德风险

道德风险是指由于监管当局的不公平、信息对投资者的不对称、监管机构弥补损失的驱动所引起的风险，通常属隐性成本。具体包括以下四个方面。

(1) 由于投资者相信监管当局而忽视自己对金融机构的监督、评价和选择。

(2) 保护存款人利益的监管目标，使得存款人通过挤兑的方式向金融机构施加压力的渠道不再畅通。

(3) 金融机构在受监管中会承担一定的成本损失，因而会通过选择高风险、高收益资产的方式来弥补损失。

(4) 监管过度会导致保护无效率金融机构的后果，从而造成整个社会的福利损失。

五、金融管理失灵

虽然政府监管可以在一定程度上纠正市场缺陷，但政府同样也会面临着失灵问题，金融监管也一样。导致金融监管失灵的主要原因有：监管者的经济人特征、监管行为的非理想化、监管制定与实施集于一身缺乏约束机制等方面。

(1) 政府监管虽然可以在一定程度上纠正市场缺陷，但同样也会面临"失灵"问题。

(2) 监管者的经济人特性。从理论上讲，金融监管机关作为一个整体，是社会公众利益的代表者。但具体到单个的监管人员来说，由于也是经济人，也具有实现个人利益最大化的动机，因此很容易被某些特殊利益集团俘获，并成为他们的代言人。

(3) 监管行为的非理想化。尽管监管者主观上想最大限度地弥补市场缺陷，但由于受到各种客观因素的制约，并不一定能达到理想化的目标。制约监管效果的客观因素有监管者对客观规律的认识具有局限性，监管者面临着信息不完备问题，监管时滞问题，等等。

(4) 作为监管制度的制定和实施者，金融监管机构处于独特的地位，它们几乎不会受到来自市场的竞争和约束，从而也就没有改进监管效率的压力和动机，这会导致监管的低效率。

第二节　金融监管体制

一、金融监管体制及其类型

金融监管体制是金融监管体系和基本制度的总称。金融监管体制实质上就是由谁来监管，由什么机构来监管和按照什么样的组织结构进行监管，以及相应地由谁来对监管效果负责和如何负责的问题。金融监管体制首先就是要选择和建立一个能够实现最佳监管的模式问题。金融监管体制是指一国对金融机构经营所采取的监管方式。从世界各国的传统来看，主要有两种模式，即分业经营、分业监管体制和混业经营、集中监管体制。金融监管模式的确定，同一国金融机构的经营方式、金融监管水平和经济金融的发展状况密切相关。

1. 分业经营、分业监管体制

分业经营体制是指银行、证券、保险和信托等金融机构只能经营本行业的业务，不能兼营其他行业业务的一种经营制度。与此相应，分业监管体制是指一国按照不同的监管对象，由不同的监管当局行使监管职能的一种监管制度。20 世纪 30 年代大危机后，以美国、英国、日本为主要代表的西方国家实行了分业经营和分业监管体制。

在分业监管体制下，监管当局对金融机构的业务范围一般有严格限制，主要包括以下方面。

(1) 禁止商业银行从事投资银行业务。商业银行除了可以经营法律规定的债券外(如国库券等)，不得从事购买股票或其他有价证券的交易。

(2) 禁止证券经营机构吸收存款和发放贷款。

(3) 银行、证券等金融机构的高级管理人员不得互相兼任。

分业经营、分业监管体制的优点：能较好地提高金融监管的效率；防止金融权力过分集中，因地制宜地选择监管部门；有利于金融监管专业化，从而提高对金融业务服务的能力。但是，这种监管模式也存在一些缺点：管理机构交叉重叠，容易造成重复检查和监督，影响金融机构业务活动的开展；金融法规不统一，使不法的金融机构易钻监管的空子，加剧金融领域的矛盾和混乱；降低货币政策与金融监管的效率。在美国，金融界一直在对这种分业经营、分业监管体制进行讨论，赞成和反对的呼声都不小。但短期内这种体制无法改变。日本在第二次世界大战结束后，也废止了商业银行业务和投资银行业务的混业经营体制，转而采取分业经营模式，并在美国规定的基础上扩大了分业经营管制。可以说，在 1933 年以后的差不多 40 年时间里，除德国等少数几个国家还在继续实行混业经营模式外，分业经营模式一直是经济发达国家主要采取的银行监管体制。

2. 混业经营、集中监管体制

混业经营体制是指金融机构可以经营银行、证券、保险和信托等在内的全方位金融业务的一种经营体制。与此相应的集中监管体制是指由相对统一的监管当局行使监管职能的一种监管制度。历史上，混业经营、集中监管体制主要以德国、瑞士、法国等国家为代表。

混业经营体制有两种表现形式：一种是全能银行，即银行可以直接经营银行、证券、保险等金融业务；另一种是银行通过投资证券公司、保险公司等，持有股份或直接控股，间接地从事非银行业务。

混业经营、集中监管体制的优点是，有利于金融体系的集中统一和监管效率的提高，但需要各金融管理部门之间的相互协作和配合。从德国、瑞士和法国的实践来看，人们习惯和赞成各权力机构相互制约和平衡，金融管理部门之间配合是默契的、富有成效的。然而，在一个不善于合作与法制不健全的国家，这种体制难以有效运行。而且，这种体制也会同分业经营、分业监管体制产生类似的缺点，比如机构重叠、重复监管等。

实行这种监管体制的典型代表是德国。在德国，金融机构实行混业经营。从法律上讲，银行监管由联邦信贷监督局负责，但实际上是由德意志联邦银行和联邦信贷监督局共同负责的。联邦银行是德国的中央银行，其主要任务是管理国民经济中的货币流通和信贷供应。联邦信贷监督局的任务是对信用机构实行监督；对危及委托给信用机构的财产安全，损害银行业务的正常利益，给公共经济带来明显危害的信用业中的不良行为进行抵制和斗争。联邦信贷监督局只许为公众利益执行法律赋予的任务。在执行金融监管过程中，联邦信贷监督局和德意志联邦银行依法相互合作。

此外，在世界上有些国家和地区金融机构的经营模式和监管体制并不是完全对应的。例如，韩国金融机构实行的是分业经营模式，而金融监管则是集中监管体制；我国的香港地区正好相反，金融机构实行混业经营模式，金融监管则实行分业监管体制。

20 世纪 80 年代以来，金融自由化、金融创新迅猛发展，传统的金融机构的经营体制逐渐被打破，监管模式也发生了变化。英国在 1986 年、日本在 1996 年分别通过相关法律，打破了分业经营体制，实行混业经营。在 20 世纪 90 年代末期，金融监管也随之转变为集中监管模式。美国的金融监管虽然仍实行分业监管体制，但在 1999 年通过了《金融服务现代化法案》，取消了分业经营法案，开始进入混业经营时代。从目前的发展趋势来看，可以预测在未来的一段时期内，金融机构的混业经营将成为主要的经营模式。

二、金融业自律

(一)金融业自律的概念

自律是指同一行业的从业者组织，基于共同利益，制定规定，自我约束，实现本行业内部的自我监管，以保护自身利益并促进本行业的发展。

行业自律，最早出现在封建的行会中。当时的行会组织一般采取自愿结合的方式，组织较为松散，其职责多局限于制定本行业产品的最低价格，以防止出现损害本行业利益的"价格大战"。而经济中的众多同业组织，大多为自我规范监管的本行业非营利性社团法人，其职责一般为制定本行业的行业标准、举办本行业的各种活动、召开本行业的研讨会等。在大多数国家中，行业组织多代表本行业同政府交涉，同时亦对本行业成员进行规范并向社会负责。行业组织的存在及其自律行为对行业的稳定发展必不可少，它能够防止过度竞争，减少社会的交易成本，降低政府的监管费用，在保护生产者与消费者的利益方面发挥着积极的作用。

商业银行的行业自律行为，在世界范围内较为普遍。经济发达国家和地区对商业银行的监管尽管模式有别，但一般对其行业自律都相当重视甚至过于依赖，我国香港地区在这方面尤为典型。香港银行公会作为香港银行业的同业组织，是由香港特区政府专门依据《香港银行公会条例》成立的。长期以来，该组织一直很受香港特区政府的重视，并被单独作为一个层次纳入香港银行业监管体系。香港特区政府的许多政策意图都通过银行公会组织向社会披露，并将若干事务交由银行公会处理，利用银行公会加强银行业自身调节和自律，从而达到协助监管的目的。香港银行公会的权力相对较大，例如执行利率协议；禁止公会会员银行从事任何非指定业务；为会员银行提供票据清算服务等。

(二)金融业自律组织的功能

金融业自律组织主要是金融行业公会，由于经济发展水平、金融监管体制、金融市场发育程度不尽相同，不同国家金融行业自律的内容也有一定的差异。当前我国银行业、证券业行业协会的功能主要有以下几项。

1. 协调制定同业公约及其他自律规章

这是对金融行业实行自律管理的制度基础。同业协会应根据金融市场的状况和发展趋势，按照国家的法律、路线、方针政策和监管当局的监管要求，制定并适时修订会员共同遵守的同业公约及其他行业规章，包括各种业务标准、行业操守等，从而规范金融企业的经营行为。

2. 对会员进行监督检查

同业协会可以依照有关法规及自律规则，在授予的权限范围内，对会员的经营行为进行经常性的监督和检查，督促会员贯彻执行国家的有关金融法规和方针政策，制止违反国家有关法规政策和不计成本、不顾行业公德、不顾职业道德的不正当竞争行为，使会员树立自我约束、自我管理、自我控制的良好意识。对于违反国家法律法规、自律规则的,依照有关规定坚决予以处分,或建议监管当局给予适当的处罚。

3. 提供行业服务

在加强对会员监督检查的同时,行业协会还应对会员提供多种服务。比如组织全体会员共同抵制侵害本行业合法权益的行为;组织会员研究本行业金融创新、发展前景等问题,加强会员沟通,开展行业信息交流和信息发布,通报客户的"黑名单";调解会员之间、会员与客户之间的业务纠纷;组织会员单位的员工业务培训;通过组织会员间及国家间交流与合作,提高会员的竞争力;等等。

4. 沟通功能

发挥同业协会的桥梁与纽带作用,加强会员与政府有关部门之间、会员与监管当局之间的沟通与联系,及时反映会员在经营中所遇到的各种困难、问题和要求,争取社会各界对金融企业的支持与理解。在不违反监管原则的前提下,代表同业向政府有关部门及监管当局提出制定或修改相关法规制度的建议。

三、金融机构的内部控制

内部控制是公司企业最高管理层为保证经营目标的充分实现而制定并组织实施的,对内部各部门和人员进行相互制约和相互协调的一系列制度、措施、程序和方法。有效的内部控制的基本要求主要包括:①稳健的经营方针和健全的组织结构;②恰当的职责分离;③严格的授权与审批制度;④独立的会计及核算体制;⑤科学高效的管理信息系统;⑥有效的内部审计。

金融机构的内部控制是金融监管效果得以实现的基础。一个良好的内部控制制度是确保监管体系得以正常运行的微观金融基础和根本所在。

第三节 金融国际化与金融监管的国际协调

一、金融国际化及其表现

金融国际化是指一国的金融活动超越本国国界,脱离本国政府金融管制,在全球范围内展开经营、寻求融合、求得发展的过程。金融国际化是经济全球化的重要内容,金融国际化推动了经济全球化的发展。

(一)金融国际化的动因

1. 金融自由化政策为金融国际化提供了有利的制度基础

20 世纪 70 年代,发展中国家开始进行一系列的金融体制改革,改变了金融落后状况,这在一定程度上推进了金融开放和金融自由化。20 世纪 80 年代初开始,以美国、英国、日本、德国和法国为主的工业化国家相继实施金融自由化措施,放松金融管制、取消

第十二章 金融监管

利率上限、引入创新金融工具、放宽市场准入和营业限制。金融自由化政策突破和改变了各国金融抑制或金融管制的各种传统制度，形成了与金融国际化要求相适应的新规则。

2. 信息革命为金融国际化提供了强大的技术手段

现代计算机技术和通信技术的发展，消除了各国市场之间和国际市场之间金融信息传递的时空障碍，提供了高速度、低成本处理大规模金融交易的技术手段。特别是网络技术的发展，使得全球范围的资金流动和交易清算瞬间即可完成。没有信息革命带来的现代技术，就不可能形成真正意义上的金融国际化。

3. 金融创新为金融国际化提供了多样化的运作载体

金融国际化需要新的制度、新的技术，更需要新的载体。从20世纪60年代末起，各国金融机构为了规避政府管制，拓展海外市场，掀起了金融创新浪潮。新的金融市场、新的金融机构和新的金融工具，比如离岸金融市场、跨国银行、金融产品证券化和金融衍生工具等不断涌现，成为金融国际化的有效载体。金融国际化的进程实际上就是一个金融创新的过程，而金融创新则不断为金融国际化的推进和扩展开辟道路。

(二)金融国际化的表现形式

金融国际化主要表现为金融市场国际化、金融交易国际化、金融机构国际化和金融监管国际化。

1. 金融市场国际化

金融市场国际化有两层含义：一方面指伴随着金融管制的取消或放松和国内金融市场向国际投资者的开放，本国的居民和非居民享受同等的金融市场准入和经营许可待遇。另一方面指离岸金融市场，与国内金融市场即在岸金融市场相比，离岸金融市场直接面向境外投资者的国际金融交易，与市场所在国的国内经济几乎无关。

2. 金融交易国际化

金融交易国际化是指交易范围、交易对象、交易活动、交易规范、交易技术的国际化。伴随着外汇管制和其他金融管制的逐步放松，国际金融市场上非中介化趋势日益显现。所谓非中介化是指银行不再充当借贷双方的中介机构。经银行中介的国际借贷渐遭冷落，国际证券市场开始繁荣，并成为国际融资的主要形式和渠道。证券化筹资工具中除了传统的欧洲债券外，还包括各类融资票据、公司股票的异地上市、存托凭证以及金融衍生品等。证券化融资的国际交易量及其增长，反映了金融国际化的迅猛发展势头。

3. 金融机构国际化

金融机构国际化包括两个方面：一是参与国际金融活动的机构日益增多，国际化范围扩大，这不仅是指跨国银行及其海外分支机构的增加，而且更表现为与证券化趋势相一致的各类直接融资代理机构的扩张。二是金融机构实施跨国经营战略，国际化程度提高。最近十多年中，国际金融市场上的机构投资者以全球化战略为指导，不断提高国外资产的控制额，同时更多地采用同业跨国收购或跨部门兼并的方式直接拓展海外金融市场份额，形成了诸如日本野村证券那样的"全球金融超级市场"、美国美林公司那样的"巨型零售经纪人商店",以及所罗门公司那样的"全球证券贸易商行"。

4. 金融监管国际化

金融市场和交易的国际化,使银行和非银行金融机构开始逐渐摆脱各国政府的监管,国际金融市场上的不平等竞争和经营风险日益加剧。为使银行提高资产效率和规避经营风险,1988年国际清算银行与12个发达国家协商后公布了《巴塞尔协议》,该协议已成为当代全球银行业共同遵守的基本准则。

国际金融监管还在地区层面上展开,比如欧盟的银行顾问委员会和监管当局联络组。在证券领域,国际证券委员会不仅致力于保障银行业与非银行业之间的公平竞争,而且极其重视衍生金融工具的国际风险管理。

二、金融国际化给金融监管带来的挑战

无论金融国际化的程度达到哪一层次,对于一国的金融监管当局而言都是严峻的挑战,这些挑战主要表现如下。

1. 在金融活动和金融机构的国际化与金融监管的国别化之间的矛盾日益加深

就国际金融监管的角度看,当金融活动的监管只是国家政府的事情,金融监管行为还被限制在国家主权地理区域之内的时候,就意味着无法对国际金融活动进行有效的监管,从而面临监管失灵的危险。

2. 金融国际化加大了监管者和被监管者之间的信息差异

一般来讲,监管者与被监管者之间存在着信息不对称。在金融国际化的过程中,金融机构的组织结构和业务结构日趋复杂,国际经营和交易业务大量以表外业务的形式开展,监管机构根本无法及时完整地获得信息,从而使得监管者实施有效监管的难度越来越大。

3. 国际金融业务的创新不断突破现有的金融监管框架

表外业务的大量增加,金融衍生工具大量出现,都会在很大程度上导致监管部门无法进行及时有效的监管。

4. 金融机构的集团化和业务综合化与金融监管分散化之间的矛盾

金融集团复杂的业务结构和风险结构本身,使得金融监管极为困难。而且很多国家还在实行分业监管。这就使得对进入本国的国际金融集团实施有效的监管成为了一个棘手的问题。

三、金融监管的溢出效应

宏观经济分析的着眼点在于"森林"而非"树木"。我们强调根据全球经济世界金融市场的经济链环和溢出效应,来说明部门和国家之间相互影响的意义。

金融监管的溢出效应是指任何一国针对本国金融机构所作出的监管决策将会影响机构的经营行为,也会波及该机构在国际金融市场上的经营行为,而各国金融机构在国际市场上的业务联系使得这种行为的调整可能会影响该机构的合作者或交易对手,进而会对他国的金融机构产生影响。金融监管的溢出效应使得监管当局作出的监管决策很可能会导致全球范围内的低效金融产出,影响资源配置的有效性。

四、监管竞争和监管套利

与金融机构国际化经营相对存在的是各国金融监管制度的差异。在一个存在金融监管差异的国际市场中,有可能出现两种现象:一是监管竞争;二是监管套利。这两现象都可能影响监管的有效性。

所谓监管竞争,是指各国监管者之间为了吸引金融资源而进行的放松管制的竞争。这种监管竞争并不会达到产品竞争所带来的均衡。监管竞争与产品竞争主要区别在于监管竞争的主体,即监管者,并不是竞争成本和收益的直接承担者,但同时却具有强烈的动机:通过竞争吸引更多的金融资源无疑会成为他的个人功绩。20 世纪 80 年代,一些发展中国家为了吸引更多的资本流入,竞相对本国金融业实行了自由化,减少金融管制,降低监管标准,并且确实引进了大量的资本。但进入 20 世纪 90 年代,因监管放松所导致的恶性影响使他们中的大部分国家发生了金融危机。

监管套利是指被监管的金融机构利用监管制度之间的差异获利。如果一个国家金融监管过于严格,那么该国的金融机构和业务活动会被其他监管宽松的国家所吸引,并将导致本国对金融机构所实施的金融监管失效。同时使本国的金融机构数量达不到理想中的竞争状态,从而影响金融资源的有效配置。

监管竞争和监管套利也有其正面效应,即引导世界范围内一些监管的标准趋于同一水平。

五、金融监管的国际协调与未来发展

(一)金融国际化的国际协调

1. 金融监管国际协调的形式与组织

金融国际化所带来的金融机构的跨国经营和金融风险的国际传播对国际金融监管的协调提出了迫切的需要。目前,国际社会对金融监管的国际协调已经取得了广泛的认同,概括起来大致认为:①监管者之间的合作和信息交流不应该存在任何障碍;②要保证监管主体之间共享信息的保密性;③监管者对合作必须有一个前瞻性的态度。

目前金融监管国际协调的形式主要包括:双边的谅解备忘录;多边论坛;以统一的监管标准为基础的协调;统一监管。

金融监管的国际协调是解决国际范围内监管失效和监管空白较有利、较现实的方法。有效的国际金融监管协调可产生两个效应:一是继续推进金融的国际化进程,努力为金融机构的国际化创造良好的金融环境;二是提高全球金融市场监管的有效性,保持金融稳定。

现有的金融监管国际协调组织可分为两类：一类是对成员国没有法律约束力的国际监管组织，比如巴塞尔委员会。这类组织主要通过没有法律约束的"君子协议"来推动成员国之间的合作以及国际性监管标准的推广。另一类是以国际法或区域法为基础的监管组织。它们所通过的监管规则对成员国具有法律约束力，例如欧盟和北美自由贸易组织等。

2. 国际相关监管法规

金融机构自成立之初，便因为其作为融资媒介的天然地位而具有"去资本化"经营的内在偏好，即利用尽可能高的杠杆，通过有限的自有资本撬动最大限度的资金进行信贷、投资等金融行为来获取收益和利差。如果金融机构面临的是不存在风险的真空环境，那么自然不需要风险管理，也就更不需要监管当局煞费苦心地制定监管法规了。

但是，金融机构作为多种实业间的润滑剂，其经营必然面临着来自交易对手的信用风险，来自不同市场的市场风险。日常运营中因为人员、流程、信息技术系统、外部事件所导致的操作风险，系统性的流动性风险，以及法律风险、合规风险、声誉风险等。可以说，金融机构所面临的风险种类众多且一切发生后其影响程度极高，其中尤以挤兑为著，它的发生动辄会导致银行的巨额损失，乃至破产倒闭，远非实业企业可比。巴林银行的倒闭、长期资本管理公司的黯然退场、海南发展银行的挤兑事件如今想来依然触目惊心，而肇始于2007年的次贷危机和2010年的欧债危机更是让大众对金融风险有了切身的体会。以上种种，必然要求金融机构在日常工作中要对风险进行全面管理和覆盖，这一方面需要金融机构按照最佳实践来提高公司治理水平，一方面需要其增加资本以预防非预期风险的发生并提振债权人信心。但是，我们不得不清醒地认识到，这与金融机构尤其是银行的内在偏好是相违背的，仅靠其自律很难达到保护存款人和一般债权人免遭损失的要求，故而必然需要外部监管机构对其进行统一的强制性监管。

但是，金融监管并不是与金融机构伴生的。最早的近代银行在12世纪起源于意大利威尼斯的金匠，但最早的中央银行——英格兰银行却是在17世纪方登上历史舞台的。时至今日，几乎所有的国家及地区均已设有金融业监管机构，对金融机构产生深远影响的监管模式主要分为统一监管模式和分业监管模式。我国实行的是中国人民银行统一监管的方式。

对于政府监管金融市场的理由，主要有以下三个。

(1) 系统安全——确保金融系统以一种安全和稳健的方式运作，避免由一个公司或一个市场的倒闭或危机蔓延到其他地方的传染性风险。

(2) 投资者保护——确保金融市场的普通私人客户能得到银行或投资顾问公司的公平对待，并在这些银行和投资顾问公司倒闭时为其提供相应的保护措施来避免其风险损失。这是因为大的公司客户从长期来讲对金融机构利润贡献度较大，故而更容易在出现危机时得到金融机构的优待，提前平仓，安全"着陆"。

(3) 市场完整——确保金融市场在尽可能有效的情况下运作，防止操纵市场的行为产生，并提高市场的流动性，以保护投资者信心。

此外，当监管对象同时涉及国内和国外机构时，监管机构会面临很大的压力。这是由于监管机构需要保持来自不同领域的金融机构之间竞争的公平性，并确保来自某一国家或

第十二章　金融监管

某一监管背景的公司不会因不同的监管要求而享有不公平的竞争优势。这种考虑就是通常所指的"公平竞技场"的概念。它在建立国际监管标准时具有相当重要的意义，欧盟建立统一监管体系的过程便是典型的例证。

同时，尽管存在共同的目标，但银行和证券公司业务活动的差异使银行和证券的监管直到现在依然是各行其是。毋庸置疑，许多历史上出现在银行和证券监管者之间的问题，与其监管目标和着眼点的差异有着直接的关系。

在金融监管机构存在的前提下，仍可能存在金融监管不力的情况，世界银行统计，自20世纪70年代后期到2000年，全球共有93个国家先后爆发了112场系统性银行危机，并有46个国家发生了51次局部危机。2007年的次贷危机更是给全世界上了一堂代价沉重的风险管理课。可以说，这些危机的爆发进一步强化了金融业对监管法规完备性、适用性的要求，促进了监管法规的不断进步。

当前，世界上金融业广为接受的跨境监管法规有两项：针对银行业进行监管的巴塞尔协议体系及针对保险业进行监管的欧盟偿付能力体系，它们都将资本或偿付能力监管作为核心内容。迄今为止，《巴塞尔协议》已发展到了《巴塞尔协议 III》，并在向《巴塞尔协议 IV》演化，而欧盟偿付能力体系已发展到"欧盟偿付能力二号"。相对于银行和保险领域国际监管的不懈探索，证券行业并不存在由于不同国家的法规差异而引起的要求资本的定义、分类和计量采用国际统一标准的现实压力。这主要是因为证券公司跨境竞争的情况相对较少，证券监管者尚未有相当的压力去订立一个类似的像银行业的巴塞尔协议体系那样的标准。而结果是，虽然证券监管机构也像银行同业们一样建立了一个自己的国际组织——证券委员会国际组织(IOSCO)，但其重点仍是放在加强业务执行的跨境合作和内幕交易法规方面，而监管证券公司的任务则基本上被视为各国监管机构的地方性事务。

1974年根据英格兰银行的建议，在国际清算银行的发起和支持下，十国集团中央银行行长建立了银行法规与监管事务委员会，也就是现在所称的巴塞尔银行监管委员会(BCBS)，简称巴塞尔委员会。巴塞尔委员会的成员来自比利时、加拿大、法国、德国、意大利、日本、卢森堡、荷兰、瑞典、瑞士、英国和美国。各成员国在委员会的代表机构为中央银行。

委员会的主要工作原本是为国际银行业提供一个"早期预警"系统。但随着银行业国际化的不断推进，委员会的工作重点转移为填补国际监管中的漏洞，提高监管水平，改善全球监管质量方面。

委员会并不具备任何凌驾于国家之上的正式监管特权：其文件从不具备、也从未试图具备任何法律效力。不过，它制定了广泛的监管标准和指导原则，提倡最佳监管做法，期望各国根据本国的情况通过具体的立法或其他安排予以实施。

信息是实现有效监管的重要前提条件。国际社会对信息交流取得了充分的共识，认为要遵循以下原则来实现信息的交流：①为了实现有效监管，每个监管者都必须获得足够的信息；②监管者对于所需获得的信息及与其他监管者之间的合作，应该有一个前瞻性的态度；③监管者应该及时地向某一金融机构主要的监管者传递正在实施的政策、变动中的信息以及可能的不利状态，同时也包括监管行为和潜在的监管行为；④主要的监管者应该和其他相关的监管者共同分享那些影响被监管者行为的监管信息；⑤监管者应该主动地采取措施同其他监管者签署相关协议，同时在彼此之间建立一种合作和信任的态度。

目前国际上的信息交流机制主要有双边合作和多边合作两种形式。双边合作在两国之间，有谅解备忘录、双边援助协议、非正式的信息交流或信息共享的安排。多边合作主要是通过国际监管组织的监管建议和监管标准来实现。此外，银行业、证券业、保险业之间的信息交流及信息共享也随着金融集团的兴起而受到了国际金融界的重视。

虽然在国际金融监管合作方面取得了很大的进步，但仍然在金融监管国际协调方面面临着许多困难和障碍。第一，在国际关系的处理上，国家行动遵循国家利益至上的原则。如果协调可能引致收益，则积极合作；如果不合作甚至违背合作的承诺能带来更大的收益，那么国家也有足够的动机不合作或违约。第二，金融监管的国际协调意味着各国无法根据市场的现实情况来灵活地制定监管政策。如果本国在监管制度安排上的目标和国际协调制度所追求的目标不一致，那么自主性的丧失将影响本国目标的实现，而统一的监管标准和统一监管将使各国在不同的程度上让渡本国的监管权力。第三，各国金融业的发展水平不同，发展目标不一样，发展的理念也各有差异。尤其是发达国家和发展中国家之间在金融发展上的差异和金融监管上的不同要求，更使得国际协调困难重重。第四，国际三大金融监管协调组织纷纷提出了各自领域内的监管标准。由于各国发展水平不一，国际监管标准的选择往往会采取的做法是：设立最低标准但允许在最低标准之上实施更高的标准。这种选择一方面降低了监管的有效性，另一方面也不能从根本上杜绝监管差异引起的监管竞争和套利。

3. 《巴塞尔协议Ⅲ》

《巴塞尔协议Ⅲ》旨在从银行个体和金融系统两方面加强全球金融风险监管。在单个银行实体(微观审慎)层面，意图提高银行及其他金融机构在市场波动时期的恢复能力，使银行能够更好地抵御经济金融风险的压力。主要内容包括对原有资本监管要求的完善和对流动性标准的建立。在整个金融体系(宏观审慎)层面，力求减少具有潜在系统性风险的银行对整个金融业的影响，以对全球长期金融稳定和经济增长起到支持作用。主要内容是在资本框架中加入逆周期机制，包括逆周期资本缓释和留存资本缓释。

无论是微观审慎还是宏观审慎，《巴塞尔协议Ⅲ》在这两方面的内容设计都涉及资本框架的改革，这也反映出资本监管改革仍旧是《巴塞尔协议Ⅲ》的核心。巴塞尔委员会通过在《巴塞尔协议Ⅱ》的三大支柱框架基础上加强资本监管框架，提升银行业的抗风险能力：改革监管资本的数量和质量，扩大风险覆盖范围；引入杠杆率强化资本基础、用于限制银行体系过高的杠杆，并对资本计量中度量和模型风险提供额外保护。同时，通过在资本框架中引入宏观审慎因素，以抑制顺周期性和金融机构间相互联系和影响造成的系统性风险。

1) 微观审慎监管

(1) 提升资本质量。巴塞尔委员会对现有的监管资本定义进行了修订，主要体现在：①在资本结构上进行了重新细化，将监管资本分为核心一级资本(CET1)、一级资本和二级资本；②制定了资本工具的合格性标准，以提高一级资本工具吸收损失的能力；③统一了资本扣除和调整项目，并在普通股权益层面上实施扣除；④提高资本结构的透明度，要求银行披露监管资本的所有要素,以及与财务报告科目之间的对应关系。

(2) 提高资本充足率监管标准。在加强对银行资本质量监管的同时,巴塞尔委员会也重新审视了《巴塞尔协议Ⅱ》中关于资本充足率的监管标准。2010年9月12日,中央银行行长和监管当局负责人组织的会议公告显示,作为吸收损失资本的最高形式,对核心一级资本的要求将从现行的2%提高到4.5%,并且将增设2.5%的留存缓冲资本,这样总的普通股本充足率要求将达到7%,维持普通股本充足率与一级资本充足率和总资本充足率的级差不变,再加上留存缓冲资本后,商业银行普通股本(含留存收益)充足率、一级资本充足率和总资本充足率应分别达到7%、8.5%和10.5%。同时,为了冲抵资本充足率的顺周期性,巴塞尔委员会特增设一项新的资本充足要求,即逆周期缓冲资本,其具体设定可根据不同国家的具体情况和商业银行运营状况在0%~2.5%浮动。另外,针对系统性重要银行,还可视具体情况提高其资本充足率。

(3) 引入杠杆率作为风险资本的补充。巴塞尔委员会提出将杠杆率监管引入到巴塞尔协议目的第一支柱下,以弥补资本充足率监管的单一化缺陷。杠杆率定义为一级资本与总风险敞口(表内与表外)的比率,监管红线被确定在3%,作为基于风险的资本指标的补充,其不仅有助于防止银行利用风险资本要求的漏洞,也有助于防止模型风险和计量错误的发生。

(4) 流动性风险监管。巴塞尔委员会于2009年12月发布《流动性风险计量、标准和监测的国际框架(征求意见稿)》,并在全球成员国范围内进行定量影响测算。在该框架中,巴塞尔委员会设置了两个监管标准:流动性覆盖率指标和净稳定资金率指标,同时也提供了一套用于提高不同国家间监管一致性的通用监测指标,包括合同期限错配、融资集中度、可用的无变现障碍资产、与市场有关的监测工具,以帮助监管当局识别和分析单个银行和银行体系的流动性风险趋势。其中,"流动性覆盖率"定义为优质流动性资产储备与未来30日的资金净流出量的比值,且要求该比值应大于等于100%,用于衡量在设定的严重压力情境下,优质流动性资产能否充分满足短期流动性需要。"净稳定资金率"指标是指"可用的稳定资金来源"与"业务所需的稳定资金来源"的比值,同样要求该比值应大于等于100%,主要衡量商业银行在未来一年内、在设定的压力情境下,用稳定资金支持表内外资产业务发展的能力。

2) 宏观审慎监管

目前,《巴塞尔协议Ⅲ》中关于宏观审慎的措施主要是在资本框架中引入了逆周期缓释机制和留存资本缓释。

(1) 逆周期资本缓释。所谓逆周期资本监管是指监管当局在经济上升期提高对银行的资本要求,增加超额资本储备,用于经济衰退期弥补损失,以保证商业银行能够持续地达到最低资本要求,维护正常的信贷供给能力。为实现逆周期资本监管,2010年7月10日,巴塞尔委员会发布《逆周期资本级冲方案(征求意见稿)》,方案指出为了缓解银行体系的顺周期性,资本监管要求应随着经济周期不同阶段的转化和变化体现出应时而变的特征。各国监管机构将根据自身情况确定不同时期的逆周期缓释,其范围在0%~2.5%。比如在正常市场情况下逆周期缓释设为2.5%;当监管当局认为市场处于信用过度增长时期,可将逆周期缓释从 2.5%向下调整；在严重时期可调为 0，以使逆周期缓释能够全部用来缓解银行在危急时刻的压力。

(2) 留存资本缓释。巴塞尔委员会认为，金融危机期间许多银行仍在回购股份、分发红利和发放奖金，主要原因是如果其他银行都在这么做，自己不这么做的话就会被认为是经营有问题。这种情况对银行的未来竞争将产生不利影响，最终结果是所有的银行都要这样做，导致银行体系无法从内源融资渠道来补充资本。因此，解决问题的根本方法就是在市场繁荣时期保留一部分资本作为危机时期的资本缓释。2010 年 9 月中央银行行长与监管当局负责人组织会议确定资本留存缓冲要求为 2.5%，由扣除递延税等其他项目后的普通股权益组成，并指出资本留存缓冲的目的是确保银行在金融经济衰退时能利用缓冲资本来吸收损失。这就意味着银行在满足普通股 4.5%、一级资本 6%、一级和二级资本 8%最低要求的基础上，还要再预留 2.5%的普通股作为资本留存缓释，因此普通股在最低资本要求和资本留存缓释的要求下总计需达到 7%的最低标准。资本留存缓释自 2016 年起逐步实行，到 2019 年 1 月 1 日银行达到 2.5%资本留存缓释的最低标准。尽管银行在危机期间可以利用这一缓冲资本，但银行的监管资本比率越接近于最低资本要求，对其利润分配的要求就越严格。

(3) 系统重要性银行及其相关的监管。本次危机凸显了解决"大而不倒"机构道德风险的迫切性。对此，《巴塞尔协议 Ⅲ》提出对系统重要性银行增加额外资本、或有资本和自救债务等要求，在 G20 上达成了共识。总结了 2008 年国际金融危机的教训，但到目前为止，具体的内容尚在磋商研究之中。基本的问题，比如系统重要性银行的标准尚未明确。另外，具体操作层面还存在其他大量悬而未决的问题，尚需仔细斟酌。例如，建立额外资本要求与识别系统性影响机构之间的关系如何；额外资本要求如何建立；是针对整个大型银行体系还是仅考虑单个银行的系统重要性；额外的资本要求的目的是防止危机发生还是内部化社会成本等。

(二)金融国际化的未来发展

观察金融监管国际协调的未来发展，有两个视角，且不能偏废。其一，随着金融国际化程度的不断推进，加强金融监管国际协调的需求会越来越强烈，现代金融的国际协调和统一化发展趋势将不断加强，监管的标准规则、信息技术以及机构体系的统一化也将得到提升，局部的统一监管局面将继续推进、扩展，全球金融监管则将进入全面协调和统一监管并存的格局。其二，金融监管国际协调的推进不可能脱离国际政治、经济总体的约束。比如，不同的经济发展水平、国家的主权、民族的传统等，均不可能使金融监管成为全然超国界的制度安排，由此产生的矛盾将会长期存在。

本 章 小 结

本章主要介绍金融监管的概念与范围、基本原则，金融监管体制的类型和功能，以及金融国际化与金融监管的国际协调。

(1) 狭义金融监管是指管理当局依法运用各种措施手段，按照既定的标准对金融机构从金融市场准入、业务活动、经营状况、行为规范到市场退出全过程所进行的连续、统一、规范的监督与管理。

(2) 金融监管的目标主要是保证金融业经营的安全性、保证金融业竞争的平等性、保证货币金融政策的一致性、保持金融市场的稳定性。

本 章 习 题

1. 简述进行金融监管的必要性、金融监管的目标、金融监管的基本原则。
2. 简述金融监管的主要内容。
3. 试分析我国的金融监管体系，及如何完善我国的金融监管机制？

主要参考文献

[1] 马克思. 资本论：第一卷、第二卷、第三卷[M]. 北京：人民出版社，1975.

[2] 托马斯·梅耶，詹姆斯·杜森贝里，罗伯特·阿利伯. 货币、银行与经济[M]. 洪文金，林志军，译. 上海：上海三联书店，1988.

[3] 小劳埃德·托马斯. 货币、银行与经济[M]. 北京：中国财政经济出版社，1992.

[4] 王国刚，薛军，范从来，等. 现代货币银行学概论[M]. 南京：南京大学出版社，1990.

[5] 黄达. 货币银行学[M]. 北京：中国人民大学出版社，2000.

[6] 胡援成. 货币银行学[M]. 北京：中国财政经济出版社，2001.

[7] 曹龙骐. 货币银行学[M]. 北京：高等教育出版社，2004.

[8] 罗剑朝. 货币银行学[M]. 北京：清华大学出版社，2007.

[9] 范立夫. 货币银行学[M]. 北京：经济科学出版社，2005.

[10] 钱荣堃. 国际金融[M]. 成都：四川人民出版社，2006.

[11] 陈彪如. 国际金融论[M]. 上海：华东师范大学出版社，2008.

[12] 米什金. 货币金融学[M]. 北京：中国人民大学出版社，1998.

[13] 王广谦. 经济发展中金融的贡献与效率[M]. 北京：中国人民大学出版社，1997.

[14] 周升业. 货币银行学[M]. 成都：西南财经大学出版社，2004.

[15] 艾洪德，张贵乐. 货币银行学教程[M]. 大连：东北财经大学出版社，2007.

[16] 兹维·博迪，罗伯特·C. 默顿，戴维·L. 克利顿. 金融学[M]. 2版. 北京：中国人民大学出版社，2018.

[17] 王松奇. 金融学[M]. 北京：中国金融出版社，2000.

[18] 李建. 金融创新与发展[M]. 北京：中国经济出版社，1998.

[19] 杨星. 金融创新[M]. 广州：广东经济出版社，2000.

[20] 何德旭. 中国金融创新与发展研究[M]. 北京：经济科学出版社，2001.